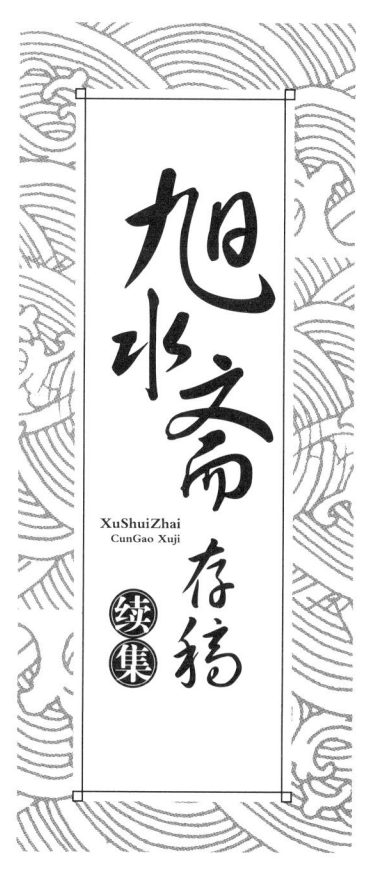

旭水斋存稿 续集

XuShuiZhai
CunGao Xuji

胡昭曦 著

四川大学出版社

责任编辑:高庆梅
责任校对:陈月霖
封面设计:墨创文化
责任印制:王　炜

图书在版编目(CIP)数据

旭水斋存稿续集 / 胡昭曦著. —成都：四川大学出版社，2017.1
ISBN 978-7-5690-0335-2

Ⅰ.①旭… Ⅱ.①胡… Ⅲ.①中国历史-宋代-文集②巴蜀文化-文集 Ⅳ.①K244.07-53②K872.710.4-53

中国版本图书馆 CIP 数据核字（2017）第 006968 号

书名	旭水斋存稿续集

著　者	胡昭曦
出　版	四川大学出版社
地　址	成都市一环路南一段24号 (610065)
发　行	四川大学出版社
书　号	ISBN 978-7-5690-0335-2
印　刷	四川和乐印务有限责任公司
成品尺寸	170 mm×240 mm
印　张	23.5
字　数	361 千字
版　次	2017年1月第1版
印　次	2017年1月第1次印刷
定　价	80.00 元

◆ 读者邮购本书，请与本社发行科联系。
电话:(028)85408408/(028)85401670/
(028)85408023　邮政编码:610065
◆ 本社图书如有印装质量问题，请
寄回出版社调换。
◆ 网址:http://www.scupress.net

版权所有◆侵权必究

目 录

综合研究是历史研究的基本方法…………………………………（1）
蒙文通先生国学研究的卓越贡献
　　——祝贺《蒙文通全集》出版………………………………（3）
四川省省名考析…………………………………………………（30）

宋代蜀学研究新识………………………………………………（43）
南宋二江诸儒与南轩之学返传回蜀……………………………（47）
宋代蜀学转型的再探讨…………………………………………（66）
大足宝顶石窟的凿建与宋蒙（元）战争………………………（79）
为世界闻名的古战场晚宋钓鱼城修史…………………………（91）
宋元之际泸州迁治问题再议……………………………………（105）
街子古镇与宋代永康县…………………………………………（118）
全面系统研究之力作：《荆公新学及其兴替》…………………（128）
质量精好的《宋代蜀文辑存校补》………………………………（132）

加强蜀学研究，繁荣中华学术文化……………………………（136）
直探堂奥，慧见卓识
　　——读蒙文通师《巴蜀史的问题》…………………………（137）
蜀学与蜀学研究…………………………………………………（153）
从《说文月刊》
辨析"巴蜀文化"命题的初义……………………………………（158）
"巴蜀文化"学术命题的地理含义………………………………（167）

巴蜀文化研究与建设文化强省……………………………………（180）
一通罕见的晚清书院碑石
　　——新出土《四川尊经书院举贡题名碑》初探……………（189）
《四川尊经书院举贡题名碑》
最初竖立地再探………………………………………………（200）
华西协合大学与巴蜀文化研究…………………………………（206）
天府新区建设与《华阳国志》…………………………………（223）
望江楼公园几座古建筑的历史变迁
　　——辑补彭芸荪先生《望江楼志》…………………………（231）
新花再放结硕果，改革发展耀志书
　　——读2013年版《自贡市贡井区志（1986—2005）》………（246）
历史的图证，深沉的乡情
　　——《富顺背影——世纪老照片·序》……………………（252）
深入发掘资料，推进蜀学研究
　　——文守仁先生《蜀风集》读后……………………………（255）
加强领导，保证合力，坚持质量
　　——对编纂《巴蜀全书》的希望……………………………（265）

汇报·感恩·鞭策…………………………………………………（268）
在学校赠书会上的感言…………………………………………（270）
在母校的襁褓中成长
　　——回忆旭川中学第一个团支部……………………………（273）
旭川中学与旭川书院（资料汇编）……………………………（280）

建议大力彰显"世界第一张纸币'交子'产于成都"……………（289）
关于公示确定"四川大学校歌"的浅见…………………………（292）
"国学与现代化"议………………………………………………（297）
"大足学"研讨……………………………………………………（300）
关于"三苏祠"规划的看法………………………………………（303）
《成都精览》：一部记述成都历史精要之书……………………（306）

谈都江堰市文庙的灾后重建……………………………………（308）
持续深入推进巴蜀古城堡考察研究………………………………（312）
推荐出版《宋会要辑稿》整理本…………………………………（314）
祝贺校点本《宋会要辑稿》出版…………………………………（316）
《国学》集刊：推进国学研究的新园地……………………………（318）

【附录一】
教书育人重能力，科学研究尚创新
——著名宋史专家胡昭曦教授访谈录
　　●胡昭曦■粟品孝……………………………………（321）
胡昭曦：习学人生，不断攀登
　　《中国社会科学报》记者　吴运亮、曾江………………（346）
胡昭曦：蜀学的渊笃与健雄
　　《成都日报》记者　蒋蓝……………………………………（349）

【附录二】
胡昭曦学术著作目录（1961—2016）………………………（356）

后　记………………………………………………………（369）

综合研究是历史研究的基本方法

我国素有"读万卷书，行万里路"的传统。宋人王质指出："世传，杜诗不读万卷书、不行一万里不可以观。"明人陈第说："读万卷书，不行万里道，不足以知山川。"清人潘天成概括道："大丈夫不读万卷书不走万里路，安能作好文章明圣贤之道乎！"这一传统对于做学问来说，就是讲究综合研究。近世又有二重证据法、三重证据法、多重证据法的运用，这些也都是讲综合研究的方法。把综合研究这种方法运用到史学中，就是要求史学家将文献记载与考古成果、社会调查和实地考察等相结合，将史学与其他相关学科相结合，走出书斋拓展视野、扩充资料，进行多学科多方位多层次的综合研究，用多种证据弄清历史的真面目。综合研究方法，应该成为历史研究的基本方法。

研究历史，首先得阅读历史文献，这是必要前提。我国存有长时期连绵不断、浩瀚丰富的官私文献，这是进行历史研究得天独厚的条件。但是，阅读了并不意味着就读懂了。要读懂有关历史文献，需要了解作者的写作过程，并尽可能多方验证，包括到实地去考察。在研究晚宋历史和宋代四川历史时，笔者在阅读历史文献后经常会产生一些问题，于是就带着这些问题到四川省内50多个县、市进行实地考察，通过实地考察才算真正读懂了文献。比如，为了弄清宋与蒙古（元）在四川的长期战争，考察了现存山城遗址15座、水碛2处、铁锁关1处，对地理形势、攻防设施、战法战场、交通路线等有了更形象的了解，认识到文献记载之实，也获得了文献上得不到的资料，还搜集到一批珍贵文物。再具体下去，比如四川东面的夔门险关是如何被攻破的？把文献记载与实地考察结合起来，就能明白原来攻蜀者是以水军主力驻瞿塘峡东口，另派小部队暗中攀缘江岸山道向西，再顺江而东，上下流夹击，守军就被瓦解了。又如，被称为"走遍天下路，难过新津渡"的新津五津渡，到实地察看后才弄清其成为历代军事要冲的地理形势。

"尽信书，不如无书。"对历史研究来说也是如此。受作者认知水平的局限或者由于传抄刊印的失误，历史文献也会存在这样那样的错误，应对其进行校勘、考订等工作，如果再以考古成果、社会调查、实地考察等与之互校互证互补，将会大大减少其局限和失误。比如，宋初青城县在什么地方？自明代《续资治通鉴纲目》以后，历史文献记为眉州青神县。但经我们多次实地考察，认为应是永康军属县，治所在今都江堰市徐渡乡境内。宋代著名理学家、蜀学大儒魏了翁创办的蒲江鹤山书院在当时非常著名。该书院原址在什么地方？地方志称，在距蒲江县城一里的山顶上。但是，结合各种资料进行调查，我们认为应在蒲江县城东约十里的崃支山（今名玉芝山）上。此外，有的资料是历史文献上未见记载或记载欠周详的，只能从考古资料上得到订补，这样的例子就更多了。

历史研究的基础在于资料，论证问题需要大量多方面的可信资料。只有运用综合研究这种基本方法，才能使文献与实际相结合、史学与其他学科相结合，达到认识历史真相的目的，使之成为信史。同时，运用综合研究这种基本方法，对于历史研究中的一些难题经常还会有"柳暗花明又一村"的顿悟，从而将历史研究推进到更为深入的境地。

（载《人民日报》2015年5月4日学术版"大家手笔"栏；《大家手笔》，人民出版社2016年6月版）

蒙文通先生国学研究的卓越贡献
——祝贺《蒙文通全集》出版①

蒙文通先生是四川大学教授、我国著名历史学家,学者誉称蒙文通先生为国学大师,如:"二十世纪中国卓尔不群的国学大师、国史专家。"②"20世纪少有的国学大师之一。"③"20世纪中国卓立不苟的儒学大师、国史专家。"④"我国现代杰出的历史学家、国学大师。"⑤"精通经学和佛学的国学大师。"⑥

对"国学"概念的界定,学界至今尚无一致看法,本文所谓"国学",是指在近代与号为"西学""新学"等欧美学术文化相对的中国学术文化,即我国自远古至近代的传统学术文化,重点包括儒、诸子、道、佛、文、史、诗赋、艺术等。国学是今日我国文化之本根,

---

① 在这篇文稿中,参阅了一些学者的有关著述,引用了其中的研究成果(均予注出),谨此一并致谢!在撰写过程中,得到师兄蒙默教授(已于2015年12月逝世)的支持,他于逝世前(9月)将新出版的《蒙文通全集》赠笔者学习和撰稿之据,借此文稿祝贺《蒙文通全集》的出版,感谢师兄的长期帮助和指导,表达对师兄的深切怀念!
② 萧萐父:《蒙文通与道家》,《吹沙二集》,巴蜀书社,1999年版,第211页。
③ 《"通儒"蒙文通全集出版》,《成都日报》,2015年7月14日第6版。
④ 郑道:《道家文化的新世纪——道家文化国际学术研讨会综述》,《中国文化报》,1996年9月15日。
⑤ 谢和平:《在蒙文通先生诞辰110周年纪念暨学术讨论会开幕式上的致词》,《蒙文通先生诞辰110周年纪念文集》,线装书局,2005年版,第1页;吴铭能、黄博:《贯通四部,圆融三教——蒙默先生谈国学大师蒙文通先生的学术思想》,载《经学研究论丛》第15辑,台湾学生书局,转引自王承军:《蒙文通先生年谱长编》(以下简称《年谱长编》),中华书局,2012年版,第354页。
⑥ 刘复生:《通观明变,百川竞发——读〈蒙文通文集〉兼论蒙文通先生的史学成就》,《蒙文通先生诞辰110周年纪念文集》,第120页。

是中华民族民族性之集中表现，是关乎建设中国特色社会主义的基本问题。蒙文通先生是在国学研究上做出卓越贡献的国学大师，笔者受先生教诲以来已届60年，最近又学习了2015年出版的《蒙文通全集》，拟就所学所知所感所受，对蒙文通先生的学术成就、师德与风采做些简略介述。

一、生平简介①

蒙文通先生名尔达，字文通，清光绪二十年（甲午，1894年）九月十八日②生于四川省盐亭县石牛庙乡一个儒学之家。1968年8月1日逝世于成都市水井街73号四川大学教职工宿舍，享年74周岁。

蒙先生自幼接受严格的传统文化教育，5岁（以虚岁计，下同）入私塾，15岁（1908年）读四川高等学堂附属中学丙班，与周太玄、李劼人、魏时珍、王光祈、郭沫若、曾琦、张煦等同学。③ 18岁（1911）考入当时四川国学最高学府四川存古学堂④（1912年6月存古学堂改名国学馆与国学院合并为四川国学院，1914年改名为四川国学学校，廖平任校长），成为廖平⑤、刘师培⑥、吴之英、谢无量等

---

① 有关简介主要据蒙默：《蒙文通先生学行简谱》（《蒙文通全集》第6册），巴蜀书社，2015年版；龚谨述：《蒙文通先生传略》，蒙默编：《蒙文通学记（增补本）》，生活·读书·新知三联书店，2006年版；牛敬飞、张颖：《追忆国学大师蒙文通先生——蒙默老师采访记》，《天健》，第17期（2005年2月川大历史文化学院天健文史社编印，《文史杂志》2016年第2期部分选载，题目有改动）；《年谱长编》，第354页。

② 《蒙文通先生学行简谱》写道："先生后在被询及年龄时，常以'出生在甲午海战那年'，以示不忘国耻。"先生还以农历九月十八日的生日喻为"9.18事变"日，亦示不忘国耻之意。载《蒙文通全集》第6册，第237页、第247页。

③ 《年谱长编》，第29页。

④ 1910年，以保存国学为宗旨的存古学堂设立。1912年，存古学堂改四川国学院。吴之英为院正，刘师培为院副，廖平等名师受聘。1914年，又改国学学校，廖平任校长，宋育仁任教务长。国学院前后约五年，出了不少杰出人才，如蒙文通、向宗鲁、彭云生等。1918年四川国学学校更名为"四川省立国学专门学校"。1928年并入四川大学，为该校文学院。

⑤ 廖平（1852—1932），四川井研县人。初名登廷，字旭陵，号四益；继改字季平，改号四译；晚年更号为六译。是中国近代最著名的经学大师之一。光绪十五年（1889年）进士，历任绥定府（治今达州）教授、尊经书院襄校等，1914年，任四川国学学校校长。

⑥ 刘师培（1884—1919），字申叔，号左盦（庵），江苏仪征人，经学家。1912年任成都国学院副院长。1917年，应北京大学校长蔡元培之聘，任北京大学文科教授。

大儒的弟子，可谓师承名门。1913年刘师培先生讲授《说文解字》，以"大徐本会意之字，段本据他本改为形声，试条考其得失"为题考试，对蒙先生三千余言考试答卷的评语写道："首篇精熟许书，于段、徐得失融会贯通，区辨条例，既昭且明。案语简约，尤合著书之体。"① 蒙先生受教廖平先生尤其久深。1923年廖平先生阅评蒙先生于上年刊出的《近二十年汉学之评议》一文时写道："蒙文通文如桶底脱，佩服佩服，后来必成大家。"② 蒙先生23岁（1916年）上半年之后，在乡自研经学，后于成渝等地教中学（省成联中——今石室中学③、重庆联中④、重庆省立第二师范学校⑤等）。30岁（1923年）"南走吴越"，游学各地，曾与章太炎切磋经学，入支那内学院向欧阳竟无大师请教佛学。⑥ 与汤用彤、王恩洋、钱穆等交往研讨学术。33岁（1926年）下半年在成都任教于成都佛学院（20世纪80年代峨眉山报国寺方丈普超法师即当时学生）。

34岁（1927年）下半年，受聘任国立成都大学教授。⑦ 从20世

---

① 载《蒙文通学记（增补本）》手迹图版；《蒙文通先生学行简谱》，《蒙文通全集》第6册，第240页。

② 载《蒙文通学记（增补本）》手迹图版；《蒙文通先生学行简谱》，《蒙文通全集》第6册，第242页。"桶底脱"，冯友兰《中国哲学史新编》写道："禅宗人常形容悟'如桶底子脱，桶底子脱，则桶中所有之物一时脱出。得道的人于悟时，以前所有的各种问题均一时间解决。"人民出版社，1999年版，中册第667页。廖先生是称赞蒙文思想敏锐、说理透彻、文字畅达、全篇贯通。

③ 同时任教者有彭云生、吴虞等。参《蒙文通先生学行简谱》，《蒙文通全集》第6册，第241页。

④ 同时任教者有彭云生、唐迪风、恽代英等。参《蒙文通先生学行简谱》，《蒙文通全集》第6册，第241页。唐君毅即当时学生，《唐君毅先生全集》第十九卷《中国哲学原论原教篇》第752页写道："忆吾年十三，始就读重庆联中。……第二年国文则蒙文通先生更为讲授宋明儒学之义。"台北学生书局，1986年版。

⑤ 同时任教者有彭云生、唐迪风、萧楚女、张闻天、邓少琴等。参《蒙文通先生学行简谱》，《蒙文通全集》第6册，第241~242页。

⑥ 欧阳渐（1871—1943），字竟无，江西宜黄人。近代著名佛学居士。1922年，在南京支那内学院任院长。1937年后，内学院迁至四川江津，院名为支那内学院蜀院。1949年，改名为中国内学院，1952年停办。内学院为近代中国培养了一大批著名的佛学学者，如梁漱溟、熊十力、吕澂、汤用彤等。1940年欧阳大师致蒙先生信中说："唯我文通，始足与谈。"载《蒙文通学记（增补本）》手迹图版。

⑦ 校长为张澜，同时受聘的有吴虞、吴芳吉、李劼人、刘咸炘、彭云生、唐迪风等。参《蒙文通先生学行简谱》，《蒙文通全集》第6册，第244页。

纪20年代起至40年代中，先后任国立成都大学、国立成都师范大学、中央大学、河南大学、北京大学（1933年下半年至1935年上半年①）、河北女子师范学院、四川大学（1937起）、东北大学（三台，1940年下半年）、华西协合大学（先兼金陵大学教授，1942年改兼华西教授）等校教授，1947年兼任尊经国专校长。新中国成立后，任华西大学教授，1952年华西大学哲史系合入四川大学历史系，乃专任四川大学教授。1956年起兼任中国科学院历史研究所一所研究员、学术委员会委员。

蒙文通先生还曾兼任四川省立图书馆馆长（1941—1949）。四川省图书馆开馆于民国元年（1912年），时名四川图书馆（至民国十六年，1927年），民国二十九年（1940年）重建时名四川省立图书馆。1952年命名为四川省图书馆。② 1940年在前清城守衙门重建开馆后，1941年蒙文通先生受聘出任馆长（2月到任），1949年4月去职，计任职8年。③ 他除主持日常馆务外，还设立研究辅导部，指导图书馆同仁开展古文献整理校勘，数年间整理竟达20余种；创办《图书集

---

① 当时，邓广铭先生是蒙先生所开宋史课的听课学生。朱瑞熙、程郁《宋史研究》第一章《中国宋史学的开创和奠基》将开此课的具体时间作"1933至1935年"（福建人民出版社，2006版，第5页）。之后，朱瑞熙先生在北京大学"纪念邓广铭先生诞辰一百周年国际学术研讨会"上，看到邓先生生平事迹展览的展品中，有邓先生1932年至1936年在北大史学系读书期间的成绩单，以此确定蒙先生所开宋史课的具体时间是1934年9月至1935年7月（参见朱瑞熙：《中国最早开设宋史课的准确时间》，2007年8月7日电子版文稿）；聂文华：《邓广铭宋史研究的学术渊源考——以蒙文通宋史课程的讲授为中心》，《史学月刊》，2015年第3期。

② 19世纪中叶，美国和英国开始设立公共图书馆。1900年，傅崇矩在成都桂王桥北街创建图书局，宣统二年（1910年），清廷学部奏请设立京师图书馆（即今国家图书馆前身）和各省图书馆。四川省图书馆筹备于宣统三年（1911年），开馆服务于民国元年（1912年），时名四川图书馆，设在成都少城公园一栋青砖小楼内，因楼前植松八十棵，又被称为八十松馆。民国十六年（1927年）四川图书馆终因"省款支绌"，移交成都代管。次年，更名成都市立图书馆。民国二十九年（1940年），四川图书馆在成都前清城守营衙门（后为中城小学）重建开馆，名四川省立图书馆。1952年命名为四川省图书馆。四川省图书馆是中国最早建立的公共图书馆之一，经过了上百年的建设和发展。

③ 《年谱长编》，第161~162页。

刊》杂志，登载国学研究文章，共出九期①；建立了国际图书交换业务。1941年2月26日，四川省通志局奉令撤销，该局所有图书、文稿、物品由四川省立图书馆接管。② 期间，蒙先生采取措施，妥善地保存了宋育仁主修的《重修四川省志稿》，1942年新成立的四川通志局接收此志稿时，"三百二十三册，均完好无缺"。③

笔者于1956年9月考入四川大学历史系（五年制）。本系有不少著名老师，其中尤以徐中舒、蒙文通、缪钺、冯汉骥等教授斐声学界，笔者经常获教，感到十分幸运。因蒙先生兼职中国科学院历史研究所而常住北京，尚未直面受教，直到三年级以后，才聆听到他的选修课和学术讲座。1961年8月毕业后，笔者被留系任教，系里确定蒙先生为笔者的指导老师，从此跟随先生重点学习宋史，并协助他在整理文稿、指导本科生论文方面做点工作。④ 1965年下半年笔者被派参加农村"四清"工作，1966上半年返校时，先生早被打入"牛棚"，我们师生乃被隔绝，直到1968年8月蒙先生不幸逝世。在三年多时间里，笔者侍学先生，接触频繁，求教甚多。蒙先生对笔者关怀备至，耳提面命，谆谆教诲，热情扶植，终生受用不尽。⑤

---

① 《中华图书馆协会报》1942年第5至6期合刊载文云："四川省立图书馆……自蒙馆长莅任以来，对于学术研究更多贡献，最近该馆出《图书集刊》，足见对学术研究之提倡。"转引自《年谱长编》第172页。

② 《年谱长编》，第165页。

③ 陶元甘：《蒙文通老师的美德》写道："老师还有一件极大的功劳，是将宋芸子先生主修的《重修四川省志稿》全部妥善保存下来。……（通志局结束后）《志稿》由教育厅交省图书馆代管。当时日机天天轰炸，蒙老师特意送至新都桂湖由新都民教馆代为保存。一九四二年新成立四川通志馆，应接收宋《志稿》。蒙老师亲自到桂湖点交，我当时在通志馆任职，恭随老师前往接交。《志稿》共三百二十三册，均完好无缺。"载《盐亭文史资料选集》第10辑第63~64页，转引自《年谱长编》第175页。

④ 例如，1961年12月笔者第一次为先生记录并整理学术会议发言稿《孔子思想中进步面的探讨》，先生将此稿加以审改一直保存下来，50年以后被蒙默教授收入《蒙文通全集》第1册《儒学甄微》第17~25页。又如，协助蒙先生进行指导数位本科生同学毕业论文的具体工作。

⑤ 参见胡昭曦：《谆谆教导，受用终生——缅怀蒙文通师》，四川联合大学（四川大学、成都科技大学）编印《蒙文通教授诞辰百周年学术座谈会纪念册》，1994年10月（收入胡昭曦《巴蜀历史文化论集》，巴蜀书社，2002年出版）；胡昭曦：《言传身教，垂范后学——缅怀蒙文通师》，《四川大学报》，2004年11月17日第4版（收入胡昭曦《旭水斋存稿》，四川大学出版社，2012年出版）。

60年来，先生的形象深深地印在脑海之中：身材不高，体态丰盈，美髯垂胸，笑容可掬。坦荡豪爽，平易可亲。笔耕不辍，诲人不倦。言传身教，师者楷模。

二、学术成就

（一）著作丰硕

蒙先生很早就撰写发表学术论文。22岁（1915年）在四川国学学校就读时撰《孔氏古文说》，为廖平校长嘉赏，以之刻于《国学荟编》（相当于今学报）。30岁（1923年）在南京支那内学院访学时撰《中国禅学考》，深得欧阳竟无大师赞赏，即以刊于该院年刊《内学》。34岁（民国十六年，1927年）撰成《古史甄微》，这是先生成名之作。先生终生笔耕不辍，硕果累累。

巴蜀书社自1987年起，开始编辑出版由蒙文通先生哲嗣蒙默教授（1926—2015）整理的《蒙文通文集》，至2001年（历时14年），将六册全部出齐，收录近百篇（部）著作，共约230多万字。

在巴蜀书社的邀约下，蒙默教授以耄耋之年，编成《蒙文通全集》，并于2015年5月出版。《全集》在《文集》的基础上增加了以前未能收录的手稿、诗词、期刊佚文、学术年谱等近百万字，其中不乏首次面世的内容，如书中的《甄微别集》所收则大多是新增篇目或者别稿，全书共182篇（部），计320万字。编为九卷，仍勒为六册。

（二）学术特点

蒙先生学问渊博，功力深厚，探源明变，抉原甄微，融会贯通，意新义奥，卓识慧见。要全面概括蒙先生的学术特色，这是笔者的学力达不到的，下面就笔者的认识列举一些凸显的特点。

1. 广博深邃的学术领域

先生的著述，大多已收入《蒙文通全集》。此外，还有一些手稿尚待整理。

第一册《儒学甄微》，含《儒学五论》《经学抉原》《性理学言》等。

第二册《诸子甄微》《史学甄微》。《诸子甄微》，含杨朱、黄老、墨、法、仙道、山海经、管子、禅学、唯识学等。《史学甄微》，含《中国史学史》等。

第三册《古史甄微》《古礼甄微》。《古史甄微》含《古史甄微》《北宋变法论稿》及古代社会经济等。《古礼甄微》，含古代社会制度政治制度、《中国历代农产量的扩大和赋役制度及学术思想的演变》等。

第四册《古族甄微》《古地甄微》。《古族甄微》，含《周秦少数民族研究》《巴蜀史的问题》《庄𫏋王滇辩》《越史丛考》《外蒙独立问题》、古代其他民族等。《古地甄微》，含《古地甄微》《成都二江考》，古地理、气候考，地方志研究等。

第五册《道教甄微》，含《道教史琐谈》等道教史研究及对前人有关《老子》《道德经》《庄子》《阴符发秘》等文献的辑校、重编、注疏等。

第六册《甄微别集》，含《治学杂语》、诗曲、旧稿辑存等。

从中可以看到先生学术领域广博，研究范围深邃。学者评论："先生一生出经入史，转益多师，形成了自己贯通经、史、诸子，旁及佛道二藏、宋明理学的学术风格，在思想史、史学史、先秦史、宋明史、古民族、古地理、道教文献整理等领域都做出了杰出贡献，被誉为'通儒'。"①

2. 意新识卓的学术见解

据笔者的浅薄认识，列举重要者于下：

（1）经学、理学研究的新发展。

蒙先生的经学代表作是1930年发表的《经学抉原》②和1944年发表的多年经学研究之集成的《儒学五论》③。

有一种意见认为，廖平经学"标志着了'经学时代'的结束"，

---

① 《"通儒"蒙文通全集出版》，《成都日报》，2015年7月14日第6版。
② 《蒙文通全集》第1册《儒学甄微》。原载《史学杂志》1930年第2卷，1933年由商务印书馆出版。
③ 《蒙文通全集》第1册《儒学甄微》。

或曰"宣告了经学的终结"。廖平经学是否是经学时代或经学的终结，哲学史界尚在深入探讨。然而，蒙文通先生师承近代经学大师廖平先生，且加以衍绪发展，遂成为当代经学大家，这是事实。

经学原本是泛指各家学说要义的学问。在汉代独尊儒术后，则特指研究儒家经典的学问。经学是中国古代学术的主体，西汉末年，经学研究中形成了今文经学和古文经学两个派别。两派在学术上各有不同，今文经学认为"六经"皆孔子所作，视孔子为托古改制的"素王"；注重阐发经文的"微言大义"，主张通经致用；以董仲舒、何休等为代表，最重《春秋公羊传》。古文经学崇奉周公，视孔子为"述而不作，信而好古"的先师；偏重训诂，与现实政治问题联系较弱；以刘歆、贾逵等为代表，最重《周礼》。两派长期争论，到清末更有发展，以皮锡瑞、康有为为代表的今文经学，与以章太炎、刘师培为代表的古文经学，又形成了近代的今古文经学之争。

两汉家法在晚清已经混杂不明，多数学者遵循的仍然是"由小学入经学"，侧重于文字训诂而割裂了经学与政教体制的联系。廖平却能独辟蹊径，考镜源流，上溯西汉，从制度入手来研究经学。廖平首倡以"礼制"的不同来区分今古学，他的经学是经学史上的又一高峰。廖平认为经学中最关键的在于制度，他说"六经旨要，以制度为大纲"，"予故以为经学之要，在制度不在名物"，他认为制度无所不包，只有推明制度，才能收到通经致用的效果。廖平主要从《王制》入手治经学。他用《王制》与《周礼》所载礼制的不同来推明今古之分的源流。阐发孔子素王托古改制的微言，也与他对《王制》的认识有密不可分的关系。

蒙先生深受廖先生"通经致用"学经目的的影响，推崇廖先生以礼制判分今古的治经方法，对汉代今文学家"素王""革命"理论及其"一王大法"制度做了系统揭示和深入论评。学者认为蒙先生是在重构近代今文学系谱，阐发师说，加以发展，表彰廖氏《春秋》学，由廖平以今古讲两汉，进而以《春秋》论先秦，倡鲁、齐、晋之学，以地域分今、古；破弃今、古文经家法，而宗周秦儒学之旨。蒙先生著《古史甄微》意图重建上古国史，澄清经史关系，以史证经，申明儒学在中国文化中的地位。①

作为廖平的学生，蒙先生不只是继承了廖平的学说，更重要的是进行了阐发、修订和发展，他的经学研究已与廖先生有明显不同，有学者认为主要是②：

第一，从地域文化入手，区分今文经学与古文经学之差异。他说："今文为齐、鲁之学，而古文为梁、赵之学也。……鲁学为孔、孟之正宗，而齐、晋则已离失道本。齐学尚与邹、鲁为近，而三晋史说动与经违，然后知梁、赵古文，固非孔学，邹、鲁所述，斯为嫡传。"③

第二，经学是集古代文化之大成。先生写道："经学即是经学，本自为一整体，自有其对象，非史、非哲、非文，集古代文化之大成，为后来文化之指导者也。"④ 这与"六经皆史"（章学诚）、史附于经、经附于史（周予同）、今文为哲学、古文为史学（廖季平）皆有不同。⑤

第三，强调经学是"明道的学问"。他认为："周秦诸子为国史上最为灿烂的思想文化，而经术者此灿烂文化之结晶也。"⑥ 主张"现在讲经，是不能再守着两汉今古文那样讲，是要追向先秦去讲"⑦。强调指出："由秦汉至明清，经学为中国民族无上之法典，思想与行为、政治与风习，皆不能出其轨范。"⑧ 明白地肯定经学在秦汉明清

---

① 张凯：《平议汉学：蒙文通重构近代"今文学"系谱的尝试》，《中国哲学史》，2012年第4期；蔡方鹿：《蒙文通经学片论》，《蒙文通先生诞辰110周年纪念文集》，第122页。

② 本节所论参见刘复生：《转型而不同：晚清以来蜀中学人之经史观》，《湖南大学学报》（社科版），2015年第6期，第39~46页。

③ 《经学抉原·序》，《蒙文通全集》第1册《儒学甄微·经史抉原》，第235页。此序戊辰年（1928年）撰于成都国学院。

④ 《论经学遗稿·丙篇》，《蒙文通全集》第1册《儒学甄微》，第310页。

⑤ 周予同先生为皮锡瑞《经学历史》一书所作"序言"概括说：经学有三大流派，其特色，今文学家将孔子视为政治家，古文学家将孔子视为史学家，而宋学家将孔子视为哲学家。见《经学历史》，中华书局，1981年版，第3页。

⑥ 《论经学遗稿·丙篇》，《蒙文通全集》第1册《儒学甄微》，第311页。

⑦ 《经学导言·绪论》，《蒙文通全集》第1册《儒学甄微·经学导言》，第196页。

⑧ 《论经学遗稿·丙篇》，《蒙文通全集》第1册《儒学甄微》，第310页。

时期中国文化中的核心地位,他要求不是"只能讲些六经义例",而要"明庶物、察人伦、致广大、尽精微",达于"尊德性"①。

在研治经学中,蒙先生更进而研究宋学特别是理学,并以此与宋史研究相结合。在我国现代史上,蒙先生是宋史学界中研治宋学尤其是理学和浙东、蜀学等学派最早且系统深入的前辈著名学者之一。蒙先生自认在研治诸学中以理学最深,尝谓"诸学中自得之深者厥惟理学"②。他直接论述的理学著作,主要集中在《性理学言》(含《理学札记》《理学札记补遗》《理学札记》及《致张表方书》等)诸篇等著述中。③ 这些著作,阐述了先生对理学的基本问题和一些理学家的论析,对朱陆异同、理学诸家聚讼的理气道器关系等问题进行剖判,提出了研究新见和精到认识。有学者称这些著述是"专门之哲学论著","殊非一般读书札记,乃深究宋、明理学诸家,含英咀华而别具慧解之作"④。

蜀学在中国学术史上占有重要地位,蒙先生于经学研究中特别注意对蜀学的探究,于1925年撰有《议蜀学》一文,从清代经学状况谈廖平经学的成就,呼吁蜀人承传蜀学,发展蜀学,写道:"廖氏成《今古学考》,遂欲集多士之力,述十八经注疏,以成蜀学。夫伊洛当道丧学绝之后,独能明洙泗之道,绍孟学之统,以召天下,蜀人尚持其文章杂漫之学,以与朔、洛并驱。自顾氏(按即顾亭林)以迄于今,其道已敝,吴、越巨儒,复已悔其大失,则蜀中之士,独不思阐

---

① 《经学导言·结语》,《蒙文通全集》第1册《儒学甄微·经史抉原》,第221页。蒙默教授回忆说:"我父亲有一个观点也可以说是对经学的一个比较新的诠释,就是说经学重点不在'六经',应该在传记。传记是儒家根据经典来发挥,来讲它自己的东西。……因为讲经学史只讲对'六经'文字的解释,那个没有多大意义,一定要讲如何阐释六经的微言大义。这个才能代表他当时的思想。……他这个传记也包括了一部分后人所谓的经,比如《礼记》,他就认为是传记,《公羊传》《穀梁传》《易经》的《十翼》这些都是传记,经就是说画卦那些才是经,《春秋》可以说是经,《仪礼》是经。《礼记》《大戴记》《小戴记》都是传。"参见牛敬飞、张颖:《追忆国学大师蒙文通先生——蒙默老师采访记》。
② 龚谨述:《蒙文通先生传略》,《蒙文通学记(增补本)》第307页。
③ 《蒙文通全集》第1册《儒学甄微》。
④ 萧萐父:《含英咀华,别具慧解——蒙文通先生〈理学札记〉读后》,《蒙文通学记(增补本)》,第96页。

其乡老之术，以济道术之穷乎？是则承学之士，所宜熟思而慎择者也。"① 蒙先生正是大力阐"乡老之术"，传承蜀学、复兴蜀学杰出的"蜀中之士"。

（2）由经入史，建立中国史学史新构架。

蒙先生说："懂哲学讲历史要好些，即以读子之法读史，这样才能抓得住历史的生命，不然就是一堆故事。"②"史者，非徒识废兴、观成败之往迹也，又将以明古今之变易、稽发展之程序。"③ 他研究史学是由经学以入，坚持通观全局和探源明变的方法，重点把握"思想廓落（引者按，其意即指思想解放）之会"，把中国古代历史学的发展，置于中国古代通史尤其是学术思想史加以考察。基本完成于1938年的《中国史学史》④ 是其代表作。他写道："余少年习经，好西汉家言。壮年以还治史，守南宋之说，是皆所谓于内圣外王之事，无乎不具也。"⑤ 在该书"绪言"中写道："窃以中国史学之盛，有三时焉。曰晚周，曰六朝，曰两宋，皆思想廓落之会也。……爰依此旨，谨述三时；汉、唐、元、明，备之而已；清世以师资既昵，亦举大要，俾明流变。"⑥ 他将中国古代史学分为晚周至汉、六朝至唐、中唐两宋、明清（自正德、嘉靖始）四个时期，这种分期与他关于学术思想演变的分期相一致。

该书有别于一般史学史重点讲述史学体裁、体例、著作、史学家，而主要讲作为学术的史学的发展，如"六朝至唐"一章，就讲了史学与学术、江左清谈、六代俪文，史家的民族国家思想、君臣观念，史识、史例、史体之发展等。先生强调要重视"文化遗产之史学"，曾说"宋人史学则以南宋为尤精……所谓浙东史学是也"，"制度遂成为浙东史学之中心"，"数十年来，国内史学界皆重史料，而绝

---

① 《蒙文通全集》第1册，第229页。
② 《蒙文通全集》第6册《甄微别集·治学杂语》，第45页。
③ 《蒙文通文集》第2册《史学甄微·中国史学史》，第360页。参见粟品孝：《蒙文通与南宋浙东史学》，《浙江学刊》，2005年第3期。
④ 《蒙文通全集》第2册《史学甄微》。
⑤ 《跋华阳张君〈叶水心研究〉》，《蒙文通全集》第2册《史学甄微》，第535页。
⑥ 《蒙文通全集》第2册《史学甄微》，第339~340页。

少涉及文化遗产之史学。浙东史学究为文化遗产之一大宗"①。宋代史学是该书的重点，列于该书第三章，分列 13 节，今摘引其目，以见由经入史建立史学史体系之又一例，即：天宝后之文、哲学与史学，《五代史》《唐书》之重修与新旧史学，《春秋》与史学（原缺），孙甫与司马光，史底（原缺），新学、洛学、苏学与史学，南渡女婺史学之源流与三派，义理派史学，经制派史学，事功派史学，金华文献之传（原缺），西蜀、江西之史学（原缺），三派末流与官修宋、辽、金、元各史（原缺）。

可见与学界一般史学史的体例和写法明显不同，蒙先生主要是研究史学的发展，构建中国古代（宋代是重点之一）史学史的新体系。金毓黻先生在 1940 年 9 月访问蒙先生后写道："晤蒙文通，借其《史学史》稿本阅之，尚有致意。……蒙君治史盖由经学入，其治经学，更以《公》《穀》为本柢，故所重者为研史之义理，而非治史之方法。……蒙君所著，盖取先秦诸子、六朝群彦之谈言微中涉有史学者，一一采折而取之。其于两宋则以金华、永嘉诸派之学说采择最备。"② 有学者称先生著《中国史学史》"是在我国出版的第一部中国古代史学发展史，是第一部把历史学的发展，置于中国古代学术思想发展史这一广阔领域里进行考察的史学史。"③

（3）提出了"中国上古文化三系说"（"古史三系说"）。

早在 1927 年（34 岁）撰成的《古史甄微》（成名作）专著中，先生研讨了"三皇五帝"④ 体系的形成和演变，指出此乃战国晚起之说，不足为据，提出中国上古民族可分为江汉（南）、河洛（北）、海岱（东）三系，其分布之地域不同，其生活与文化亦异。江汉民族即炎族，以炎帝、神农、三苗、共工、祝融、蚩尤为代表，以姜姓为

---

① 《蒙文通全集》第 6 册《甄微别集·治学杂语》，第 40 页。
② 金毓黻《静晤室日记》第 6 册第 4591 页，转引自《年谱长编》第 159～160 页。按，当时金先生与蒙先生同在三台东北大学任教。
③ 郦家驹：《深切怀念蒙文通先生》，《蒙文通学记（增补本）》，第 112～113 页。
④ 一般认为，三皇指燧人（燧皇）、伏羲（羲皇）、神农（农皇）；五帝指黄帝、颛顼、帝喾、尧、舜。

主；河洛民族即黄族，以黄帝、颛顼、帝喾、帝尧为代表，以姬姓为主；海岱民族即泰族，以燧人、伏羲、女娲、两皞、帝舜、皋陶为代表，以风、偃、嬴姓为主。① 之后，又在《经学抉原》（1933年成书）、《略论〈山海经〉的写作时代及其产生地域》（1962年发表）中，先后明确提出"晚周之学有北方三晋之学焉，有南方吴楚之学焉，有东方齐鲁之学焉"②，"《五藏山经》不仅是以巴、蜀、荆楚为'天下之中'，当属南方文化系统"③。在《巴蜀史的问题》（1963年发表）中，先生再次申论"晚周文化系统只有三派，就是齐鲁的《诗》《书》六艺和三晋的法家（包括兵、农、纵横——原注）、楚的道家"，同时指出："晚周的仙道也分三派，燕齐是服食，秦是房中，楚是导引。"还征引了自然科学家的研究成果："近时有研究中国农业史的科学家认为，中国农业在古代是从三个地区独立发展起来的，一个是关中，一个是黄河下游，在长江流域则是从蜀开始的。"④ 这就是先生提出的被称为"古史三系说"（"中国上古文化三系说"）的著名学术主张，不仅对中国上古文明的研究提供了符合实际的科学见解，也为中国古代民族史研究做出了新贡献。

有学者指出先生此论："把古代学术地域化的论旨转化成一种新的论述，即史学上的古史多元论述。""把古代学术两系统说转化为古史多元论述，可以说是近代上古区系类型论的滥觞……打破了古来一系相承的旧说。"⑤"蒙先生这种分析，不但将纷繁纠结的上古史理出了一个头绪，使很多千百年来争讼不决的问题如桶底脱落，豁然而通；而且其科学性已经为近年来的考古学和人类学的新发现所

---

① 《蒙文通全集》第3册《古史甄微》。
② 《蒙文通全集》第1册《经史抉原·序》，第235页。
③ 《蒙文通全集》第2册《诸子甄微·略论〈山海经〉的写作时代及其产生地域》，第123页。
④ 《蒙文通全集》第4册《古族甄微·巴蜀史的问题》，第156~157页。
⑤ 王汎森：《从经学向史学的过渡——廖平与蒙文通的例子》，《历史研究》，2005年第2期。

证明。"①

（4）中国古代民族史研究的新成果。

1927年研究周秦民族的蒙先生，在《古史甄微》中论述夏、商、周三代史事时，注意探寻周秦时代西戎、赤狄、白狄诸民族先后迁徙之迹。20世纪30年代，又陆续撰成一系列文章，刊于《禹贡》杂志，提出了不少的精辟见解，后合为《周秦少数民族研究》于1958年出版。② 20世纪五六十年代，更对氐羌等古族和古代巴蜀部落的历史进行研究论述，发掘了许多资料，提出了一些新的看法。

1964年至1968年写成的《越史丛考》③，对古越族的族源、分布、种类、变迁、征战和社会发展等重要问题，分为12个子目，进行了缜密的考证和深入的探讨，即："越族古居'扬子江以南整个地区'辨""百越民族考""'越裳为越章'辨""越人迁徙考""古代中国南方与交趾间的民族迁徙""'秦象郡为汉日南郡'辨""安阳王杂考""骆越与西瓯""汉交趾郡北界考""外越与澎湖、台湾""吴、越之舟师与水战""《史记·越世家》补正"等。全书96000多字，征引史籍达130多种。有评论说，《越史丛考》"是解放后第一部专门考论百越民族史的学术著作"，"没有空发议论，而是凭史实来说话，因此有很强的说服力。""《越史丛考》是一部很有价值的学术专著，它的出版标志着我国古代史研究的一个方面达到了新的水平。"④

（5）先秦时期蜀的经济和巴蜀文化"不落后于七国"。

先秦史上所谓"东夷""南蛮""西戎""北狄"，即"四夷"，都是中原华夏对周边少数民族的泛称，唐孔颖达疏解《左传》写道："四夷之名，随方定称，则曰东夷、西戎、南蛮、北狄。其当处立名，

---

① 童恩正：《精密的考证，科学的预见——纪念蒙文通老师》，《蒙文通学记（增订本）》，第159页。
② 《蒙文通全集》第4册《古族甄微》。
③ 《蒙文通全集》第4册《古族甄微》。
④ 邓卫中：《一部考订该洽、纠谬释疑的史学新著——介绍蒙文通教授〈越史丛考〉》，转引自《年谱长编》第322~324页。邓卫中先生是人民出版社负责《越史丛考》的责任编辑。

则名从方号。……夷为四方总号。"① 可见所谓"四夷",实指古代中原四周地方的居民或少数民族。先秦时代巴蜀及其以西以南地区,被史籍称为"南夷""西南夷""戎狄"也是这样。因此,那种认为被称为蛮夷之地全都是"化外"之域、"未开化"之区、经济文化落后的说法是不确切的。

蒙先生认为,南方文化系统是中华文明的三大始源之一,要重视古巴蜀同中原和周边的联系,更要重视"巴蜀固有的文化"即古巴蜀本土经济文化的生长、兴起和特点,这也是先生历来强调区域史须"自具一历史面目"的基本要求,《巴蜀史的问题》用了四章的篇幅论述蜀的经济和巴蜀的文化。②

有论者认为,古蜀乃西南夷蛮,经济文化落后,"刘渊林注《蜀都赋》引扬雄《蜀王本纪》说:'蜀王之先名蚕丛、柏濩、鱼凫、蒲泽、开明。是时人萌椎髻左言,不晓文字,未有礼乐。'"《巴蜀史的问题》据文献记载不同意这样的评论,指出,远古时"巴蜀还是畜牧和耕稼并行的社会","立宗庙,以酒曰醴","蜀已大量产米","成都平原可能在李冰前已有水利灌溉,从近年来发现的考古材料来看,知战国时蜀已有铁器和纺织品",司马错说"得其(蜀)布帛金银,足给军用"。由此认为,"在秦灭巴蜀之前,蜀的劳动人民在生产方面是有高度成就的,它并不落后于七国"③。"秦灭巴蜀,使巴蜀经济向前迈进了一大步"。巴蜀文化正是在这些"经济发展最早而又最古的地区……发生孕育起来的"。巴蜀早期就存在"原有的高级文化"④。先生进而对古巴蜀固有文化所具特征做了概括和论析,认为"从来四川的文化有它的特殊性",明确指出:"词赋、黄老、律历、灾祥是巴蜀

---

① 《春秋左传注疏》卷20"文公十六年"孔颖达疏,影印文渊阁四库全书本。
② 《蒙文通全集》第4册《古族甄微》。原载《四川大学学报》(社会科学版)1963年第1期,后收入《巴蜀古史论述》,由四川人民出版社于1981年出版。参见胡昭曦:《直探堂奥、慧见卓识——读蒙文通师〈巴蜀史的问题〉》,《蜀学》第9辑,巴蜀书社,2015年版。
③ 《蒙文通全集》第4册《古族甄微·巴蜀史的问题》,第121、第135~136页。
④ 《蒙文通全集》第4册《古族甄微》,第145、161页。

固有的文化。"①

从20世纪80年代以来，四川地区学界掀起了对"蜀学"的研究，取得了明显进展和不少成果，但还处于方兴未艾的起步阶段，许多问题尚待系统深入，诸如蜀学的源流与特点，"染秦化""文翁化蜀"的含义及其影响，蜀学在中华文明发展史上的地位，等等。《巴蜀史的问题》在蜀学研究上，提供了宝贵的资料、观点和方法。

（6）对中国古代社会经济文化发展的新认识。

1957年发表的《中国历代农产量的扩大和赋役制度及学术思想的演变》一文（约86000字）②，是蒙先生研究中国古代史上社会变革和宋代学术思想发展变化的代表作，集中体现了他关于治史要融通和探源明变的学术主张。

他从中国古代占主要地位的农业生产入手，探求周秦至明清社会经济基础与上层建筑的突出变革，以丰富史料为基础，考论了历代农产量、赋役制度和学术思想的主要发展阶段和变化。指出：历代单位面积农产量的扩大可分为战国两汉、魏晋六朝、唐宋、明清四个阶段；赋役制度可分为两汉的租赋、魏晋到唐的租调、唐宋到明的两税、明中叶以后的一条鞭，"这四个阶段又恰好和农产量扩大的四个阶段正相吻合"。此外，选举制度、兵制等"也都颇能和农业发展的阶段相配合"③。在学术思想上也与上述四个阶段"密切配合"，经历了两汉学术、正始学术、大历学术、嘉靖学术的演变。"这些现象都绝不是偶然的，都应有其一定的内在联系的"。并且强调指出："这四个阶段中，又以唐前唐后之变最为剧烈，而且也更为全面。"先生认为，唐代中叶，在学术思想上是一次显著的全面的变化，"发生了一次革新运动，无论在经学、文学、史学、哲学各方面都发生了反对旧传统的新学术，而为宋代一切学术的先河，这一新学术，终唐以至五代，都还没有能够成为学术界的主流……及至宋仁宗庆历以后，新学

---

① 《蒙文通全集》第4册《古族甄微》，第155、163页。
② 《蒙文通全集》第3册《古礼甄微》，原载《四川大学学报》（社会科学版）1957年，第2期。
③ 《蒙文通全集》第3册《古礼甄微》，第369~371页。

才走向勃然兴盛的坦途，于是无论朝野都是新学的天下了"①。

（7）对《山海经》的新见解。

《山海经》是一部奇书，记述了中华远古人类社会、地理山水、自然风光、历史人文、神话科幻。对其性质，研究者素有地理或历史、文学、神话著述以及巫书之谓。蒙先生主张从史学的角度对《山海经》"进行深入、全面和系统的分析与考察"，将其"提到古史研究的适当的地位上"。

他在20世纪50年代所写的《略论〈山海经〉的写作时代及产生地域》②一文中，进行了大量的辨析考订，提出了新的见解。他认为：《山海经》部分的写作时代当在周室东迁之时……部分的写作年代当在西周前期。但它们所记载的文化遗产，则当是更古更早的东西。《海内经》"不是中原传统文化的产物"，而是"部分可能出于古蜀国的作品"，"《大荒经》部分可能就是巴国的作品"，"至于《五藏山经》《海外经》等九篇……很可能是接受巴、蜀文化以后的楚国作品了"。《山海经》"可能是巴、蜀地域所流传的代表巴、蜀文化的古籍"。还认为，《山海经》"从不以黄河中游地区作为天下之'中'（引者按，指远古文明中心）"。根据《中山经》所载"《五藏山经》所谓的'中'是包括了古豫、荆州的西部、南部和整个梁州地区"。"《海内经》四篇所说的'天下之中'，便当是这个'海内昆仑'（引者按，下文明言昆仑即岷山）了"，"《大荒经》以下五篇也是以四川西部为'天下之中'"。"可知《山海经》全书三个部分所说的'天下之中'，都与中原文化所说的'天下之中'迥不相同。它所指的是巴、蜀、荆楚地区或者只是巴蜀地区。"③ 1967年，又撰《再论昆仑为天下之中》④，补充大量资料，对"《山海经》以蜀为天下之中""昆仑为天下之中"的观点做进一步申论。

---

① 《蒙文通全集》第3册《古礼甄微》，第457页。
② 《蒙文通全集》第2册《诸子甄微》；《中华文史论丛》第1辑，上海古籍出版社，1962年版（后收入《巴蜀古史论述》，由四川人民出版社于1981年出版）。
③ 本节所引《山海经》文字，皆据《略论〈山海经〉的写作时代及产生地域》。
④ 《蒙文通全集》第4册《古族甄微》。

(8) 对北宋熙丰变法的独到评价。

无论在科学研究或教学上，蒙先生都为我国的宋史研究做出了突出贡献。据统计，蒙先生已发表的主要宋史研究论著约有 29 篇（本），研究范围大致包括宋代理学、唐宋变革、熙丰变法、宋代商业和宋代史学史等重要课题。① 近几十年来在宋史学界有深远的影响，正如有学者所说："蒙老在宋史研究和教学上的杰出成就，蒙老对中国宋史学的突出贡献，使他无愧为中国现代的宋史学的奠基人之一。"②

宋神宗熙宁、元丰年间由王安石倡行的变法，是宋代历史乃至中国古代史上的一大事件，蒙先生对此甚为重视，进行了长期深入研究，提出了不少创见，主要集中于其《北宋变法论稿》。③

对这次变法，学界一般称"王安石变法"，清人王夫之则称为"熙丰新法"，先生也称之为"熙丰变法"。

在熙丰变法过程中，北宋朝野争论很大，执行不一。此后的几百年间，政界、学界一直对其褒贬不一。清朝乾、嘉年间蔡上翔著《王荆公年谱考略》一书为之"辨诬"，随后，学界对熙丰变法肯定者增多，最著者如 1933 年、1935 年分别出版的两本《王安石评传》④。先生对此有不同见解，于 1937 年发表的《与李源澄论北宋变法与南宋和战书》中写道："弟谓荆公变法偏重理财，民已困而荆公犹理财不已。"认为"荆公剥民""厉民"⑤。1954—1958 年间，先生断续撰写《北宋变法论稿》书稿，详细分析了北宋一代人民负担与熙丰变法，熙丰变法各项法令之施行及其实效多为"剥民""敛财"，基本否定这

---

① 参见朱瑞熙《文通师论宋史》、胡昭曦《蒙文通先生对宋史研究的贡献——读〈蒙文通文集〉》，均载《蒙文通学记》（增补本）；胡昭曦：《蒙文通先生与宋史研究——读〈蒙文通文集〉》，《四川大学学报（哲社版）》，2004 年第 6 期。
② 朱瑞熙：《文通师论宋史》，《蒙文通学记》（增补本）第 180 页。
③ 《蒙文通全集》第 3 册《古史甄微》。此书稿于 1954 年至 1958 年间断续写成，手稿原题《北宋变法批判七件》，由蒙默教授整理成册。
④ 即柯昌颐《王安石评传》，商务印书馆 1933 年版；梁启超《王安石评传》，世界书局 1935 年版。
⑤ 《蒙文通全集》第 3 册《古史甄微》，第 218~219 页。

次变法。在史界独树一帜,对辩证评价熙丰变法和北宋社会经济财政具有影响。

(9)揭示出道教中的重要流派重玄派。

20世纪20年代,蒙先生在支那内学院研究佛学,推治经之法以治佛典,撰写了"《中国禅学考》《唯识新罗学》,前篇探讨达摩前28祖之说不可据,并辨析古禅、今禅之异趣;后篇论玄奘以后唯识之传,窥基、圆测本自不同,窥基之说行于中土,圆测之说盛于新罗——皆深得欧阳(竟无大师)之赞赏"①。

40年代,先生开始集中研究道家道教②,涉及面很广,其突出贡献之一是,《蒙文通全集》集中编为《道教甄微》一册,收辑先生有关道教史论述、注疏10篇(册)③,先生辑校、整理、重编了成玄英、李荣、陈景元、张清夜等人的多部注述,涉及《道德经》《老子》《庄子》《阴符发秘》等重要著作。蒙先生从《道藏》中收载的几十部有关《老子》《庄子》的诸家注疏中,"发现一个长期未揭的重大秘密,即自晋唐以来在道教中存在着一个探究老、庄奥旨的思想流派,即今天被学界中人认同的重玄派"。重玄派是"富有思辨色彩的道教哲学"。蒙先生考订、辑佚和整理有关经籍,探究重玄学的思想渊源、理论特征和历史地位,又将佛、道两家之学相互参证。学者称这是"在梳理重玄学渊源上的一大贡献"④。《四川省志·哲学社会科学志》写道:"蒙文通……在道教研究上也有开创性的业绩……对道教史的研究提出了独到见解……为今日四川道教研究在全国居领先地位打下了一定的基础。"⑤

---

① 李有明、蒙绍鲁:《往事存稿·经史学家蒙文通》,四川民族出版社,2004年版,第367页。参《蒙文通先生学行简谱》,《蒙文通全集》第6册,第243页。

② 蒙默教授回忆说,在《儒学五论》印好后,先生阅读《抱朴子》引起了对道教的兴趣,就系统翻阅《道藏》,"连着搞了几年道教的东西","日本人也搞重玄学,但是比他晚三十年"。参见牛敬飞、张颖:《追忆国学大师蒙文通先生——蒙默老师采访记》。

③ 《蒙文通全集》第5册《道教甄微》。

④ 参见李远国:《论蒙文通先生在道家、道教研究领域中的贡献》,《蒙文通先生诞辰110周年纪念文集》,第110~112页。

⑤ 《四川省志·哲学社会科学志》,四川科学技术出版社,1998年版,第95页。

以上只是有关蒙先生意新识卓学术见解的列举，已明显可见，蒙先生在国学研究中，范围广泛，深入堂奥，发掘出许多宝贵资料，提出了不少精湛卓识的独到见解，为我国国学研究的传承创新做出了很大贡献。先生突出的研究特色是：广博、深入、精湛、独到，具有很强的传承性和创新性。有学者评价说："蒙先生一生的学术成就，涉及中国古代学术思想史、史学史、民族史、历史地理、佛教史、道教史以及经济史等等。在我国老一辈著名历史学家中，能够像蒙先生这样，在如此广泛的领域里，都贡献了精湛论著的学者，是为数极少的。"①

3. 融通精谨的治学方法

先生在治学方法上十分考究，积累了许多宝贵的行之有效的甚至具有理论意义的治学经验和方法。在此只举笔者我个人印象深刻、颇受教益的几例于下：

（1）读书要能"用书"。

先生强调读书要发现问题，带着问题。"要能在常见书中读出别人读不出来的问题。"②"书叠起来随时想问题，往往有启发就在这时。""要带着问题读书。"这是先生的读书经验，也是发扬古来学者的好传统，朱熹说过："读书，始读未知有疑，其次则渐渐有疑，中则节节是疑。过了这一番，疑渐渐释，以至融贯会通，都无可疑，方始是学。""大疑则大进。"③ 置疑释疑才是学问，有疑有问题才能不安于故而进于新，这是符合辩证法的。发现问题就是发现矛盾，解决问题就是解决矛盾。不断发现，不断解决，不断发展创新前进，这就是科学研究的发展轨迹。

蒙先生说："读一部书，要能用它，如不能用，讲不出如何用，必然困倒书下。像《水经注》是部古地理书，就贵能在解释古地上起作用。""读一部书要把它打碎、消化，方能书为己用，要了解这部书

---

① 郦家驹：《深切怀念蒙文通先生》，《蒙文通学记（增订本）》，第107页。
② 以下引文除注明出处者，均据《蒙文通全集》第6册《甄微别集·治学杂语》。
③ 宋·张洪等编：《朱子读书法》卷1，影印文渊阁四库全书本。

是如何'成书'的。"

（2）"思想廓落"——通识，明变。

蒙先生治学最重通识，要求学术视野广阔，"目光四射"，"必须通观"。"做学问既要深入细致，又要目光四射。""做学问犹如江河行舟，会当行其经流，乘风破浪，自当一泻千里。……故做学问要敢抓，能抓大问题、中心问题。"蒙先生指出："孟子说：'观水有术，必观其澜。'观史亦然，须从波澜壮阔处着眼。……须能把握历史的变化处，才能把历史发展说个大概。"指出，无千百年不变之社会，亦无千百年不变之历史，社会历史之转变关键处正是读史之观澜处也，故治史重在通观达识、明其流变，而又必于观变中求其知来之智慧及儒学义理之体现。所以先生论中国史学史云："史者，非徒识废兴、观成败之往迹也，又将以明古今之变易、稽发展之程序。"又言："窃以中国史学之盛，有三时焉。曰晚周，曰六朝，曰两宋，皆思想廓落之会也。体制革新，陈义深远，宏文迭出，名家踵武，虽汉唐盛世，未足比隆，诚以析理精莹，则论列足采，视天梦梦，则去取斯昏。故哲学发达之际则史著日精，哲学亡而史亦废。""思想廓落"，先生书中他处又作"思想解放"，其义一也。盖思想解放则能突破传统观念之束缚，于是百家兴起而哲理学盛，而史学亦盛。

（3）"事不孤起"——纵通、横通、融通。

先生治学，既强调通观明变，也强调事不孤起。他指出："事不孤起，必有其邻……唐之新经学、新史学，其理论皆可于古文家之持说求之，是固一贯而不可分离者。"[①] "编通史、教通史都应该注意'全面'和'系统'的问题。"

"文化的变化，不是孤立的……因此必须从经、史、文学各个方面来考察，而且常常还同经济基础的变化相联系的。唐前唐后是一大界限，文学上的变化最明显。""讲论学术思想，既要看到其时代精神，也要看到其学脉渊源，孤立地提几个人来讲，就看不出其学术来源，就显得突然。""讲学术，不能根据王朝来谈。宋的学术是从唐中

---

① 《蒙文通全集》第2册《史学甄微·评〈学史散篇〉》，第472页。

叶开始的,经五代到宋初,在宋仁宗时形成。""我很赞同搞古代史,但不能放弃现代。从来没有只搞古代不搞现代或只搞现代不搞古代而成功的史学家。"

因而,先生要求治史要纵通、横通、融通。"中外进行比较,是研究历史的一个重要方法。写《古史甄微》时,就靠读书时学过些西洋史,知道点罗马、希腊、印度的古代文明。""中国历史上的社会经济问题,只宜拉通来讲,才易看出变化,分在每段来讲,就不易比较了。"

(4) 重视"最初的史底"、甄微与考订。

蒙先生的史学研究,十分重视史实的考订和古籍整理研究。《中国史学史》就专门有"史底"一节,足见他对原始史料的重视,可惜原文已缺①,只能从其他论著中了解一二。先生在《从〈采石瓜洲毙亮记〉看宋代野史中的新闻报导》中指出:"最直接的原始资料。这就是宋人叫的史底,是最可宝贵的东西。"他细致考订了宋代野史的有关记载,指出:"史料是构成历史的基石,而史料的来源则是多方面的……矛盾的材料,总须等到解决才可使用。……许多野史记载的不同,都应当先研究作者是何种人,他为什么要这样说。解决了这些问题,才可以少些错误。总之,时代稍后的历史记载可信的成分就减少了一些,最初的史底是值得我们重视的。"瓜洲这一战役的有关记载材料不下二十种,"但是,这种记事里面参差抵触之处不少,治史者就不得不下一番功夫,才能从许多矛盾复杂的材料中把采石瓜洲这一战役的真相和意义探索出来"②。他还说:"《文献通考》一书有许多史料,用材料应查原书。查《通典》《通考》,要以正史、有关史籍来核对、补充。""地理书没有不校勘的,清人的校勘往往有错。在校法上,以不同版本互校只是一个办法,更要从经注、史注、历史事实上进行考察。沿革地理上的错误,只要一画图就明白了。"

蒙先生著述结集多以甄微命名,何谓"甄微"?甄,鉴别也;微,

---

① 《蒙文通全集》第2册《史学甄微·中国史学史》,第406页。
② 《蒙文通全集》第2册《史学甄微》,第541、543、536页。

细微也。甄微，意即于细小处深细地鉴别察考。重视原始资料，并加以鉴别、考订，从中探索历史真相和文化内涵，凡是读过蒙先生著作的，都为其所据史籍之广泛、史料之丰富、考订之细密而感佩。

总的来看，先生的学术研究，无论内容或方法都已构成他自己的学术体系。

先生曾说："学问贵体系……体系有如几何学上点、线、面、体的'体'。清世学者四分之三以上都是饾饤之学，只能是点。其在某些分支上前后贯通自成系统者，如段玉裁之于文字学，可以算是线，还不能成面。如欧阳竟无先生之于佛学、廖季平先生之于经学，自成系统，纲目了然，但也只能限于一面。能在整个学术各个方面都卓然有所建树而构成一个整体者，则数百年来盖未之见。做真学问者必须有此气魄。"① 先生未说已构成自己的学术体系，但他是"做真学问"，具有建立学术体系的"气魄"。统观先生的学问，笔者认为先生已在学术上有自己的体系，大体上是：先生的学术根底是对经学和理学的精深研究，由经入史，经史贯通，"推治经之法以治佛典"②，将经学理学同道家道教结合研究，"从经注、史注中去"研究古地理③，儒、佛、道三学皆通。先生之学虽有多方，然皆归本于儒。

三、师德与风采

（一）堂正做人，拳拳爱国

在讲论学问时，先生曾说："不管做哪门学问，都要堂堂正正做个人"，先生一生热爱祖国，敬业重教，坦荡正直，作风严谨，留下不少感人事迹。其爱国情怀，尤为深切。

新修《四川省志·人物志》写道："1935 年，蒙文通移居天津，教授于河北女子师范学院。时有学界败类大肆鼓吹'中日提携'者，多次找蒙文通，许以重金，意图诱请蒙为撰此类文章。其时，蒙文通

---

① 《蒙文通全集》第 6 册《甄微别集·治学杂语》，第 4 页。
② 龚谨述：《蒙文通先生传略》，《蒙文通学记（增补本）》，第 305 页。
③ 《蒙文通全集》第 6 册《甄微别集·治学杂语》，第 27 页。

携家小七口，经济拮据非常，但对此类人之邀请，早察其意，遂严词相拒。1937年卢沟桥事变爆发后，京津陷落，为避日伪纠缠迫害，挈家由塘沽乘外轮南还。"①先生挈家人经青岛、徐州、武汉、重庆，返回成都。在由武汉赴渝途中，1937年10月3日应所乘"民勤轮"经理要求，向乘客作了《卢沟桥事件发生之后》的讲话，谴责了不抵抗行为，赞扬了士兵坚决抗日的志向，呼吁在后方"要努力生产，还严防汉奸乘机活动"②。自此以后，"先生常言自己生辰为甲午海战那年，'9.18'那天，盖皆以示不忘国耻"③。

1964年，先生为了驳斥有的论越族史者言中越属地时的谬论，以还历史的本来面目，维护我国主权，开始撰写《越史丛考》。蒙先生写道："陶维英《越南古代史》（科学出版社1959年中译本），近世论越史之名著也，于此竟谓：'春秋战国以前，当另外一个大族（汉族）占据着黄河流域的时候，而越族却占据着扬子江以南的整个地区'，歧义殊说，异乎平素所闻未有甚于此者。然而，核之载籍，羌非故实。"④ "文化大革命"先生被打入"牛棚"后，仍执着不辍。1968年上半年，经过约两年的"牛棚"折磨，先生身体已很虚弱，虽年届74岁高龄，仍每早从水井街73号住地步行赶到位于学校文史楼的"牛棚""点卯"（时当权者已不准先生乘坐三轮车），晚上又得步行回家，身心甚为疲惫。然而，纵使先生白天被关押在"牛棚"羁审，仍暗自进行研究，夜晚回家更坚持伏案奋笔！直到当年5月（距先生于8月1日逝世两个月）才基本完成。李一氓先生评价《越史丛

---

① 《四川省志·人物志》，四川人民出版社，2001年版，第506页。据《蒙文通先生学行简谱》于1934年载："先生尝言，来京后，友朋中有赞'中日提携'者，屡以撰述相邀，许以高薪，先生察其事涉日伪，严词拒之。其事当在本年。"

② 《卢沟桥事件发生之后》（原载《新世界》第十一卷第六期）及《蒙默整理后记》，《蒙文通全集》第6册，第209~210页。

③ 《蒙文通先生学行简谱》，《蒙文通全集》第6册，第247页。

④ 《蒙文通全集》第4册《古族甄微·越史丛考》，第192页。此乃蒙文通先生遗著，由蒙默先生整理，人民出版社1983年出版。据《蒙文通先生学行简谱》载，1964年秋，"越南河内综合大学陈国旺致函先生及徐中舒、邓少琴先生，请教越史疑义，先生……于是乃深研越史，始见近世国际之言越史者颇多奇谈怪论，先生乃一一进行研讨批驳。"《蒙文通全集》第6册《甄微别集》，第286页。

考》时写道:"作者作为历史学家……他必然怀有维护中国民族崇高利益的历史学家的责任感。……他旁征博引来确立自己的论点。……论证有凭有据……使用中国古史的各方面的文字资料,加以审议,来证明陶著的错误。""这本书……前后十二节却始终贯串着爱国主义的精神。"①

(二)学生要超过先生

蒙先生在教学上充满爱心,平易待人,慈祥可亲,培养后学,全面要求,倾知以教。他教导学生注重道德、品行和学风的修养,要求学生堂正做人,心术要正,在专业上立志超过先生。尝言:不管做哪门学问,都要"堂堂地做个人";"一个心术不正的人,做学问不可能有什么大成就"。他对学生语重心长地说:"学生总得超过先生,如不能超过先生,纵学得和先生一样,还要你这学生作何用?""要学习老师的方法,这对初学很重要。但学到老师的方法后,还要能进一步摸索出自己的方法,这样才有可能在老师的基础上有所前进。"

先生是这样教导学生、要求学生的,也是这样身体力行的。先生无论在科学研究和教书育人上都是好老师,道德文章,言传身教,足以垂范后学。

他先后在多所大学执教,许多学生得到教益,或聆听讲课,或课外请益,或毕业后仍不时求教。学生和求教者常登门问学,他总是热情接待,有问必答,侃侃而谈。他曾对蒙默教授说,自己对问学者知无不言,就像钟一样,"大叩之则大鸣,小叩之则小鸣"。对此,《蒙文通先生传略》所记至为剀切:"先生为后学师表,诲人不倦,数十年如一日。凡来问学者,佥谓先生爽朗健谈,循循善诱,蔼然长者,平易可亲。新中国成立以后,怜才爱士之心益切,对研究生暨青年教师尤致厚望,于治学之曲折,覃思之甘苦,皆纤细以告。每接谈,辄三数小时娓娓不倦,务使闻者发其神智,启迪思想。是故门墙桃李,莫不奋发,多能自成其学。则先生讲论教导、潜移默化之功,又岂可

---

① 李一氓:《读〈越史丛考〉》,《蒙文通学记(增补本)》,第181~183页。

忘哉。"①

在培养方式上，先生有两个突出特点：

第一，课外讲授，直面交流。开始学习的头一年，先生要求我们每周至少一次去他的住处（水井街73号川大教工宿舍），大多是晚上7~10点钟。每次约两三小时，都主要是先生讲论，内容广泛，丰富精彩。先生研究之灼见，为学之甘苦，治史之经验，无所不有。虽不能全懂，但潜移默化，启迪尤多。对我们提的问题，先生总是悉心解答。此外的时间去请教，只要在家，先生总是放下其他事情，热心接谈。有时还去隔壁茶馆，边饮茶边讲解，往往坐上两三个钟头。一边吃茶，一边讲学，尝说："你在茶馆里头听到我讲的，在课堂上不一定听得到喔。"这种讲授方法，比课堂得到的知识更多、更深、更实际、更具针对性，对老师的治学经验、研究方法了解更具体、更切实。

第二，安排写作，培养能力。先生对培养学生的研究能力甚为重视，主要通过安排写作进行。先是要求写读书笔记（为时一年，每两周交一次，由先生阅评）。然后，拟订课题，布置参考书目，指导撰写学术论文工作。对学生写的稿子，均严审细改，如1962年先生指导笔者撰写《论汉晋的氐羌和隋唐以后的羌族》，从选题、主要史籍到具体论述都加以指点，多次审改并加按语（1963年刊载于《历史研究》第2期）。通过这些措施，使学生增加了知识，增强了科研能力。

先生不仅在业务上悉心指导，在做人操守方面也言传身教。他慈祥可亲、平易对人，对学生热忱关爱，悉心扶植。我们每次去先生住所求教完毕，纵使是冬天晚上十点过，先生总要亲自送到宿舍大门口。他对学生常不呼其名，而叫某先生。学生有困难他常解囊相

---

① 《蒙文通先生传略》，《蒙文通学记（增补本）》，第310页。

助。① 一次，先生看到一条新资料，为了及时告诉笔者，竟然同师母自水井街坐三轮到笔者住处（盐市口附近交通路），在宿舍门口说完材料就离开了。先生是大学问家，但并不摆大自用、将己见强加于人。对与他不同的学术意见，先生从不责难，亦不视为不恭，还鼓励讲出来、写出来。如笔者对熙丰变法的评价，对先生基本否定的看法有异议，觉得宜一分为二。先生莅堂听完笔者的备课试讲（共10学时）后，鼓励笔者可以按自己观点写出来。笔者按己见写了一篇稿子，请先生审阅，先生再次鼓励并同意投稿发表（1965年刊载于《光明日报》②）。先生不仅学识渊博，而且胸怀宽阔，长者风范，扶植后学，满腔热情，这种高风美德对笔者教育尤深。

蒙文通先生自1915年（22岁）在四川国学学校就读时发表《孔氏古文说》起，至1968年逝世（74岁）的50多年间，辛勤研究，笔耕不断，在国学研究中成果丰硕，影响深远。在教育事业中，先生教书育人，桃李天下，培养了不少堪当国学研究的人才。蒙文通先生在国学传承和发展上做出了卓越贡献，是我国20世纪杰出的国学大师之一。他的道德操守是教师队伍的楷范，他的学术成果是我国学界宝贵的历史遗产。

（载《国学》第3集，四川人民出版社2016年6月版）

---

① 据徐亮工《徐中舒先生生平编年（未定稿）》载，1954年10月，为了鼓励当时脱离了教学科研系统的一位先生从事学术工作，蒙先生与徐中舒、王恩洋二先生每月各资助他10元生活费，几达一年。见《徐中舒先生百年诞辰纪念文集》，巴蜀书社，1998年版，第342页。

② 载《光明日报》1965年3月1日，题为《关于评价王安石变法的几个问题》。

四川省省名考析

关于"四川省"这一政区建置得名之由来，已有一些论述，随着我国经济文化建设的大发展和巴蜀地域史、蜀学等研究的深入，尚有一些问题需要系统梳理、细致探究，以助明其源流，本文就此做些考析。

一、源自平川和蜀川、两川、三川、川峡等概称

四川的"川"，其源流和演变如何，学界说法不一，需加辨析。

（一）大江河川与原野平川

四川的"川"，至少有"江河大川"和"原野平川"两义，皆是就地形而言。

一说，"四川"与四条大河有关。明代杨慎写道："曰四川者，则取岷江、沱江、黑水、白水四大川以为名。"① 清初顾祖禹说："《通释》云，自蜀而言，大江之外，其水有七：曰绵水、曰雒水、曰湔水、曰涪水、曰嘉陵水、曰巴水、曰渠水，七水合于江而江始大。今按绵水、湔水入雒，而巴、渠合为一水，则大江之外为巨川者四而已矣。……（近说以岷、泸、雒、巴为四大川，故有四川之名，于义未安）"② 李元谈道："愚按四川之说，或谓江、沱、黑、白，或谓绵、涪、嘉、渠，皆非也。""江为经流，中蜀而行"，其左曰沱、汉，右

---

① 杨慎：《丹铅总录》卷2"外水内水中水"。本文所引史籍，除注明外，均据影印文渊阁本四库全书。所引史籍除需要说明者外，均不注出其作者或作者所在历史时期以及页序。

② 顾祖禹：《读史方舆纪要》卷66《四川》，上海书店出版社影印本，1998年版。

曰洑、泸，"所谓四川也"①。今人之说亦有类此者，如"天地之间，岷江、沱江、嘉陵江、乌江四条大河自由流淌，四川也由此得名"②。以上列举，所指四条江河各不一，皆未说其所谓"四川"是江河名称，还是四川省省名。

另一说，则明言四川省以四大河川得名。清康熙年间的《御定渊鉴类函》写道："《增广舆记》曰：按四川，取岷江、沱江、黑水、白水四大川以为名。"③ 光绪年间《四川考略》说："四川，取岷江、沱江、黑水、白水四大川以为名，东西相距约千八百八十里，南北约千四百四十里。"④ 有的著述则倾向此说，如"四川省……旧说蜀境有岷、泸、雒、巴四大川，四川之名昉此。"⑤ 这一说法至今仍有沿袭者。

如是从水系方面探讨"四川"何指，非本文所讨论；若是论说四川省省名之源流，则需考究。明代人已关注及此："西周有三川：泾、洛、汭。秦有三川：伊、洛、河。蜀有四川：西川成都、东川潼州、北川利州、南川夔州。"⑥《中国历史地名大辞典》释"四川"为"地区名"："一说因境内有长江、岷江、沱江、嘉陵江而得名，不足信。"⑦

江河水流称为川，如"名山大川"；平原、平地也称为川，"川……平川：平坦的陆地"⑧。"一马平川""米粮川"即此。苏轼曾用此说：徐州"三面被山，独其西平川数百里"⑨。在四川，"蜀人谓

---

① 李元：《蜀水经》卷7，巴蜀书社影印本，1985年版。
② 中央电视台《再说长江》第5集《一江东去·解说词》，2006年10月6日。
③ 康熙《御定渊鉴类函》卷339《四川省一》。
④ 龚柴：《四川考略》，《小方壶斋舆地丛钞》第一帙，上海著易堂排印本，光绪十七年（1891年）本。
⑤ 臧励和等：《中国古今地名大辞典》，商务印书馆香港分馆，1931年初版、1982年重印，第199页。昉，起始也。
⑥ 彭大翼：《山堂肆考》卷15《三川》。
⑦ 史为乐主编：《中国历史地名大辞典》上册，中国社会科学出版社，2005年版，第751页。
⑧ 《汉语大辞典》，四川辞书出版社、湖北辞书出版社缩印本，1993年版，第14页。
⑨ 苏轼：《上皇帝书》，《东坡全集》卷52。

平川曰坝"①。

巴蜀地区四周皆大山，中为巴蜀盆地（四川盆地）。有广袤的盆西平原即成都平原（在古代还曾包括汉中平原）和盆中丘陵、盆东平行岭谷，以及许多河谷平原和丘陵间的平坝，即宋人所谓："岷为蜀山之杰，俯瞰井络于天西维者，皆平川也。"②秦灭巴蜀后，在这里设置了巴郡和蜀郡。汉武帝元封五年（公元前106年），在全国设13刺史部，巴蜀地区为益州部，州治在雒县（今四川广汉），先后分置蜀郡、犍为、朱提、越巂、牂柯、建宁、永昌、汉中、广汉、梓潼、巴、巴西、巴东、益州等郡，其境辖今川渝大部和贵州、云南部分及陕西汉中盆地。三国魏景元四年（263年）于此分置梁州。两晋、南朝为益、梁二州。隋朝于此设郡，在今川渝境内者有清化、通川、宕渠、义城、平武、汶山、普安、金山、新城、巴西、遂宁、涪陵、巴、巴东、蜀、临邛、眉山、隆山、资阳、泸川、犍为、越巂、牂柯、黔安等24郡。③

唐武德元年（618年），改郡为州。贞观元年（627年），实行道、州（府）、县三级地方政区体制，全国分为10道，巴蜀地区为剑南、山南、江南三道之地。开元七年（719年），置剑南节度使。开元二十一年（733年），又分为15道，巴蜀之地分属剑南道、山南东道、山南西道、黔中道（从江南道分出新置）四道。至德二载（757年），分剑南道为西川、东川两节度④。广德元年（763年），复为一节度，代宗大历后又分为二。据载⑤：剑南西川节度使，治成都府，辖益、彭、蜀、汉、邛、简、资、嘉、戎、雅、眉、松、茂、翼、维、当、悉、静、柘、恭、真、黎、巂、姚、协、曲等26州。剑南东川节度使，治梓州（今三台），辖梓、剑、绵、遂、渝、合、普、荣、陵、

---

① 孙弈：《示儿篇》卷23《字说·集字三》；《蜀中广记》卷58《风俗记川北道属》。
② 李石：《转运司爽西楼记》，《全蜀艺文志》卷34，线装书局，2003年版。
③ 《隋书》卷29《地理志上》，中华书局，1973年版。
④ 《旧唐书》卷38《地理志》，中华书局，1973年版。
⑤ 《元和郡县图志》卷22、30、31、32、33、"阙卷佚文"卷1，中华书局，1983年版；龚煦春：《四川郡县志》卷7，成都书店，1983年版。

泸、龙、昌等12州。山南西道节度使，治兴元府（今陕西汉中），辖17州，其中在今川渝境内的有利、集、壁、巴、蓬、通、开、阆、果、渠等10州。黔中道，设黔州观察使，治黔州（今重庆彭水），辖16州，其中在今重庆境内者有黔、涪、南3州。

自唐肃宗至德二载（757）分剑南道为东、西两川后，"川"字在巴蜀地区名称中明显出现，与此前的泛称"蜀"并行或连用，概称为"川""蜀川"者渐多。如"诏令"，"李夷简……洎临蜀川，俭德载彰，清规一贯"①。"见蜀川之父老，贞以纪律，吊其伤残"②。史载，"（毕构）自临蜀川，弊化顿易"③。又有称为"川蜀"的，如：有姜志者，访寻得见"随军入川"的父亲，请父笞其背以偿，"此事川蜀皆知"④。后蜀杜光庭写道："仰福圣躬，大庇川蜀，人登福寿。"⑤此后沿"川""蜀川"的概称而演变发展。

（二）从川、蜀川到两川、三川

《唐会要》写道："贞观元年三月十日，并省州县，始因关河近便分为十道：……九曰剑南道，古梁州之境。"⑥"剑南道"是以地形在剑阁之南而名，唐人徐坚说"梁州自剑阁而南分为益州，是为剑南道"⑦。剑阁之南，即巴蜀盆地的北缘大、小剑山之南。剑阁之南，是大山而南的盆地平川，可见"剑南"二字与"川"的联系。此后，剑南道分为西川、东川两节度（道），唐人常把剑南西川、东川概称为"剑南两川""东西两川"，如杜甫在广德元年《为阆州王使君进论巴蜀安危表》中写道："况臣本州山南所管，初置节度，岂暇力及东、

---

① 宋敏求编：《唐大诏令集》卷47《李夷简平章事制（元和十三年三月）》，中华书局，1962年版。
② 《唐大诏令集》卷60《高崇文剑南西川节度制》。
③ 《旧唐书》卷100《毕构传》。
④ 孙光宪：《北梦琐言》卷20《姜志认父》。
⑤ 杜光庭：《广成集》卷7《马玄通大醮词》。
⑥ 《唐会要》卷70《州县分望道》。《旧唐书》卷38《地理志》亦说"始于山河形便，分为十道"。
⑦ 徐坚：《初学记》卷8《剑南道》。

西两川。"①《旧唐书》载：严武"上皇诰以剑南两川合为一道"②。

东川没有大平原，为何亦谓之"川"？就梓州而言，亦在盆地之中，且同盆周大山相比，地势较为平缓；而且它也是"西川"的衍生和对应。中唐以后，即见梓州被称为"东蜀"的，如《旧唐书·高适传》载，肃宗上元年间："梓州副使段子璋反，以兵攻东川节度使李奂，（高）适率州兵从西川节度使崔光远攻子璋，斩之。西川牙将花惊定者……大掠东蜀。"③ "元和四年，监察御史元稹出使东蜀"。④ "武宗朝，宰相李德裕专政，出（杜）悰为东蜀节度。"⑤ 因梓州在成都（西川首府）之东，乃称东川；又称为东蜀，即蜀川（巴蜀盆地）之东部。入宋后，又见称梓州或梓州路为"左蜀"的，如宋代梓州任官吕陶写道："改差知梓州……仍分左蜀之符。"⑥ 王之望说："将转输于梓部……左蜀号益都之亚。"⑦《方舆胜览》于"潼川府·郡名"明载"梓潼、东川、左蜀"。⑧ "左蜀"，应是自唐宋京城而言梓州在成都之左之故。剑南、西川、东川、东蜀、左蜀之谓，均与盆地地形及其地理位置有关。

以"三川"为地名，早已有之。⑨ 唐代史籍中"剑南三川"屡见不鲜。如：永泰二年"（第五）琦为关内、河东、剑南三川转运常平铸钱盐铁使"⑩ 中和四年"六月乙卯，赦剑南三川"⑪。亦有不少将"剑南三川"概称为"三川"的，如大历五年，"诏停关内、河东、三

---

① 仇兆鳌：《杜诗详注》卷 25。
② 《旧唐书》卷 117《严武传》。
③ 《旧唐书》卷 111《高适传》。
④ 《唐会要》卷 62《谏诤》。
⑤ 《旧唐书》卷 177《毕諴传》。
⑥ 《净德集》卷 7《谢授再知梓州表》。
⑦ 王之望：《汉滨集》卷 12《潼川漕谢宰相启》。
⑧ 《宋本方舆胜览》卷 62，上海古籍出版社，1991 年版，第 533 页。
⑨ 如"河南郡，在秦为三川郡"（阎若璩：《潜邱札记》卷 2）；汉分"三川为河南、河内与河东，号为三河"（王应麟：《通鉴地理通释》卷 1《秦四十郡》）；唐时鄜州有"三川"县（《旧唐书》卷 38《地理志》）。
⑩ 《旧唐书》卷 49《食货志》。
⑪ 《新唐书》卷 9《僖宗纪》。

川转运常平盐铁使"①。那么，"三川"除剑南东、西二川外，还有一川何指？当时，巴蜀地区有10个州在山南西道辖境，其道治兴元府（今陕西汉中），隋朝为汉川郡，唐前期名梁州，德宗时升为兴元府②，所在是平原，即汉中盆地或汉中平原，亦当是川（汉川）。所谓"剑南三川"，即剑南东、西二川加上汉川，下面记载可证：《旧唐书》载，永贞元年（805年）八月（宪宗已即位），"以袁滋为剑南东西两川山南西道安抚大使"，同年十月，贬为吉州刺史，"以其抚慰三川逗留不进故也"③。"三川"已是剑南西川、东川和山南西道三个道的概称，类如《蜀中广记》所说："汉武帝元鼎年以蜀郡、广汉、犍为为三蜀，献帝建安年分巴东、巴西、永宁郡为三巴。巴蜀虽别，犹可概称。"④ 剑南"三川"是依盆地平原地形而划为三个道的地域概称，与江河大川地形无直接关联。此后，"四川"之称沿"三川"之概称而来。

二、"四川"称谓含义的演变

自前、后蜀至清朝，"四川"称谓的含义有明显演变，即从地形区域的概称，到行政区域统称，再到统一行政建置设立的简称，直到省级行政区划的确称。

（一）西川、川峡与"四川"

前蜀、后蜀沿袭唐制，行政区划变化不多，唐代巴蜀的概称于史籍中常见，然而也见到前、后蜀至宋初有"四川"的记载。

比勘史籍，有将"西川"误为"四川"者。如：《十国春秋·王锴传》，四库本"王锴……天复时奉使四川"，标点本"四川"作"西川"⑤。又，四库本《太平寰宇记》，"废铜山城……贞元元年西州节度使韦皋筑"，"（贞元）十年，四川节度韦皋奏……"而该书于他处

---

① 《旧唐书》卷49《食货志》。
② 《旧唐书》卷39《地理志》。
③ 《旧唐书》卷14《宪宗纪》。
④ 《蜀中广记》卷51《蜀郡县古今通释·四川布政司》。
⑤ 《十国春秋》卷41，中华书局，1983年版。

却作"剑南西川节度使韦皋"①,《宋本太平寰宇记》亦作"西川节度使韦皋"②。又,四库本《太平寰宇记》,"唐咸通十一年,卢耽除四川节度"③,《资治通鉴》称:咸通九年"九月戊戌,以山南东道节度使卢耽为西川节度使"④。

还有存疑者。如标点本《旧五代史·杨崇本传》载,"时西川王建亦令大将出师以助之"⑤,而在另一处却云"是岁(天祐四年),四川王建遣使至"⑥。又如,《元和郡县图志》标点本,于卷31"剑南道"云,"四川节度使。成都府……今为西川节度使理所",明言"四川节度使";四库本卷32则作"剑南道。成都府……今为西川节度使理所",无"四川节度使"五字。

也见宋初有称"四川"的。如开宝五年,辛仲甫"为四川兵马都监"⑦。淳化二年,王化基奏言"望自今负罪之人,不许为广南、四川长吏"。五年,宋琪上书言"臣曾受任四川数年"⑧。或这时有把剑南三川、黔中道概称为四川的,或史籍作者沿用自己所处时代(南宋至元初)的称呼,或是刊误,待考。

然而史籍明载,宋初在巴蜀地区设置的是西川路。乾德三年(965年)正月,"孟昶降,蜀平。……得州四十六、县二百四十、户五十三万四千,为西川路"⑨。此时兴元府在西川路之内⑩。"乾德三

---

① 《太平寰宇记》卷177《通望县》、卷185《吐蕃》、卷178《南平蛮》,中华书局,2000年版。
② 《宋本太平寰宇记》卷77,第84页。
③ 《太平寰宇记》卷84《剑州》。
④ 《资治通鉴》卷251《唐纪》。
⑤ 《旧五代史》卷13《梁书》,中华书局,1976年版,第182~183页。四库本于此作"四川王建"。
⑥ 《旧五代史》卷26《唐书·武皇纪下》,中华书局,1976年版,第360页。
⑦ 《宋史全文》卷2。
⑧ 《续资治通鉴长编》(以下简称《长编》)卷32"淳化二年九月庚子"、卷35"淳化五年正月甲寅",中华书局,2000年版。
⑨ 陈均:《九朝编年备要》卷1。
⑩ 马端临:《文献通考》卷321《舆地考七》载:"兴元府……王蜀改天义军,后复。宋乾德五年以三泉属京。至道二年,以西县属大安军,三年还属利州路。"中华书局,1986年版。

年，并两川为西川路，开宝四年（971年），分峡路。"① 至道三年（997年）全国分为15路，其中"五曰陕西路……十二曰西川路，十三曰陕（峡）路"②。宋太祖、太宗和真宗前期，巴蜀地区多被概称为"蜀""川"或"西川""川峡"等。

（二）川峡四路与统称"四川"

《宋会要辑稿》载："真宗咸平四年三月十日，诏分川峡为四路。以西川转运使、兵部员外郎、直史馆马亮为益州路转运使，总益、绵、汉、彭、邛、蜀、嘉、眉、陵、简、黎、雅、维、茂、永康，凡十五州军，以知益州宋太初，崇仪使、恩州刺史杨怀忠并为益州钤辖、提辖兵马捉贼事；峡路转运副使、秘书丞李昉为梓州路转运使，总梓、遂、果、资、荣、昌、普、渠、合、戎、泸、怀安、广安、富顺，凡十四州军监，以知梓州王渭提辖兵马捉贼事；西川转运副使、虞部员外郎张志言为利州路转运使，总利、洋、兴、剑、文、集、壁、巴、蓬、龙、阆、兴元、剑门、三泉、西县，凡十五州军府，以益州都监、崇仪使王阮知利州、提辖兵马捉贼事；峡路转运、工部员外郎、直史馆丁谓（为）夔州路转运使，总夔、于（施）、忠、万、开、达、渝、黔、涪、云安、梁山、大宁，凡十二州军监，以知夔州、西京左藏库使、顺州刺史李汉赟提辖兵马捉贼事。"③史籍透露："先是，上以西蜀辽隔，事有缓急，难于应援，故分四路，制置官属。"④设置四路更多的当是政治因素⑤。自宋真宗咸平四年（1001

---

① 《宋会要辑稿·方域》7之1，中华书局，1957年版。分置峡路，宋章如愚《群书考索》卷60作"开宝六年"，此依《会要》。
② 《长编》卷42"至道三年"。峡，四库本作"陕"，中华书局本作"峡"（2000年版第901页），当是。
③ 《宋会要辑稿·方域》7之3；《长编》卷48"咸平四年三月"作："辛巳，诏分川峡转运使为益、梓、利、夔四路。"参见《宋史》卷89《地理志》。"崇仪使、恩州刺史杨怀忠"之"恩"字，《宋会要辑稿》影印欠清晰，据《长编》卷47"咸平三年十月乙丑"条订确。又，"于（施）"，《宋会要辑稿》影印本作"干"，据《长编》卷48"咸平四年三月辛巳"条订正。
④ 《长编》卷48"咸平四年四月已未"。
⑤ 可参见余蔚、任海平：《北宋川峡四路的政治特殊性分析》，《历史地理》第17辑，上海人民出版社，2001年版。

年）开始，巴蜀地区在行政建置上设有四路（熙宁八年分为 23 路，仍有此四路之设①），共辖 56 个府州军监。此后直至南宋末年的 270 多年间，所辖州级区域、名称或有变化，但其基本格局不变。川峡四路的设置，在古代四川的行政建置上具有承上启下的地位。

从史籍中看到，咸平四年以后公私文献有称"四川"的，如真宗景德四年（1007 年）四月"庚寅，诏四川盐井户"，仁宗天圣五年（1027 年）十月庚午"三司请留四川上供绸绢十万"，皇祐五年（1053）九月壬申"诏臣僚毋得以子孙恩请弟侄任四川职田处官"②，徽宗大观三年（1109 年）三月"辛酉，诏四川郡守并选内地人任之"，政和元年（1111 年）五月"癸亥，诏四川羡余钱物归左藏库"，重和元年（1118 年）三月"丙申，以茂州蕃族平，曲赦四川"。③ 在《宋大诏令集》中也见到徽宗政和年间有"可曲赦四川"的诏文。④

与此同时期，在史籍中更多看到，"四川"指的是川峡四路。仁宗庆历六年（1046 年）五月有诏令中称"川峡四路盐课"⑤，嘉祐五年（1060 年）八月"丙戌，置江、湖、闽、广、四川十一路转运判官"⑥（引者按，当时江南、荆湖、广南均各分二路，福建一路，加上川峡四个路，共 11 路），神宗元丰七年（1084 年）十二月壬午"诏川峡四路诸州录事司理参军毋得并差川人"，哲宗元祐八年（1093 年）四月苏辙奏言中也有"遂使川峡四路士人"之说⑦，徽宗政和三年亦有单独对"梓、夔路"的诏令⑧。因此可以说，从真宗分设川峡四路到北宋末年，所谓"四川"，是"川峡四路"的统称，但它并不是一个名为"四川"的统一行政建置实体的名称。《（雍正）四川通

---

① 《通鉴地理通释》卷 3《宋二十三路》。
② 《长编》卷 65、105、175。
③ 《宋史》卷 20、21《徽宗纪》，中华书局，1977 年版。
④ 《宋大诏令集》卷 219，政和五年十二月二十四日《四川曲赦》、政和八年三月十三日《四川曲赦》。
⑤ 《宋史全文》卷 8 下《宋仁宗》。
⑥ 《宋史》卷 12《仁宗纪》。
⑦ 《长编》卷 350、483。
⑧ 《宋大诏令集》卷 219，政和三年四月八日《梓夔路曲赦》。

史》写道："咸平四年，分置益、梓、利、夔，总曰四川路。"① "总曰四川路"之说需加分析，如果说这里的"四川路"是指川峡地区四个路总的统称，当符合历史实际；如果说它是一个路级行政建置实体的名称即名为四川的路，则与历史不符，因为它包含的是四个各有名称、辖地的路级机构。

但是，也要看到，北宋中期毕竟已出现了名为"四川"的地域统称，较之"蜀川""两川""三川"的称谓有了明显变化。所以顾炎武指出："唐时剑南一道，止分东、西两川而已。至宋则为益州路、梓州路、利州路、夔州路，谓之川峡四路，后遂省文，名为四川。"②

（三）实体建置四川制置使司与简称"四川"

到了南宋又有新的变化。《建炎以来系年要录》于建炎三年三月壬辰写道："初，命尚书右司员外郎黄槩为直龙图阁、四川水陆制置发运使，专一总辖上供钱物，置司遂宁府，以四川名使始此。"③ "以四川名使始此"，是指因朝廷之需，乃以四川为名，单独设置制置发运使司的行政建置。建炎三年（1129年）五月，宋廷以知枢密院事张浚"为宣抚处置使，以川陕、京西、湖南北路为所部"，置司于陕西路秦川（即秦州、晋秦川郡，今甘肃天水）④。川峡四路乃与陕西路合称"川陕等路"。绍兴元年（1131年）三月，金军迫进兴州（今陕西略阳），张浚退保阆州（今四川阆中），"以端明殿学士张深为四川制置使"，以王庶为"知兴元府兼利夔两路制置使，节制陕西诸路"⑤。这样，在川陕等路宣抚司之下，设了比"水陆制置发运使"级别更高的"四川制置使"。绍兴二年（1132年）十二月，张浚罢宣抚处置使。⑥ 次年三月，宋朝在宋金交战中，尽失陕西之地。

此后不久，宋廷乃在川峡四路之上设制置使司。《要录》于绍兴

---

① 雍正《四川通志》卷2《建置沿革》。
② 顾炎武：《日知录》卷31《四川》，上海古籍出版社，1985年版。
③ 《建炎以来系年要录》（以下简称《要录》）卷21，上海古籍出版社，1992年版。
④ 《要录》卷23"建炎三年五月戊寅"；《宋史》卷361《张浚传》。
⑤ 《宋史》卷26《高宗纪》。
⑥ 《宋史》卷27《高宗纪》。

五年（1135年）十月乙卯载，命席益为"成都潼川府夔州利州路安抚制置大使兼知成都府"①。《宋史》于同日载："以席益为四川制置大使，位宣抚副使上，州军兵马并隶大使司，边防重事仍令宣抚司处置。"同年十一月，"以赵开为四川都转运使"②。这表明，宋高宗绍兴五年，巴蜀地区设置了以"四川"为名的统一的行政机构，即"四川制置使司"（治成都府）。它是介于王朝中央与川峡四路之间的一个实体军政机构。在四川制置使司辖境，仍各分为四路，故席益为"成都潼川府夔州利州路安抚制置大使"。孝宗时任过四川制置使的范成大说："承平时谓之川峡……军兴，置大帅司，始总名四川。然法令科条，犹称川峡。"③

早在北宋真宗咸平四年设川峡四路之后一个月，宋廷就命知益州宋太初兼"川峡四路都转运使"④。建炎元年六月丁卯，又以祠部员外郎喻汝砺为"四川抚谕，督漕计羡缗及常平钱物"⑤。赵开也在建炎、绍兴之际先后任"四川茶马""总领四川财赋""四川都转运使"等。⑥ 这些官职差遣，或是根据当时需要而临时派遣，不是常设官；或是总的经办川峡四路的财政收入和督运上供钱物；或是考察和奏报有关官员的政绩，还不是在川峡四路设置统一的常任的实体行政机构，而绍兴五年"四川制置使"的设置则有不同。

宋代的制置使，是"掌经画边鄙军旅之事"的官员，北宋时不常置，南宋时成为地方首官，其机构是制置使司，被称"帅司"。"制置使……中兴以后，置使掌本路诸州军马屯防捍御，多以安抚大使兼之，亦以统兵马官充。地重秩高者加制置大使，位宣抚副使之上。"⑦ 四川制置使司的设置，标志在川峡四路之上，有了一个常设的实体军

---

① 《要录》卷94。
② 《宋史》卷28《高宗纪》。
③ 范成大：《吴船录》卷下，《范成大笔记六种》，中华书局，2002年版，第214页。
④ 《长编》卷48"咸平四年四月庚申"。
⑤ 《要录》卷6；《宋史》卷24《高宗纪》。
⑥ 《宋史》卷25、26、27《高宗纪》。
⑦ 《宋史》卷167《职官志》。该志还载："宣抚使，不常置。掌宣布威灵、抚绥边境及统护将帅、督视军旅之事。以二府大臣充。"

政建置，自绍兴五年（1135年）席益直到宋末张珏100多年间，历任四川制置使皆于史可考。① 这一期间，"四川"这一名称，实为"四川制置使司"和它所统辖的四个路总的简称。

（四）省级行政建置与确称"四川"

从元朝起，巴蜀地区正式建立省级行政机构"四川等处行中书省"，简称"四川行省"或"四川省"。

《元史》载："行中书省，凡十一，秩从一品。掌国庶务，统郡县，镇边鄙，与都省为表里。国初，有征伐之役，分任军民之事，皆称行省，未有定制。中统、至元（1260—1294）间，始分立行中书省，因事设官，官不必备，皆以省官出领其事，其丞相，皆以宰执行某处省事系衔。其后嫌于外重，改为某处行中书省。凡钱粮、兵甲、屯种、漕运、军国重事，无不领之。""每省丞相一员，从一品；平章二员，从一品；右丞一员、左丞一员，正二品；参知政事二员，从二品。"世祖至元二十四年（1287年）、武宗至大二年（1309年）曾改为"行尚书省"，均于不久后恢复为"行中书省"。全国共分设岭北、辽阳、河南、陕西、四川、甘肃、云南、江浙、江西、湖广、征东等11个行中书省。②

四川等处行中书省所辖地，先是隶于陕西四川行中书省，省治在京兆（今陕西西安）。至元十八年（1281年）"分省四川，寻改立四川宣慰司"，"二十一年（1284年）仍合为陕西四川行省"，"二十三年（1286年）始置四川行省，署成都，统有九路、五府"③。原宋代四路大部分地区都为四川行省属辖（兴元府为兴元路，属陕西行省）。这时，"四川"遂成为一个省名的确称。

明初沿袭元制，洪武四年（1371年）七月置四川行中书省。洪武九年（1376年）"六月甲午，改行中书省为承宣布政使司"④，简称

---

① 参见吴廷燮：《南宋制抚年表》卷下，中华书局，1984年版；陈世松：《南宋四川历任制置使》，《西南师范学院学报》，1982年第3期。
② 《元史》卷91《百官志》、卷58《地理志》，中华书局，1976年版。
③ 《元史》卷91《百官志》。
④ 《明史》卷2《太祖纪》。

布政使司、布政司。四川是全国13个布政司之一。顾炎武指出："十三布政使司，今人谓之十三省，沿元之旧而误称之也。元时，为行中书省者十一……洪武七年，以京畿、应天等府隶六部，改行中书省为布政使司。今当称称十三布政司，不当称省。"①

入清以后，恢复省的名称。"四川……明置四川等处承宣布政使司，清初因之。顺治二年（1645年），置四川省，设巡抚，治成都。十四年（1657年），增设四川总督。"② 自元朝初年迄今，"四川"一直是一个省的名称。

四川省省名，源于盆地平川地形，也因盆地平川地形而发展变化。"四川"之谓，经历了概称（中唐至宋初）、统称（北宋中、后期）的历史阶段，南宋初年开始成为一个统一的实体行政建置的简称，元朝初年正式成为四川省省名的确称，直至今日。

（载《蜀学》第七辑，巴蜀书社2012年12月版）

---

① 《日知录》卷28《省》。此处将"改行中书省为布政使司"系于洪武七年，本文采《明史》九年之说。

② 《清史稿》卷69《地理志》，中华书局，1977年版。

宋代蜀学研究新识

作为地域文化的蜀学，是中华学术文化的重要组成部分。宋代是古代蜀学发展的高峰时期，北宋中期，苏氏蜀学、范氏之学兴起。之后，经过洛蜀角立，绵竹人张栻之学（发展壮大的湖湘学）返传回蜀，蜀学开始转型，到南宋晚期实现了传统蜀学同程朱理学的融会，完成了"洛蜀会同"。近二十多年来，学界关于蜀学的研究日益扩展和加深，笔者在进一步探究中，也有一些新的思考和认识。

一、"二江九先生"之谓

《宋元学案》专设《二江诸儒学案》，足见其对二江诸儒的重视。其中列出宋代在成都沧江书院返传张栻南轩之学的著名学者，即范荪、范子长、范子该、范仲黼、薛绂、邓谏从、虞刚简、程遇孙、宋德之等九人（皆巴蜀人），特别指出"其时'二江有九先生'之目"。

"二江"泛指成都，因郫江（府河）、流江（南河）绕成都城得名。二江诸儒包含众多学者，《宋元学案》为何特别指出"九先生"？据已见资料，一是，叶适有"永嘉（今浙江温州）九先生"之说、《宋元学案》有"元丰太学九先生"之称，并且认为"永嘉自'九先生'而后，伊川之学统在焉"。二是，南宋时浙东有专设的或在孔庙、县学设立的"九先生祠"以供祭祀者。叶适对"永嘉九先生"传洛学入浙非常看重，把此举视作为伊洛之学入浙"开道"，使浙学大盛。《宋元学案》很可能借鉴于此，认为"二江九先生"返传南轩之学回蜀，推进了"洛蜀会同"，使蜀学大盛。二者都起到学术开道和传承作用，接续孔、孟、二程学统，大力传播洛学，因此《宋元学案》列出九位着力传播南轩之学的蜀中学者，以之喻比"永嘉九先生"，示尊崇表彰、激励后学之旨。

还值得注意的是，《宋元学案》的原著者黄宗羲是浙江绍兴府余姚人，补修者全祖望、王梓材、冯云濠均为浙江宁波府鄞县人，他们熟悉浙东"九先生"之称及其内涵，因此与之类比，把这个对理学名儒的誉称，给了南宋时在成都研习和传播南轩之学、为洛学开道使蜀学大盛的九位著名学者。

二、宋代蜀学转型的三大节点

宋代蜀学转型的历程，自北宋中期肇始，至南宋晚期完成，经历了濂洛之学到湖湘学再到程朱理学在巴蜀的发展，使宋代蜀学定型为以程朱理学为主。宋仁宗嘉祐元年（1056年）周敦颐签判合州（今重庆合川），濂学开始传入蜀地，而英宗治平四年（1067年）程珦知汉州（今四川广汉），其子程颐随侍，期间周敦颐之弟子遂宁学者傅耆与程颐"手笔相问"，实为讲友。此时濂学在巴蜀影响不大，二程洛学也尚未形成。二程洛学的系统传蜀和蜀学转型，始自两宋之际，这个过程经历上百年，其间有三个重要的时期、环节和交汇点，可称为三大节点。

第一大节点，二程洛学传蜀。在北宋末年。先是涪州（治今重庆涪陵）乐温（今重庆长寿）人谯定闻程颐"讲道于洛"，乃"洁衣往见……遂得闻精义"。哲宗绍圣四年（1097年），程颐贬到涪州编管的两年多时间里，谯定从游，学《易》《大学》《中庸》等。谯定又传之弟子（经过数传，至二百多人），成为"程门一大宗"，在蜀中的著者有绵竹人张浚、临邛人张行成、巴县人冯时行等。

第二大节点，张栻之学返蜀。在南宋前期。南宋初年成都人范仲黼到湖南"游南轩之门""从南轩学"，从而"直接五峰（二程再传弟子胡宏，张栻从其学）之传"。孝宗淳熙十六年（1189年）以后，主讲于成都沧江书院，"南轩之教遂大行于蜀中"，出现了传播南轩之学的"二江诸儒"学者群，形成了"蜀学再盛"的局面。

第三大节点，朱熹闽学传蜀。在南宋后期。宋光宗年间涪州人冎渊千里问学，从朱熹学于闽北竹林精舍和潭州（今湖南长沙）约三年时间，后师徒远隔，朱熹仍加指导。昝渊将朱熹之学与蜀中之学（包括谯定《易》学等），融会贯通，形成有自己特色的《易》学思想。宁宗庆元三年（1197年），在"党禁"的险恶政治环境下，合州人度正到福建拜见被划入"伪学"的朱熹，问学求道，号为朱熹高徒"第一人"，返川后传播理学，培养理学学者。从学于昝渊和度正的合州巴川（今重庆铜梁）人阳枋，则是这一节点中重要的代表人物。

三大节点的突出特点之一是，蜀中几位主要学者都长途跋涉到理学名师处从游请教，直面聆受，得其真传，获其精义。特点之二是，三大节点不是孤立发展的，只是宋代蜀学整体发展过程中的三个集中时段和重要环节，它们之间相互联动、相互影响，且与巴蜀内外其他地区程朱理学之传交流融会。

三、加强书院、学派的研究

如果说苏氏蜀学的衰微，存在着"三苏"不善运用书院教育繁衍学术、建立学派体系的因素，在宋代蜀学转型中，书院则起到明显的作用，是重要授徒传学、研习学术和培育学派的场所。学派的形成与发展同书院教育的关系很密切，随着蜀学的转型，南宋巴蜀的几个著名学派基本都是理学的学派。目前的研究，对其中的魏了翁鹤山书院和"鹤山学派"相对较多，对以下两个重要书院及其与学派的关系则较少。

一是沧江书院。宋光宗时期至理宗宝庆二年（1190—1226）期间，成都沧江书院在张栻之学返传回蜀、促进洛学的传播和蜀学的转型上，起了很重要的作用。其学术活动的主持者，主要是张栻的弟子范仲黼和私淑弟子虞刚简。不少学者在此会文讲学，活动二三十年之久，"士之请益者肩摩袂属，谒无留门，座无虚席，爨无停炊"。沧江书院是南宋时期南轩之学返传回蜀的主要据点，推进了"洛蜀会同"，形成了"蜀学之盛，终出宣公（张栻）之绪"的局面。

《宋元学案》立有《二江诸儒学案》，这是一个以沧江书院为据点、返传南轩之学回蜀的主力学者群，有著名的"九先生"，还有与之联系并传承南轩之学的重要学者，如宇文绍节、杨知章、李修己、张仕佺、张方,以及他们的传人杨子谟、杨泰之、程公说、苏在镕、张钧、范晞、师遇、高载、高崇、虞焞等。这或许可以称为"二江学派"或"沧江学派"。

二是北岩书院。书院在涪州北岩的普净院,原是程颐注《易》和谯定从学之处,宁宗嘉定十年(1217年),知涪州范仲武将其建为北岩书院,一直存在到宋末。谯定从程颐学于此;程颐门生洛阳人尹焞在这一带寓居,究治《伊川易传》;度正、夏渊的门人,合州人阳枋担任北岩书院堂长,成为蜀中理学一大家,"士之信从者众",培养了门人弟子,著者如蜀士赵子寅、鄞人史蒙卿等。北岩书院于二程洛学传蜀和朱熹闽学传蜀,都起了很大作用。

作为程颐传人,谯定是巴蜀地区直接得到伊洛之传的一位重要学者。《宋元学案》计其门人、再传二百余人,并云刘勉之、胡宪、张浚等"皆自先生(谯定)以上溯伊洛,则先生固程门一大宗也"。在宋代涪州一带,南宋后期又有北岩书院之设和著名学者度正、夏渊,特别是北岩书院堂长阳枋在闽学传播上的突出贡献及其家族的学术成就。因此,晚宋时期蒙古军队攻陷四川大部分地区、川峡四路首府自成都迁重庆之后,学术重心也东移,以涪州为中心的川东地区成为全川的学术中心。近世有一些学者将自谯定至阳枋及其在蜀中的传人,称为"涪陵学派"。

近二十多年来,宋代蜀学研究有了明显发展,还需开拓和深入。总的来看,目前重点尚处于对蜀学发展史的梳理辨析,对于学术思想及其历史地位的研究还不够。笔者认为,在深入蜀学发展史研究的同时,要加强有计划地开展蜀学学案的逐个研究,弄清重要学者或学派的学术思想及其源流、学统、特点和历史地位等,在宋代要着重于苏氏蜀学、范氏之学、二江诸儒、涪陵学派、鹤山学派的深入探究。同时,尽可能搜集整理出版这些学者的著作,包括标点、校注、辑佚、汇编等。据了解,《巴蜀全书》《巴渝文库》《蜀藏》的编纂部门,已做了这些方面的安排,并开始推出成果。我们期待着:在合力的推动下,蜀学研究将取得更大成果,朝着更为创新、更加深广的方向发展。

(载《中国社会科学报》2016年8月19日第5版)

南宋二江诸儒与南轩之学返传回蜀

张栻（1133—1180）是宋代与朱熹齐名的理学家，对理学的发展和传播起到了重大作用。南轩之学指张栻的学术思想和著述。张栻生于西蜀，长于南楚，六岁即跟随父亲张浚（1097—1164，蜀中著名学者）在湘、桂任官处所居住，后定居潭州（今湖南长沙）。其间，绍兴二十六年（1156年）曾随父护祖母灵柩归葬，一度返回绵竹故里。张栻的学术，得到乃父蜀学之教和胡宏洛学之传。① 南宋中后期，南轩之学返传回蜀，大大促进了蜀学的转型，并形成蜀学再盛的局面②，所以有学者说："南轩之学，盛行于湖湘，流衍于西蜀。"③ "南轩承继了家学，又受学于五峰（胡宏），于是蜀学与湖南学合流，而南轩一人占住了蜀学与湖南学两席。"④ 作为我国地域文化，湖湘学和蜀学在宋代都有鼎盛发展，张栻既是理学中湖湘学派的代表人物，也是蜀学的代表人物。对于南轩之学返传回蜀，《宋元学案》（以下简称《学案》）载之较为集中，留下了有关学统、学派、学者的一些资料和论著，写道："淳熙、嘉定而后，蜀士宵续灯、雨聚笠以从事于南轩之书，湖湘间反不如也。""蜀学之盛，终出于宣公（张栻）之绪。"⑤ 然而在该书的记述中，尚有需要考订、辨析、补充之处，此

---

① 蔡方鹿：《一代学者宗师》，巴蜀书社，1991年版。
② 胡昭曦：《宋代蜀学的转型》，胡昭曦：《宋代蜀学论集》，四川人民出版社，2004年版。
③ 杨东莼：《中国学术史讲话》，北新书局，1932年版，第218页。
④ 夏君虞：《宋学概要》，商务印书馆，1937年版，第131页。
⑤ 《宋元学案》卷72《二江诸儒学案》，中华书局，1986年点校本。

即试撰本文的缘起。

一、南轩之学返蜀的倡导者

《宋元学案·二江诸儒学案》（以下简称《二江学案》）云："宣公居长沙之二水，而蜀中反疏。然自宇文挺臣、范文叔、陈平甫传之入蜀，二江之讲舍不下长沙。""《宋史》竟以平甫为南轩门人，或者请益既久遂执弟子之礼乎？"需探究的，一是宇文绍节、陈概二人与张栻的具体学术渊源如何？二是此二人是否为南轩门人？

宇文挺臣（绍节，？—1213①），淳熙九年（1182年）进士。其与张栻之学术联系，《二江学案》未明言。魏了翁说："尝见宇文挺臣自言，某向尝亲登张南轩之门，而传遗言。"② 宇文绍节因其族祖虚中、族叔师瑗出使金朝而死于北，无子，宋孝宗乃命以宇文师说之子绍节继其后。宇文氏与张栻为至亲，朱熹写道："其（张栻）配曰宇文氏，朝散大夫师中之女。"③ 张栻写有《送外弟宇文挺臣二首》《祭宇文使君三十一舅》等诗文④，还为宇文绍节的学斋命名为"顾斋"且作铭文。⑤ 宇文绍节登张栻之门并传其遗言当是自然之举，他是张栻的亲戚也是南轩门人。魏了翁写道"某昔以诸生受知于公"⑥，则宇文绍节还以南轩学传之蜀人。

《二江学案》对陈概的记述亦略，云："陈概，字平甫，普城（今四川剑阁）人也。乾道（1165—1173）进士。对策慷慨，魏艮斋读而奇之，告以'君乡有张敬夫（栻）者，醇儒也'，先生遂以书问学，

---

① 《宋史》卷398《宇文绍节传》："嘉定六年正月甲申卒。赠少师。谥忠惠。"中华书局，1977年标点本。
② 魏了翁：《鹤山先生大全文集》卷109《师友雅言》，四部丛刊本。《宋元学案补遗》卷72《二江诸儒学案补遗》（简称《二江学案补遗》）引此语，"而传遗言"一句作"而传其遗言"，人民出版社2012年校点本第六分册。
③ 朱熹：《晦庵先生朱文公文集》卷89《右文殿修撰张公（栻）神道碑》，四部丛刊本。
④ 杨世文、王蓉贵校点：《张栻全集》卷5、卷44，长春出版社，1999年版。外弟，即妻弟。
⑤ 《张栻全集》卷36《顾斋铭》。
⑥ 《鹤山先生大全文集》卷91《哭宇文枢密绍节文》。

与兄栗同刻志于圣贤之道。"但它对《宋史》以平甫为南轩门人的说法置疑："予读《南轩集答平甫书》及所作《洁白堂记》，盖友朋之列……或者请益既久，遂执弟子之礼乎！"关于陈概与张栻的学术联系，宋理宗时王辰应（潼川人，剑州教授）所撰《三贤堂记》有较详记述，引录于后：

> 南轩蜀产也，而家衡湘，蜀士之获亲炙者盖不数也。乾道己丑（五年，1169 年，张栻 37 岁）普成陈公概以直言擢上第。时艮斋魏公在上庠，一见与进曰："世有张南轩，子知之乎？吾与编修朱公（朱熹）、资政刘公（刘珙）咸委重焉，弗敢况也。苟得见之，必有以成子之志矣。"授以河南、南轩等书为别。道江陵，谒刘公于帅府，论及理学，公大喜，凡南轩所与切琢玉汝之辞敷露无隐，勉以涉湘，与魏一辞。陈念母老，谢弗克往。归则与先生之犹子然处而自通，以书先生。因其书而得其人，问答往复，讲析精微，且为作《洁白堂记》，皆圣贤服行之训，犹可复也。……绍定四年（1231 年）潼川王辰应记。①

在张栻著作中，留下一些他与陈概联系的记录。《答陈平甫》书云："往岁得建安魏元履书，始知足下之名……恨未之识耳。……今得足下书并所论著，连绡累牍，伏而读之，无非以讨论问学为事，而果有以知足下之所存，甚幸甚惠！……意欲与之共讲斯道，而勉为君子之归，固所愿者。"接着谈了他的求学闻道经历，自胡宏溯二程至孔孟之道，"别纸所谕，亦各以鄙意批呈，未知然否？自尔既定交于万里之外，则不惜时惠音，有箴有诲，有得有疑，一一详及，勿为无益之书，所愿望也。"②另一《答陈平甫》书，回答了陈概提出的有关礼、仁、天理、人欲及《语》《孟》等问题共十七条，并寄给一些相关著述。③张栻还为陈概的家堂撰写了《洁白堂记》："剑南陈君自蜀以书抵予曰：'……家故有堂，因取《周诗·白华》孝子洁白之

---

① 同治《剑州志》卷10《艺文志》。
② 《张栻全集》卷26。
③ 《张栻全集》卷30。

义……以警以戒，敢请为记。'予虽未识君，而尝闻之吾友魏掞之元履谓君直谅，又得君书勤甚，则不果辞……陈君名概，字平甫。"①

可见，张栻从未同陈概谋面，只是以书信和著作联系。陈概勤于以信请教，张栻也乐于答问。这是一种亦师亦友的关系，从陈概来说是执弟子之礼，但严格而言还不能把陈概称作"张栻门人"。因此《宋史》称"平父（甫），张栻之门人"②，是不够确切的，而《二江学案》虽置疑却仍列为"南轩门人"，也是欠确切的。陈概应是"南轩私淑"。陈概得到张栻的许多教益，是南轩之学返蜀的传人。《二江学案》说，"其时蜀士除宇文枢密外，尚未有从南轩游者，平甫请益最先"，陈概有"倡导之功"，确实如此。

陈概还积极传播南轩之学，南宋著名学者剑州（今四川剑阁）人黄裳（兼山）即受其益。黄裳，乾道五年（1169年）进士。官至嘉王府翊善、礼部尚书兼侍读。"有《王府讲义》及《兼山集》，足以发明伊洛之旨。尝与乡人陈平父兄弟讲学，平父张栻之门人也，师友渊源盖有自来云。"③ 故明代有学者说，"兼山之道……溯其所源，近则资平甫，远得朱、张"④。

《二江学案》"南轩门人"列有杨知章，潼川（今四川三台）人，所见资料，只知他在张栻家乡受其学。魏了翁写道："周程子诸书虽传于蜀，于时未广，通议（杨知章，赠通议大夫）游广汉，得张宣公之学以授公（杨知章子子谟），且诲之曰：'欲造圣门，先从此入……'公朝夕究图，凝然一室，往往逾月不出户。"⑤ 又说："杨公虽不及登张子之门，而师友渊源实自之。"⑥《学案》亦说杨知章"得张宣公之学"。据此尚不能说杨知章是"南轩门人"，但确乎得到南轩之学，且以之教子。

---

① 《张栻全集》卷13。
② 《宋史》卷393《黄裳传》。
③ 《宋史》卷393《黄裳传》。
④ 任维贤：《剑阳名儒录序》；李熙阳：《剑州重修兼山书院记》，载同治《剑州志》卷10《艺文志》。
⑤ 《鹤山先生大全文集》卷74《中大夫秘阁修撰致仕杨公（子谟）墓志铭》。
⑥ 《鹤山先生大全文集》卷55《杨伯昌浩斋（子谟）集序》。

南轩之学返传回蜀，宇文绍节、陈概、杨知章起到了倡导作用。他们都同成都的沧江书院、二江诸儒有学术渊源和联系。

二、沧江书院——返传南轩之学的主要据点

在《二江学案》中记载着一条材料，即南宋时成都的沧江书院，这是有关南轩之学返传回蜀必须探究的，当今著述论及不多。可惜所见资料甚少，只能拾遗集散，窥其大概。《二江学案》于"南轩私淑"写道：

> 提刑虞沧江先生刚简……二江范教授仲黼者，南轩先生高弟也，方会文讲学，以明湖、湘之绪，先生（虞刚简）因是得和齐斟酌，尽闻胡文定公父子以至南轩所讨论于岳麓者，而致精焉。……卜居成都之合江，范季才繁，（原注——梓材案："繁"当作"荪"，即华阳先生。谢山稿有《华阳别传》，云："沧江先生虞刚简亦师事之。"）亦南轩高弟也，为题曰沧江书院。学者称为沧江先生。

虞刚简（1164—1227），仁寿人，虞允文之孙，赵雄之婿。"以郊恩任官，再举礼部"，历知华阳县、知永康军、利州路提点刑狱、四川制置使司参议官等。著作有《永康军图志》。二十六岁（淳熙十六年，1189年）后，任监郫县犀浦镇酒税，继任华阳县丞，"自上华阳，即筑室成都之合江，以成雍公（虞允文）卜居未遂之志，秀（季）才范公为榜曰'沧江书院'"，直至逝世。[①] 则沧江书院存在，从宋光宗绍熙年间（1190—1194）到理宗宝庆三年（1227年），约三十年之久。

沧江先生、沧江书院之得名，或与成都河流有关。沧江，以江水呈苍色即暗绿色故称。成都城乃二江（郫江即府河，流江即南河）环绕，江水沧沧，流向大海，历代诗句尝咏及此。唐代岑参《万里桥》

---

① 《鹤山先生大全文集》卷76《朝请大夫利州路提点刑狱主管冲佑观虞公（刚简）墓志铭》。

诗："成都与维扬，相去万里地。沧江东流疾，帆去如鸟翅。"①宋人宋祁《集江渎池亭》诗："五月追凉地，沧江剩素涟。"又《北楼》诗云："少城西北之高楼，此地苍茫天意秋。……缨上朔尘久不洗，安得手弄沧江流。"②

宋代是中国书院制度的形成期，民办书院中有专用校舍并聚徒授课的，亦有以学者住宅或读书处为院址的，或团聚学者讲道问学，或著述立言，或聚徒授学。沧江书院是以虞刚简住宅为讲学之所。沧江书院在成都何处，未见确切记载。有文章引虞集（虞刚简玄孙，著名学者）"我家成都雪山东""先庐昔（一作旧）在小东郭""故家东郭百花洲，梅柳西郊总旧游"等诗句，说："成都虞氏旧居在成都西郊，雪山之东的小东郭。"③ "在成都西郊"之说需商榷，虞集明言"先庐"在"小东郭""东郭"，唐宋时成都城二江汇合处附近有大东门、小东门（小东郭门）、合江园等④，上引魏了翁撰虞刚简《墓志》说虞氏"筑室成都之合江"，《元史》说虞刚简"讲学东门外"⑤。沧江书院旧址当在今成都城东二江汇合处（今合江亭）一带。⑥

沧江书院的学术活动，主要是虞刚简和一些在成都一带为官的学者，在此会文讲学。虞刚简是张栻的私淑弟子，他曾从其妻舅赵昱（赵雄之子）处，"得程、张、吕、谢、杨诸子《语》《孟》读之，犁然会心"，又与范仲黼等"相与切磋于义理之会"。所著有《易传》《论语解》《诗说》，尤致精者《易》，本邵子之学，参以周、程诸书及汉上朱氏说论，随文申义，历十六年，写成专书，"书成而未出"。张栻弟子吴猎评论虞刚简说："湖湘中张子流风所据，而得其学若此者

---

① 《岑参集校注》卷4《编年诗》，上海古籍出版社，2000年版。
② 宋祁：《景文集》卷5；曹庭栋编：《宋百家诗存》卷3，俱四库全书本。
③ 邓锡斌：《虞集乡里考》，《兰州学刊》，2013年第4期。
④ 民国《华阳县志》卷27《古迹》载："小东门。门名屡见放翁诗……《虞道园集》亦有'先庐旧在小东郭'句，皆成都东门尔。"参见冯举等主编：《成都府南两河史话》，四川民族出版社，1998年版，第118、126、139页。
⑤ 《元史》卷181《虞集传》，中华书局，1976年标点本。
⑥ 民国《华阳县志》卷28《古迹》载："虞刚简宅。……宅虽久废，揆其地，疑在今同庆阁侧近，唐宋以来所谓合江园风景最佳胜处矣。"

鲜。"虞刚简是名相虞允文后代，是南轩之学的传人，又热心于持续邀请学者在沧江书院讲学，乃有诸儒常聚、"二江之讲舍不下长沙"①"宾朋毕集，其乐融融"②之状，先后有不少士人受益于此。参加过沧江书院活动的魏了翁写道："士之请益者肩摩袂属，谒无留门，座无虚席，爨无停炊。自二十年来，知与不知，皆曰'沧江先生'。（虞刚简）卒之日，蜀之士民途泣巷吊，学于成都者二百余人，聚哭于沧江。"③二三十年间，沧江书院讲学状况和效果于此显见一斑。

沧江书院是南宋时南轩之学返传回蜀的主要据点。虞集写道："昔我先大父利州府君（虞刚简）亲以丞相孙，讲学沧江之上。时则有若资中赵希光昱，成都范文叔仲黼、季才荪、少才子长、少约子该，豫章李思永修已，延平张子真士佺，汉嘉薛仲章绂，陵阳程叔达遇孙，李微之心传、贯之道传，唐安宋正仲德之，汉嘉邓元卿谏从，相为师友，而文靖公（魏了翁）以高科显官亦来定交。悉去记诵词章之习，切劘相长，以究极圣贤之旨要。吾蜀之士尽知伊洛之渊源，则我曾大父与文靖公实发挥之也。"④

三、二江诸儒——返传南轩之学的主力学者群

《学案》专设《二江学案》，列出一些返传南轩之学的学者，其中提到有"二江九先生"："其时二江有九先生之目，谓范荪、范子长、范子该与先生（范仲黼）皆成都人，薛绂、邓谏从皆汉嘉人，虞刚简、程遇孙仁寿人，宋德之唐安人。或亦有未及事南轩者，皆从先生私淑得之，而南昌李修己、延平张仕佺亦同讲习其间。"

"二江"乃泛指成都，因郫江即府河、流江即南河绕成都城而过，有"二江珥城""二江双流"之谓。二江诸儒中学者较多，《学案》为何特称"其时二江有九先生之目"？又为何称为"九先生"？未述其详。笔者所见资料如下：

---

① 《宋元学案》卷72《二江诸儒学案》。
② 魏了翁：《虞公（刚简）墓志铭》。
③ 魏了翁：《虞公（刚简）墓志铭》。
④ 虞集：《道园学古录》卷6《魏氏请建鹤山书院序》，四部丛刊本。

一是早有"永嘉九先生"之称。

按《周博士集》(即周行己《浮沚集》),元丰时永嘉(今浙江温州)同游太学者蒋元中、沈彬老、刘元承、刘元礼、许少伊、戴明仲、赵彦昭、张子充,所谓不满十人(加上周行己共九位学者),而皆经行修明为四方学者敬服者也。①

(周)浮沚时与许景衡、刘安节、(刘)安上、戴述、赵霄、张辉、沈躬行、蒋元中称"元丰太学九先生"。

考所谓"九先生"者,其六人及程门,其三则私淑也。

吾浙学之盛,实始于此。②

永嘉自"九先生"而后,伊川之学统在焉。③

二是南宋时有专设"九先生祠"以供祭祀者。

或于孔庙或学校设祠以从祀,如常州无锡县学,"宝祐间四明袁从为邑宰,即明伦堂之西为堂三楹,以祀杨龟山(时)、陆象山、张南轩、杨慈湖(简)、袁洁斋(燮)、袁蒙斋(甫)、喻玉泉(樗)、尤遂初(袤)、蒋实斋(重珍),为'九先生祠'④。"濂溪先生、明道、伊川、康节、横渠、文正、南轩、吕太史、朱晦庵),历乎千载,实惟九人。视汉唐训诂之徒尚陪从祀,接孔孟湮微之统当有丛(一作"崇")祠,爰即州庠载严像设,冀笃信好学之士启见贤思齐之心。"⑤"尧、舜、禹、汤、文、武、周公、孔子心法相授,统绪相承。自兹以降,汉唐历代名儒、'宋九先生'、我元朝许文正公,皆以得其正传,故从祀孔子庙庭,实为尊崇贤哲启迪世教之大义也。"⑥

或在书院设祠,如明朝陕州复初书院有祠,"祀周、张、二程、

---

① 叶适:《水心先生文集》卷29《题二刘文集后》,四部丛刊本。
② 《宋元学案》卷32《周许诸儒学案》。
③ 全祖望:《鲒埼亭集》卷31《永嘉张氏古礼序》,四部丛刊本。
④ 元·佚名:《无锡县志》卷3下《学校》,四库全书本。
⑤ 薛友谅:《九先生祠上梁文》,苏天爵:《国朝文类》卷47,四部丛刊本。
⑥ 元·宋褧:《燕石集》卷13《刘静修改封谥升从祀》,四库全书本。

朱、陆以往九先生"①。

或在孔庙设祠从祀本地乡贤，如宋四明（今浙江宁波），"'九先生祠'一所，在尊经阁之右，以奉庆历、淳熙乡达九先生之祀。前进士王应麟为之记"②。"及鄞江桃源五先生起庆历中，舒、袁四君子起淳熙中，其德行道学蔼然人师，时为'四明九先生'，合荐于一堂，以启来者。"③

笔者以为，《学案》称二江之"九先生"，很可能是借鉴"永嘉九先生"之称和受到专设"九先生祠"的影响。"永嘉九先生"传洛学入浙，被叶适称作为伊洛之学入浙"开道"，使浙学大盛④；"二江九先生"返传南轩之学回蜀，推进了"洛蜀会同"，使蜀学大盛，二者都起到学术传承作用，接续孔、孟、二程学统，传播并发展洛学，大力弘扬理学。因此，列出二江诸儒中九位着力传播南轩之学的蜀中学者，以之喻比"永嘉九先生"，示尊崇表彰、激励后学之旨。还值得注意的是，南宋时于两浙东路四明（明州、庆元府）有九先生之祀；宝祐时四明人袁从为两浙西路常州无锡县令，也于县学设九先生祠。《学案》的原著者黄宗羲是浙江绍兴府余姚人，补修者全祖望、王梓材、冯云濠均为浙江宁波府鄞县人⑤，他们熟悉"九先生"之称及其内涵，因此把这个对理学名儒的誉称给了南宋时在成都研习和传播南轩之学者。或者，南宋时在成都早已有"九先生"之称。由于数据所限，还需继续探究。

二江诸儒在成都的学术活动主要据点在沧江书院，他们是南轩之学返蜀的传播中起了很大作用的主力学者，而范仲黼、虞刚简等九先

---

① 明·王世贞：《弇州四部续稿》卷119《中顺大夫杭州守初庵方先生墓志铭》，四库全书本。此志记万历年间方初庵任陕州知州时设复初书院事。

② 袁桷：《延祐四明志》卷13《学校志》。王应麟：《九先生祠堂记》亦载于此卷。四库全书本。

③ 清·胡文学编：《甬上耆旧诗》卷8《序》，四库全书本。

④ 周梦江：《试论永嘉"元丰"九先生》，《杭州师范学院学报（社）》，1991年第5期；陆敏珍：《"违志开道"：洛学与永嘉元丰九先生》，《中山大学学报（社）》，2009年第6期。

⑤ 陈金生：《宋元学案·点校前言》，《宋元学案》，中华书局，1986年点校本。

生则是其中尤为突出者。

范仲黼,字文叔,成都双流人,淳熙五年(1178年)进士,历官知彭州、权礼部郎官等,曾被列入"庆元党籍",他与朱熹、彭龟年、叶适、楼钥等均有学术联系。① 学者称为月舟先生,《二江学案》又称为二江先生,并说他是"正献公祖禹之后"。《二江学案补遗》辨云,范仲黼"果为荣公之曾孙,而非华阳(范祖禹)之孙也"。朱熹说,范仲黼之父范溉是荣国公范百禄之后。② 李石更具体写道:"叔源讳溉,以赠太尉锴为曾祖,以荣国公百禄为祖,以赠太中大夫祖述为父……叔源二子:长仲黼,次仲芸。"③《补遗》之辨当是④。

范仲黼是张栻的门人,"仲黼杜门几十年,不汲汲于进取,蜀人高其行。东游吴、楚,张敬夫、吕伯恭一见皆叹赏,具以其学告之。"⑤ 张栻还为范仲黼的学斋撰铭,序云:"成都范文叔以'主一'名斋,予嘉其志,为铭以勉之。"⑥ 他也得到朱熹的诲迪,在今存朱熹文集中,可以见到朱熹多次提到同范仲黼的交往,并致信回答范所问学。魏了翁说:"二江范文叔早从张子问学,剖析精微,罗络隐遁,朱、吕氏皆推敬之。"⑦《二江学案》说,"初南轩虽蜀产,而居湖湘,其学未甚通于蜀。先生(范仲黼)……晚年讲学二江之上,南轩之教遂大行于蜀中。"元人赵汸说,范仲黼、虞刚简等"讲学蜀东门外,非洙泗伊洛之道不言,著《易》《诗》《书》《论语》说,以发明其义,由是蜀士尽知周、程、张、朱传授之旨"。

在"二江九先生"中,还有成都范氏后代范荪、范子长、范子该(一作垓)。"乾(乾道)、淳(淳熙)以后,南轩之学盛于蜀中,范文

---

① 《南宋馆阁续录》卷8《官联》,中华书局,1998年点校本;李心传:《建炎以来朝野杂记·甲集》卷6《学党五十九人姓名》,中华书局,2000年校点本;《庆元党禁》,四库全书本。
② 《晦庵先生朱文公文集》卷90。
③ 李石:《方舟集》卷15,四库全书本。
④ 胡昭曦:《蜀学研究与文物资料——宋代成都范氏墓志新见》,《蜀学》第4辑,巴蜀书社,2009年版;胡昭曦:《旭水斋存稿》,四川大学出版社,2012年版。
⑤ 《晦庵先生朱文公文集》卷90《安人王氏墓表》。
⑥ 《张栻全集》卷36《主一斋铭》。
⑦ 《鹤山先生大全文集》卷86《苏和父(在镕)墓志铭》。

叔为之魁,而范少才、少约与先生(范荪)并称嫡传,时人谓之'四范'。"其资料今见不多,大致简况如下:

范荪,字季才,是范镃(范镇胞兄)长子范百之的四世孙。① 淳熙年间(1174—1189)进士,历知邛州、大理寺丞、夔州路转运判官等,著有《五代史正误》《八阵图论》。② 魏了翁曾"受教于知邛州、张栻的弟子范季才"③。《二江学案》说:"鹤山魏文靖公初为考索记问之学,先生(范荪)以敛华就实语之。"虞刚简"尝请先生讲学沧江书院"。

范子长,字少才,其弟范子该字少约,俱淳熙进士。④ 二人皆是范灌次子仲芸(仲黼之弟)的儿子。⑤《二江学案》说,二人"同游南轩之门……鹤山之初志学,由先生(范子长)兄弟及薛符溪以得门户"。范子长著作有《皇州郡县志》一百卷、《格斋集》四十卷。⑥

宋德之,字正仲,庆元二年(1196年)进士。或云唐安人(《二江学案》,蜀州宋为蜀州唐安郡),或云彭山人(《彭山在线》),《宋史》写道:"宋德之,其先京兆人……(隋朝时其先祖)远谪彭山,子孙散居于蜀,遂为蜀州(今四川崇州)人。"历官潼川路转运判官、兵部郎中等。⑦ 他在任山南西道掌书记时,参加了著名地方文献总汇《成都文类》的编集⑧,著作有《清城遗稿》二卷。《二江学案》说:"先生学于南轩之门,少与范文叔辈讲道。"

程遇孙,字叔达,仁寿人,淳熙年间进士。历官潼川府路转运判

---

① 胡昭曦:《蜀学研究与文物资料——宋代成都范氏墓志新见》。
② 据楼钥:《攻媿集》卷39《干办审计司范荪太府寺主簿》,四部丛刊本;陈傅良:《止斋先生文集》卷18《大理寺簿范荪除大理寺丞》,四部丛刊本;雍正《四川通志》卷33、43,四库全书本;《宋史》卷173《食货志》。
③ 缪荃孙:《魏文靖公年谱》,转引自彭东焕:《魏了翁年谱》,四川人民出版社,2003年版,第71页。
④ 雍正《四川通志》卷33《选举志》。
⑤ 胡昭曦:《蜀学研究与文物资料——宋代成都范氏墓志新见》。
⑥ 《宋史》卷204《艺文志》;黄虞稷:《千顷堂书目》卷29,上海古籍出版社,1990年版。
⑦ 《宋史》卷400《宋德之传》。
⑧ 《四库全书总目》卷187《成都文类》提要,中华书局,1965年版;屈守元:《成都文类·序》,赵晓兰整理:《成都文类》,中华书局,2011年版。

官、权知遂宁府等。① 他在任云安军使兼知夔州云安县主管劝农公事时，参加了著名地方文献总汇《成都文类》的编集。② 《二江学案》说他："少年雄于文，已而折节为南轩之学。范文叔居二江，所谓九先生者，先生其一也。"

薛绂，字仲章，龙游（今四川峨眉山市）人，淳熙十一年（1184年）进士③，历官成都教授、秘书郎、知黎州，曾在黎州（今四川汉源）建玉渊书院以讲学，学者称为符溪先生。有文章说，薛绂号符溪子与其家乡地名有关。④ 著作有《则书》十卷，皆谈《易》理。《二江学案》称他是"二江讲学九子之一"。《二江学案补遗》把魏了翁列为"薛氏所传"。

邓谏从，字符卿，汉嘉（今四川雅安）人。历官奉议郎通判黎州军州事、知怀安军、制置司干办等。⑤ 淳祐三年程公许写道："先兄伯刚（程公说）……而邓元卿、薛仲章、宋正仲……诸贤，则同志而相与讲论也。"⑥ 他亦"二江九子之一"。

综上，"二江九先生"是：范仲黼、范荪、范子长、范子该、宋德之，皆张栻门人；虞刚简、程遇孙、薛绂、邓谏从，皆张栻私淑。他们都是巴蜀本土学者，或长期或一段时间在成都一带担任官职。

与二江九先生共同讲道传学的重要学者，还有如下一些：

李修己，丰城（今属江西）人，乾道五年进士。历官成都府通判、知成州等。因同年彭龟年的介绍，从张栻游，是张栻门人。著述有《同谷志》十七卷、《李成州集》十卷。通判成都府时，范仲黼

---

① 《建炎以来朝野杂记·乙集》卷10《蜀士立功立节次第》，中华书局，2000年点校本；《宋史》卷40《宁宗纪》；雍正《四川通志》卷33《选举志》。

② 《四库全书总目》卷187《成都文类》提要；屈守元：《成都文类·序》。

③ 《南宋馆阁续录》卷8。

④ 唐长寿：《镇子场》写道，峨眉山市的镇子场，"正名是符溪镇，在宋代又称符汶镇，与苏稽一样，为龙游四大镇之一。……有宋一代，镇子场颇为繁荣，文化发达而出名人，号'符溪子'的薛绂就是其中之一"。《三江都市报》（四川省乐山市），2011年12月22日。

⑤ 周必大：《文忠集·附录》卷1，四部丛刊本；《水心先生文集》卷7；《建炎以来朝野杂记·乙集》卷10《蜀士立功立节次第》。

⑥ 程公许：《春秋分记序》，程公说：《春秋分记》卷首，四库全书本。

"方聚同志讲学，先生（李修己）与上下其议论。时蜀中后进盛从事于南轩之教，而先生与延平张仕佺子真参焉"①。

张仕佺，延平（福建延平，朱熹作南剑州剑浦）人，南轩门人。历官朝奉郎、知西和州等。著作有《西和州志》②，朱熹撰张仕佺父张维墓志云，"仕佺从予亡友张敬夫宦学有闻"③。张仕佺同李修己一起参与了二江诸儒传播南轩之教。

张方，资州（今四川资中）人，庆元五年（1199年）进士，历官知邛州、成都路提点刑狱、四川制置使司参议等，著述有《亨泉遗稿》一百卷。④ 程公许写道，程公说与邓元卿、薛仲章、宋正仲、张义立等"诸贤，则同志而相与讲论者也"⑤。

《二江学案》还列出以上一些学者的传人：

宇文绍节门人：程公说、程公许、程公硕兄弟，"眉之丹棱（今四川丹棱）人，居于叙之宣化（今四川宜宾）"⑥。程公说（1171—1207）著有《春秋分记》九十卷。⑦《二江学案》说"眉人程克斋兄弟并游于宇文（宇文绍节）之门"，未言其详。程公许《春秋分记序》写道："宇文公正父从南轩最久，以学行著西南，兄（程公说）事之期年，得南轩讲论理性之说。"又说，程公说与邓元卿等"诸贤，则同志而相与讲论者也"，则程公说是"宇文门人"，"南轩再传"，且与二江九先生相与讲论。但是否"兄弟并游于宇文之门"，尚未见根据。

---

① 《宋元学案》卷72《二江诸儒学案》；《宋史》卷204《艺文志》；雍正《江西通志》卷50《人物志·南昌府》。参见李氏网，2011年5月15日。
② 武威一宁：《甘肃修志》，陇东刀客的博客转载，2012年5月22日。
③ 《晦庵先生朱文公文集》卷93《右司张公（维）墓志铭》。
④ 陆心源：《宋史翼》卷22《张方传》，中华书局，1991年影印本；彭东焕：《魏了翁年谱》，第78页。
⑤ 程公许：《春秋分记序》，《春秋分记》卷首。
⑥ 刘光祖：《程伯刚墓志铭》，《春秋分记》卷首。诸书或云"眉山人""宣化登龙人""叙州人"，皆欠确。
⑦ 刘光祖：《程伯刚墓志铭》。程公说《春秋分记》一书，今仍存，有四库全书本。网载还有清钞本，孔夫子旧书网介绍说，"小楷钞写，数百万言。眉端行间有墨朱笔批语。绘图十数幅"，北京保利2011年6月3日拍卖会古籍文献专场。

程公许（？—1251），累官刑部尚书、龙图阁学士①，今存其著《沧洲尘缶编》十四卷，有四库全书本。

范仲黼门人：苏在镕，郫（今四川郫县）人；张钧，江源（今四川崇州）人，均"受业范文叔之门"；师遇，成都人，范仲黼之婿，"生平守南轩之教，至为醇固"②。

虞刚简门人：范晞，"沧江门人"③。

范子长门人：高载，邛州蒲江（今四川蒲江）人，魏了翁同产长兄，嘉泰二年（1202年）进士。他调任泸州录事时，为知州范子长"留之入幕府，于是朝夕讲学"④。

宋德之门人：高崇，邛州蒲江人，魏了翁同产叔兄。嘉定七年（1214年）进士。任眉山尉时，宋正仲为太守，从之讲学。……先生（高崇）兄弟自相师友，而渊源则出自南轩。⑤

杨知章家学：杨子谟（1153—1226），潼川人。其父杨知章得张宣公之学以授之。曾与虞刚简"同学《易》于沧江之上"⑥。奉祠归乡后，于县之南山自建云山书院，聚友并讲授，"信道益笃，讲明义理之学，以淑后进。一方之士，执经受业，所趋向正"⑦。著有《浩斋退稿》四十卷。

虞刚简家学：虞炕，虞刚简侄，魏了翁婿。"传其家学，又得妇翁之传。"⑧

黄裳门人：杨泰之，青神（今四川青神）人。"少受业于黄兼

---

① 《宋史》卷415《程公许传》；雍正《四川通志》卷8《人物志·叙州府》；嘉庆《四川通志》卷79《学校志》。
② 《宋元学案》卷72《二江诸儒学案》。
③ 《宋元学案补遗》卷72《二江诸儒学案》。
④ 《宋元学案》卷80《鹤山学案》。
⑤ 《宋元学案》卷80《鹤山学案》。
⑥ 《道园学古录》卷10《题赵秘书景纬所撰知郡王公庚应墓碑后》。
⑦ 《鹤山先生大全文集》卷24《应诏荐杨子谟等五人奏状》；《宋史》卷411《牟子才传》。
⑧ 《宋元学案》卷80《鹤山学案》；胡昭曦：《魏了翁的书院教育及其助手李肩吾》，《国际社会科学杂志（中文版）》，第24卷第4期。(2011年12月出版，收入胡昭曦：《旭水斋存稿》，四川大学出版社，2012年版)

山……南轩私淑之传，以先生为第一。"①

魏了翁《虞公（刚简）墓志铭》指出，在成都，同二江诸儒"相与切磋于义理之会"的学者，还有李心传（1167—1244）、李道传（1170—1217）兄弟等。

《二江学案》写道："宣公居长沙之二水，而蜀中反疏。然自宇文挺臣、范文叔、陈平甫传之入蜀，二江之讲舍不下长沙。""淳熙、嘉定而后，蜀士宵续灯、雨聚笠以从事于南轩之书，湖、湘间反不如也。"南宋中后期，蜀中南轩之学大盛，二江诸儒实为返传南轩之学的主力学者群。

四、从二江诸儒到鹤山学派

宋代蜀学发展有两个高潮，一是北宋中期，以苏学为主；二是南宋中后期，以程朱理学为主。南轩之学返传回蜀，推动了宋代蜀学的转型、"洛蜀会同"和宋代蜀学发展第二个高潮的形成，"洛蜀会同"的过程，就是蜀学由以苏学为主转而以程朱理学为主的过程。作为学术思想的苏学渐渐衰隐，似乎全为程朱理学所代替，其实它是学术思想的相互吸收融合发展。②

张栻的父亲张浚官至相位，学术上曾受学于谯定，是程颐、苏轼的再传弟子，张栻青年时代受到的教育就包括蜀学与洛学。二十九岁时，在衡山拜二程再传弟子、著名理学家胡宏（五峰先生，1105—1161）为师。在张栻的学术思想中，不仅有胡宏"洛学之传""湖湘之教"，也有蜀学渊源，所以朱熹也说："自其（张栻）幼壮，不出家庭而固已得夫忠孝之传，既又讲于五峰之门，以会其归。"③此后较长时间，他在岳麓、城南等书院讲学授徒，著书立说，辩学论道，发展理学。由于张栻对理学的丰富与发展的贡献，加之师承胡宏，因而被认为是与朱熹共宗二程，同续儒学正统，与朱熹齐名的理学大家。

---

① 《宋元学案》卷72《二江诸儒学案》。
② 胡昭曦、刘复生、粟品孝：《宋代蜀学研究》，巴蜀书社，1997年版；胡昭曦：《宋代蜀学的转型》。
③ 《晦庵先生朱文公文集》卷76《张南轩文集序》。

时人周密说："盖孔孟之道，至伊洛而始得其传，而伊洛之学，至诸公（指张栻、吕祖谦、朱熹）而始无余蕴。必若是，然后可以言道学也已。"① 杜杲也说："南轩先生张氏，文公（朱熹）所敬，二公相与发明，以续周、程之学，于是道学之升，如日之升，如江汉之沛。"② 作为蜀人的张栻在湖南奠定了湖湘学派的规模，其学术返传回蜀，推进了传统蜀学同湖湘学、洛学的交融，使洛学成为蜀中学术的主流和蜀学的再盛。

在南轩之学返传回蜀之前，伊洛之学就已入蜀。著者如两宋之际涪州（今重庆涪陵）人、蜀学学者谯定，就到洛阳向程颐求学问道，宋哲宗绍圣、元符年间程颐被贬涪州编管的两年里，谯定得以从学，"师友游泳其中"，得到了程颐之学的"精义"③。作为程颐传人，谯定是巴蜀地区直接得到伊洛之传的一位重要学者。《宋元学案》计其门人、再传二百余人，并云刘勉之、胡宪、张浚等"皆自先生（谯定）以上溯伊洛，则先生固程门一大宗也"④。对谯定及其在蜀中的传人，近世有学者称为"涪陵学派"⑤。然而，谯定传程门之教，并未给蜀学发展带来如同南轩之学返蜀那样深广的影响，究其主要原因至少有三：一是当时理学的独尊地位未为官方认定，尚是洛、蜀、新三个相互角立的学派之一。二是谯定长期隐处不仕，未能"通显"，著述不多且散佚⑥，其著名传人在朝为达官显宦者很少，对当时学术思想全局的影响不大。三是同苏氏蜀学衰隐的原因一样，谯定及其蜀中传人不重视运用书院教育，缺少聚合学术群体、发展学术思想、繁衍学术传人、形成稳定学派的重要阵地。⑦

---

① 周密：《齐东野语》卷11《道学》，中华书局，1983年点校本。
② 《张南轩先生文集》卷7附杜杲：《重修张南轩先生祠堂记》，丛书集成本。
③ 《宋史》卷459《谯定传》。
④ 《宋元学案》卷30《刘李诸儒学案》。
⑤ 杨金鑫：《程朱理学与书院》，《哲学与文化》（台湾），第17卷第6期（1990年6月）。
⑥ 李胜：《涪陵学派论纲》，《重庆师范大学学报（哲）》，2005年第1期。
⑦ 胡昭曦：《宋代书院与宋代蜀学》，胡昭曦：《巴蜀历史文化论集》，巴蜀书社，2002年版。

同两宋之际相比较，南轩之学面临"庆元党禁"解禁之后，皇帝对理学的高度重视和推崇，理学从庆元时的"伪学"，到嘉定时的"正学"，理宗时更成为独尊的"官学"①，处于鼎盛的形势。此时的南轩之学，已是继承孔孟学统之显学、官学理学之嫡传。再者，二江诸儒中，不少学者或其先辈、传人在朝为官或至宰执，如宇文绍节、虞刚简、范仲黼、黄裳、程公许、魏了翁等，他们对朝廷的学术决策和社会文化具有不小影响。而在巴蜀政治文化中心成都延续二三十年的沧江书院，则起了团聚学者、研讨学术、弘扬理学、薪火相传的作用。其中，魏了翁是一个杰出的代表人物。

　　魏了翁（1178—1237），邛州蒲江人，人称鹤山先生。庆元五年（1199年）进士，较长时间在四川为官，累至权礼部尚书、同签枢密院事督视京湖军马等。著述颇丰，是南宋后期与真德秀齐名的理学家。②他私淑张栻，也私淑朱熹，是二江诸儒中的一位，同二江九先生有密切的学术联系。从年龄和学统而言，较之张栻、朱熹和二江诸儒中的大部分学者，魏了翁是后学之辈。③少时即从乡先生受蜀中学问和义理之学。很早就得到张栻弟子范荪、宇文绍节的指点。《明一统志》说薛绂"与魏了翁讲明易学"④。《二江学案》云，"鹤山之初志学也，由先生（范子长）兄弟及薛符溪以得门户"，乃"范氏所传，朱、张再传"，列入南轩学统。

　　魏了翁与虞刚简的关系最为密切。魏中进士的次年即庆元六年（1200年），以金书剑南西川节度判官试西川幕府，到成都就任。他与虞刚简相识（此时已有沧江书院），"倾盖如故交"。并与二江诸儒

---

① 胡昭曦：《晚宋史研究中的几个问题》，胡昭曦：《旭水斋存稿》，四川大学出版社，2012年版。

② 已有学者对魏了翁做过全面系统的研究和论述，主要著作有蔡方鹿：《魏了翁评传》，巴蜀书社，1993年版；彭东焕：《魏了翁年谱》，四川人民出版社，2003年版；张文利：《魏了翁文学研究》，中华书局，2008年版。

③ 张栻卒于1180年，时魏了翁年三岁。朱熹卒于1200年，时魏年23岁。宇文绍节卒于1213年，时魏年36岁。魏比虞刚简小15岁。魏中进士比范氏四先生和程遇孙迟20年以上，比薛绂迟16年。

④ 《明一统志》卷72《嘉定州·人物》。

"相与切磋于义理之会"。此后，魏了翁娶杨燮之女杨氏（其母与虞刚简妻为姊妹）为妻，二人成为亲戚。之后，魏了翁女又嫁虞刚简从子虞玭（亦魏了翁弟子）为妻。二人密切交往长达近三十年之久。① 魏了翁写道：同虞刚简、范仲黼等，"相与切磋于义理之会……始犹以记问词章相尚也，既皆幡然改之曰，事有大于此者"②。同二江诸儒的接触，促使魏了翁由记问词章转向探究义理，深入南轩之学。这在魏了翁的家学中也充分体现，《宋元学案·鹤山学案》写道："先生兄弟自相师友，而渊源出自南轩"，"兄弟各有所成，皆南轩之瓣香也"。魏了翁在同张栻的蜀中弟子长期交往中，了解并接受了张栻的理学思想。他以私淑朱熹、张栻为业，其思想更接近于张栻。③ 虞集也说：（虞刚简）讲学沧江之上，"而文靖公（魏了翁）以高科显官亦来定交。悉去记诵词章之习，切劘相长，以究极圣贤之旨要。吾蜀之士尽知伊洛之渊源，则我曾大父与文靖公实发挥之也"④。

魏了翁是南宋促使理学由民间传播转而确立为官方学术正统地位的重要人物，也是实现"洛蜀会同"、集宋代蜀学之大成的主要学者，他的理学思想及其"鹤山学派"，在中国思想史和蜀学发展史上占有重要地位。时人王迈说：魏了翁"文追正始之音，学探圣贤之秘"，"凡笔端之游嬉，指理窟而超诣……续程、苏之位置"⑤。全祖望评论说："嘉定而后，私淑朱、张之学者，曰鹤山魏文靖公。兼有永嘉经制之粹，而去其驳。世之称之者，以并之西山……梨洲则曰：'鹤山之卓荦，非西山之依门傍户所能及。'"⑥

魏了翁及其"鹤山学派"的学术成就，与南轩之学返传回蜀和二江诸儒的传承渊源甚明。《宋史》评价说，魏了翁举办书院，传播理

---

① 胡昭曦：《诗书持家，理学名门——宋代蒲江魏氏家族研究》，胡昭曦：《宋代蜀学论集》；胡昭曦：《魏了翁的书院教育及其助手李肩吾》，胡昭曦：《旭水斋存稿》。
② 魏了翁：《虞公（刚简）墓志铭》。
③ 蔡方鹿：《魏了翁评传》，第153～157页。
④ 虞集：《道园学古录》卷6《魏氏请建鹤山书院序》。
⑤ 王迈：《祭魏鹤山先生文》，《臞轩集》卷11，四库全书本。
⑥ 《宋元学案》卷80《鹤山学案》。

学,"由是蜀人尽知义理之学"①。作为理学名家和宋代蜀学集大成者,魏了翁确实有此作用和地位。但同时也要看到当时的学术背景和前人的学术传承,以及魏了翁的学术基础及其源流,诚如赵汸所云,范仲黼、虞刚简等"讲学蜀东门外……由是蜀士尽知周、程、张、朱传授之旨"②。虞集所说"吾蜀之士尽知伊洛之渊源,则我曾大父与文靖公实发挥之也"。在评价魏了翁的学术地位时,加上元代人的这些论述,当更为全面和确切。

南轩之学返传回蜀,是中国思想史和蜀学发展史上的重要内容,限于资料缺乏和零散,本文只是从学统方面进行学案式梳理和探讨,不少问题尚需深入发掘和补充。至于在学术思想上的传承、影响、互动和变化,更需细致研究。

(载《宋代文化研究》第二十一辑,四川大学出版社2014年版;《张栻与理学》,人民出版社2015年版)

---

① 《宋史》卷437《魏了翁传》。
② 《东山存稿》卷6《邵庵先生虞公(集)行状》。

宋代蜀学转型的再探讨

北宋中期，巴蜀地区传统蜀学兴盛发达，如苏氏蜀学、范氏之学等。当时，二程洛学兴起，经过洛蜀角立，蜀学开始转型，到南宋晚期实现了传统蜀学同程朱理学的融会，完成了"洛蜀会同"①。近20多年来，学界关于蜀学的研究日益扩展和加深，笔者在进一步探究中，也有一些新的思考，本文就宋代蜀学转型作再探讨。

一、宋代蜀学转型的三大节点

对宋代蜀学发展历程，笔者曾有五个阶段②、两个高潮③之划分。在近来的探究中又认为，蜀学转型还经历了三个大的节点。

"节点"这一概念被应用于许多领域，于科学技术是指"电路中三个或三个以上支路的会聚点"④，或指"交汇点""汇合点""两节圆的切点""互连公共点"，在教学上"指知识体系中具有很多榫接的具体知识之点"⑤，还有空间节点（如"全国流通节点城市"、《香港是丝绸之路的重要节点》⑥）和时间节点（指某个大环境中的一点或

---

① 胡昭曦、刘复生、粟品孝：《宋代蜀学研究》，巴蜀书社，1997年版。
② 胡昭曦、张茂泽：《宋代蜀学刍论》，《四川大学学报（哲社版）》，1993年第4期。
③ 胡昭曦：《宋代蜀学的转型》，《庆祝邓广铭教授九十华诞论文集》，河北教育出版社，1997年版；胡昭曦：《宋代蜀学的转移与衰落》，《宋代历史文化研究》，人民出版社，2000年版。（均收入胡昭曦《宋代蜀学研究》，四川人民出版社2004年出版）
④ 《辞海》，上海辞书出版社，1980年版，第552页。
⑤ 参见"百度·百科"：baike.baidu.com。
⑥ 参"网易·财经"，2015年6月2日，《商务部：全国流通节点城市布局规划发布》；梅州网，2015年9月30日。

一段,如《关于实现中国梦的时间节点》①)。本文采参以上诸说而综合之,用"节点"以指宋代蜀学发展的大环境中,在学术内容上、空间上和时间的交汇点、榫接点、会聚点。

宋代蜀学转型的三大节点是:第一大节点,二程洛学传蜀;第二大节点,南轩之学返蜀;第三大节点,朱熹闽学传蜀。经历了濂洛之学到湖湘学再到程朱理学在巴蜀的发展,又有魏了翁的集大成,使宋代蜀学定型为以程朱理学为主。

(一)三大节点不是孤立的

一般认为,自宋仁宗嘉祐元年(1056年)至五年六月,周敦颐签判合州(今重庆合川)时期,濂学开始传入蜀地,而英宗治平四年(1067年)正月至熙宁三年(1070年)前,程珦知汉州(今四川广汉),其子程颐随侍,期间周之弟子遂宁傅耆与程颐有交往,"手笔相问"②,实为讲友。这时,濂学在巴蜀影响不大,二程理学也尚未形成。此后,二程洛学逐渐强大,迄至南宋晚期,巴蜀学者信奉程朱理学者益众,或千里求师,或出蜀访学,或在蜀讲著,或传授后学,可谓连绵不断。三大节点是这种发展过程中的三个突出事件和集中时段,它们密切联系,且与巴蜀地区其他时段程朱理学之传有相互交流和融会。

(二)三大节点的时段、内涵和特点

第一大节点,二程洛学传蜀。是在北宋末年。先是涪州(治今重庆涪陵)乐温(今重庆长寿)人谯定闻程颐"讲道于洛",乃"洁衣往见……遂得闻精义"。哲宗绍圣四年(1097年)十一月到元符三年(1100年)正月,程颐贬到涪州编管的两年多时间里,谯定从游,学《易》《大学》《中庸》等。谯定又传之门人弟子。

第二大节点,张栻之学返蜀。是在南宋前期。南宋初年成都人范仲黼"去湖南""游南轩之门""从南轩学",从而"直接五峰(胡宏)

---

① "新华网·新闻",2015年07月07日载曲青山文。
② 度正:《性善堂稿》卷15《跋伊川先生帖后》,四库全书本本;《宋元学案》卷12《濂溪学案下》,中华书局,1986年点校本。

之传",孝宗淳熙十六年(1189年)以后主讲于成都沧江书院,出现了传播南轩之学的"二江九先生"学者群,形成了蜀中南轩之学大盛的局面。

第三大节点,朱熹闽学传蜀。是在南宋后期。光宗绍熙年间(1190—1194)涪州人巽渊千里问学,从朱熹学于闽北建阳考亭之竹林精舍(后称沧洲精舍、考亭书院)和潭州(今湖南长沙)约三年时间,后师徒远隔,朱熹仍加指导,巽渊"将朱熹之学与乡里之学(包括谯定《易》学),融会贯通,形成有自己特色的《易》学思想"[1]。宁宗庆元三年(1197年),在"伪学之论方炽"的险恶政治环境下,艰难跋涉,到福建拜见朱熹问学求道、号为朱熹高徒"第一人"[2]的度正(合州巴川今重庆铜梁人),返川后传播理学,培养理学学者。从学于巽渊和度正的合州巴川人阳枋,则是这一节点中卓越的代表人物。

三大节点的突出特点之一是,蜀中几位主要学者都长途跋涉到理学名师处从游请教,直面授受,得其真传,获其精义。

二、三大节点与书院

如果说苏氏蜀学的衰微,存在三苏不善运用书院教育繁衍学术建立学派体系的因素,在宋代蜀学转型中,书院则起到明显的作用,是重要传学场所和助推力量之一。三大节点的发展变化,都同书院有密切关系,这是三大节点的突出特点之二。

(一)北岩书院与洛学、闽学传蜀

涪陵北岩的普净院是程颐注《易》和谯定从学之处,后黄庭坚于此题名"钩深堂"。宋代一些书院的前身是名人读书处、著书处或授业处,后来改名或建为书院,北岩普净院即属此类。南宋宁宗嘉定十

---

[1] 李胜:《巽渊事迹征略》,《重庆师范大学学报(哲社版)》,2006年第4期。
[2] 《宋元学案》卷70《沧洲诸儒学案》。

年（1217年），知涪州范仲武将普净院钩深堂建为北岩书院①，一直存在到宋末。（据载，此后该书院久圮，清乾隆九年知州罗克昌率绅士公募重建，改名为钩深书院②）程颐在此注《易》讲学，谯定从程颐学于此；程颐门生洛阳人尹焞在这里寓居，究治《伊川易传》；阳枋在涪师事夏渊并曾担任北岩书院堂长，成为蜀中理学一大家；阳枋在北岩书院授业，"士之信从者众"，培养了门人弟子，著者如蜀士赵子寅、鄂人史蒙卿等。③北岩书院于二程洛学传蜀和朱熹闽学传蜀，都起了很大作用，这是应该加以重视和深入研究的。

（二）沧江书院与南轩之学返蜀

宋光宗时期至理宗宝庆二年（1190—1226）期间，设于成都的沧江书院，在张栻之学返传回蜀、促进洛学的传播和蜀学的转型上，起了很重要的作用。著名学者有"游南轩之门""从南轩学"的范仲黼、范子长、范子该和从范仲黼处"尽闻"张栻之学的虞刚简、薛绂等"二江九先生"，他们在此讲学授徒，活动20年之久，"士之请益……座无虚席"。此外还有"南轩门人"杨云山之子杨子谟于宋光宗前后在潼川府治（今四川三台）建立的云山书院、范子长于嘉定八年（1215年）在泸州建的江阳书院、薛绂于开禧（1205—1207）初在黎州（今四川汉源）建立的玉渊书院等。④从而使"南轩之学"在巴蜀广为传播，推进了"洛蜀会同"，形成了"蜀学之盛，终出宣公之

---

① 《宋本方舆胜览》卷61《涪州》，上海古籍出版社，1991年影印本。曹彦约《昌谷集》卷19《朝议大夫直焕章阁范季克（仲武）墓志铭》（四库全书本）云，范仲武"守涪州，仅八月，亦不遗余力宽盐课以优井户，尊贤士以劝学者"。
② 乾隆《涪州志》卷2《学校》，乾隆五十一年刻本。
③ 粟品孝：《北岩程颐及涪陵易学》，《四川文物》，1997年第2期；李良品：《论易学"涪陵学派"的形成、特点与深远影响》，《周易研究》，2003年第4期；李胜：《涪陵学派论纲》，《重庆师范大学学报（哲社版）》，2005年第1期；李阔：《论北岩书院的理学教育精神》，《四川教育学院学报》，第22卷第5期（2006年5月）；李永明：《儒学圣地玉溪里》，《乐游长寿》，第4期，2013年5月13日；cs.cq.gov.cn。
④ 胡昭曦：《宋代书院与宋代蜀学》，《四川大学学报（哲社版）》，2001年第1期。（收入胡昭曦：《宋代蜀学论集》，四川人民出版社，2004年版）

绪"① 的局面。

三、对几个问题的认识和探讨

（一）关于谯定与"涪陵学派"

涪州人谯定师事程颐，传学甚众，《宋元学案》列出其门人、再传、三传至四传约270人，认为许多理学学者皆自谯定"以上溯伊洛"，谯定"固程门一大宗也"②。20多年来，学界开始着力对这位传承洛学的一大宗师的资料发掘和学术研究，近年来重庆市和该市涪陵区又对谯定、昺渊的确切籍贯做了考察，且有新的收获。③ 目前，有关谯定的资料仍然很少，还需继续发掘。

对于宋代理学或蜀学的"涪陵学派"的命题，目前一些学者是认可的。一般认为，该学派以涪州为中心、北岩书院为据点，以谯定、昺渊、阳枋为代表，以研治《易》学为突出特色。然而对"涪陵学派"的研究还处于初步阶段，许多问题有待展开，需大力加强个案研究和综合研究。例如：

（1）什么是"学派"？学术源流列出的学者是否等同于一个学派的成员？"涪陵学派"命题如何界定？有文章写道："二程洛学以后分为七派，分别传入陕、川、湘、闽、浙、苏等地……在四川有二程之学，即涪陵学派。"④"涪陵学派"主要成员有哪些？可否把《宋元学案》所列谯定学术传承的200多人大都列入"涪陵学派"？

（2）"涪陵学派"先是程颐之教，再是闽学之传，又有巴蜀学术和地方学术传统，其学术内涵和特色尚需综析。《易》学的传承与发展，确为这个学派的突出优势和特色，但对于经学的其他内容和儒学的其他经典的讲论著述，还需展开深入发掘探究。例如，昺渊不仅治

---

① 《宋元学案》卷72《二江诸儒学案》；胡昭曦：《谯定张栻与朱熹的学术联系》，《中国哲学》第16辑，岳麓书社，1993年版。(收入胡昭曦：《宋代蜀学论集》)
② 《宋元学案》卷30《刘李诸儒学案》。
③ 参见李永明：《儒学圣地玉溪里》；李胜：《昺渊事迹征略》；汪树权、冯国庆：《蜀中经学大儒昺渊》，《重庆日报》，2014年7月27日，又载于中国商网，2014年7月30日。
④ 杨金鑫：《程朱理学与书院》，《怀化师专社会科学学报》第8卷，1989年第4期。

《易》，还著有《孟子注》。① 阳枋从度正学，度正"乃授以《太极》《易通》《伊洛语录》"，阳枋"于是专意理学"。度正还告之阳枋，"笃志'四书'以为纲领，而求其放心可矣"②。阳枋叔侄登度正之门是"共叩理学"，而不只是请教《易》学。阳枋赴涪谒晏渊后，"有及门从游者"，阳枋告之曰："若欲求孔门……则当熟看《语》《孟》《中庸》《大学》，以求其至，吾之学如是而已。"阳枋在遂宁明善堂"讲论《中庸》《大学》《易图》《象数》"；在巴岳精舍讲学，"究濂溪《易通》、邵子《经世》、横渠《正蒙》、朱子《启蒙》等书理与数，咸诣精纯，各有义疏"③。

（3）目前对"涪陵学派"在巴蜀地区和中华学术文化发展中的贡献和地位，很少有论著谈及。

（4）现存有关"涪陵学派"学者的文集，需加细致整理并单行出版，如《性善堂稿》《字溪集》，对那些有关散篇文字，也需加以辑录整理出版。

（二）释"二江九先生"

《宋元学案》（以下简称《学案》）专设《二江诸儒学案》，足见其对二江诸儒的重视，目前对二江诸儒和沧江书院的研究还很不够。近来，笔者对其中一个问题有点新的看法。④

《二江诸儒学案》列出一些在沧江书院返传南轩之学的学者，有"二江九先生"，即范荪、范子长、范子该与范仲黼（皆成都人），薛绂、邓谏从（汉嘉今四川芦山人），虞刚简、程遇孙（仁寿人），宋德之（唐安今四川崇州江源人）。为什么会称"二江九先生"？

"二江"乃泛指成都，因郫江（府河）、流江（南河）绕成都城而过，有"二江珥城""二江双流"之谓。沧江书院就在成都东门二江

---

① 《宋元学案》卷69《沧洲诸儒学案》。
② 阳少箕、阳炎卯：《有宋朝散大夫字溪先生（阳枋）行状》，《字溪集》卷12《附录》，四库全书本。
③ 阳昂：《纪年录》，《字溪集》卷12《附录》。
④ 胡昭曦：《南宋二江诸儒与南轩之学返传回蜀》，《宋代文化研究》第21辑，四川大学出版社，2014年；蔡方鹿主编：《张栻与理学》，人民出版社，2015年版。

汇合处附近。

　　二江诸儒中学者较多，《学案》为何特别指出"其时二江有九先生之目"？据已见资料，一是，早有"永嘉九先生"①"元丰太学九先生"②之称，并且认为"永嘉自'九先生'而后，伊川之学统在焉"③。二是，南宋时浙东有专设或在孔庙设"九先生祠"以供祭祀者④。《学案》称二江之"九先生"，很可能是借鉴"永嘉九先生"之称和受到专设"九先生祠"的影响。叶适对"永嘉九先生"传洛学入浙非常看重，把"永嘉九先生"之举视作为伊洛之学入浙"开道"，使浙学大盛⑤；巴蜀"二江九先生"返传南轩之学回蜀，推进了"洛蜀会同"，使蜀学大盛，二者都起到学术开道和传承作用，接续孔、孟、二程学统，传播并发展洛学，大力弘扬理学。因此，列出巴蜀二江诸儒中九位着力传播南轩之学的蜀中学者，以之喻比"永嘉九先生"，示尊崇表彰、激励后学之旨。

　　还值得注意的是，南宋时于两浙东路四明（明州、庆元府，今浙江宁波）有九先生之祀；理宗宝祐时，四明人袁从为两浙西路常州无锡县令，也于县学设九先生祠。《学案》的原著者黄宗羲是浙江绍兴府余姚人，补修者全祖望、王梓材、冯云濠均为浙江宁波府鄞县人⑥，他们熟悉"九先生"之称及其内涵，因此与之类比，把这个对理学名儒的誉称，给了南宋时在成都研习和传播南轩之学、为洛学开

---

①　叶适《水心先生文集》卷29《题二刘文集后》写道："按，《周博士集》（即周行己《浮沚集》），元丰时永嘉（今浙江温州）同游太学者蒋元中、沈彬老、刘元承、刘元礼、许少伊、戴明仲、赵彦昭、张子充，所谓不满十人（按加上周行己共九位学者），而皆经行修明为四方学者敬服者也。"四部丛刊本。

②　《宋元学案》卷32《周许诸儒学案》载："（周）浮沚时与许景衡、刘安节、（刘）安上、戴述、赵霄、张辉、沈躬行、蒋元中称'元丰太学九先生'。""考所谓'九先生'者，其六人及程门，其三则私淑也。""吾浙学之盛，实始于此。"

③　全祖望：《鲒埼亭集》卷31《永嘉张氏古礼序》，四部丛刊本。

④　元·佚名：《无锡县志》卷3下《学校》，四库全书本；宋褧：《刘静修改封谥升从祀》，《燕石集》卷13，四库全书本。

⑤　周梦江：《试论永嘉"元丰"九先生》，《杭州师范学院学报（哲社版）》，1991年第5期；陆敏珍：《"违志开道"：洛学与永嘉元丰九先生》，《中山大学学报（哲社版）》，2009年第6期。

⑥　陈金生：《宋元学案·点校前言》，《宋元学案》，中华书局，1986年点校本。

道使蜀学大盛的著名学者,称为"二江九先生"。也许还有另一种可能,或者南宋时在成都早已有"九先生"之称。

(三)昙渊的学术活动

在三大节点中,昙渊、阳枋是很重要的学者,目前的研究尚属起步,还要大力发掘资料,加以探讨考订。比如:

(1)昙渊(?—约1229)的生平事迹,还需细考。昙渊字亚夫,号莲荡①,涪州乐温县(今重庆长寿)人。已见论著,对其卒年,一说绍定二年(1229年),一说淳祐十年(1250年)。

《阳枋行状》写道:"后昙公殁,性善(度正)入侍经帷,祈归弗获。"②度正入朝为官是在宝庆二年(1226年),自知重庆府兼夔州路提点刑狱应召入朝,拜国子监丞。此后一直在京任职,直到端平二年(1235年)逝世。既云"昙公殁"时度正在京为官"祈归弗获",则昙渊逝世后度正仍健在。又《(阳枋)纪年录》明载,"端平二年……性善公卒,公(阳枋)与弟、侄为之含敛心丧三年"③,可见昙渊的逝世不在端平二年度正逝世后,更不可能在度正逝世15年后的淳祐十年(1250年)。据现有资料,昙渊逝世是在端平二年(1235年)以前,可能是在绍定二年(1229年)。

在探究昙渊卒年时,粟品孝教授亦与笔者持相同看法,并承书面相告。为提供参考,兹摘引于下:

> 据《(阳枋)纪年录》,绍定元年(1228年),阳枋偕季弟全父、族侄存子"造昙公于涪之莲荡"。绍定二年(1229年),"公既有得于师传,乃退居家山辟室静观,以求所至"。这一年阳枋离开昙渊,回到家乡。结合该录端平三年(1236年)"弟全父从性善于京师者七年"的纪事,自端平三年逆推七年,阳枋弟弟全父离开昙渊到京师从学于度正,当是在1229年到1230年间。他

---

① 昙渊,其子侄纪念文字称"号莲荡",《宋元学案》卷69《沧洲诸儒学案上》称"号莲塘"。
② 阳少箕、阳炎卯:《有宋朝散大夫字溪先生(阳枋)行状》。
③ 阳昂:《纪年录》。参见黄博:《度正年谱长编》(未刊稿)。

们二人大约在1229年离开昙渊,其原因何在?目前未查见阳家出什么大事,有可能是昙渊突然去世,阳氏兄弟无法继续从学,因而阳枋"退居家山",阳全父则赴京师"从性善"。端平二年(1235年)阳枋到京师求学度正,是年,度正逝世,阳氏兄弟一同回归家乡。又据《阳枋行状》:"会性善以君命召",此后在1229—1235年间,度正先后任军器少监、太常少卿、礼部侍郎。"后昙公殁,性善入侍经帷,祈归弗获。公乃万里往卒业。"说明昙渊是在性善入侍经帷时、阳枋赴京从学度正(1235年)前去世的。①

(2)昙渊是否在北岩书院任教乃至担任堂长。有文章说,"绍定元年(1228年),昙渊受邀担任北岩书院堂长……昙渊在北岩书院传道授业二十余年,直至南宋淳祐十年(1250年)去世","昙渊是北岩书院第一任堂长",不清楚其根据如何?还值得注意的是,阳枋接受北岩书院堂长之邀时认为,"北岩乃程夫子传《易》之地,而涪实吾师昙公昔日传道授业之邦",遂为之留②,未明确提到昙渊任北岩书院堂长或阳枋在北岩书院从昙渊学业。

他如昙渊的学术研究和授徒情况、学术上的主要成就、在涪陵学派中的地位以及对蜀学转型的影响等,都有待深入发掘资料,加以论述。

(四)阳枋的学术活动。

在第三大节点的学者中,阳枋是主要的代表人物之一。目前,所见阳枋的资料较多,有的研究文章在一些问题上也相当深入,但也是方兴未艾。不少方面还需探究,比如:

(1)阳枋与北岩书院。阳枋(1187—1267)既是著名理学家,又是教育家,60岁以后曾被邀主教白鹿书院、任竹林山长,皆被"固辞",担任过忠、万、梁、达州考试官。任北岩书院堂长后,"堂规一

---

① 摘引粟品孝教授提供的考论文字,另参见黄博先生的《度正年谱长编》(电子版),并此致谢。

② 阳昂:《纪年录》。

仍白鹿（白鹿洞书院），士之信从者众"①。有文章说，"北岩书院繁盛一时，与东湖、濂溪、象山等书院齐名"②。阳枋对北岩书院的教学和理学传播做出了突出贡献，实为涪陵学派之代表人物。阳枋这位合州巴川（今重庆铜梁）人，为何成为涪陵学派的主要学者之一？可能有如下因素：他在34岁时登谯定传人度正之门，叩问理学；42岁时到涪州造谒蹇渊问学求益；65岁（一作64岁③）时任涪州北岩书院堂长，以后许多学术活动都在涪州和峡州、夔州一带。阳枋任北岩书院堂长有多久？一说"以古稀高龄主讲北岩书院五年"，一说"讲学于北岩书院，传道授业二十余年"，尚需确切考订。

（2）阳枋师从蹇渊是在什么地方？有文章说："阳枋早年师从朱熹门人度正，后由度正引荐，赴涪陵北岩书院从蹇渊学《易》，收获良多。"另一说则未明言其从学之处。经查，阳枋的子侄写道，当度正谓门弟子可往涪州师事蹇渊后，阳枋乃偕季弟全父、族侄存子"造蹇于涪之莲荡"④；或记为："遂与弟全菴、侄存菴束书造之。蹇门庭甚峻，惟难疑四书，至问《易》则正色斥绝。"⑤阳枋在《蹇莲荡祝文》中写道："（先生）万里寻师，阅三年而后闻《易》于考亭以归。十有余年，至于戊子（1228年，按即阳枋赴涪谒蹇渊求教之年），而先生之学始传。又二十有余年至淳祐庚戌（十年，1250年，按即阳枋任北岩书院堂长并由祠祀四贤增为五贤之年），从祀于北岩，而先生之学始显。"⑥既云戊子（1228年）"先生之学始传"，则需查考此前蹇渊教学授徒、特别是是否曾在北岩书院任教和阳枋于此受业的情况。

（3）全面探究阳枋学术。阳枋从度正、蹇渊学，"笃志四书以为纲领"，"专意理学"，将程朱理学与巴蜀学术相结合，除《易》学甚著而外，其学术成就的全面情况如何也需深入探究。

---

① 阳昂：《纪年录》。
② 张阔：《论北岩书院的理学教育精神》。
③ 阳少箕、阳炎卯《有宋朝散大夫字溪先生（阳枋）行状》说："庚戌，长北岩堂。"庚戌为淳祐十年（1250年），阳枋时年64岁。
④ 阳昂：《纪年录》。
⑤ 阳少箕、阳炎卯：《有宋朝散大夫字溪先生（阳枋）行状》。
⑥ 阳枋：《字溪集》卷9。

（4）关于阳枋家族的学术活动。宋代蜀学有一大特点，即学术家族是一支重要力量，阳枋家族的学术活动很值得研究。阳枋求教度正和求教昙渊，都与其弟全菴［即阳房（全父）］、族侄存菴（即阳岊）同往，端平二年还准备同阳岊往问于魏了翁（因魏被召入朝，未果），可见阳全父、阳岊都是度正、昙渊门人和涪陵学派成员。有文章列出了阳氏家族的学术状况，写道："阳氏家族以诗书传家，其中进士有阳枋（中进士为1241年，以下诸人中进士年皆列括号内）、阳少箕（1262年）、阳炎卯（1247年）、阳昂（1262年）、阳恪（1262年）、阳醴（1262年）、阳义方（1262年）等，以习《易》为著者则有阳元泽、阳枋、阳房、阳昂、阳岊、阳恪等。"① 三四十年间，阳氏即有7人中进士，有6人成为《易》学著名学者。

（五）巴蜀学者之间传承、交流与合作

宋代蜀学的发展，是全国尤其是巴蜀学术发展的结果。在宋代蜀学研究中，不仅要注意到川西、川南地区，更要注意到川东、川北地区（含今重庆市）。蜀学的转型，经历了大约100多年时间，其间巴蜀学者之间的传承、交流与合作，是重要的组成和强大的推动力。举数例于下：

"魏国张公（张浚，1097—1164，绵竹人，张栻父）尝从谯天授游。"②"冯时行（？—1163，巴县人）、张行成（临邛今四川邛崃人）则得先生（谯定）之余意。""其（谯定）学传于李舜臣（隆州井研今四川井研人）"，李舜臣"子心传、道传、性传"，心传、道传"兄弟固二江诸子学侣"③。

被称为朱熹"同调"的刘光祖（号后溪，1142—1222，简州今四川简阳人），其门人中就有度正。④

---

① 金生杨：《论南宋合州阳氏易学》，《周易研究》，2011年第3期。
② 《宋元学案》卷44《赵张诸儒学案》。
③ 《宋元学案》卷30《刘李诸儒学案》。
④ 真德秀：《西山文集》卷43《刘阁学（光祖）墓志铭》，四库全书本；度正：《性善堂稿》卷13《刘左史祭文》；《宋元学案》卷79《丘刘诸儒学案》；《宋元学案补遗》卷79《丘刘诸儒学案补遗》，人民出版社，2012年校点本。

"往返万里"问道于朱熹的合州巴川人度正,著有《性善堂稿》《周子年谱》,曾长期在四川传播理学。知华阳县时,在文翁石室西面建"三先生祠堂",祠周敦颐、程颢、程颐,以朱熹、张栻配享。又请魏了翁作《成都府学三先生祠堂记》,还刊刻魏了翁带回的朱熹语录。①

虞渊"少从礼部尚书李焘(1115—1184,眉州丹棱今四川丹棱人)游"②,《学案》载,李焘有"门人阳枋、阳岊"③。

阳枋,16岁,奉父命"执经"于度正。24岁,"度公以华阳宰兼蜀学训导,公(阳枋,下同)于是留石室,因请业焉"。34岁,"引季弟全父、族侄登性善之门,共叩理学"。46岁,"携二子游遂宁,教官黄循斋请公长明善堂,魏鹤山高弟、前进士严君师夔敬公之学,相与为友,讲论《中庸》《大学》《易图》《象数》"。47岁,"在武信(即遂宁,唐时于此设武信军),四方之士闻公学,从游弥众。夏六月,遂与心友罗东父、宋寿卿偕门人讲学于巴岳精舍"。49岁,度正写信以便阳枋"往问于鹤山魏公,会魏公以命召,不果遂。……是岁上魏鹤山书"。67岁,"与税巽父论《启蒙》小传"④。据载,吴泳(潼川今四川三台人)、洪咨夔(於潜,今属浙江杭州人)、李性传、魏了翁(邛州蒲江今四川蒲江人)都"敬公(阳枋)为学,咸器重焉"⑤。

宋代蜀学转型的基本完成,大致在魏了翁时期。魏了翁生于孝宗淳熙五年(1178年),逝于理宗嘉熙元年(1237年),其在世时间约同于度正(逝于1235年)、虞渊(逝于约1229年),阳枋则稍晚些(逝于1267年),他们之间皆有学术联系。魏了翁既有传统蜀学之继,又有程朱理学之承,私淑朱熹、张栻,近接周、程,远溯孔、孟,是宋代继朱熹、张栻之后最卓越的理学家之一。他广交学者、联系蜀

---

① 《宋史》卷422《度正传》;《宋元学案》卷69《沧洲诸儒学案下》。
② 清·周广业:《过夏杂录》卷3《虞渊》,清种松书塾钞本。
③ 《宋元学案》卷69《沧洲诸儒学案上》。
④ 阳昂:《纪年录》。据《宋元学案》卷80《鹤山学案》载,税巽甫名与权,巴郡人,"受业鹤山之门,精于经学",尤长于《易》。他长期执业魏了翁门下,录有师言《周礼折衷》和师生问答的《师友雅言》。
⑤ 阳少箕、阳炎卯:《有宋朝散大夫字溪先生(阳枋)行状》。

士、举办书院、撰写著作、刊布朱著、讲传理学、请谥先儒，实现了"洛蜀会同"，成为传统蜀学和程朱理学的集大成者。①

宋理宗端平二年（1235年），蒙古军队大规模进攻四川地区，在巴蜀肇始了长达40多年的战争。从端平二年到淳祐二年（1242年）的七年间，宋、蒙在四川反复拉锯相斗，川西战乱频繁，成都被毁，经济残破，人口锐减，学者流徙。而川东地区一度战乱较少，特别是淳祐三年至宝祐元年（1243—1253）余玠主政四川并将制置司迁到重庆，采取山城防御等措施，重庆政局相对稳定。随着四川政治中心由成都到重庆的迁移，川东地区就成了四川的学术中心（约有二三十年），以阳枋为代表的"涪陵学派"和其他学者即其中的主要力量，于此可见蜀学转型第三大节点之重要地位和又一贡献。

《宋史》评价说，魏了翁举办书院，传播理学，"由是蜀人尽知义理之学"②。作为理学名家和宋代蜀学的集大成者，魏了翁确实有此作用和地位。但同时也要看到当时的学术背景和前人的学术传承、魏了翁的学术基础及其源流以及学者之间的交流合作，诚如赵汸所云，范仲黼、虞刚简等"讲学蜀东门外……由是蜀士尽知周、程、朱、张传授之旨"③。虞集所说"吾蜀之士尽知伊洛之渊源，则我曾大父（虞刚简）与文靖公（魏了翁）实发挥之也"④。两宋之际、南宋晚期涪州、重庆府及夔州路学者们促成"洛蜀会同"、传播程朱理学之绩不可忽视，应当加强研究，方可全面了解宋代之蜀学。

从本文所述宋代蜀学转型之三大节点中，可见其重要史实和基本特点，可以概观宋代蜀学发展之时空演化和重点环节，亦可概见川峡四路学者促成"洛蜀会同"的一些状况。然所述甚乏完善或有谬误，有待达识方家补正。

（载《湖南大学学报》2015年第6期）

---

① 《宋代蜀学研究》，第143~162页。
② 《宋史》卷437《魏了翁传》。
③ 赵汸：《东山存稿》卷6《邵庵先生虞公（集）行状》，四库全书本。
④ 虞集：《道园学古录》卷6《魏氏请建鹤山书院序》，四库全书本。

大足宝顶石窟的凿建与宋蒙（元）战争

重庆大足石刻宝顶山大佛湾"十大明王像"，是一龛尚未凿建完工的造像。"十大明王像横凿柳本尊行化图正壁下半部，占崖面高535（厘米），通编为第22号。明王各像刻本为全身，今见只刻成上半身，左起第一至四像尚未细琢，各像下部留存按肢体开方崖面。"①这龛造像何时修凿？为何未能完工？学界至今看法有异。一般认为是晚宋时期所建，或笼统而言是南宋时凿建②；或具体指说是"淳熙六年到淳祐九年（1179—1249）的七十年间"③。为何未完工？是"因元（蒙古）兵入川而致仓促停工的，后代亦未补刻"④。"大佛湾石刻的大规模建造工程，是在蒙古军队攻入四川之后停止的"⑤。同时，也有一种看法，认为《柳本尊行化图》（引者按，包括十大明王像）是因几个严重错误内部予以制止，其"停工纯系内部争论之结果"，与蒙古（元）军攻蜀无关，而且该图像"不在赵智凤建造大佛湾计划

---

① 重庆大足石刻艺术博物馆、重庆市社会科学院大足石刻艺术研究所编：《大足石刻铭文录》，重庆出版社，1991年版，第161页。

② 郭相颖主编：《大足石刻雕塑全集·宝顶石窟卷（下）》，重庆出版社，1999年版，第5～16页；重庆大足石刻艺术博物馆编：《中国大足石刻》，香港万里书店、重庆出版社，1991年版，第12、13、19、141、147页；《大足石刻铭文录》，第83页；李静杰、黎方银：《大足安岳宋代石窟柳本尊十炼图像解析》，重庆大足石刻艺术博物馆编：《2005年重庆大足石刻国际学术研讨会论文集》。

③ 永川地区文化局编：《大足石刻》，四川人民出版社，1981年版，第42页。

④ 四川省社会科学院、大足县文物管理所等编：《大足石刻内容总录》，四川省社会科学院出版社，1985年版，第232页。

⑤ 胡昭曦：《大足宝顶山石刻浅论》，刘长久等编：《大足石刻研究》，四川省社会科学院出版社，1985年版，第67页。

之内"。"十大明王像"的停工,这是关乎确定宝顶大佛湾造像凿建年代的一个重要问题。笔者据已知资料,赞同凿造于宋代、因蒙军攻川而仓促停工的意见,而对于不在赵智凤建造计划之内、因内部争论而停工等说法,由于未见论者有关具体举证和考订,不便进行专题讨论。然而,上述不同看法,确乎反映出对晚宋时期大足宝顶大佛湾石窟凿建的历史环境,尚有仔细梳理和认真厘考的必要,本文就此谈点认识,期冀为"十大明王像"凿建停工的深入研究提供参考。

一、昌州与合州不应相混

在上述问题的讨论中,都涉及南宋晚期宋朝与蒙古(元朝)之间的战争。蒙古汗国于至元八年(宋咸淳七年、公元1271年)十一月建国号为"大元"①,历史著作即以此年为界,前、后分别称为"蒙古"或"元";为示准确表述前后不同政权名号,凡涉贯通二者的年代,统称"蒙古(元)",其与宋朝的关系亦统称宋蒙(元)关系。

南宋晚期,昌州大足县军民和广大四川军民一起,长期英勇抗击蒙古(元)军队的进攻。本文所谓"四川",主要是南宋时期统辖川峡四路的"四川制置使司"的简称,元世祖至元二十三年(1286年)始正式建置四川行省。② 有意见说,"昌州在南宋抗元斗争中一直与合州合聚在一起保宋抗元",并认为:"王坚守合州发五县十七万民丁培修并巩固了钓鱼城,五县当然也包括了大足在内。"这是把昌州与合州的行政建置相混而谈。

昌州,唐乾元二年析置,大历六年废,十年,复置。大足县,本合州巴川县地,唐乾元初置大足县,唐末为州治,宋朝因之。③

在宋代,昌州、合州虽互为毗邻,且同隶潼川府路,但二者是互不统辖、各自行使权力的两个州级行政建置。《宋史》载:"昌州,上,昌元郡,军事。……县三:大足,上。昌元,上,咸平四年移治

---

① 《元史》卷7《世祖纪》,中华书局,1976年点校本。
② 胡昭曦:《四川省省名考析》,《蜀学》第七辑,巴蜀书社,2012年版。
③ 欧阳忞:《舆地广记》卷31《梓州路》,四川大学出版社,2003年版;雍正《四川通志》卷2《建置沿革·重庆府》,影印文渊阁四库全书本(以下简称四库全书本)。

罗市。永川，上。""合州，中，巴川郡，军事，淳祐三年移州治于钓鱼山。……县五：石照，中，魏石鉴县。乾德三年改。汉初，中。巴川，中。赤水，中下。铜梁，中下。"①《方舆胜览》载："昌州……皇朝升为上州，隶潼川府路（梓州路），今领县三（引者按，即大足、昌元、永川），治大足。"合州"隶梓州路，今领县五（引者按，即石照、巴川、铜梁、汉初、赤水），治石照"②。万历《合州志》等史籍，对王坚修筑钓鱼城所发五县民明确写道，宝祐二年七月，王坚受命任兴元都统兼知合州后，"郡牧王坚发郡所属石照、铜梁、巴川、汉初、赤水五县之民，计户口八万、丁一十七万，以完其城"③。合州所属五县，没有也不可能有辖区属昌州的大足县，因此不好说"王坚守合州发五县十七万民丁培修并巩固了钓鱼城，五县当然也包括了大足在内"。昌州军民英勇抗击蒙（元）军的掠杀，但也未见到昌州与合州"一直""合聚在一起保宋抗元"的记载。

昌州与合州相邻，终宋一代二者各为州级行政建置，不应在行政建置上把它们相混而谈。到了元初，这个建置才有了变化，大足县和昌州并入合州，《大清一统志》载："大足县……元州县俱废入合州。明洪武四年复置，属重庆府。本朝康熙元年省入荣昌县，雍正六年复置。"④《大足县志》也载："至元十七年（1280年），废昌州，并昌州大足县入合州。"⑤

二、蒙古重点进攻后的四川政局

自绍定四年（1231年）蒙古借口"假道"，武力攻宋，进到四川利、阆等地，至祥兴二年（1279年）王立以钓鱼城降元的40多年中，蒙古（元）在攻宋战略上有重大转变，即由窝阔台汗（1229—

---

① 《宋史》卷89《地理志》。
② 祝穆：《（宋本）方舆胜览》卷64《潼川府路》，上海古籍出版社，1991年影印本。
③ 万历《合州志》卷1《无名氏〈钓鱼城〉记》，合川县图书馆，1978年石印本。清代著名地理学学者储大文（康熙六十年进士）《存研楼文集》卷5《钓鱼山》全文记述与此相同，四库全书本。
④ 乾隆《大清一统志》卷295《重庆府》，四库全书本。
⑤ 民国《合川县志》卷4《大事记》，1945年铅印本。

1241在位）至蒙哥汗（1251—1259在位）时期，以四川地区为进攻重点，意在顺江而下灭南宋。到忽必烈汗即位（1260年）后有大改变，将进攻重点由四川转向京湖（荆襄地区）。在攻宋战术上，窝阔台汗时大多是抄掠，而自蒙哥汗后则渐重占守。①

《元史》载，端平元年（1234年）蒙古塔海甘布曾率军攻蜀，"屡立战功，还屯秦中"②。端平二年（1235年）春，蒙古窝阔台汗对南宋发动大规模全面进攻，遣皇子阔端和曲出帅师分别向四川、京湖攻宋。端平三年（1236年）秋，阔端又率骑兵进攻四川，兵分二路：右路军由亲王穆直率领，先平定金朝遗臣所控制的兰、会、洮、河四州，然后从宕昌进入宋境。左路军由阔端亲率，由大散关攻宋。经利州、剑门关，攻陷阆州后，一路"涉江而西者，以十二日入普城"；另一路"顺流而下者，以十三日入顺庆"；又一路"由新井、盐亭而东者，以十六日入潼川"，然后合三道之兵攻成都。③ 十月二十四日，蒙军步骑兵十万人④从东门进入成都。屠成都⑤，焚其城⑥。蒙军陷成都后分兵四掠。在川西，"西州之人十丧七八"，在川东，"夔峡之郡县仅存四五"。阔端很快班师，自率军北返，留下塔海、汪世显等部蒙军在四川继续攻掠。

关于蒙军于端平三年攻陷的普城县，又作普成县，有论者说该县的今址"即安岳"，此说不确。从阆州攻新城的蒙军不是向南，是"涉江（按，即嘉陵江）而西"，而且从十日出发到十二日攻陷只有一天多时间，要到达并攻陷普州州治安岳县显然是有问题的。《宋史》

---

① 胡昭曦、邹重华等：《宋蒙（元）关系史》，四川大学出版社，1992版；李天鸣：《宋元战史》，台北市食货出版社，1988年版。
② 《元史》卷154《郑鼎传》。
③ 吴泳：《鹤林集》卷20《论坏蜀四证及救蜀五策札子》(此疏在端平三年冬季后期上奏)，四库全书本。
④ 元·佚名：《昭忠录·王翊传》，四库全书本。
⑤ 蒙军退后，宋权知成都府贺靖"录城中骸骨有140万，城外者不计"。见袁桷：《清容居士集》卷34《史氏程母传》，四部丛刊本。此数未必准确，但可见当时成都被屠后之大致状况。
⑥ 《宋史》卷454《丁黼传》、卷449《王翊传》，中华书局，1977年点校本；《宋史翼》卷17《丁黼传》，中华书局，1991年影印本。

载:"隆庆府,本剑州普安郡……县六:普安、梓潼、阴平、武连、普成、剑门。"①"普成县"又写作"普城县",是宋朝剑州(隆庆府,治今剑阁县)的一个属县,当地学者对此有较详记述。"普成县在宋时隶属隆庆府。县领域即今梓潼的仁和、马迎、宝石、大兴,盐亭的北部地区,剑阁的元山、王河、时古、演圣、柘坝、公店、金仙等乡镇。""普城县名的来历,因县南一华里左右有一座山名叫驾鹤山,远在晋朝时,山上修有一座大庙,名叫紫霄观,紫霄观曾名普成观。传说……刘宋时期有一位名叫李普城的在驾鹤山修炼……突然飞升上天,故将紫霄观改为普城观。普城置县时,县名依观而立。初为'普城',后更名为'普成'。"② 普成县,又作普城县,这在宋元记载中也可见到,如《邵氏闻见录》载:"周长孺……治平末,以都官员外郎知剑州普城县。"③《宋史·黄裳传》:"黄裳,字文叔,普城人。"④ 可见,阔端蒙军进入的普城,不是普州安岳县,而是隆庆府(剑州)普城县即普成县(今剑阁县)。

自端平三年(1236年)秋至窝阔台汗去世(淳祐元年十一月,1241年),四川遭到的破坏最为惨重,大部分地区被蹂躏,许多地方被抄掠,不少州县城池被一度攻陷,四川的政治中心成都府城也被"火杀"。《宋季三朝政要》写道:

> (端平三年,1236年)十二月,鞑靼国兵入普州、顺庆、潼川府,破成都府,掠眉州,一月五十四州俱陷破,独夔州一路及泸、果、合数州仅存。⑤

"五十四州俱陷破",当时合州铜梁士人阳枋的诗可证:

> 丙申(端平三年)蚩尤临蜀口,三十年余遭践踏,当时五十四郡全,兵与民财堪著手。锋旗戊午(宝祐六年,1258年)肆

---

① 《宋史》卷89《地理志》。
② 何兴明等:《黄裳传》,四川人民出版社,1999年版,第12页。
③ 邵伯温:《邵氏闻见录》卷16,中华书局,1983年点校本。
④ 《宋史》卷393《黄裳传》,四库全书本。中华书局点校本《校勘记》云"普成,原作'普城'"。
⑤ 《宋季三朝政要》卷1,四库全书本。

长驱，江南江北分战守，凋瘵仅存六七州，鸿雁飞鸣狐夜吼。①

从以上记载看，当时蒙古铁骑横扫四川各地，"五十四州俱陷破，独夔州一路及泸、果、合数州仅存"，既明言此时仅存夔路和泸、果、合数州，则昌州、大足县亦在被蒙军一度陷破之列，新修《大足县志》所说"在端平三年蒙古军大势掠川以后，昌州、大足曾为无官守之区"②，当是掠后情景。

有论者说，"元人第一次攻四川，造成了'五十四州俱陷破，独夔州一路及泸、果、合数州仅存'。果是顺庆（南充市），它正是合州的外户，也说明了大足仍在宋人手中"。这也是把昌州大足县看作是合州属县。论者还认为，巴川（铜梁）人阳枋"在嘉熙四年（1240年）参加了四川类省试，考中了同进士，后来还作了昌州的酒正。足证昌州并没有陷落"。对于此说，要放在当时宋蒙（元）之间，在四川各地长期反复拉锯战的历史环境中加以考析。

窝阔台汗时期蒙军攻南宋，主要兵种是骑兵，"敌之长技，惟在于马"③，"鞑国地丰水草，宜羊马。……凡出师，人有数马，日轮一骑乘之，故马不困弊"④。其战法基本上采取单一的攻掠战法，"惟利剽杀，未拓土地，抄掠以后即弃之而去"⑤。蒙军攻京湖、两淮是"寒出暑归，岁以为常"⑥；攻四川，"初破蜀也，一岁一抄掠之，害其耕，夺其聚，杀其民人，使不得供其军赋，谓之涸水取鱼之法。才掠即去，虽去不归"⑦。因而许多官吏士民离乡背井，转徙避逃。一些衣冠大姓则流向东南，途中殒命者不少，幸存而达东南者，受到朝廷专门安置。元代袁桷写道："端平三年，蜀破，衣冠大姓顺流下东南，至江陵，十不存一二，皆舟触岩崿，瞬息以死。淳祐三年，蜀益

---

① 阳枋：《字溪集》卷10《寿制置夏节使》，四库全书本。
② 《大足县志·大事记》，方志出版社版，1996年版，第11页。
③ 《鹤林集》卷20《边备扎子》。
④ 孟琪：《蒙鞑备录·马政》，王忠悫公遗书内编本。
⑤ 冯承钧译：《多桑蒙古史》上册，商务印书馆，1936年版，第257页。
⑥ 姚燧：《牧庵集》卷17《百夫长赠中大夫上轻车都尉曹南郡侯坤都岱公神道碑》，四部丛刊本。
⑦ 姚勉：《雪坡集》卷2《庚申封事》，四库全书本。

蟊，避兵来南，其物故与端平无异。"① 蒙哥即汗位后，除继续抄掠外，开始重大调整，即从四川到两淮邻近南宋地区，修筑城池寨堡，部署重兵，实施屯田，同时实施"斡腹之谋"，派兵从川西经大理迂回攻宋。在汴梁设立河南经略司，于唐、邓、申、裕、嵩、汝、蔡、息、亳、颍诸州实施屯田；在西部，修复沔州城、利州城，建为攻蜀基地，而后向四川全境步步推进。

在蒙军"惟利剽杀，未拓土地"的战法下，许多被蒙军陷破的州县被抄掠后即"弃之而去"，于是转徙的部分官吏士民又陆续返回，南宋的统治稍得恢复，尤其是自淳祐三年（1243年）后余玠治蜀的十年中，四川的局面相对稳定，昌州亦即属于这种状况。嘉熙四年（1240年）宋朝能在嘉定府举行类省试，淳祐十年昌州大足县令权佥判何光震、州学教授张顺臣、大足县主簿杨莘等能在大足县为知州王梦应饯行，就是证明。这类情况并不鲜见，淳祐五年以前，如利州、阆州、成都、汉州、嘉定府、遂宁府、资州、泸州、叙州、黎州、石泉军、普州、合州、夔州、梁山军……皆是陷而复之，有的甚至再陷再复，直到最后被蒙（元）军占领。著者如成都府城，据载，端平三年（1236年）、嘉熙元年（1237年）、淳祐元年（1241年）、淳祐五年（1245年）、宝祐六年（1258年），成都先后五次被蒙军攻陷。②正是这种局面，宋朝四川的许多州郡治所被迫废弃，余玠治蜀时乃实施迁徙治所，实行山城战术（如合州州治迁治东十余里钓鱼山）。

四川地区的宋蒙战事，长期处于拉锯状态，一些州县（包括昌州大足县）有时被攻破，有时宋军又收复，论者所指陷落与没有陷落都曾有过，看是指的哪段时间。时人吴昌裔于嘉熙元年（1237年）写道：

> 绍定辛卯（四年，1231年），敌阆利、阆，利、阆以外，本实未尽拔也。端平乙未（二年，1235年），敌侵汉、沔，汉、沔以内，生聚未尽空也。迨至去（端平三年，1236年）冬，其祸

---

① 《清容居士集》卷30《同知乐平州事许世茂墓志铭》。
② 天启《成都府志》卷2《成都纪》，四川大学图书馆藏抄本。

惨甚。盖自越三关,破三泉摧利捣阆……毁潼、遂,残果、合,来道怀安,归击广安,而东州震矣。屠成都,焚眉州,蹂践邛、蜀、彭、汉、简池、永康,而西州之人十丧七八矣。毒重庆,下涪陵,扫荡忠、万、云安、梁山、开、达,而夔峡之郡县仅存四五矣。又况敌所不到之地,悉遭讧溃之扰。民假为溃,溃假为敌。而真敌之兵,往往借我军之衣装旗号愚民耳目,而卒屠之。盖虽荒郊绝岛之间,无一处而不被燎原沸鼎之毒也。今幸敌兵自退,境土渐归,将士乘时,皆以捷至。①

嘉熙元年(1237年)冬,蒙军又攻四川西部,十月二十四日陷嘉定府。又陷遂宁府旧治(此时府治已迁蓬溪砦)②,乃四向攻掠。不久,蒙军便宜总帅汪世显等率军北退。嘉熙二年(1238年),蒙军都元帅塔海又率骑兵攻入四川。③先后攻陷隆庆府、资州、黎州、石泉军,抄掠嘉定、峨眉、茂州一带。是年,孟珙升任京湖制置使。嘉熙三年(1239年)正月十五日,蒙军又进到成都城外。双方大战,宋军败。④不久,蒙军北撤。秋,蒙古都元帅塔海、秃雪率兵攻四川,号称八十万。⑤在夔峡展开大战。十二月二十九日,荆鄂都统张顺收复夔州。⑥嘉熙四年(1240年)蒙军经涪州攻重庆。因天气"大暑",便北归。⑦九月,孟珙任四川宣抚使兼知夔州兼京湖安抚制置使。淳祐元年(1241年)秋,按竺迩率蒙军攻西川,"破二十余城"⑧。十月五日抵成都,围近十日破之,成都又被焚杀一空。⑨又攻

---

① 吴昌裔:《论救蜀四事疏》,《历代名臣奏议》卷100,四库全书本。吴任大理少卿,时改任权工部侍郎四川宣抚司参赞军事。此疏于嘉熙元年上。
② 《昭忠录·李冲等传》。
③ 《元史》卷121《按竺迩传》,此书作"元帅",李天鸣先生据《永乐大典存本》卷10889《清河集·按竺迩神道碑》作"都元帅",见氏著《宋元战史》第一册第377页注26。
④ 《昭忠录·李冲等传》。
⑤ 《宋史》卷412《孟珙传》。
⑥ 《宋史》卷42《理宗纪》。
⑦ 《元史》卷155《汪世显传》。
⑧ 《元史》卷121《按竺迩传》。
⑨ 《宋史》卷413《赵必愿传》。

陷汉州，屠城。攻隆庆府，破普州。淳祐二年（1242年），蒙古按竺迩率兵攻陷遂宁府、泸州、叙州，攻嘉定，未下，乃北撤。十二月十八日，余玠任四川安抚制置使兼知重庆府，制置司也从成都迁至重庆府。期间，虽然宋朝在成都府城被焚毁后极不安定的情况下，于嘉熙四年在掠后的嘉定府举行类省试，阳枋得以参加且获"奏名"，但整个四川地区战事仍很频繁。对宋蒙（元）战争及其后果，蒙文通先生曾写道：

> 蒙古兴起，强大无比，西征而后，分兵南下……数十年间，五破成都，而嘉定、渝、泸，各三四破。蜀人保聚山砦与之苦战抗争，奚营数十。……蒙古横扫欧亚，遇敌之坚，殆未逾此。而蜀人被兵之烈，亦酷他地。至元十九年，以四川民仅十二万户（引者按，上文云元丰、崇宁间蜀地有户一百八十万），令减官府。孟蜀降宋，得县二百四十八，而州不与焉，元则仅八十余县，郡邑荒残，世族流徙，而文物亦扫地尽矣。①

三、蒙（元）军进攻对昌州一带的社会影响

端平三年蒙军的抄掠，对昌州、合州影响很大，一方面激起当地抗战军民的英勇抵抗，一方面给当地带来突然惊恐和巨大灾难。目前还鲜见昌州的具体资料，幸而在毗邻大足县的合州铜梁县，留下了一些有关当时当地学者阳枋的具体记录。阳枋的侄子阳昂咸淳四年（1268年）所撰阳枋的《纪年录》写道：

> （嘉熙元年）公（引者按，指阳枋）年五十一。蜀有翟难，公与弟全父、侄存子举家避地夜郎。……（嘉熙二年）避地南川。……（嘉熙三年）避地于清溪。……（嘉熙四年）赴嘉定类省，奏名。……（淳祐元年）公年五十五。圣恩以蜀难，进士免入对，赐公同进士出身。公避地夜郎。……（淳祐二年）避地泸

---

① 蒙文通：《四川历代盛衰与户口登耗考略》，《蒙文通文集》第4卷《古地甄微》，巴蜀书社，1998年版。

南。是冬,敌渡泸,穷搜,公与一家相失,深入蛮夷之境。……敌退,张恭人偕子妇俱保全。……(淳祐三年)公年五十七,与友人宋寿卿、陈希舜、罗东父、向从道、黄叔高,弟全父,侄存子,王南运讲明《吕氏乡约》①,书行之于乡,从约之士八十余人。……(淳祐四年)公年五十八。……是岁,樵隐余公玠谕蜀之二年也,闻公之学与德,檄赴司尊礼,请分教广安,而以昌州酒正剡辟。公怀敕隐居求志者五年矣,至是一出,有"五载弹冠尚觉忙"之诗。②

阳枋之子阳少箕、阳炎卯于咸淳二年(1266年)所撰《有宋朝散大夫字溪先生阳公行状》写道:"(阳枋)怀敕五年,退居不调,樵隐余公玠闻其学其德,檄分教广安而以昌州酒正寄绩,然非公志也。"③从这两段资料可见,蒙军自端平三年(1236年)冬大规模攻掠蜀地,次年即嘉熙元年(1237年)在铜梁的阳枋的安全已受到威胁,不得不离开铜梁避徙他地,乃至中进士后五年之中未出仕任官。期间,阳枋家乡合州一带受到蒙军接连攻掠,反复侵扰,社会严重动荡。阳枋在《上宣谕余樵隐书》写道:"蜀自辛卯(绍定四年,1231年)以来,士夫军民死于兵者不知几百千万。远者未暇论,姑自近者言之。辛丑(淳祐元年,1241年)西州之祸,殆不忍言。汉嘉之屯,阵亡者众。江阳失险,泸、叙以往,穷幽极远,搜杀不遗。僵尸满野,良为寒心。"④吴泳在《边备札子》写道:"蜀中连岁敌兵俶扰,视襄、淮为尤甚。敌骑既退,溃兵焚劫,沿流诸郡,荡然一空。……其患甚于外寇。"⑤

在这样严重动荡的社会环境中,人民的生命财产受到威胁,纷纷

---

① 《吕氏乡约》,也被称为《蓝田乡约》。作者北宋吕大钧。陕西汲郡(后徙居京兆蓝田)的吕大钧等兄弟,北宋熙宁九年(1076年)在本乡蓝田实行乡约。乡约是一种乡里公约的意思,内容是在日常生活各方面,乡人互相帮助,互相劝善戒恶,目的是为了使风俗淳厚。
② 《字溪集》卷12《附录》。
③ 《字溪集》卷12《附录》。
④ 《字溪集》卷1。
⑤ 《鹤林集》卷20。

转徙逃生，阳枋也不得不举家远避，转徙于贵州、川南等地，到淳祐三年（1243年）余玠治蜀才回到家乡（从推行乡约得知），这一走就是六七年。而合州州治也因蒙军攻扰，不得不在淳祐三年迁到钓鱼城。阳枋家乡铜梁县，是合州属县之一，紧邻昌州大足县，"西至大足县界三十里……西北至大足县界六十里"①。"（铜梁县）西经侣俸乡、平滩镇、双河乡抵大足县界三十二公里（原注：另路经土桥抵大足界牌十四公里）。"②

与合州不同，昌州不在嘉陵江边，在军事上不像合州首当其冲。淳祐三年阳枋在上余玠书中提出军队要"聚小屯为大屯"，认为"今既于泸、合、梁山等处为屯固守，而又于潼、遂、绵、汉、资、昌、西路诸州无险可守之处分兵控扼，恐兵数不多，难于策应"③，透露出昌州因"无险可守"，可以不在重兵固守控扼之列。新修《大足县志》所说晚宋时大足县"素无城守兵卫"，或即指此。在蒙（元）军的反复攻掠中，相互紧邻、离铜梁几十里的大足县，其境遇亦应与合州宋蒙双方拉锯争战相同。淳祐七年十月，县令何光震等大足官员，在大足南山饯送知昌州王梦应（淳祐五年乱后新任）的碑《记》中写道：

> 昌邻于合……独惜介在山间，距大江几二百里，素无城守兵卫。狄难以来，官吏民多不免焉。加以师旅，因以饥馑。存者转徙，仕者退缩，州县官苟具而可，环千里荆榛矣。……（制使余玠）乃请于朝，命前资守合阳王侯梦应领是州……礼士戢奸，遗民少苏，察吏毕集……虽食饫杞菊，驾乏舆马，人或不堪其况，然志合道同……各钦其职。④

从此碑中可以窥见，自端平二年至淳祐四年的七年间，"素无城守兵卫"的昌州大足被破坏的大致状况，战争使人民"饥馑"，社会

---

① 雍正《四川通志》卷3上《疆域·重庆府》。
② 郭朗溪：《新修铜梁县志》第一卷《位置疆域》（1949年修），铜梁县地方志办公室1992年印行。
③ 《字溪集》卷1《上宣谕余樵隐书》。
④ 淳祐七年何光震《饯郡守王梦应记》碑，刘喜海：《金石苑》卷6，影印东武刘氏来武堂道光刻本；《大足石刻铭文录》，第300页。

动荡,"存者转徙"离乡背井,"仕者退缩"流亡他乡,"州县官苟具"具名而已。新修《大足县志》也写道:"在端平三年(1236年)蒙古军大势掠川以后,昌州、大足曾为无官守区。"① 淳祐五年重新配置州县官吏后,数年间仍"食饫杞菊,驾乏舆马"。余玠治蜀,显见好转,但好景不长,余玠之后,川蜀形势更加紧张。这样的社会环境,宝顶大佛湾石窟图像的正常凿建是会受到很大影响的。对此,有学者写道:"蒙古军大举入蜀,据地攻城以后,战火直接燃遍合州及其附近地区,这时如果还留在大足造像的工匠,是再也无法从事艺术创作的。"② 也有学者指出,与大足县邻近的安岳石刻,也受这样的历史环境影响,"由于蒙古军队的入侵,才使安岳石窟造像活动突然沉寂"③。

晚宋期间,宋蒙(元)在四川地区进行了长达近半个世纪的战争,蒙军的攻扰虽然遭到四川军民的顽强反抗,但武力相争,反复拉锯,给四川地区带来巨大灾难,暴力遍巴蜀,社会大动荡,生命受威胁,财产被破坏,民众大流徙,文化遭践踏,这就是晚宋时期大足宝顶山大佛湾石刻所处的历史环境。昌州大足县也同邻近州县一样,数度处于拉锯争夺状态,城池、辖境或陷或复,给当地军民带来极大动荡和危害。在蒙军大规模攻蜀后,历史环境不允许宝顶石刻正常凿建。据已见资料分析,宝顶山大佛湾"十大明王"像凿建突然停工的主要原因,最大可能是在端平二年(1235年)蒙古军队大规模攻蜀之后,昌州一带遭到武力掠扰所致。至于要得到具体的确指,还需深入发掘资料,从各个方面加以论证。然而,全面了解晚宋四川地区宋蒙(元)争战的历史,切实弄清昌州大足县、宝顶石窟凿建的历史环境,是很为必要的研究前提。

(载《2014年大足学国际学术研讨会论文集》,重庆出版社2016年11月版)

---

① 新修《大足县志》卷1《大事记》。
② 陈世松:《试论大足南山淳祐十年(七年)碑记的价值》,载《四川文物·石刻研究专辑》,1986年。
③ 曾德仁:《四川安岳石窟的年代与分期》,《四川文物》,2001年第2期。

为世界闻名的古战场晚宋钓鱼城修史

重庆市合川钓鱼城，是迄今我国保存最完好的南宋晚期城堡型古战场遗址之一，是国家重点风景名胜区和全国重点文物保护单位。长期以来，对钓鱼城历史的发掘、整理、研究和遗址恢复的巨大成就，使这个古战场遗址逐渐重现原貌，也使人们对它由陌生而认识。钓鱼城风景名胜区管理局、钓鱼城古战场遗址博物馆编著的《钓鱼城陈列展示文丛》（西南师范大学出版社2011年出版，简称《文丛》，见图一①），共44万字和许多图片，是配合该博物馆陈列而编写的科普读物，是把钓鱼城古战场的历史文化首次进行综合并向社会推介的一套专书，读后颇受教益。笔者已有30多年没去钓鱼城，对该遗址的恢复和博物馆的陈列展览基本无知、更无实感，只就《文丛》的载述谈谈读后的体会和感想，并对有关资料作点介绍，为这座世界闻名的晚宋时期古战场修撰历史提出浅见。

【图一】《钓鱼城陈列展示文丛》书影

---

① 承编者惠赠此书，谨致感谢！

一、钓鱼城历史之研究简况

长期以来，在数量众多的研究宋蒙（元）战争的论著中，有一些是专题研究钓鱼城历史或与之密切相关的论著，据这次会议筹备组印发的参考资料《钓鱼城相关研究成果目录》的不完全统计，自1980年至2014年，有专著12种、专书6种、论文44篇。本文重点简介曾经到过钓鱼城的和合川学者的论著。

（一）两篇察访文章

对钓鱼城专题实地考察与研究，早者有明朝万历七年（1579年）刻印的《合州志》卷一所载《无名氏记》（见图二）。合川县图书馆将该志缩微胶卷于1978年翻录石印，并于1978年8月的"重印说明"写道：这一部明版合州志，原藏日本内阁文库，1977年由北京图书馆去东京用缩微胶卷摄制回国。我馆得知此消息后，即请北京图书馆复制了一份回县。县里决定翻印为内部交流的资料，经初步清理，由县人戴蕃瑨（西南师范学院教授）、罗中典（原北碚图书馆馆长）两同志分别作了部分校核添补工作，即用石印翻印发行。《无名氏记》约2000字，作者熟悉钓鱼城的地理环境和历史，对宋蒙钓鱼城之战作了较详记叙，留下了一些可贵资料。

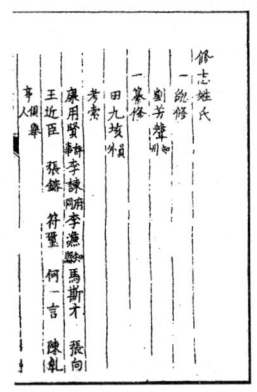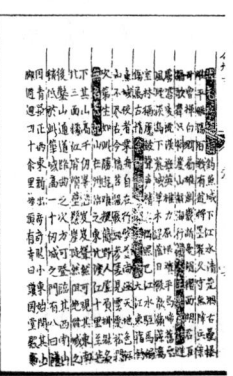

【图二】万历七年《合州志》书影①

---

① 翻拍自电子版数据库。左图为修志人员、右图第12行起为《无名氏记》。

此后，专程到钓鱼城参观并进行学术考察的有郭沫若、卢作孚等先生一行，郭先生还写了一篇题为《钓鱼城访古》的长文，约16000字。该文首刊于《说文月刊》第三卷第七期渝版第一号《巴蜀文化专号》（1942年重庆出刊），题为《钓鱼台访古》，收入郭沫若《文集》《全集》时题为《钓鱼城访古》（见图三）。郭沫若于1942年6月3日自重庆到钓鱼城，翻阅了民国《合川县志》，参观了忠义祠、护国寺和部分遗址，抄录了存于忠义祠的几通长篇碑文，对钓鱼城之战和当时几位主要历史人物发表了评论。

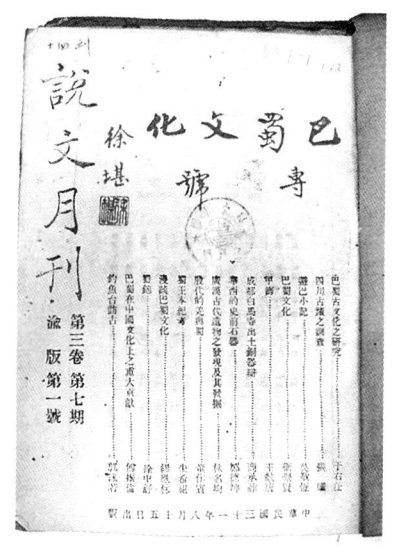 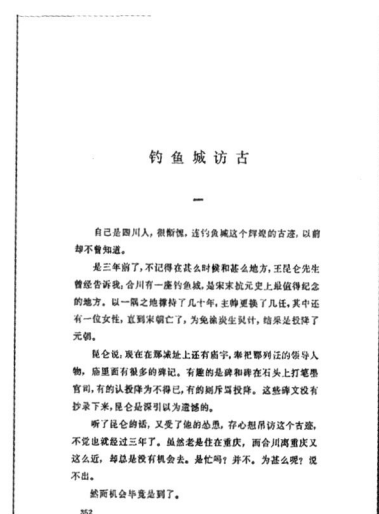

【图三】《钓鱼城访古》书影①

此外，还有一些文章，从文献上对钓鱼城之战作了考论，具有重要影响，如姚从吾先生《宋蒙钓鱼城战役中熊耳夫人家世及王立与合州获得保全考》②《元宪宗（蒙哥汗）的大举征蜀与他在合州钓鱼城的战死》③（见图四）。

---

① 左图为《说文月刊》渝版第一号《巴蜀文化专号》封面和目录，其中最后一篇是《钓鱼台访古》；右图为《郭沫若全集·历史篇》第三卷所载《钓鱼城访古》首页，全文自352到381页。均为四川大学图书馆收藏。
② 复印件，原件载《史语所集刊》（台湾）第29卷下第647～660页，1957年。
③ 复印件，原件载《文史哲学报》（台湾）第14卷第61～85页，1965年12月。

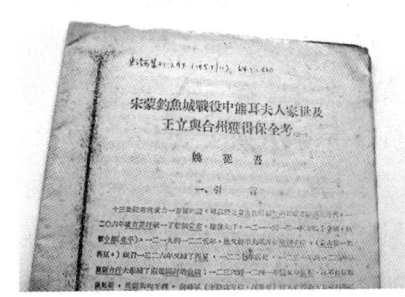

【图四】姚从吾先生两篇论文复印件首页

（二）三部研究性专书①

在研究钓鱼城古战场历史中，重庆市、合川市（区）付出了大量的辛勤努力，这里介绍其中三本研究性专书（见图五）：

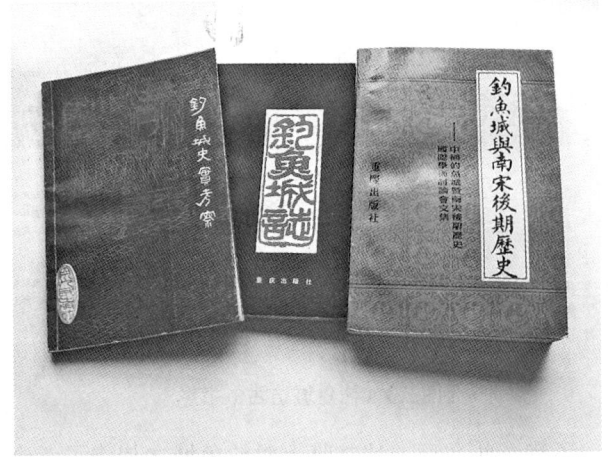

【图五】三本专书书影

一是，西南师范学院历史系编《钓鱼城史实考察》。② 此书是1957年至1959年，"西南师范学院历史系的部分师生，多次到钓鱼

---

① 在2015年7月于重庆合川举行的"二零一五年钓鱼城国际学术会议"的资料袋里，笔者第一次读到池开智先生编著的《合川·钓鱼城，一座震撼古今的城塞》（重庆出版社2009年出版），这也是合川籍学者研究钓鱼城的一本专书，宜加补入。

② 四川人民出版社1962年出版，1980年修订再版。本文所用该书书影，翻拍自再版本。

城实地考察"后写成的。1962年出版，1979年加以修订，对"个别字句作必要改动，未作大幅度修改"("再版前言")。该书对钓鱼山和钓鱼城作了实地考察，对宋蒙（元）之际钓鱼城防御战及几位人物做了述论，是首次对钓鱼城古战场进行全面考察的专著。

二是，唐唯目编《钓鱼城志》。① 唐唯目先生是合川籍的历史学家。他"对钓鱼城史实进行了认真的考察和探讨，博览史籍，搜集整理，做了大量的、细致的工作，编纂成了此志"（文履平先生《序》）。该书以志书的体例，录载了钓鱼城的地理、物产、抗战大事、城垣、祠宇、人物、文物、古战场遗址、诗赋文及有关书目等，是首次全面录载和研究宋蒙钓鱼城战史的地方志。

三是，钓鱼城博物馆筹备处编《钓鱼城与南宋后期历史——中国钓鱼城暨南宋后期历史国际学术讨论会文集》。② 1989年10月，重庆市社科院、钓鱼城管理处和四川大学、西南师大、四川省社科院、重庆市博物馆等11个单位，在重庆市举行了"中国钓鱼城暨南宋后期历史国际学术讨论会"，会议上半段在重庆市市区举行，下半段在钓鱼城内举行。与会学者来自新加坡、德国、美国、法国、澳大利亚和我国的12个省（市、自治区），以及我国台湾地区。会议收到学术专著5部、学术论文57篇（据刘道平先生《中国钓鱼城暨南宋后期历史国际学术讨论会综述》，载于该书）。此书是这次会议的论文集，载文36篇（另附存目专著7部、论文20篇）。此书展现出国内外学者对钓鱼城史的精心研究和共同探讨，反映出钓鱼城史研究的广泛性和开放性，是首次集中地把钓鱼城历史的研究推向世界的一本专书。

这次会议之前，1982年3月，合川县历史学会和西师历史系在合川举行了"钓鱼城历史学术讨论会"，会后作为交流印行了一本载文25篇的《钓鱼城历史学术讨论会论文资料集》，其所载论文题目，见本次会议筹备组印发的参考资料《钓鱼城相关研究成果目录》。

在1980年5月18日下午于合川县图书馆举行的座谈会上，该馆

---

① 重庆出版社1983年出版。
② 重庆出版社1991年出版。

馆长朱全文先生提到还有一本《鱼城史话》（可能存于该县县档案馆），但笔者未曾见到，不便介绍。希望能将此书发掘出来，加以整理利用。

还有几部与钓鱼城历史密切相关的今人著述，也值得重视，这里列出目录，以备查考。诸如，胡昭曦、唐唯目：《宋末四川战争史料选编》（四川人民出版社1984年版）。陈世松、喻亨仁、赵永康：《宋元之际的泸州》（重庆出版社1985年版。中国统一出版社2015年修订版）。胡昭曦：《四川古史考察札记》（重庆出版社1986年版。收入氏著《巴蜀古史考察研究》，巴蜀书社2007年版）。李天鸣：《宋元战史》（台湾食货出版社1988年版）。陈世松：《余玠传》（四川社会科学出版社1988年版）。陈世松：《蒙古定蜀史稿》（四川省社会科学院出版社1988年版）。陈世松、匡裕彻、朱清泽、李鹏贵：《宋元战争史》（四川省社会科学院出版社1988年版。内蒙古人民出版社2010年版）。胡昭曦、邹重华主编：《宋蒙（元）关系研究》（四川大学出版社1989年版）。胡昭曦、邹重华主编：《宋蒙（元）关系史》（四川大学出版社1992年版）。胡昭曦、蔡东洲《宋理宗宋度宗》（吉林文史出版社1996年版）。粟品孝等：《南宋军事史》（上海古籍出版社2008年版）。张金岭：《宋理宗研究》（人民出版社2008年版）。麦劲生主编：《中国史上的著名战役》（香港天地图书有限公司2012年版）。

（三）一次学界的联合考察

1980年9月28日至10月3日，在中共合川县县委宣传部的支持下，合川县历史学会邀约一些学者住到钓鱼山上进行考察，当时山上的小学（在护国寺内）国庆节放假，学者们就在县城租赁卧具，携带上山，晚上以小学课桌做床，还请了师傅，自开伙食。住在山上的有龚廷万（重庆市博物馆）、唐昌朴（西师博物馆）、陈德富（川大博物馆）、王东元、胡昭曦（川大历史系）、张师千（合川县文化馆）等先生，还有几位不住山上，如刘道平（合川县文教局、钓鱼城管理处筹备处）、唐唯目（合川县历史学会）、朱全文（合川县图书馆）、池开智（钓鱼城管理处筹备处）等先生。在6天里，学者们踏勘了钓鱼城内外，考察了古战场遗址，访问了城中公社大队社员，对忠义祠内几通石碑的长篇碑文全部拓片（一式数份，其中留合川县一份）。这是历史界、文博界、文化界学者首次对钓鱼城的一次联合考察，是一次成功的学术合作。

二、开拓创新，向纵深发展的丰硕成果

2011年出版的《钓鱼城陈列展示文丛》，由9辑组成（见图六），即：《英雄钓鱼城》《古战场遗址》《合州石照县衙》《石刻与彩塑艺术》《忠义祠及历代碑刻》《历代摩崖题刻》《雄关险道石刻》《鱼山名胜风光》《今人捐赠书画》，它在此前有关研究的基础上，着力探究，悉心整理，力求精细，开拓创新，是第一部较为全面展现钓鱼城古战场历史的著作，至少有以下特点。

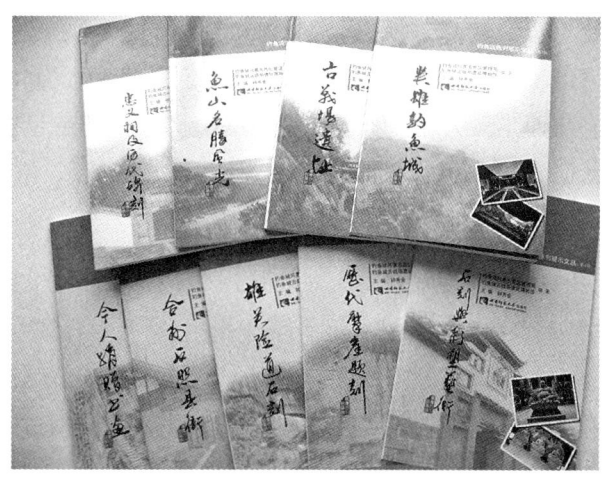

【图六】《钓鱼城陈列展示文丛》的9辑图书书影

（一）资料丰富，反映发展

长期以来对钓鱼城的研究积累了大量资料（包括文献、考古、实地考察和口述历史），《文丛》的编者对此做了尽可能的收集，并进行了系统整理，认真核对，去伪存真，由概而确。比如，城墙与城门，以前只知城墙的长度现存约12华里，各城门的长宽高亦乏细量，《古战场遗址》用了经过实测的数据，列出城墙"总长达8000米"；主城

环山城墙"全长约5810米",城墙基岩海拔"平均高度为326米",还分成6段作了介绍。对于8道城门,分别列出其位置(经纬度)、方向、高程、宽度、进深、建造年代、现状(见该书1~26页)。这就展现出钓鱼城研究的新发展,一是研究者和建设者新的更有成效的工作,二是研究工作更加科学化。

(二)研究深入,开拓创新

在对文献梳理的同时,《文丛》的编撰者更着力于古战场遗址在考古方面的连续拓展和深入,做了大量工作。比如,20世纪90年代以来,在国家文物局批准立项或支持下,重庆博物馆考古队对"皇洞"进行了发掘清理;重庆市文物考古所,先后对一字城墙、西北外城地道、石照县遗址、环山城墙、水军码头、九口锅等进行了调查、勘探、试掘或发掘清理工作;重庆市文物考古所、钓鱼城古战场遗址博物馆、合川市文物保管所联合对"西北外城地道"等进行了发掘(《古战场遗址》)。与此同时,约请有关专家对传世和地面、出土文物进行鉴定。从而,大大加强了遗址的考古作业,新发现一些重要遗迹和文物,使研究工作更为科学深入,开拓了新的局面,推进到新的水平。

(三)论述平实,言之有据

《文丛》观点明确,论述平实,明确指出:"在对陈列内容深入研究的基础上,确实按照时代要求,客观、正确地认识相关历史问题及历史事件和人物,防止人云亦云。"(《英雄钓鱼城》"前言")在一些重点问题上多重举证,对不同看法同时列出,疑难问题存而待考。如,列出了文献记载中不同说法,蒙哥汗的死因"非战斗死亡"5种、"前线死亡"7种,"死地"6处及其资料出处和有关原文的摘录,并进行了逐一分析和探讨(《英雄钓鱼城》第53~59页)。列出了军事史专家和考古学专家,关于九口锅遗址是否为兵工作坊的不同意见,认为"最后的结论,尚需更新的考古发现、文献资料详加考证,并与同时代、同类型的文物进行特征比对。"(《古战场遗址》第30~32页)

关于对待古代民族关系，《文丛》持以下观点并贯彻全书："中国古代史是我国各民族缔造祖国的历史，也是中华民族相互融合发展的历史。在民族融合发展的过程中，有民族间的友好交流和相互学习，也有民族间的矛盾冲突和激烈战争。历史的经验告诉我们，要珍惜和尊重民族构成的现实，就必须如实地、深刻地了解民族构成的发展历程，就必须实事求是地分辨历史上民族战争的是与非。"（《英雄钓鱼城》第74~75页）[①] 例如，《文丛》对"忠义祠祭祀人物"余玠、冉琎、冉璞、王坚、张珏，"报恩祠祭祀人物"王立、熊耳夫人、李德辉的处理，就很注意分寸（见《忠义祠及历代碑刻》第3~8页）。

（四）图文并茂，立体感强

《文丛》这部反映古战遗址为主体的历史书籍，突出地运用图片，包括遗迹、文物、陈列品等摄影，表格，示意图，有许多直观性的资料，图文并茂地把这些介绍给读者。兹举三例，第一辑《英雄钓鱼城》共77页，即有图片63幅、表格9个、示意图14幅；第二辑《古战场遗址》共60页，即有图片71幅、表格2个、示意图2幅；第五辑《忠义祠及历代碑刻》共52页，即有图片38幅（含忠义祠内外和现存自宋至清的碑拓）。这些材料使人阅读起来，立体感强，如临其境。还要指出的是，《文丛》开本适当，版式大方，印刷精良，校对细致，是一套不事虚饰重在实效的出版物。

三、加强历史研究，把古战场全面展向世界

人们参观钓鱼城古战场遗址之后都有收获，也有思考。一位大学生参观后写道："钓鱼城，一座改变世界历史的名城，参观了之后，感觉自己变得深沉起来……总会不自觉地去思考有些问题。钓鱼城，不仅仅是一座古代战场遗址，更是一个文化符号。我们是出生在、成长在和平年代的人，对于钓鱼城，也许只是把它作为旅游观赏的风景

[①] 笔者亦持这一观点，参见拙文《论正确对待古代史上的民族关系》，《宋蒙（元）关系研究》，四川大学出版社，1989年版；《胡昭曦宋史论集》，西南师范大学出版社，1998年版。

区,其中更为深层次的东西没有去感悟。不论是民族问题还是和平与战争问题都与钓鱼城是相融的,把钓鱼城的美景与意义结合起来,才是钓鱼城最为动人的地方,也是当代大学生应有的基本素质。"① 笔者觉得,要把"美景与意义结合起来"、感悟"其中更为深层次的东西",最重要的是进一步深入钓鱼城古战场历史的科学研究,挖掘其文化内涵和应该表达的思想意识,运用历史著作,向世界展示古战场原貌及其文化内涵。

(一)尽力恢复原貌,弘扬护国精神

1. 关于合州州署遗址。钓鱼城现存有"武道衙门"遗址,据介绍,武道衙门的前身为合州著名建筑飞鸟楼(始建于乾道七年,1171年)。钓鱼城筑城之初,冉琎、冉璞即在其南侧修建了房舍,"徙合州州署于其中"。随后余玠调重兵守钓鱼城,"地处城中最高处的飞鸟楼即为钓鱼城驻军指挥部——兴戎司帅府。后来,利东路安抚使又徙治钓鱼城,增设安抚司于此楼。余玠与王坚、张珏等抗战名将,曾在此楼运筹帷幄,调兵遣将,谱写了'守蜀十年'及钓鱼城36年抗战的光辉篇章。当年,飞鸟楼即被'武道衙门''帅府''将军府'之称所替代"(《古战场遗址》第33页)。作为合州首官王坚、张珏、王立等,在军事要塞钓鱼城,实行了30多年的战时军政体制,这里的合州州署,是几届知合州官员和驻军长官,主持军、政、财、民和发号施令的地方。他们在此组织修城、耕战、后勤、战具、练兵以及领导战斗,等等。因而在恢复古战场遗址原貌时,不可缺少这个在钓鱼城具有权威决策和统一指挥地位的州署和帅府,宜如实地表现出来。

2. 通过遗址现场和展览陈列,大力宣传和弘扬当时军民"忠勇抗战、守土护国"的民心军魂和爱国气节。古战场遗址的恢复、维护或陈列展览,一是使人们认识历史的真实状况,一是表达这个古战场的思想意识的内涵,即:要通过遗址和陈列,大力宣传和弘扬当时的民心军魂,军民忠勇抗战,守土卫国的精神和气节。这些资料在钓鱼

---

① 《重庆日报》2014年4月19日报道,转引自重庆邮电大学移通学院网"移通非遗"载文《走进范家堰,"探秘"古建筑》,2014年4月19日。

城是很多的，例如"独钓中原""护国名山"弘扬的"孤城守御""捐躯不惜"高风亮节，又如忠义祠内的7位受祀人物和碑文之间的评论。明正德十二年（1517年）合州知州佘崇凤在《新建王张二公祠堂记》碑文中就强调了这种表述，写道："忠义之士其智名勇功、高风劲节，与日月争光、山川同久，足以廉贪而立懦。……今兹之举，系人心，关风教，益治体，非细故也。"（《忠义祠及历代碑刻》第13页）又如，据载，宋代合州州署厅壁先后有刘公仪的《合州厅壁记》、晁公武的《合州厅壁后记》刻石，列名数十人，"其载名氏、志善恶，亦春秋之旨也"（刘公仪语）①。虽非晚宋之作，但为合州善政，且全文俱存，亦可在恢复州署原貌时用于州厅设置。

3. 总结历史经验，提供历史借鉴。宋蒙（元）钓鱼城之战，有丰富的历史经验，包括政治的、军事的、经济的、民族的、建筑技术的等等，而这些都可以加以科学总结，写入历史著作，并在遗址的各种载体中恰当地表达出来。比如，冷兵器时代，南宋山城防御体系的构成及其作用；钓鱼城的战时军政体制的内容与实施以及军民基本生活供给；宋末合州军政长官的组织抗战、后勤保障与决策指挥；钓鱼城坚守三十多年的军魂民心；钓鱼城何以能"独钓中原"，何以被称为"护国名山"；宋末钓鱼城之战，攻防双方战略、战役、战术的长短优劣；古代民族战争对社会经济文化、民族关系的影响；古代民族战争与多民族统一；钓鱼城遗址陈列、研究，与今日各方面建设发展的关系，等等。

（二）加强学术研究

1. 坚持科学鉴定和综合研究。近几十年来，有关方面一直对钓鱼城古战场遗址进行科学鉴定和综合研究，取得显著成效，《文丛》在文字中也反映这方面成果，对遗址和陈列品注意其原建年代，区分出原建、维修、复建与重建②、原品与仿制、历史真实与民间相传、

---

① 乾隆五十四年《合州志》卷12《艺文》。
② 如，明"独钓中原"石牌坊为原建，清"护国名山"石牌坊为1986年重建。（《鱼山名胜风光》，第28、29页）

历史原貌与文艺创作等。但也有的问题似乎还需举出科学根据，如现存10眼古井是否都是"宋代水井"（《古战场遗址》第48～51页）？现在护国寺内的古桂树是否确系"栽植于南宋绍兴二十五年（1155年）"（《鱼山名胜风光》第26页）？这些都需要具有经过科学鉴定的根据和举证。

2. 坚持历史文化与旅游文化的结合。旅游事业是国家的支柱产业，无论风景名胜或遗址遗迹，在开展旅游活动中都要加强旅游与历史的结合，这样才能体现旅游事业的历史文化内涵，这是旅游文化科学性基础，方能维护其坚实性和持续性。旅游文化的范围很广，既包括历史典籍与遗址文物，也包括文学创作、艺术创作、天神地祇、民间传闻等等。史学工作者对旅游最好最大的支持与结合，就是如实地提供和科学诠释有关历史资料（包括文献、文物等），并对其研究成果与尚需解决的问题做出负责任的介绍，为旅游文化提供信史。同时，也要支持历史学以外的、有益于旅游事业健康的多方位发展的各种文化形态，诸如故事、小说、演义、戏曲、诗歌、绘画、传说、神话等等，坚持并分辨历史事实与非历史事实的区别，并且负责任地向社会如实说明，以增加旅游文化的科学性。对尚处于学术界深入研究过程（如假设、推测、推论、待考、商榷、争议等）的有关文化品牌的某些历史问题，要坚持客观态度，也要向社会如实介绍，或点明为一家之言，或并出争论各方之见，或提出旨在解惑释疑的研究课题，并积极组织研究。①

3. 加强同海内外学者的有效协作。宋蒙（元）钓鱼城之战，是中国古代史上的著名战役，也是具有重大世界影响的古代战役，钓鱼城是我国乃至世界范围现存比较完整的古代城堡型战场遗址之一。国内一些学者长期对此研究，海外国外不少学者也对此关注，已有可观的研究成果。这些都是研究钓鱼城历史的重要借鉴和资料。建议钓鱼城有关单位建立这方面的信息数据库，并在互联网上介绍；搜集存藏

---

① 胡昭曦：《进一步加强旅游与历史的结合——对温江两个文化品牌的思考与建议》，《西华大学学报》，2000年第1期。

有关论著,加以科学利用;与有关学者建立经常性学术联系。

(三)向国内外全面推出钓鱼城史

钓鱼城历史的研究目前还显得有点封闭和孤立,没有比较就没有鉴别,应该加强比较研究与综合研究,既要有纵向比较,即放在中国通史和中国古代战争史的发展中加以考察;更要有横向比较,与当时宋朝境内的其他寨堡如两淮山水寨、广西山水寨等的比较,与四川境内的其他山城的比较,与当时世界各地同类城堡的比较,这样更能确识它的特色、凸显它的光耀。当前至少可侧重以下两点。

1. 进一步办好博物馆。笔者没有参观过钓鱼城古战场遗址博物馆,也没有读过该馆全貌介绍,提不出什么具体意见。只是建议该馆重点宜放在钓鱼城通史、宋蒙(元)钓鱼城战史,围绕这个重点,充分展示考古成果、地面文物、历史文献和今人著作成果等等。同时,编印出相应的简介,以供学术考察和旅游参观之用。在博物馆的简介、陈列品说明上,要有相应的外国文字,出版物宜有外国文字目录或提要,以利国际交流。

2. 编写分卷本钓鱼城古战场史。在《文丛》的基础上,积累和扩大资料,包括全国、海外、国外的有关研究资料,可建立为数据库,加强综合研究和比较研究,逐步撰写出版一套具有学术研究性的、面向世界的多卷本钓鱼城古战场史。

从历史的角度看,钓鱼城遗址是具有普遍价值的杰出的军事要塞,是彪炳于中外史册上的古代战场,是震撼中外的英雄之城。人们相信,进一步汇聚力量,在已有基础上深入研究,充分利用古战场遗址的丰富资源,修撰出求真创新面向世界的史书,古战场钓鱼城遗址一定会从世界闻名到国际熟知,发挥出它应有的历史文化作用。

(载《二零一五年钓鱼城国际学术会议论文集》,重庆出版社2016年10月版)

【附】摩崖石刻：《庆祝钓鱼城国际学术讨论会举行》

（1989年10月）

  五上鱼山觅古踪，频添霜发意犹浓。
  四方学人共探究，无涯学海济舟同。
  庆祝中国钓鱼城暨南宋后期历史国际学术讨论会举行
胡昭曦撰 邹富明书

一九八九年十月二十七日①

---

① 《胡昭曦题诗摩崖石刻·庆祝钓鱼城国际学术讨论会举行》图片载钓鱼城风景名胜区管理局、钓鱼城古战场遗址博物馆编著《钓鱼城陈列展示文丛》（西南师范大学出版社2011年8月出版）第7辑《雄关险道石刻》第26页，其说明写道："胡昭曦题诗摩崖石刻。在雄关险道东段邓少琴题词西侧距地表约2.1米的崖壁上。题刻面南，行楷竖排。正文4行，28字，字径0.3米；落款3行，42字，字径0.1米。""胡昭曦，男，1933年生，四川省自贡市人。四川大学历史文化学院教授、博士生导师、博士后流动站合作指导教师，四川省首批学术带头人。……书写者邹富明现为深圳特区著名书画家。"

宋元之际泸州迁治问题再议

在宋代，泸州是川峡四路的重镇之一，宋、元之际，泸州军民在抗击蒙（元）军队中起到突出作用，特别是迁徙州治于神臂山，坚持抗战达三十多年。在宋、元之际泸州迁治的问题上，目前还存在不同看法，或认为泸州治所曾迁到合江榕山、安乐山、江安三江碛，而后神臂山，或认为此说缺乏根据。这是关乎弄清宋代重镇、今日名城泸州市，以及全国文物保护单位神臂城历史的问题。三十一年前（1983年7月），笔者曾赴泸州、合江、江安等地考察①，接触过这个问题，此后尚存一些困惑但未继续探究，现就已见文献谈谈个人浅见并提供一些资料。

一、泸州迁治文献记载梳理

《元一统志》（《大元大一统志》的简称，辑本②），写道："嘉熙三年（1239年）以兵乱迁治江之南。淳祐三年（1243年）余玠制置四川，令诸郡据险建筑。于州之下流四十里有山曰神臂，委曹致大创筑城壁，就领安抚使行州事。"③ 这一记载于嘉熙三年是笼统而言，但确指泸州州治曾迁"江之南"和淳祐三年迁神臂城。

《宋史》记载："泸州，上……本军事州，宣和元年，赐军额。乾道六年，升本路安抚使。嘉熙三年，筑合江之榕山，再筑江安之三江

---

① 胡昭曦：《四川古史考察札记》，重庆出版社，1986年版。（收入胡昭曦：《巴蜀古史考察研究》，巴蜀书社，2007年版）
② 参见孛兰肹等撰、赵万里校辑：《元一统志·前言》，中华书局，1966年版。
③ 《元一统志》卷5《泸州》，中华书局，1966年版，第521页。

碛，四年，又筑合江之安乐山为城。淳祐三年，又城神臂崖以守。景定二年，刘整以城归大元，后复取之，改江安州。"有县三：泸川、江安、合江，南宋绍定五年（1264年）增置纳溪县；监一：南井。①

《永乐大典》载："合江县。《大明清类天文分野之书》：……宋移治安乐故城。元至元十五年（1272年）立县于神臂江南济民市。"②

《大明一统志》："神臂崖，在合江县。宋淳祐中，因元兵来侵，城于此以守。""榕山，在合江县南五里……嘉熙中尝于此筑城。"③

《读史方舆纪要》："神臂山……宋淳熙（祐）三年，余玠迁州城于山上，所谓铁泸城也。""合江县……后周时置合江县于今治，隋以后因之。宋嘉熙三年，兵乱，移县治于榕山。四年，又移县治于安乐山，皆筑城为守。"④

乾隆《大清一统志》："江阳故城……旧志：宋淳祐三年余玠迁（泸）州治于神臂崖，俗名铁泸城。"《宋史·地理志》："嘉熙三年筑合江之榕山，四年又筑合江之安乐山为城。"⑤

嘉庆《大清一统志》："榕山，在合江县南五里，即宋嘉熙中筑城处。""神臂山……宋淳熙（祐）中尝迁州（泸州）治于此。"⑥

嘉庆《直隶泸州志》："嘉熙三年，筑合江之榕山，再筑江安之三江碛，四年，又筑合江之安乐山。淳祐三年，又城神臂岩。……以上俱见《宋史》。"⑦

乾隆《合江县志》："榕山，县东南五十里。……宋嘉熙三年，筑泸城于此。""神臂山……宋淳祐初，制置使余玠迁州治于此，号铁泸城。"⑧

---

① 《宋史》卷89《地理志》，中华书局，1977年标点本。
② 《永乐大典》卷2218"泸"字，中华书局，1960年影印本。
③ 《大明一统志》卷72《泸州》，明天顺刻本，四川大学图书馆藏。
④ 顾祖禹：《读史方舆纪要》卷72《泸州·合江县》，上海书店出版社，1998年影印本。
⑤ 乾隆《大清一统志》卷311《泸州》，影印文渊阁四库全书本（以下简称四库全书本）。
⑥ 嘉庆《大清一统志》卷412，四部丛刊本。
⑦ 嘉庆《直隶泸州志》卷1《沿革》。
⑧ 乾隆《合江县志》卷4《山川》。

同治《合江县志》："榕山，县东南五十里。《明史》云，……宋嘉熙三年，筑泸城于此。"①

民国《合江县志》："榕山……宋嘉熙三年，因乱，徙城其上。"②

《宋元之际的泸州》："（嘉熙三年）为避兵乱，泸州治所暂迁江之南，合江县迁治榕山城，江安县筑三江碛城。""（嘉熙四年）合江县治从榕山城迁至安乐山城。""（淳祐三年）四川制置使余玠令诸郡据险迁治。知泸州曹致大创筑神臂山城，迁泸州治所于神臂城。""把泸州徙治和上述三江碛、榕山以及安乐山诸城联系在一起，以为泸州治所曾经在这三个城辗转搬迁，这是缺乏根据的。"③

《四川政区沿革与治地今释》："泸州泸川郡……理宗嘉熙三年（1239年），兵乱，筑城于合江县榕山，再筑城于江安县三江碛。四年（1240年），又筑城于神臂崖（今合江县西北焦滩公社老泸大队临大江的老泸州，旧名铁泸城），徙泸州于此以守之。""合江县……理宗嘉熙三年（1239年），徙泸州治于县的榕山，今合江县东北榕山公社。"④

《合江县志（1986—2005）》："榕山宋城遗址。……建于南宋嘉熙三年（1239年），合江县制（治）所曾迁移此地抗拒入侵元兵。后因交通不便，难以扼守长江、赤水，迁走。""南宋安乐山城遗址。……南宋嘉熙四年（1240年），元兵入侵四川，泸州曾筑安乐山城，迁合江治所于此。"⑤

新修《泸州市志》："宋元之际，蒙古军入蜀，泸州府毁于战乱，先后迁治于合江榕山、江安三江碛、合江安乐山、神臂山、今市中区蓝田坝、茜草坝等地。""淳佑（祐）三年（1243年），知州曹致大据险筑神臂城，抗击蒙古军。并迁州治于此。今遗址尚存（位于合江县

---

① 同治《合江县志》卷6《山川》。
② 民国《合江县志》卷1《舆地》。
③ 陈世松、喻亨仁、赵永康：《宋元之际的泸州》，重庆出版社，1985年版，第139~140页、第33~34页。
④ 蒲孝荣：《四川政区沿革与治地今释》，四川人民出版社，1986年版，第334页。
⑤ 《合江县志（1986—2005）》第23篇，方志出版社，2012年版，第672、673页。

焦滩乡）。"①

《泸州市志（1991—2005）》："榕右古城遗址。……宋嘉熙三年（1239年），泸州迁治榕右，筑城抗击蒙军，合江县治也迁驻于此。"②

从上列举的自元代至今的文献记载中，值得注意的是：

第一，地理志、书中，《元一统志》是早见的。此书是元代官修全国地理书，成书于元成宗大德七年（1303年），凡1300卷，今只有辑本10卷。因其为辑本，所见记载甚少，也很笼统，只见泸州州治先后迁"江之南"和神臂山，未见其他移治情况。不好据此论其全部迁治。《宋史》是在《大元一统志》之后42年于元顺帝至正五年（1345年）成书的，检阅《宋史·地理志》所载，端平三年（1236年）以后迁徙治所的14个府、州、军，均明载"权治""徙治""置治""移治""移州""侨治""城为治所""置司""为治所"，于泸州则书"又城神臂崖以守"③；而于合江榕山、安乐山、江安三江碛，则只言嘉熙年间"筑""筑城"，未言迁泸州治所之事。其所谓"筑"，可能是筑城，也可能是修筑军事防御设施。此后，《读史方舆纪要》《大清一统志》《四川政区沿革与治地今释》等均基本据《宋史》所载。其中乾隆、嘉庆两部《大清一统志》是官修，《读史方舆纪要》是明末清初著名历史地理学家顾祖禹（1631—1692）的名著，《四川政区沿革与治地今释》是方志学家蒲孝荣四十多年中"尽力汲取古今著述、官书私藏、文献考古、书文图表"（《前言》第3页）的研究成果。《宋史》是官修史书，当是比较原始的官方记载，在政区建置沿革上宜以其为据。

第二，再从地方志、史的记载看。自元至民国，所见地方志、地方史也基本同于《宋史》所载。雍正《四川通志》云："榕山……宋嘉熙中筑城于此。"④（嘉庆《四川通志》同此）嘉庆《直隶泸州志》

---

① 《泸州市志》，方志出版社，1998年版，《总述》第1页、《大事记》第9页。
② 《泸州市志（1991—2005）》第33篇，方志出版社，2011年版，下卷第958~959页。
③ 《宋史》卷89《地理志》。
④ 雍正《四川通志》卷25《山川·合江县》，四库全书本。

载文基本抄自《宋史》。之后，同治、民国和新修《合江县志》也都如此。

其中，也存在不同之处。如榕山，乾隆、同治《合江县志》云，嘉熙三年"筑泸城于此"。《四川政区沿革与治地今释》于合江县也提到"徙泸州治于县的榕山"。所云泸州州治曾迁于榕山之说，早见于乾隆《合江县志》，写道："榕山，在县东南……宋嘉熙三年筑泸城于此"①。乾隆《合江县志》成书于乾隆二十七年，所载此说未见云其稽据。《四川政区沿革与治地今释》或沿袭此说。乾隆《大清一统志》是康熙《大清一统志》的续修、成书于乾隆四十九年的全国官修地理书，嘉庆《大清一统志》亦沿此说，以乾隆《大清一统志》所载为据当更恰当。此后的《合江县志》未见其沿袭乾隆《合江县志》之说，民国《合江县志》笼统记为"因乱，徙城其（榕山）上"，新修《合江县志（1986—2005）》则明确写道："合江县制（治）所曾迁移此地（榕山）抗拒入侵元兵。"于安乐山也明言，嘉熙四年"泸州曾筑安乐山城，迁合江治所于此"。1985年出版的《宋元之际的泸州》，是几位元史和泸州地方史研究学者合作的一本力作，它论述了宋末泸州及其属县治所的迁徙情况，并对州治曾辗转迁徙榕山、三江碛、安乐山的看法存疑。

新修《泸州市志》载："宋元之际，蒙古军入蜀，泸州府毁于战乱，先后迁治于合江榕山、江安三江碛、合江安乐山、神臂山、今市中区蓝田坝、茜草坝等地。"第二轮新修《泸州市志》又补充说："宋嘉熙三年（1239年），泸州迁治榕右，筑城抗击蒙军，合江县治也迁驻于此。"目前，在互联网上大多据此而言，如："宋、元之际，蒙古军入蜀，泸州城先后迁治于合江榕山、江安三江碛、合江安乐山，最终筑城于合江神臂崖，坚持抗战35年。"② 从文献记载来看，宋元之际，泸州先后迁治于合江榕山、安乐山、江安三江碛之说，尚缺乏确

---

① 乾隆《合江县志》卷8《山川》。
② 四川百科信息网，sc.zwbk.org/MyLemmaSh...，2012年2月2日；百度百科，baike.baidu.com/link?u...，2015年1月12日。

凿之证，还需要举出可稽凭据的资料。

二、泸州迁治历史背景剖析

宋末泸州及其属县迁治之事，肇发于端平二年（1235年），至淳祐四年（1244年）迁神臂城，期间共约9年。其原因和过程，已有论著作过较详探析，本文仅对其历史背景提出几点看法。①

第一，端平二年、蒙古窝阔台汗七年（1235年）蒙古对南宋发动了大规模军事进攻，蒙军长驱入蜀，残破川峡大部分州县。嘉熙元年（1237年）起，南宋逐渐稳住阵脚，战争进入相持阶段。淳祐元年、窝阔台汗十三年（1241年）窝阔台汗去世，直至蒙哥汗继位（淳祐十一年，1251年），蒙古内部政局动荡，对南宋的攻势有所减弱。南宋方面，理宗亲政后，励精图治，"务革前弊"，实行了历史上所称的"端平更化"（又被称为"端平——淳祐更化""小元祐"），自端平元年贯穿于嘉熙、淳祐年间（1234—1252），虽整体效果不著，但宋理宗选拔重用孟珙、余玠先后分掌四川防务，有力地抗击了蒙古的进攻，且为长期守御打下了坚实基础。②

第二，这一时期，蒙军攻蜀尚属初期的军事行动，主要是以骑兵为主，属于抄掠性质，"惟利剽杀，未拓土地，抄掠以后，即弃之而去"③，尚未以占据实地为目的，也还未建立屯兵储粮稳定的进攻据点。其进攻四川，主力部队皆是秋攻夏撤，因粮于宋，就地掳获，抄杀而去。蒙军的进攻，遭到南宋军民的极力抵御，以结砦筑城和当时水军优势对抗蒙古骑兵。嘉熙二年宋理宗即有诏书云，所失之地得以

---

① 李天鸣：《宋元战史》第一册第二章《端平二年至淳祐十一年的宋蒙战争》，台湾食货出版社，1988年版。陈世松等：《宋元战争史》第三章，四川省社会科学院出版社，1988年版；内蒙古人民出版社，2010年版。胡昭曦、邹重华主编：《宋蒙（元）关系史》第二章第三、四节，四川大学出版社，1992年版。

② 段玉明、胡昭曦：《宋理宗"端平——淳祐更化"刍论》，邓广铭、漆侠等主编：《宋史研究论文集》，河北教育出版社，1989年版；胡昭曦：《论宋理宗的"能"与"庸"》，《中国史研究》，1998年第1期。（收入《胡昭曦宋史论集》，西南师范大学出版社，1998年版）

③ 冯承钧译：《多桑蒙古史》上册，中华书局，1962年版，第257页。

"渐次收复"①。淳祐二年（1242年）六月余玠任四川宣谕使，十二月任四川安抚制置使兼知重庆府，并设制置使司于重庆。余玠入蜀主政后，立即组织力量抗击蒙军，在很短时间内就初步扭转了四川宋军被动挨打的局面，因而淳祐四年（1244年）正月，枢密院即向理宗奏报："四川帅臣余玠，大小三十六战，多有劳效，宜第功行赏。"② 此后，余玠集中主持修筑山城堡寨（包括神臂城在内），迁徙州军治所，组织军民据险而守，收到明显的抗御效果。宋蒙之间在四川的战争，大部分还处于拉锯状态，许多地方被蒙军抄掠而过或者失而复得，泸州亦属这种情况。

第三，这一时期，蒙军攻蜀，意在据有上游，以突破南宋长江防线，顺流而下，攻灭南宋。端平三年蒙军扫荡川西、川东州郡，嘉熙元年、三年两度大举进攻川东，就是这种进攻意图的实施。嘉熙年间，合江县迁治或是因其濒临长江、靠近重庆，江安筑三江碛或是因其濒临长江、靠近叙州，以防蒙兵来攻。这时四川西部、南部还不是蒙军进攻重点。史载："（丙申，端平三年，1236年）十二月，鞑靼国兵入普州、顺庆、潼川府，破成都府，掠眉州。一月五十四州俱陷破，独夔州一路及泸、果、合数州仅存。"③ 这些被攻破的州郡，由于蒙军主动北撤和宋方抗御击退，嘉熙元年（1237年）得以"渐次收复"。淳祐二年（1242年），"大元兵至泸，珙（孟珙，时兼夔路制置大使）命重庆分司发兵应援"④。"一二四二年，蒙古将也可那颜耶律朱哥复自西安侵入四川，围攻金沙江北岸之泸州。宋将孟珙分军御之。"⑤ 这次攻泸致破，《元史》载："壬寅（淳祐二年），会大军破遂

---

① 《宋史全文续资治通鉴》卷12载，宋理宗嘉熙二年二月二十二日《令学士院降德音于蜀淮西诏》："近览李埴奏，知蜀渐次收复。"见王智勇、王蓉贵主编：《宋代诏令全集》第13册，四川大学出版社，2012年版，第7824页。
② 《宋史》卷43《理宗纪》。
③ 《宋季三朝政要》卷3《理宗》。
④ 《宋史》卷412《孟珙传》。黄宽重《孟珙年谱》将此事系于淳祐二年二月。见黄宽重：《南宋史研究集》，台北市新文丰出版公司，1985年版，第73页。
⑤ 《多桑蒙古史》上册，第270页。此事嘉庆《泸州志》卷5记："理宗淳祐二年……时蒙古也可那延攻泸州，（孟）珙遣王令、刘全、焦进、张祥各屯兵以备之，且下令应出戍主兵官不许失弃寸土。"

宁、泸、叙等州。"① 泸州在治所迁神臂山前，淳祐二年被蒙军攻破，说明泸州仍在原治所。

此时的情况，从阳枋的亲身经历可侧面为证。阳枋（1187—1267），合州巴川县（今重庆铜梁）人，晚宋蜀中著名理学家②，蒙军攻蜀，举家离乡逃避。据其侄所撰《纪年录》载：嘉熙元年，阳枋51岁，"蜀有翟难，公（阳枋）与弟全父、侄存子举家避地夜郎"。嘉熙二年，"避地南川"。嘉熙三年"避地清溪"。《元一统志》所载泸州州治"嘉熙三年以兵乱迁治江之南"，或即此期间。嘉熙四年，阳枋从"避地夜郎""赴嘉定类省（参加类省试），奏名"。淳祐元年，获赐"同进士出身"。表明攻打川南的蒙军主力已退，淳祐二年阳枋一家乃避地"泸南"。"淳祐二年……避地泸南。是冬，敌渡泸穷搜，公与一家相失，深入蛮夷之境……敌退，张恭人偕子妇俱保全。"淳祐三年，阳枋一家回到合州巴川（今铜梁），并因"乡人或有以饥渴为心害者"，与友人等"讲明《吕氏乡约》，书行之于乡，从约之士八十余人"，以维护社会秩序。淳祐四年，阳枋为余玠所荐出任官职"分教广安"。③ 其子所撰阳枋《行状》写道："蜀有敌难，避地夜郎山谷间，会敌犯泸、叙，公与一家相失，独深入不毛……敌退而返，张夫人及子妇亦免于难。"④ 这两条资料透露出，嘉熙元年至淳祐元年（1236—1241），较之川西、川东，泸州一带相对安全（其间淳祐元年十二月蒙军曾"连攻叙州"，未见占领），因而得以避地夜郎、南川、清溪，淳祐二年"避地泸南"。嘉熙四年还从避地赴嘉定参加类省试。淳祐二年五月，按竺迩率蒙兵攻泸，史书记为"破"泸州⑤，这表明泸州尚在原治所，才成为蒙军主力攻击的目标。当年冬天，蒙

---

① 《元史》卷121《按竺迩传》，中华书局，1976年版。
② 胡昭曦、刘复生、粟品孝：《宋代蜀学研究》，巴蜀书社，1997年版，第185~192页。
③ 阳昂：《纪年录》，阳枋：《字溪集》卷12《附录》，四库全书本。
④ 阳少箕、阳炎卯：《有宋朝散大夫字溪先生阳公行状》，阳枋：《字溪集》卷12《附录》。
⑤ 《元史》卷121《按竺迩传》；元明善：《雍古公（按竺迩）神道碑铭》，《永乐大典》卷10889"古"字；《续资治通鉴》卷170。

军还"渡泸穷搜"。但随即"兵退",并未占领泸州乃至合州(今重庆合川),因而淳祐三年阳枋一家得以"敌退而返"。

从端平二年至淳祐四年(1235—1244)历时共约9年的宋蒙战事中,既未见泸州州治放弃原址迁到合江榕山、安乐山、江安三江碛的明确记载,也看不出其迁往这些地方的急迫性。只是到了余玠治蜀后,"择要害之地而城之"①,于淳祐三年"令诸郡据险建筑",荐命曹致大为泸州安抚使知泸州,创筑神臂城,次年迁州治于此。

三、"江安三江碛"续探

《宋史》卷89《地理志》于泸州云:"嘉熙三年……再筑江安之三江碛。"乾隆《大清一统志》、嘉庆《直隶泸州志》、嘉庆《江安县志》、道光《江安县志》均基本沿袭此说,称其名为"三江碛城",并补记"或云(疑)即绵水口也"②。江安县,宋代属泸州,县城在州城"西南一百二十里"。笔者尚未见到宋、元之际泸州治所和江安县治迁到三江碛的文献记载和实物资料。

江安三江碛在什么地方?探索过程中有不同看法,或认为在今南溪县西李庄附近,或认为在江安县境及其邻县长宁有几个地形是三江口的地方,均未见实证。泸州当地学者在二十多年里"不止一次地查找过"③。1983年7月,我们同江安县志办公室的同志一道作了实地考察,笔者曾提出个人看法④,初步认为,《宋史·地理志》所说的三江碛,即今江安县城关西的中坝(牛角坝)一带。此后,笔者既未接触这个问题,也不知江安三江碛考察研究有何新进展,现仅将笔者当时的札记摘抄于下,聊备一说,供进一步考察之参考。

《读史方舆纪要》写道:"大江,在(江安)县北。……《志》

---

① 何乔新:《椒丘先生文集》卷7《资政殿学士余玠卒》,明慎独斋刊本,国家图书馆藏。
② 乾隆《大清一统志》卷311《泸州》、嘉庆《直隶泸州志》卷2《古迹》、嘉庆《江安县志》卷2《古迹》、道光《江安县志》卷1《沿革》。
③ 赵永康:《江安县古城墙上的遐思》,赵永康:《我家江水初发源》,作家出版社,2009年版,第4页。
④ 《四川古史考察札记》,第103~106页;《巴蜀古史考察研究》,第86~89页。

云：县西旧有三江碛，控江为险，宋嘉熙三年筑城于此，以御蒙古。或曰三江碛即绵水口也。"①（清人许鸣磐所纂《方舆考证》也沿袭此说②）顾祖禹见到的地方志载，三江碛在江安县西，其特点是"控江为险"，并说或认为三江碛即绵水口。而绵水口之所在，据民国《江安县志》所载，即江安县城西面绵水（合清溪诸水）入大江（长江）之处。③考察了解到，在绵水口，有一冲积沙洲名中坝，又叫牛角坝，东西长约3公里，南北最宽处约400米。其北面濒临长江，清江（绵水）从它的西南方流来，在坝的南面中部地带折而向东流约1公里，注入长江。这样，长江和清江（绵水）就把中坝围成一个半岛。到了涨水期间，长江水自坝的西端洑入，而中坝西部的南面地势较浅（今名龙王沱），江水遂沿着中坝西端的南面浅地自西向东湃流，于坝的南面中段地带汇入清江（绵水）；然后注入清江（绵水）的河床东流，再于坝的东端入长江。这时，中坝遂成为一个江心岛。考察时，中坝属江安县西江公社河中大队一、二生产队，坝上有社员150余户、近700人，土改时有田土约620亩，现有耕地近300亩，是蔬菜生产基地。在宋代中坝一带已住有不少居民，且为游览之所，黄庭坚道出江安，江安县令就于中坝之葛氏竹林置酒款待。④水中之沙堆曰碛，中坝为冲积沙洲，当属碛类。而它又南近江安县城，北临长江，实为控扼长江的军事要地，具有"控江为险"的条件；其位置亦延至江安县城之西，且当绵水入江之口（在龙王沱之南，当地称为"河嘴"）。考察中，未见城筑痕迹，亦未听到有关传说。既云筑碛，是指在这个水中沙洲上构筑工事，或垒石为障，类如奉节的八阵碛。中坝有大量的鹅卵石，宋军可垒石为障。当蒙古军队攻蜀之时，宋方在位于长江南岸的江安县选择这个地点，构筑工事，屯兵戍守，作为控扼江安县城附近长江水道军事据点，是有可能的。

近查资料，又见几种说法：

---

① 《读史方舆纪要》卷72《江安县》。
② 许鸣磐：《方舆考证》卷70，济宁潘氏华鉴阁本。
③ 民国《江安县志》卷1《山川》。
④ 参见《蜀中名胜记》卷16《泸州》。

1. 曾有在中洲（坝）设县治之说。《旧唐书》载："绵水，汉江阳县地，晋置。绵水县，当绵水入江之口也。"①《舆地纪胜》："废绵水县。《寰宇记》云，在汉江阳县地。晋置绵水县，在绵水溪口汶江水中洲上。乾德元年并入江安县。"② 《元一统志》载："江安县。……唐属泸州。旧县在汶江中洲（洲原误为州，据《舆地纪胜》正），水数为害，迁于南岸。"③ 民国《江安县志》对据《旧唐书》之说提出不同看法："然洲地低狭，不足建县，今中坝是也。去中坝里许名小坝，面大江，背绵水，前豁后倚，古城当在是。"④ 该志登载了主纂人陈天锡的一篇文章《江安县释地》，写道："《旧唐书》，绵水县当绵水入江之口。其所谓江当指大江，所谓口即绵水口，在今江安小坝、中坝之间。据此，知唐之绵水县治与今治近，而古江安之在江北愈彰彰明也。"⑤ 可见，江安县附近的中坝或小坝，曾有是绵水县治所在地之说，宋初并入江安县。笔者对小坝的情况没有什么了解，它是否比中坝更符实际？是否与中坝即为一体？如果中坝、小坝确实曾为县治，就为江安县曾在此修筑防御设施提供更多基础，也增加了此即三江碛的可能。

2. 中洲之所在地。新修《江安县志》写道："汶江中洲是现在什么地方，也无法确定。但据'中洲'和'水数为患，迁于南岸'的情况看，应该是距今县城十里的古县坝。其地在县北长江中，四面环水，面积1平方公里，略高于淯水、长江之间的牛角坝。清乾隆《江安县志》载：'古县坝。在县北十里，相传宋初筑县治于此。'（引者按，嘉庆《江安县志》卷2《山川》同）由于是'相传'，无文献和实物依据，后人认为可能是牛角坝或牛角坝相邻的小坝，但依据比古县坝更是不足，未便定论。"⑥

---

① 《旧唐书》卷41《地理志》。
② 《舆地纪胜》卷152《泸州·古迹》，中华书局，1992年影印本。
③ 《元一统志》卷5《江安县》，第522页。
④ 民国《江安县志》卷2《古迹》。
⑤ 民国《江安县志》卷1《建置》。
⑥ 新修《江安县志》第一篇《建置沿革》，方志出版社，1998年版，第49页。

3. 长宁县有名为"三江碛"的地方。民国《江安县志》据《宋史·蛮夷传》所载记述，宋真宗祥符五年转运使寇瑊招安晏州多刚县斗望时，"令诸州巡检会江安县集公私船五百余艘……自蜀江下，抵清浮坝树营栅招安……两路兵会于泾滩，置塞"。宋将王怀信引兵急击，"追斩至泾滩……七年正月，其酋斗望为官军大败"，县志编者的按语写道："按是役也……其地理尽在今江安、长宁两县界，清浮坝江安城北洲今名中坝，泾滩长宁三江碛，思晏江口在长宁合清溪处。"① 嘉庆《长宁县志》载："泾滩，县东北五十里。"② 从地图上看，今长宁县竹海镇之南、万里镇之西南有地名叫"三江"或"三江口"③，它是否就是"泾滩长宁三江碛"？又是否是《宋史·地理志》所记的江安之三江碛？民国《江安县志》云："梅桥乡越长宁数里有石刻、泾滩瀑布遗迹……地近泥漕溪入渚处，今名三江口，昔属江安。"④《宋史·地理志》云："长宁军，本羁縻州，熙宁八年夷人得箇祥献长宁……十州，因置淯井监，隶泸州。政和四年建为长宁军，领砦堡六：……武宁砦，熙宁七年置，旧名小溪口，十年，改今名。……宁远砦，皇祐元年置三江砦，三年，改今名。宣和三年，以砦为堡，四年，复为砦。……南渡后，县一：安宁。嘉定四年升安夷砦为县，有武宁、宁远二砦。"⑤《舆地广记》于江安县沿革云："江安县，本汉安县地，东汉置，属犍为郡。蜀为江阳郡治。……隋属泸州，开皇十八年改曰江安。唐因之。故绵水县，汉江阳县地……乾德五年，省入江安。"⑥ 尚未见到迄于宋代，江安、长宁行政疆域互相变易的记载，民国《江安县志》所谓"昔属江安"何指，还需详考。

目前了解到，被释为三江碛的地方，有江安牛角坝、中坝、小坝、古县坝及今长宁境内之说，均待深入考订。至于有关宋、元之际

---

① 民国《江安县志》卷2《兵事》。参见《宋史》卷496《蛮夷传》。
② 嘉庆《长宁县志》卷2《山川》。
③ 《四川省地图册》，四川省测绘局，1981年，第164页；成都地图出版社编制：《四川省地图册》，成都地图出版社，1999年版，第119页。
④ 民国《江安县志》卷1《山川》。
⑤ 《宋史》卷89《地理志》。
⑥ 《舆地广记》卷31《梓州路》。

宋方所筑"江安之三江碛"的确切地址、修置意图、建筑结构、军事地位、与州县的关系和在抗击蒙军中的作用等，也都还需要进一步探考。

泸州在政治上、经济上、军事上、文化上都是宋代的西南重镇。在宋蒙（元）战争中更具有重要地位，其中治所迁徙又起到很大作用。而今，泸州市是国家历史文化名城、中国优秀旅游城市，神臂城又是全国文物保护单位，无论从历史或现实而论，都需要把宋、元之际泸州治所迁徙的问题努力弄清，并向社会正确介绍。对那些尚未弄清和存疑的历史问题，要一方面客观披露研究现状，另一方面继续进行切实考察研究，加强讨论榷议，期冀逐步得到准确认识。

（载《二〇一五年钓鱼城国际学术会议论文集》，重庆出版社2016年10月版）

街子古镇与宋代永康县

在成都地区，崇州市街子镇是具有突出特点的城镇之一，它历史悠久、经济腾飞、文化繁荣、多彩多姿，是名副其实的著名古镇。1975年，笔者在灌县、崇庆、大邑、新津等地进行历史考察时，就曾到街子场调研参观，写过一则题为《街子场曾设县治》的札记。①当时对崇州历史了解极少，只隐约萌发街子历史值得深入探究的念头。37年过去了，笔者对崇州、对街子的历史知识依旧茫然，也未从这方面做出任何探进的努力。这次《西蜀文化·光明论坛》给了笔者一个很好的学习机会，一是，为了做些参会准备，从网上、书刊上看到崇州市经济文化建设的突飞猛进，看到了街子镇的耀眼古今，真是琳琅满目，大开眼界，甚受鼓舞；二是，从已见资料中，见到崇州市党政机关和不少学者的论著，特别是全面系统的新修《崇庆县志》②和近几年的有关论述，颇获教益。

成都市城市科学研究会等三个研究会曾编写《成都百镇》一书③，该书《序》指出，成都地区的场镇可分为三种类型，具有四个特征，特征之二是"历史悠久，文化繁荣"，并列举出包括街子在内的33个场镇。值得注意的是，在这类场镇中，有一类曾经是县级行政治所所在地，街子镇即属此类。

街子古镇原名横渠镇，是永康县县治，建县始于后蜀广政十六年

---

① 胡昭曦：《四川古史考察札记》，重庆出版社，1986年版，第188页；胡昭曦：《巴蜀历史考察研究》，巴蜀书社，2007年版，第154页。
② 四川人民出版社，1991年版。
③ 成都出版社，1992年版。

(953年），距今已上千年。两宋时均为永康县，元至元二十年（1283年）省县并入崇庆州，元末至正二十二年（1362年）明玉珍在重庆建大夏政权后复置永康县，明初省县入崇庆州。① 从后蜀历经宋、元，一千多年来它虽几经兴废，但经济延续，文脉不断，今日繁荣，是西蜀崇州文化的一朵奇葩。

我国今日的文化，是中华民族传统文化的继续和发展，深深植根于中华民族全民族和各地域的传统文化。有学者指出："文态是文化遗产的文脉精神，也是街子古镇的'灵魂'。在景区打造提升中，崇州市始终牢牢把握住古镇'魂之所在'，力求传承街子乃至崇州人文历史精神。"② 这是很有见地的。古镇，因其古，则根深渊远而脉续流长，历史遗产丰富，社会积淀悠久、文化内涵厚重，优秀传统显耀，地域特色突出，所以要在古字上多下功夫，挖掘文化遗产，弘扬优秀传统文化，为今日建设服务。崇州市和一些专家学者在这方面做了许多工作，发掘了许多资料，本文只就笔者所见，补充和介绍一些有关资料（主要是两宋时期的资料），并谈谈孔见，以供参考。

一、进一步深入发掘历史资料

在已有工作成效的基础上，可再重点从原初史料中搜荟核析，下面列举几则。

（一）宋代永康县是高等级县

北宋中叶王存等人写道："蜀州，唐安郡，军事。"辖五县：晋原（25乡1镇）、新津（15乡2镇）、江源（20乡2镇）、青城（20乡4镇2茶场），都是望县。"望，永康。州西五十里。八乡。新渠一镇。一茶场。有天国山、味江。"③ 北宋晚期人欧阳忞写道："蜀州，今县

---

① 分见《太平寰宇记》卷75、《宋史》卷89《地理志》、《元史》卷60《地理志》、《明史》卷43《地理志》，参见1991年《崇庆县志》第三篇《建置》，四川人民出版社，1991年版。
② 《崇州街子古镇文化篇》，http://www.sina.com.cn，2012年4月10日。
③ 《元丰九域志》卷7，中华书局，1984年版。疑"新渠"为"横渠"之误，或曾名"新渠镇"，待考。

四：(望、晋原县，望、新津县，望、江原县)望，永康县，本青城县之横渠镇，孟蜀广政中置永康县，属蜀州。"① 元朝成书的《宋史》写道：崇庆府有晋原、新津、江原、永康四县，也都是望县。② 永康县虽只有8乡一镇一茶场，但长期在望县之列。

五代宋初，朝廷规定了除京城、京畿外全国县的等级标准，见下表。

单位：户

时　　期	望县	紧县	上县	中县	中下县	下县	资料来源
后周广顺三年（953年）	3000以上	2000以上	1000以上	500以上	不满500		《文献通考》卷10《户口考》
宋建隆元年（960年）	4000以上	3000以上	2000以上	1000以上	不满1000	500以下	《文献通考》卷63《职官考》

据统计，唐代有1573个县，除赤、畿县86个外，各地共有1487个，全国望县78个③、占5.2％。后周各地合计420个县，其中望县64个④、占15.2％。宋代的有关统计尚未查到。仅从以上可见，全国望县的数量是不多的。唐代规定了县的等级，并明确其划分标准是"以户口多少、资地美恶为差"⑤，以后的朝代大多据此而稍作调整。地处西蜀边陲、只有八乡之境的永康县数百年中皆列入望县，可见是一个资源丰富、环境良好、人口集聚、经济兴盛的高等级县。

还有两条资料可证。一是，"永康县……广政十二年，割郭信等八乡就横渠镇置征税院。至十六年，改为永康县，以便于民"⑥。征税院一称税院，乃政府征税机构，横渠镇为茶叶生产地、物资集散地、人户聚居地，才有较多税钱可征，乃有设税院、置为县之举。二是，熙宁七年（1074年）十月，李杞开始在成都府路的"雅州名山

---

① 《舆地广记》卷29《成都府》，四川大学出版社，2003年版，第839页。
② 《宋史》卷89《地理志》。
③ 据《通典》卷33《职官典》。
④ 据《文献通考》卷10《户口考》。
⑤ 《通典》卷33《职官典》。
⑥ 《太平寰宇记》卷75《蜀州》。"改"，文渊阁影印四库全书本作"外"，此据单刻本；有作"升"者，未知所据。

县、蜀州永康县、邛州在城等处置场买茶，般往秦凤路熙河路出卖博马"①，即设置官营茶场收购茶叶和收取茶税。北宋熙宁十年三月，知彭州吕陶曾上奏说，"窃闻永康县熙宁九年发茶三百驮往熙河"②。还有记载说，自李杞榷蜀茶，茶税由年30万缗增至40万缗。这些都反映出永康县茶叶生产与流通的盛况。

（二）要拓展范围，全面发掘旧永康县资料

南宋中期人祝穆在其撰著中，对永康县城之外有较多记载，兹录于后。"查山，去永康县五里。上有寺。""天国山，在永康县。左连大面，右连鹤鸣，前枕狮子，后枕大随等山，有龙池及融照寺。""翠围山，在永康县西八里。上有院，前有绳桥，乃古王仙柯烧丹之处。""石门山，在永康西七里。有天池及石龙，又有化成寺，县人以元旦游礼焉。""蠶颐山，在永康县西七里。……山中多鹿，号鹿市。""龙门院，在永康县六里。""妙真观，在永康县西四十里。昔有女子于此上升，有真仙洞、圣水池，有烧药炉。""黑水，在永康县西十一里。流入青城县，溪石皆黑，故名。"③ 这些资料，有生态的也有人文的，人文资料中那些非历史实际的，比如神祇传说、艺术创作等，只要是健康的，仍可为今日利用或借鉴，但要向社会明确告示其非历史实际的部分。

（三）关于彭晓

历史上永康县还有一位文化名人彭晓。

《十国春秋·彭晓传》载："彭晓字秀川，永康人也。广政初，授朝散郎，守尚书祠部员外郎，赐紫金鱼袋。善修炼养生之道，别号真一子。常分魏伯阳《参同契》为九十章而注之，以应火候九转……余《鼎器歌》一篇，以应真铅得一，且为图八环，谓之《明镜图》。今有

---

① 《宋会要辑稿·职官》43之48。
② 《净德集》卷1《奏具置场买茶旋行出卖远方不便事》。《五代会要》卷15《度支》载："每驮一百斤。"
③ 《宋本方舆胜览》卷52《崇庆府》，上海古籍出版社，1991年影引本。

《参同契分章通真义》三卷、《明镜图诀》一卷行世。"① 对于彭晓，世人知之不多，需要加以研究和介绍。

笔者所见，有云彭晓的卒年为公元 954 年或云 955 年，其籍贯云为"成都灌县人"②，或云"永康"今址是"今四川彭州市"③。说永康为今四川彭州市，是对地理方位、建置沿革缺乏了解所致。而把永康说成灌县，则有混淆永康县与永康军之嫌。史载，宋太宗太平兴国三年（978 年）改永安军为永康军（军治在原灌县灌口镇），仍领青城、导江二县④，而永康县早已在公元 953 年设置。在史籍记载中，永康县、永康军的区分是明显的，而且大都是称某县即省去县字，称某军则必连出军字。

有论者写道："彭晓（？－954）为唐末五代著名道士。本姓程，字秀川，号真一子，西蜀永康人。……五代后蜀时，明经登第，迁金堂令。……修炼于县内飞鹤山，自称'昌利化（二十四治之一）飞鹤山真一子'。常以篆符为人治病，号铁扇符。……彭晓的修炼成仙思想，顺应了唐末五代道教方术由外丹转向内丹的历史趋势，而又……有其自身的特点。特别是发挥《参同契》原理解说内丹修炼思想，对后世道教有一定影响。……今存其炼丹著作有《周易参同契分章通真义》三卷。该书分魏伯阳《周易参同契》为上中下三卷共九十章而加以注释；《鼎器歌》一篇：复为图八环，以解《参同契》，谓之《明镜图诀》，均收入《正统道藏》。另撰《还丹内象金钥匙火龙水虎论》，《云笈七籤》卷七十有节录其《黑铅水虎论》《红铅火龙论》两部分；皆为研究彭晓内丹修炼思想之重要资料。"⑤ "彭晓善修炼养生之道，对我国古代炼丹术很有研究，而炼丹术是我国古老的原始化学。……彭晓注《周易参同契》，提出了许多正确的见解，在《周易参同契》

---

① 《十国春秋》卷 57《后蜀列传》。彭晓所著二书，宋人陈振孙《直斋书录解题》卷 12 已著录。
② "人文地理网·四川成都"，2009 年 5 月 21 日。
③ "族谱录网·名人介绍"，zupulu.com。
④ 参见《宋会要辑稿·方域》7 之 3。
⑤ 道教之音网，www.daoisms.org，2012 年 1 月 4 日。

诸多注本中,彭晓的注本影响最大,在社会上流行最广。直到今天,彭晓的著述仍然是我们研究中国古代化学的宝贵资料。"① 有的在评价其历史地位时称彭晓是"后蜀化学家、易学家、炼丹家、养生家"②。

二、进一步细致辨析历史资料

成都市崇州市是历史文化名城,街子古镇又是崇州市历史文化遗产最为丰富的名镇之一。对于已知重要历史文化遗产,要细致考证辨析,努力探究历史实际,以求准确而科学地认识这些历史遗产,从而为文化建设提供科学资料,为名城古镇展现深厚文化内涵和优势特色增光添彩,提高社会教化品位,增加软实力和竞争力。对其中尚未解决的难点、疑点和空白,既要继续探研,防止轻率结论,也要向社会说明存疑待研的状况。这方面,崇州市和街子镇有关部门和人士,已经做了许多富有成效的努力,近些年来的巨大发展和变化即是明证。细察中,发现有的历史资料还需进一步细致辨析。

(一)关于字库

这是街子古镇地标性建筑,是重要的历史文物,要加以准确鉴定,科学介绍。

笔者在网上见到一幅用中、英、日、朝四国文字制作的《字库简介》的照片(拍照日期为2012年1月24日),大概是字库实地所置。《字库简介》写道:"街子字库建于清咸丰二年(1852年),六角五级攒尖楼阁式,通高20米……为川西地区仅存的精美字库,彰显出街子人崇文尚雅的精神追求。"③ 又见成都市文物局有关规划中说:"朝

---

① 贾大泉主编:《四川通史》卷4《五代两宋》,四川人民出版社,2010年版,第47页。
② 西蜀文化网:《西蜀概览·成都概况》,百度百科还有其他论著如李大华题为《论彭晓的'还丹'说及其'数'论》的学术论文(载《世界宗教研究》1996年第2期)等,均可资参考。
③ 《四川成都街子古镇朝阳寺字库塔(清,县保)》,xrw003的博客,2012年2月13日,《古塔古桥》。

阳村字库塔（市级文物保护单位），位于崇州市街子镇江城街广场上。清代咸丰二年（1852年）建成……通高18米。"① 还有介绍说，字库塔"建于清朝道光年间，塔高15米"②。"川西现存唯一字库——朝阳寺字库。字库建于咸丰三年……五级通高20米。……为崇州市文物保护单位。"③ 这些介绍均非一般网友所为，通而检之，其中有不一致处：一是名称，有"朝阳村字库塔""朝阳寺字库""街子字库"数说；二是建塔年代，有"咸丰二年""咸丰三年""道光年间"数说；三是高度，有"20米""18米""15米"数说。宜对这些不同说法，在科学鉴定后加以统一。近日，笔者翻检1975年考察笔记，曾摘抄了刻在石库上的文字："距州（崇庆）治北六十里有聚曰街子，味江旧治也。……大清咸丰元年十月。"标题是《募修字库序》。④ 因当时这不是考察重点，只抄录几句，甚为不全。只就以上摘文，不知所谓"咸丰元年"为何指。或为字库筹募修建、始建或建成之年？若此题刻仍存，当可验证。

（二）关于"味江县"

《募修字库序》云："距州（崇庆）治北六十里有聚曰街子，味江旧治也。"在灌县、崇庆县也有人说："街子场原来是一个县，叫味江县。"所谓"味江旧治"，治是治所简称。治所，古代指地方政权的政府驻地所在，包括省治、府治、州治、县治等。"味江旧治"当是味江县旧治之谓。笔者当时写道："《太平寰宇记》于蜀州载：'永康县，（州）北六十里。广政十二年，割郭信等八乡就横渠镇置征税院。至十六年，改为永康县，以便于民。'《宋史·地理志》于崇庆府辖县中有永康县，'蜀析青城地置县'。宋以后废为四界镇，《灌县志》云，

---

① 《成都市文物局关于街子古镇的规划建议》，"百度文库·哲学/历史"，2011年12月4日。
② "百度百科·百科名片"：《街子镇字库古塔重新开放》，http://www.sina.com.cn，2009年04月16日。
③ 《历史文化名镇——街子镇》，崇州文化教育培训网，2011年08月27日。
④ 胡昭曦：《四川古史考察札记》，第188页；胡昭曦：《巴蜀历史考察研究》，第154页。

其遗址'在今街子场'。……街子场曾为永康县治，而不是味江县治。"至今仍是如此认识。

（三）关于王小波的家乡

有文章说："街子博得青史一顾的大事，是北宋淳化四年（993年）街子人青城茶农王小波高喊着'吾疾贫富不均，今为汝均之'揭竿而起。"① 其中谈到王小波是"街子人"，需加辨析。

笔者于1974至1978年，会同几位学者，多次实地考察王小波李顺农民起义的发祥地和王小波的家乡，写过有关文字，现摘录于后以供参酌指教。②

关于王小波的籍贯，宋人的记载都说是"青城县人（民）"③。《宋史》亦说"永康军青城县民王小波"，或"蜀州青城（县）民王小波、李顺"（青城县曾隶于蜀州）。④ 至于王小波家乡的具体地点，沈括说："（李）顺本味江王小博（波）之妻弟。"⑤ 据此，王小波的家乡在北宋永康军青城县味江。

文献记载，青城县境内有味江河（《太平寰宇记》）、味江镇、味江茶场（《元丰九域志》）、永康军味江镇（《鹤山文钞》）、味江寨（《宋会要辑稿》）、味江乡（《灌志文征》《灌县志》）等。沈括的记载不够具体，当是泛指味江河流域，联系到宋代史籍说王小波"贩茶失职"，则应指味江河产茶的山区。

《太平寰宇记》说："味江水，源出青城县西长乐山（引者按，又名红岩山，今灌县泰安公社红岩大队境）下……水美，人

---

① 《崇州街子古镇文化篇》，http://www.sina.com.cn，2012年4月10日。
② 胡昭曦：《味江——王小波的家乡》，《四川古史考察札记》，第263页；《巴蜀历史考察研究》，第216页；胡昭曦：《王小波李顺起义的发祥地——永康军青城县》，《四川大学学报》，1975年第4期；《胡昭曦宋史论集》，西南师范大学出版社，1998年版，第411页。为减少本文篇幅，摘录时在不损原意的前提下，对少数文字作了删节调整。
③ 参见《隆平集》卷20；《皇朝编年纲目备要》卷4；《皇宋十朝纲要》卷2；《宋朝事实》卷17；《续资治通鉴长编纪事本末》卷13。
④ 《宋史》卷5《太宗纪》、卷276《樊知古传》、卷307《张雍传》。
⑤ 《梦溪笔谈》卷25。

争饮之，因为名。"①《崇庆县志》说："味江，上源有二：一出灌境斗篷口；一出熊耳山，又得蛮河撮箕窝水，始下注于太安寺。自太安寺而下，高桥水自西来入之，又十里盐井沟水亦西来入之，再历数里遂入崇境届灯盏窝。"② 这条河，现在仍叫味江……经卦口山等地流入平原，于灯盏窝入崇庆县境与文井江汇合。沿途经过了灌县的泰安、太平、两河和崇庆县的街子等公社。它的两岸大部是山区。

在金鞭岩下，味江流过的地区有一个小的河谷平原，叫做沙坪（当地叫新太安，属泰安公社沙坪大队，今为公社所在地）。沙坪大队的南面是味江大队，据当地老年人说，以前这里叫做味江乡③，其范围东至白石碥、北至水磨沟与漩口交界，南至元通寺，西至五马槽。这一带，自唐以来就是全国名茶的产区之一④……现在太平场仍设有青城茶厂。从地形上看，自沙坪大队、味江大队沿味江而下，翻出山口就是平原（太平场）。

陆游曾写道："蜀父老言王小幡（波）之乱，自言我土锅村民也。"⑤……土锅村或是一个自然村落的名称，"土锅村民"是指住在土锅村的老百姓。宋代农村的基层行政组织虽是乡、里，但乡、里中也有自然村落，如永康军的"老人村"、浙江青溪县的"碥村"。很可能土锅村是地形似锅的自然村落，这样的地形在灌县味江河、青城山一带是有的，如至今还有名叫"锅圈岩""锅底凼"的。但是，宋代土锅村的确址何在，已难于考察了。

由于当时重点考察的是宋代青城县境，故对处于味江流域的永康县涉及甚少，于今视之，沈括所说的"味江"，应是指靠近味江河的

---

① 《太平寰宇记》卷73。
② 民国《崇庆县志·方舆一》。
③ 《灌志文征》卷4高溥《贞孝杨文莲墓志铭》说："青城山之南曰味江乡。"民国《灌县志》卷1《表》载，沿青城山设有青城、味江等乡。
④ 参见《升庵全集》卷39《和章水部沙坪茶歌有跋》；民国《灌县志》卷4《食货书》。
⑤ 《老学庵笔记》卷5。

这一带，当然也包括永康县一带。因此，味江河流域从泰安到沙坪、太平场、街子场等都有可能是王小波的家乡。则王小波的家乡是包括街子在内的味江河流域一带。

论者确指王小波是"街子人"，不知此说之所稽据。网上有文云："北宋淳化四年（993年）青城茶农王小波起义，根据地在今青城后山及街子。"[①] 在没有确证之前，若要在街子古史上联系王小波起义，是否可以采用这种具体表述？

崇州市是古老的历史文化名城，街子镇是著名的古镇，要在古字上多下功夫。对于历史学工作者来说，就要努力弄清历史的本来面目，准确地认识和传承优秀的历史遗产，正确地宣传和弘扬优秀的传统文化，为今日的文化建设提供"信史"，以增加其文化内涵和科学性。同时，也要大力支持历史学以外的、有益于今日建设事业发展的各种文化形态、形式或品牌，不以"信史"相要求，但要坚持历史事实与非历史事实的区别，说明历史与传说、真实与构想之相异，从而使各行各业为文化建设各展所长、各尽所能。[②] 在街子古镇的建设中，要尽可能挖掘永康旧县的历史文化，才能增加文化底蕴，更加凸显特色和优势，丰富崇州文化和巴蜀文化多彩多姿的厚实内容，助推成都市、四川省的文化建设。

（载《西蜀文化光明论坛论文集》，2012年9月）

---

① 《互动百科》。
② 胡昭曦：《进一步加强旅游与历史的结合——对温江两个文化品牌的思考和建议》，《西华大学学报》，2009年第1期；胡昭曦：《旭水斋存稿》，四川大学出版社，2012年版。

全面系统研究之力作：《荆公新学及其兴替》

北宋神宗熙宁元丰年间的变法（简称熙丰变法，习称王安石变法），是宋代也是中国历史上的大事。"荆公新学"是这次变法的创始人和主要执行者王安石所创立的，是王安石推行变法的指导思想和理论基础，也是宋学中的主要学派之一，统治北宋后期思想界达半个世纪以上，对后世的学术思想具有影响，在中国儒学史上占有重要地位。

自北宋末年至20世纪上半叶，人们重视对熙丰变法的评价和研究，著述甚多，评论纷殊，大都对这次变法和"荆公新学"贬低乃至诋毁，以至对"荆公新学"产生、发展和衰微缺乏全面梳理，对其学术地位缺乏公正评价。20世纪50年代以来，这种状况明显改变，学者在对熙丰变法重新评价的同时，重视这次变法思想理论的研究，80年代有学者论述了王安石在建立宋学中的突出贡献和荆公新学在北宋儒学中的应有地位，90年代又有学者明确提出"荆公新学"乃宋学中的一大学派，并对其辩证法思想及其与变法的联系进行了深入研究。进入21世纪以后，研究"荆公新学"的学者和著作增多，论析更为深入。笔者个人感到，对"荆公新学"的研究，已经取得明显成果，亦存在一些不足，主要是：第一，对什么是"荆公新学"尚存歧见，还需界定，以趋共识。第二，论者大多或为宏观的，或为局部的、静态的、个案的，缺乏系统的发展变化的探考论述。第三，多是侧重其哲学意义，缺乏对其学术思想全面探究，也缺乏将"荆公新学"与当时变法紧密结合。

《荆公新学及其兴替》（以下简称《兴替》）是王书华博士的博士后出站研究报告，全过程地考察了"荆公新学"的创立、发展、变化及其社会背景,较为深入细致地研究"荆公新学"有关论著、学术主张及其特点,客观地论述了"荆公新学"在学术史的地位、作用和影响,"荆公新学"与变法的关系和与洛学、蜀学之间的关系,是第一部比较全面深入和客观研究"荆公新学"之力作。具有系统性、集成性和开创性,是本书的突出特点之一。

学界普遍认为,"荆公新学"是总括王安石学术思想的专业术语。有学者提出,所谓"新学",是指由王安石领衔修纂、熙宁八年宋廷颁布的《三经新义》所代表的一种"新经义"或"新经"即"新经学",皆是当时人们对王安石等编纂的《三经新义》的专称。反对者称王安石一派学术为新学,是指它不属于古老的正宗儒家传统。也有学者认为,"荆公新学"有其自身的发展阶段,宜与"金陵之学""王学"相区别,它在本质上应是"金陵之学"被北宋政府"官学化"的产物,是人们攻击其"官学化"进程的专称,它不能作为研究"王学"的总对象。《兴替》主张,"荆公新学"乃宋学中的一大学派,是"王安石创立的新学学派","不仅在理论上自成体系,而且在哲学、经学等诸多领域有着精深的造诣","达到了北宋中期学术发展的较高水平"。《兴替》还考察了王安石在世期间"荆公新学"的初创、发展和演变三个时期,分别划分出起讫时间,较详地论述了主要内容,明确地提出了各时期的主要标志和特点。认为,"荆公新学"创立于嘉祐、治平年间,其主要标志是《易解》《淮南杂说》《洪范传》《孟子解》《老子注》等著作的刊行,"主要特点是阐述儒家的道德性命之学";发展期是熙宁时王安石为相年间,"其标志为《三经新义》的颁行学官及其官学地位的确立";王安石第二次罢相至逝世为演变期,是"由相对醇儒向佛禅化演变","其标志是《字说》的刊行"。《兴替》又对两宋时期新学的沉浮和衰颓进行了详细论述。这就对"荆公新学"的含义做出了新的界定,动态地从纵向梳理了王安石的学术思想。

在北宋中期就有学者批评"荆公新学"是"以佛老之似,乱周孔之真",意在将其与儒学传统分开。熙丰变法之后,反对者更一而再地攻击新法、诋毁新学;随着理学兴起和成为统治思想,更视荆公新学为异端杂学。清初撰成的《宋元学案》相承理学之脉,不为新学立学案，"特立新学、蜀学、屏山诸略，以著杂学之纷歧"，认为"荆公欲明圣学而杂于禅"，于全书最后部分设《荆公新学略》一卷，明白地在学术史上把新学视为有别于儒学传统和理学学统。此后，反对熙丰变法者大多以"荆公新学"为政治专制的思想学说，很少从学术上加以正视和细究。这种情况自20世纪50年代特别是90年代以来，才有了明显变化，取得了不少成绩。《兴替》在此基础上，着力于学术思想的研究，用了三章的篇幅考论其著述和学说。对已知王安石的21种著作（其中疑《左氏解》非王著）的成书时间、基本内容、版本沿革、存佚辑注、整理出版等逐一考订，对"荆公新学"的几种代表作和《王安石全集》尤下功夫，系统深入地论析"荆公新学"的哲学思想、经学思想，以及学术渊源、治学特点和学术贡献，从而展示出宋学中"荆公新学"这一大学派的完整形象、丰厚内涵和学术地位，否定了那些把"荆公新学"作为儒学附庸、理学异端或加以贬低乃至诋毁的评价，恢复了它的历史面目和地位。

　　勇于探索，占有更多资料，坚持历史的、辩证的和多学科综合研究的科学方法，切实论析，饶有创见，是《兴替》的又一突出特点。《兴替》在论析"荆公新学"的哲学思想和经学思想时，甚为注意同王安石的变法实践的联系。例如，"'有体有用'的天道观"是"要'修人事，以应天灾'"，以推进变法；"'新故相除'的辩证法"，"是王安石变法革新理论的哲学基础"；"'以思为主'的认识论"，是王安石"看到了实践在认识中的重要作用"；"'性情统一'的人性论"，是"要求人们的行为当'理'（儒家伦理纲常）为善"；"'权时之变'的社会历史观"，是王安石的社会演进变革发展思想的集中阐述。对于王安石的经学思想，《兴替》着重考辨了王安石选择训释《诗经》《尚书》《周礼》"三经"，以此作为统一人们思想的教科书，为变法提供理论依据，以助推行变法新政。并分析了王安石对《春秋》《周易》的态度及其与变法的关系。

　　《兴替》在史实辩证和学术论见上，还有不少创新之处。例如，在论述王安石的经学思想时，对"王安石诋《春秋》为'断烂朝报'"的"近千年的学术公案"，进行了细致的长篇考辨，认为王安石确实不看重《春秋》，但并未公开非毁，所谓"断烂朝报"之说，是他批评陆佃、龚原对《春秋》的解释"阙文太多，导致不忍卒读"，"致使《春秋》被弄得像'断烂朝报'一样不好理解，来表达对《春秋》的轻视"。又如，《兴替》系统梳理了宋代政争和学争中"荆公新学"的浮沉、经受的三次批判与压制浪潮，揭示了新学、洛学、蜀学"三足鼎立"的局面，特别是扼要叙论了"苏轼苏辙对新学的批判"和南宋前期蜀学的兴衰。使人们进一步认识到朱熹把蜀学视为"杂学"和《宋元学案》列《苏氏蜀学略》一卷的偏颇，有助于对宋代蜀学和其他儒学学派的深入研究和公正评价。再如，《兴替》首次全面分析了"荆公新学"衰颓的原因特别是内在原因，重点分析了新学在学术上的理论缺陷和牵强附会，在薪传上的后继乏人，尤其是"误将统一经义用作统一思想"，"将其他学派视为异端邪说"。诸如此类的深探创进，本书中屡有所见。

王书华博士是2002年9月进入四川大学中国古代史博士后流动站的，是笔者担任合作导师招收的第三届博士后研究人员。他大学本科就读于中山大学哲学系，毕业后又在河北大学历史所和宋史研究中心师从漆侠先生攻读硕士、博士学位，具有扎实的哲学专业和历史学专业的基础，在河北大学又经历了宋史研究的专业训练和较多磨砺，特别是漆侠先生的严格要求、耳提面命，使勤奋敏思的王书华成为宋史研究队伍中的生力军。

《兴替》是王书华博士的博士论文的延展与拓进。在流动站的三年中，他一边坚持在河北人民出版社的本职工作，出色地推进《苏轼全集校注》的编辑工作，一边数次集中较长时间住在四川大学，广搜资料，反复思索，访师问友，置疑切磋，在深探和创新上苦下功夫，大大拓延了博士学位论文的广度、深度和规模。2005年7月，他已经完成《兴替》初稿，并以此作为研究报告通过评审获准出站。

《兴替》是首次全面系统研究"荆公新学"之作，是一本具有较高质量的博士后研究报告和书稿，它将有助于宋学、宋史和中国古代思想史的深入研究。

（读《荆公新学及其兴替》后的评论，2006年5月）

质量精好的《宋代蜀文辑存校补》

2014年是《巴蜀全书》编纂出版取得明显进展和收获的一年，在点校本《宋会要辑稿》问世之后，《巴蜀全书》项目中又一部著作《宋代蜀文辑存校补》①接着问世了！这是《巴蜀全书》中巴蜀特色浓、宋代地方文献集中装帧印刷好的又一部作品！在这里，谨向编纂领导小组、向校补者吴洪泽先生和重庆大学出版社表示祝贺和感谢！

谈点初读之后的印象，突出的感觉是：《宋代蜀文辑存校补》（以下简称《校补》）广搜深掘，细致考订，传承出新，特色突出，质量精好，文献价值大。

辑补资料规模宏大。《宋代蜀文辑存》（以下简称《辑存》）是傅增湘先生历时十六年（1928—1944）编纂成的一部著名的宋代地方文章（别集以外的文章）总集，是很有用的和常用的重要文献资料，原编存文2666篇，《校补》补辑了2532篇（原书未收），共5198篇，补辑占《校补》总数的约48%（占《辑存》文章数的约94%）。《辑存》约引书300种，《校补》引书270多种，特别是增加了《全宋文》《全元文》等和金石考古文献等，从而大大增加了资料的数量。

《校补》在增补收文和校订内容上有不少创新之处，《辑存》在编排上采取以人为主，以时代为先后，以文体为类别的体例，《校补》细致地完善了这种体例，更为突出的创新是新增加《篇目分类索引》（多达125页），包括"史事典制""艺文杂撰""作者姓名及小传"，

---

① 傅增湘原辑、吴洪泽补辑，重庆大学出版社2014年9月出版，共6册、372万字、3314页。

明显提高了《校补》对《辑存》的整理质量，也给读者带来很大方便。

《校补》在校核考订上颇下功夫，写出了大量校记，在文页中屡屡可见（估计不下600条，以平均5页1条约计）。如第111页朱台符的一篇奏疏，校记云："出处原署'《续通鉴长编》卷四十四'，然文字与《长编》大异，而实同《宋史》本传、《历代名臣奏议》卷三二二，今据改。"又如第2983页倒11行"（廪）[康]乐之风流"句，校记云："康：原作'廪'，据乾隆《临川县志》卷二四改。"这就弥补了《辑存》在编印过程中受到条件的限制①，大大增加了资料的原始性和可靠性，也为读者提供了许多查考线索。

较之同类著名之书，《宋代蜀文辑存校补》的特点颇为突出，即断代取材、地方特色、资料丰富。如《成都文类》，其收，有诗有文，时限自汉以下迄于南宋淳熙，数量凡一千有奇。又如《全蜀艺文志》收录诗文自汉迄明1873篇，有名氏的作者631人。光绪十四年（1888年）尊经书局刊印了一本《蜀学编》②（原名《蜀贤事略》），旨在上溯邹鲁渊源、以经学、理学为正学，自汉代张宽到清代范泰衡，共列114人（其中宋代62人，占54.4%），可谓首次建立蜀学学统架构的著作。而《宋代蜀文辑存校补》只收文章，限于宋朝，且数量甚大，所收作者454人、文章5198篇，都大大超过《成都文类》《全蜀艺文志》和《蜀学编》。其作者考即作者事略或小传，单是宋代即达454人，称得上规模大的集中宋代蜀学学者考略的著作。按傅先生在序言中所说，编纂《辑存》"冀为他时表彰蜀学之资"（序，第5页），则其又是宋代蜀学文章的一部总汇。宋代是我国古代社会发展承前启后的时代，是我国古代文化发展的高峰时期，四川与江浙同是宋代最为发达的两个地区，巴蜀文化、蜀学是构成宋代文化的重要组成部分。《校补》为巴蜀文化、蜀学、宋史、中国历史文献等研究，

---

① 1928年到1944年，当时战火纷飞，国难当头，傅增湘先生在自序中总结有五难，即考定作者、考定作者世系、辑补佚文、搜求孤本秘籍、普查金石志乘之难。

② 学使高赓恩、山长伍肇龄在尊经书院组织的一次官课，署名方守道初辑。

提供大量资料，为促进中华传统文化的弘扬发展做出了新贡献。

还值得一提的是，校补者吴洪泽先生是一位具备专业水平和负责精神的学者。虽然，《全宋文》的许多成果可以利用（由此再见《全宋文》的学术价值），但吴洪泽先生校补此书，尽心尽力，严谨务实，另辟蹊径，传承创新。《校补》不只是把《全宋文》作为提供辑补文章的重要基础，补辑了不少文章并做了全面考订，还指出《辑存》《校补》较之《全宋文》更为具备的文献辑佚价值。而且，就宋代而言，《校补》使读者能更为集中和方便地查阅蜀人存文。例如：南宋著名蜀人张浚，前人所辑《张魏公集》，存文仅25篇，《辑存》收文209篇、编为5卷，本次补辑206篇，则共为415篇，较之《全宋文》所辑总351篇还多64篇。又如，章詧（作者考第42页），是一个很少为人注意、但又是重要的蜀学人物①，《辑存》作者考仅有30余字，《校补》增补为180余字。特别是《篇目分类索引》，把书中所有文章按内容加以分类，必须仔细阅读每篇文章。如王珪《与人书一首》（卷二第69页）列入"医家"类，只看标题是难于分类的，必须读其内容才知。

在初读过程中，也觉得个别地方需要再加斟酌考订，如封面书名与作者署名不够一致②、引书选本有的还需精选③、虞刚简的官职欠确④。但总的来说，《校补》是一部成功的力作，列入《巴蜀全书》"精品集萃"是名副其实的。《校补》为方兴未艾的《巴蜀全书》项目

---

① 章詧（993—1068），双流人，"博通五经，尤长于《易》"，"善属文"。"尤好扬子云《太玄经》。"嘉祐四年（1059年）十一月"赐……益州草泽章詧冲退处士。"接着，知成都府王素"命所居之乡曰'处士'，里曰'通儒'，坊曰'冲退'"。笔者据《长编》所载统计，宋仁宗在位41年，在全国诏赐"处士"称号的学者仅有10名（其中包括孔子第四十六代孙），见《宋史》本传、《四川通志》。

② 封面书名为《宋代蜀文辑存校补》，而署名是"傅增湘·原辑、吴洪泽·补辑"，似宜为"吴洪泽校补"。

③ 未选用资料性更强更好的《大足石刻铭文录》（1999年），而用较早编纂的《大足石刻内容总录》（1985年）。

④ "作者考"第127页倒6行，"虞刚简"增补中说"嘉定十六年，任制置使"，不确。虞累官至朝请大夫（从五品）利州路提点刑狱，曾两次任过制置使司参议官，未曾任过制置使。见魏了翁撰《朝请大夫利州路提点刑狱主管冲佑观虞公（刚简）墓志铭》，《鹤山集》卷76。

编纂，提供了又一个作品和作者的好典范。我们古籍整理研究需要这样的学者，《巴蜀全书》的各项目需要这样的作者。

希望编纂组再接再厉，稳步推进，严格要求，保证质量，完善作品终审制度，在2015年拿出更多的好作品！

（2015年1月19日在"《巴蜀全书》2014年度工作总结暨评审专题会议"上的发言稿）

加强蜀学研究，繁荣中华学术文化

蜀学历史悠久、内容丰富，然而对蜀学全面系统展开研究的起步较迟，虽有收获，但还是初步的。当前需要重点开展以下工作：一是梳理和弄清蜀学的源流、发展变化、内容、特点，包括个案的、学派的、学统的、家族的，重要学者、重要著作；二是蜀学与我国其他地域文化的共生互动，与外来文化的交汇融合；三是蜀学在中华学术文化发展中的地位和作用等。可先分别从断代的、阶段性的、专题性的、学科专业性的或地区性的做起。

对一些重点问题，力争有所进展或突破，例如：（1）蜀学发展各阶段的划分及其特点。（2）蜀学之源。如何结合文字资料，从宝墩古城、三星堆、金沙遗址等文化遗存中探究远古巴蜀的文明根系（有学者认为：三星堆出土器物，表明古蜀已有较高层次的原始宗教存在，寄寓着丰富的精神信念和宗教观念，如鸟类崇拜、祖先崇拜与祭祀。金沙遗址出土器物，反映了古蜀人生殖崇拜、祭蛙求雨、月亮崇拜、对太阳与鸟的崇拜，以及以玉通神等宗教哲学思想），如何梳理、解读文献记载和已有研究论著等。（3）学术文化间的共生互动。如，秦并巴蜀后至秦统一上百年间，蜀中学术文化的本土成分及其"染秦化"的具体内容；秦汉时期蜀学与中原儒学的交融；北宋时期蜀学的构成及当时周敦颐、程颐学术思想在巴蜀地区的实际影响；蜀学中的儒道佛三家交汇及其发展演变；近代蜀学中的中西学交融。（4）现当代蜀学状况等等。

（2011年在"巴蜀文化与文化强国战略论坛"的发言摘录，载《光明日报》2011年7月18日5版"光明讲坛"）

直探堂奥，慧见卓识
——读蒙文通师《巴蜀史的问题》

蒙文通先生（1894—1968）是我国现代杰出的历史学家和经学家，为我国古代历史文化研究做出了多方面的卓越贡献，先生对巴蜀历史文化的研究就是其中突出硕果之一。今年（2014年）是文通师120周年诞辰，谨以我的点滴学习体会，纪念先生冥寿，缅怀老师教诲，再致感谢之情。

先生认为，区域史是全国历史的重要组成部分，二者关系密切，至为重要，于1958年写道："十余年前余深感各省区（或数省合为一区——原注）在不同历史时期对国史有其不同影响，而各省区之历史关系整个国史者至重；近又深感省区内各州府（或数州府联为一地区——原注）在不同时期又各有其不同之历史地位，而对考论省区历史亦极重要。"① 而研究区域史又必须重视其特点，才能达到修撰区域史的基本要求，先生指出："夫一区域之史，犹之一民族之史，英、法、德、苏，莫不有其各具之性格，史而失此，则无所用于史。……自具一历史面目者也。"② 先生研究巴蜀历史文化多年，目光四射，稽考切实，见解独到，深邃新颖，著述颇丰，影响深远。其有关著述，大要分为专题论著、部分涉及、直面讲解三类，兹采已编入《蒙文通文集》中专论和涉及较为集中的著述列表于后（见文末附表），

---

① 《略论四川二千年间各地发展先后》，《蒙文通文集》第四卷《古地甄微》，巴蜀书社，1998年版，第205页。

② 《〈华西大学图书馆四川方志目录〉序》，《蒙文通文集》第四卷《古地甄微》。

以观先生研究巴蜀历史文化之大概。

《巴蜀史的问题》(简称《巴蜀史》)，全文 60000 余字，是文通先生长期研究巴蜀历史文化的主要论著之一，在学界有很大影响。[①] 全文分列 10 个问题："巴蜀的区域""巴黔中""巴蜀分界""巴蜀境内的小诸侯""蜀的古代""巴蜀的史迹""蜀的经济""经济中心的转移""巴蜀的文化""巴蜀文化的特征"。该文自 1959 年首次发表的 50 多年来，为研治巴蜀历史文化的学者重视和研究，文中的一些主要观点，为考古发现与研究成果所逐步证实。早在 20 世纪 60 年代初，我就读到这篇文章，但体会不多，之后随着地区历史研究的发展和我参加巴蜀文化探讨实践的增多，逐渐加深认识。今天重读此文，尚不能全面领会先生之论旨，只对其中几个论题谈点肤浅心得。

一、地理观念的"巴蜀""巴蜀文化"

研治巴蜀历史，首先至少要注意两个问题，一是正确认识和处理巴蜀地区与全国的关系和巴蜀历史文化在全国的地位和作用；二是明确"巴蜀""巴蜀文化"的含义各指的是什么，有些什么特点？

《巴蜀史》第一章就是"巴蜀的区域"，把巴蜀历史作为中华文明的区域史进行研究。明确写道："巴蜀这个地区，在历史上不同的时期有它不同的范围；有先秦巴国、蜀国的区域，有秦灭巴蜀后的巴郡、蜀郡的区域，有汉初巴郡、蜀郡的区域，有汉武帝以后巴郡、蜀郡的区域，这些都显然各不相同。更应注意的是与巴蜀同俗的区域，那就更为广阔。"(《古族甄微》第175页[②]) 在本书内容中，还不限于先秦、秦汉的巴蜀，而是贯穿了"巴蜀这个地区，在历史上不同的

---

① 此文原载《四川大学学报(社)》1959 年第 5 期。至 1962 年间经两次重要修改补充。四川省巴蜀史研究会曾此列入《巴蜀史研究丛书》，与《庄蹻王滇辨》《略论〈山海经〉的写作时代及其产生地域》《成都二江考——附论大城、少城、七桥、十八门》三文合编为论文集《巴蜀古史论述》，由四川人民出版社于 1981 年出版。此文后收入《蒙文通文集》第二卷《古族甄微》，巴蜀书社 1993 年出版。参见蒙默先生对此文的"整理说明"，《古族甄微》，第 269 页。

② 以下引《巴蜀史的问题》原文，只在行间夹注列出所在《蒙文通文集》第二卷《古族甄微》的页序，不出脚注。

时期有它不同的范围"这个论点，数处谈到隋唐以后的情况，例如论及"经济中心转移"时，在空间和时间上都有变化，从李冰导洛水，到汉的刺史、工官在洛县（今广汉），到三国时涪县（今绵阳），再到唐剑南东道节度使由住绵州（今绵阳）到梓州（今三台）。至于泸州和重庆，又是在南宋和元代才发展起来的（第245页）。"四川从古至今因为经济文化的逐步发展，变动很大"（第231页）。"从前我只能从纵的方面看出四川历史的三盛三衰，现在才看出，还须自横的方面看，每个时期各地的发展还有不同。"① 可见，文通先生是从地理单元观念提出"巴蜀""巴蜀文化"的命题，即从最早有居民或族群的名为巴、蜀的地区，到巴国、蜀国的区域，到秦时巴郡、蜀郡的行政辖区，到汉代巴郡、蜀郡的行政辖区，一直到此后不同时期行政辖区名称各异的四川地区。先生所谓"巴蜀"，无论空间和时间，既指以巴蜀地名、族名、国名、郡名，又指整个古代历经变化的四川地区。

对于"巴蜀文化"，《巴蜀史》也是从地理单元观念提出命题的，指出：《汉书·地理志》所说巴、蜀、广汉"本南夷"，武都、犍为、牂柯、越巂"皆西南外夷"，汉中"与巴、蜀同俗"，"凡与巴蜀同俗的，就是受巴蜀文化影响的地区。……从民俗来看，汉所谓西南夷，可以说都是巴蜀文化所及的区域。"（第175~176页）可见，文通先生是从文献记载上，用历史地理、区域地理的观念和方法命名"巴蜀文化"，其含义，既是自先秦巴地、蜀地至秦汉巴郡、蜀郡及其影响地区的文化，又是魏晋以降四川地区及其影响地区的文化，是中华文化中的一种区域性文化。1980年，四川省巴蜀史研究会将先生所著《巴蜀史的问题》，和其他三篇文章（其中一篇通考成都之二江）结集出版时，或者即以先生持地理观念之故，把文集定名为《巴蜀古史论述》。

学界一般认为，首次提出"巴蜀文化"命题是20世纪40年代，但对其最初含义仁智各见。仔细检阅，就会看到，当时之谓即有狭

---

① 蒙文通：《治学杂语》，蒙默编：《蒙文通学记（增订本）》，生活·读书·新知三联书店，2006年版，第17页。

义、广义之释。《说文月刊》先后有两辑《巴蜀文化专号》，第一辑是第3卷第4期（1941年10月上海印行），第二辑是第3卷第7期（1942年8月重庆印行），其内容：就地区而言，前者除卫聚贤先生《巴蜀文化》一文外，大多是有关重庆江北汉墓的，后者则泛及于巴蜀地区；就时代而言，前者是谈在成都等地区搜到的一些先秦时期的青铜器、玉器和江北汉墓，后者则包括广泛，如汉代巴蜀文物、蜀汉的锦、宋益州交子、宋元至清的合川钓鱼城、民国时期川省造瓷厂等等。可见编者所谓的"巴蜀文化"是自古至今且及于各文化领域，才把这些文章列入《巴蜀文化专号》。因此，《说文月刊》所说的"巴蜀文化"，包括卫聚贤先生《巴蜀文化》一文中所指的古蜀国、巴国文化的内容；也包括巴蜀地区自古以来的文化，即两辑《巴蜀文化专号》所涵盖的内容。而且，第二辑专号载缪凤林先生的《漫谈巴蜀文化》一文，就已明确提出了狭、广二义之说："巴蜀二字，有广、狭两义：狭义的巴蜀，指的是'巴人''蜀人'或'巴国''蜀国'……约得今四川全省之半。广义的巴蜀，则除巴人蜀人或巴国、蜀国外，《史记》和《汉书》'西南夷'所列举的西夷南夷，亦皆概入。"① 两辑《说文月刊·巴蜀文化专号》表述的"巴蜀文化"明显有两种含义，第一，指的是先秦时期蜀国和巴国的文化，包括考古学所指文化。第二，指的是巴蜀地区的文化，其时限自古及20世纪，其范围含巴蜀各地多种文化，即既是考古文化，又是地域文化，这就是"巴蜀文化"最初命题的完整含义。②

文通先生历来很重视并深入进行地理研究，认为"地理是史学一工具"，并说："我是在经史中遇着很多问题不能不从地理探讨，积累久了，地理也熟了，问题也多了，好像专门讲古地。"③ 在已出版的六册《蒙文通文集》中，专门选编了《古地甄微》一册（第四卷），刊载先生的专著《古地甄微》（1938年完成）等有关论著12篇

---

① 《说文月刊》第3卷第7期（1942年8月，重庆），四川大学图书馆藏，第121页。
② 胡昭曦：《从〈说文月刊〉辨析"巴蜀文化"命题的初义》，《巴蜀文献》第1辑，四川大学出版社，2014年版。
③ 蒙文通：《治学杂语》，蒙默编：《蒙文通学记（增订本）》，第31页。

(部），编者蒙默先生写道："先君研究历史地理，始于三十年代初，以历史时期地理条件的变化为主要研究方向。"①《巴蜀史》是文通先生长期结合历史地理、区域地理撰写的地方史重要著作之一。

二、古巴蜀的文化系统、疆域和居民

文通先生认为，中国文明的起源和组成是多元的，由于地理环境和其他各种客观条件的不同，中国古代因地区的明显差异，而形成若干不同特点的历史文化区域和居民集团。早在1927年撰成的《古史甄微》专著中，先生于我国学术界第一次提出：中国上古居民区域大致划分为河洛（北）、海岱（东）、江汉（南），这都是中国文明的重要起源地。之后，又在《经学抉原》（1933年成书）、《略论〈山海经〉的写作时代及其产生地域》（1962年发表）中，先后明确提出"晚周之学有北方三晋之学焉，有南方吴楚之学焉，有东方齐鲁之学焉"②，"巴、蜀、荆楚……当属南方文化系统"③。在《巴蜀史》中，先生再次申论"晚周文化系统只有三派，就是齐鲁的《诗》《书》六艺和三晋的法家（包括兵、农、纵横——原注）、楚的道家"，同时指出："晚周的仙道也分三派，燕齐是服食，秦是房中，楚是导引。"还征引了自然科学家的研究成果："近时有研究中国农业史的科学家认为，中国农业在古代是从三个地区独立发展起来的，一个是关中，一个是黄河下游，在长江流域则是从蜀开始的。"（第257～258页）这就是先生提出的被称为"古史三系说"（"中国上古文化三系说"）的著名学术主张。

巴蜀是中国文明组成的重要地区之一，对于殷周之际的巴蜀疆域，《巴蜀史》指出了《华阳国志》的欠确之说，写道："古代巴蜀区域内既是有百多个小诸侯存在，《尚书》已举出庸、蜀等八国从周伐

---

① 蒙默：《〈古地甄微〉整理说明》，《古地甄微》，巴蜀书社，1998年版，第79页。
② 《经学抉原·序》，《蒙文通文集》第三卷《经史抉原》，巴蜀书社，1995年版，第47页。
③ 《略论〈山海经〉的写作时代及其产生地域》，《蒙文通文集》第二卷《古学甄微》，巴蜀书社，1987年版，第47页。

纣，可见蜀只是很多小国中的一个，不能把它想象得很大。武王封宗姬于巴，只是子爵，当然也很小。……只是到秦灭巴、蜀时，它才是比较大的两个国家，而在巴蜀区域内，却还有某些小的王侯到汉时依然存在。""常道将（《华阳国志》作者常璩）把从武王伐纣的蜀，说成'其地东接于巴，南接于越，北与秦分，西奄峨嶓'。把为秦所灭时的蜀国疆域，认为是西周初年或更在前的蜀的疆域，这实常氏的错误。"（第200页）"常氏《巴志》说：'其地东至鱼腹，西至僰道，北接汉中，南极黔涪。'这里所说巴国的疆域，只能说是巴为楚所侵后为秦所灭时的情况。"（第181页）又指出："春秋时巴、楚有关的事既多在北境，可见当时是都在阆中。今天的奉节是春秋时庸国的鱼邑，可能在灭庸以后，巴才南迁江州（今巴县——原注）。房州和鱼邑都是庸国的土地，后来都是巴国的土地。巴成为大国应在灭庸以后，是很显然的。"（第215页）

远古的巴蜀大地，生活着许多居民，有许多聚落，逐渐发展为部落、族群，乃至出现邑君、侯王，先生对于文献记载（包括传说或神话），广为搜集，细密梳理，着力考释，审慎判断，首次广泛列出"巴蜀境内的小诸侯"情况，写道："古时巴蜀地广，汉之牂柯、越巂各郡都有很多邑君，如夜郎王、钩町王、邛縠王、漏卧侯之类很多，不下数十。即以汉初巴郡、蜀郡疆内各地而言，也还有不少侯王。"计有僰道、鱼国、铜梁侯、资、青衣羌国、丹犁、枳、蔓子、苴侯、鄨王、賨、卢、果氏、通氏、廪君、杨侯、旄牛王、杜濩、朴胡、袁约、巴氏和邑长爰文山、邑君兰世兴、邑君宋（缺名——原注）、夷侯养达伯、夷侯资伟山、白虎夷王谢节、白虎夷王资伟等十六人，邑君、邑侯共为三十七；庸、蜀、微、彭、濮、共（龚）、獽（狼）、夷、蜓九国；巫咸国、褒国、夔子，"这已是四十多国。王家祐同志又从甲骨和金文考得巴蜀境内古诸侯十多个，如其更从《路史·国名记》中和汉的牂柯、益州、永昌、越巂、汉嘉（沈黎——原注）、汶山、武都各郡的邑君来看，就有百数十个小部落。……这四五十个乃至百数十个小诸侯，就是所谓'戎伯'。司马错说：'夫蜀西僻之国，而戎狄之长。'蜀就是这些戎伯之雄长。古时的巴蜀，应该只是一种联盟，巴、蜀不过是两个霸君，是这些诸侯中的雄长。巴蜀的疆域也只能说是所联盟的疆域，主要的还是要从和巴蜀同俗的文化区来看。蜀自然是个文化的中心，所以蜀就显得更为重要。"（第197~200页）

近几十年来，考古学界在巴蜀地区重点于成都平原和三峡地区，多次进行了远古时期遗址、文物发掘，取得了不少重要成果，与此同时，学界加强了巴蜀历史文化的研究，且在历史文献与考古资料的结合上，有了新的发展。文通先生关于远古巴蜀的文化系统、疆域、居民和社会的考论，是对巴蜀古史研究的一大贡献。有学者指出："蒙先生这种分析，不但将纷繁纠结的上古史理出了一个头绪，使很多千百年来争讼不决的问题如桶底脱落，豁然而通；而且其科学性已经为近年来的考古学和人类学的新发现所证明。"①

三、巴蜀本土学术的渊源和兴起

先秦史上所谓"东夷""南蛮""西戎""北狄"，即"四夷"，都是中原华夏对周边少数民族的泛称，唐孔颖达疏解《左传》写道："四夷之名，随方定称，则曰东夷、西戎、南蛮、北狄。其当处立名，则名从方号。……夷为四方总号。"② 可见所谓"四夷"，实指古代中原四周地方的居民或少数民族。先秦时代巴蜀及其以西以南地区，被史籍称为"南夷""西南夷""戎狄"，也是这样。因此，那种认为被称为蛮夷之地全都是"化外"之域、"未开化"之区、经济文化落后的说法是不确切的。文通先生认为，南方文化系统是中华文明的三大始源之一，要重视古巴蜀同中原和周边的联系，更要重视"巴蜀固有的文化"即古巴蜀本土经济文化的生长、兴起和特点，这也是先生历来强调区域史须"自具一历史面目"的基本要求，《巴蜀史》用了四章的篇幅论述蜀的经济和巴蜀的文化。

《巴蜀史》认为，巴蜀本土文化产生和兴起的基础是本土经济的

---

① 童恩正：《精密的考证，科学的预见——纪念蒙文通老师》，蒙默编：《蒙文通学记（增订本）》，第159页。

② 《春秋左传注疏》卷20《文公十六年》孔颖达疏，影印文渊阁四库全书本。

发展。蜀文化的开始在临邛、青衣、严道地区,"成都平原反是第二步的发展"(第239页)。蜀的历史先后之迹是,"由岷山河谷发展到成都平原"(第242页)。或云古蜀乃西南夷蛮,经济文化落后,"刘渊林注《蜀都赋》引扬雄《蜀王本纪》说:'蜀王之先名蚕从、柏濩(灌)、鱼凫、蒲泽、开明。是时人萌椎髻左言,不晓文字,未有礼乐。'"(第209页)《巴蜀史》据文献记载不同意这样的评论,指出古蜀王时是"畜牧和耕稼并行的社会","立宗庙,以酒曰醴","已大量产米"①,"成都平原可能在李冰前已有水利灌溉,从近年来发现的考古材料来看,知战国时蜀已有铁器和纺织品",司马错说"得其(蜀)布帛金银,足给军用"。由此,《巴蜀史》认为,"在秦灭巴蜀之前,蜀的劳动人民在生产方面是有高度成就的,它并不落后于七国"(第227~228页)。秦灭巴蜀,又"使巴蜀经济向前迈进了一大步"(第229页)。巴蜀文化正是在这些"经济发展最早而又最古的地区……发生孕育起来的"(第242页),巴蜀早期就存在"原有的高级文化"(第265页)。

《巴蜀史》从零星的文献记载中,举出商周时期巴蜀的一些文化状况。如:"《常志》说:……彭祖本生于蜀,为殷太史。"(第247页)"裴骃在《史记·孟荀列传·集解》引用刘向《别录》说:'商君被刑,(尸)佼恐诛,乃逃亡入蜀,自为造此二十篇六万余言。卒,因葬蜀。'尸佼逃蜀,能在蜀著书,就必须有一定的环境和条件。……他死后葬蜀,他的书也必定是蜀人为他传下来,这绝不是在一个文化毫无关联而又落后的地区所能实现的,必然是要懂得尸佼的文字和学问,才能这样做。"(第251页)"晚周文化应该早在巴蜀有些传播(如商鞅死后其师尸佼逃入蜀)……晚周百家之学,巴蜀应该早就有了。到张宽等东受七经,邹鲁儒学从此在巴蜀也播下种子。"(第255页)"《汉书·艺文志》道家有《臣君子》二篇,班注云:'蜀人。'次有《郑长者》一篇,班注云:'六国时,先韩子,韩子称之。'

---

① 《巴蜀史》引《华阳国志》卷3《蜀志》:"司马错率巴蜀众十万,大舫船万艘,米六百万斛,浮江伐楚。"

张澍说'臣'是姓,'君子'是尊敬之称。这说明六国时蜀人臣君子远在韩子之前已有著述,并传于汉代,书在道家,这可能是严君平学术的来源。……《山海经》的《海内经》四篇和《大荒经》五篇,我认为是巴蜀的作品(别有详论——原注),这就可知远在西周时期,巴蜀已早有著述了。"(第251页)到春秋战国时期,蜀国有些文化还先于秦,例如,"蜀在开明九世(《张衡传·注》引《蜀本纪》作五世——原注)已祀五帝,而秦始终只有四畤,到汉才具五畤。蜀祀杜主,就更早于秦。这就不仅是巴蜀和中原同语同文,而且在某些方面,还是先出现于蜀,而后来才渐次影响于秦"(第250页)。"巴蜀与中原应该同是一种语言,只是有部分不同的方言,和不同的新字……既然同是一种文字,所以扬雄才能采以作《训纂》和《方言》二书。巴蜀在这样的情况下,才为迅速发展高度文化提供了条件。"(第252~253页)

当然,也不能忽视秦对巴蜀地区的建设。秦举巴蜀以后,本来就具有基础的巴蜀经济文化又有了很大发展,"使巴蜀经济向前迈进了一大步"。其中,"昭王时范雎、张若、李冰相继经营,把巴蜀地区发展为可能比六国更进步的地区,所以秦益富饶。……对秦成帝业,巴蜀是起了一定的作用"(第245页)。也有秦之迁民的推动,迁民中一部分显然是知识分子,如吕不韦、嫪毐的舍人和其他家的舍人。"迁蜀的工商业者,既然提高了巴蜀的经济,迁蜀的知识分子,自然也会提高巴蜀的文化。"(第248页)秦朝建立后,"直到汉的统一,看不见蜀有甚么扰动……富饶的巴蜀,未受到战争的破坏,社会繁荣,依然如故,所以说'高帝因之成帝业',这是蜀对汉的统一又起了很大的作用"(第245~246页)。

至于汉代巴蜀文化的兴盛,也要看到本土文化的根基与发展。对于文翁倡教立学遣士选隽之举及其成效,宜加具体分析,不能无视巴蜀前此的文化基础。《巴蜀史》赞成《华阳国志》的说法:"《常志》说:世俗间横有为蜀传者,'言蜀椎髻左衽,未知书。文翁始知书学。……彭祖本生于蜀,为殷太史。夫人为国史,作为圣则……至于汉兴,反无书学乎?'《汉书》曰:'郡、国之有文学,因文翁。'若然，翁以前齐、鲁当无文学哉！'……常氏是主张先秦时蜀已有文学，文翁之前，蜀已知书。"《巴蜀史》赞同徐仁甫先生"文翁尚未到蜀，（司马）相如早已游宦在外"之辨。"如果巴蜀前此没有一定的文化基础，在短短时期之间（蜀地学者）就比于齐、鲁，是不可想象的。如以蜀郡之学始于文翁，则巴、汉二郡亦多文学，又是哪一位太守倡导的呢？"（第247~249页）《巴蜀史》同时指出《华阳国志》记文翁任蜀守时间之误，"从《汉书·文翁传》看，他是'景帝末（前149—141）为蜀郡守。……至武帝时（前140—87）乃令天下郡国皆立学官，自文翁为之始云。'"《华阳国志》未据此，而说"孝文帝末年（前163—157），以庐江文翁为蜀守。……孝景帝（前156—141）嘉之，令天下郡国皆立文学。"这就把文翁的时代大大提前了，"既在武帝时仍为蜀守，说文翁在文帝末年已为蜀守，前后历三十年，这就绝不可能了。"（第253~254页）《巴蜀史》还认为，洛下闳是精通历数的宿学耆老，他的学术是有渊源的。"（汉书）《律历志》说他：'其法以律起历……与邓平所治同。于是皆观新星度，日月行，更以推算，如闳、平法。'就可见他的学问和邓平是同学派，而这派学术的授受，在巴蜀是早已存在的。"（第261页）《巴蜀史》推介了吕子方先生对天文历法和洛下闳的研究意见，"浑天思想本源于道家，洛下闳是浑天派，可说他的历学是南方系统"。然后指出，巴蜀很早就有天文历数之学，并且属于南方系统浑天一派。"此派（浑天派）传授在巴蜀始终很盛，这对研究文翁以前巴蜀文化，其重要性并不亚于司马相如。""巴蜀在前此时期若是没有这种科学的基础，就不能产生洛下闳这样的人才。"（第263~264页）

《巴蜀史》还指出巴蜀文化与楚的关系。"词赋、黄老、天文，可以说司马相如、严君平、洛下闳是这些文化的杰出代表。他们和秦的迁入，和汉五经博士的学术是无甚关系的。司马相如、洛下闳时间都早，是在文翁作蜀守以前。……这些都可说是巴蜀早期原有的高级文化，它和楚是同一类型。"（第264~265页）"辞赋、黄老、天文、灾异之学，在两汉时巴蜀颇以此见称，这不可能得之于秦。在思想系统上，环境关系上，只能说是接近于楚。"（第257页）晚周文化系统有三派,其中有"楚的道家";《汉书》区别词赋为三派,司马相如、王褒是列在屈原一派的;王乔、彭祖是屈原、庄周所羡称的人,"也可说是蜀影响了楚"。宋玉对楚王问,说客有歌于郢中者,其始曰下里巴人,国中属而和者数千人,"这说明巴文化对楚的广大人民是有广泛影响"。《周南》《召南》之作,始于巴蜀而流行于楚地。"楚文化是受到巴蜀文化的影响"(第258页)。"西汉一代,司马相如、王褒长于词赋,严君平、李宏、扬子云是道家,子云同时也长于词赋。司马相如的《大人赋》和屈原的《远游》是相承袭的。"(第255~256页)"巴蜀和楚,从文化上说是同类型,应该是可以肯定的。"(第258页)

《巴蜀史》对古巴蜀固有文化所具特征做了概括和论析。经过多方面的细密探究,《巴蜀史》根据诸多文献记载的巴蜀文化状况,并同中国其他区域文化相比较,认为"从来四川的文化有它的特殊性"(第256页)明确指出:"词赋、黄老、律历、灾祥是巴蜀固有的文化。"(第268页)"即如'《易》在蜀也'一句话,确乎是有历史根据的。名、法、儒、墨和六经的经师,巴蜀在西汉是找不出来的。(汉书)《儒林传》说:'蜀人赵宾好小数书,后为《易》,持论巧慧,诸《易》家不能难,皆曰非古法也。云受孟喜。'这应该是蜀人之法,所以和一般讲《易》之家不同。阆中的洛下闳、任文公,都长于律历灾异。"(第256页)"辞赋、黄老和卜筮、历数这才是巴蜀古文化的特点。"(第257页)"辞赋、黄老、天文,可以说司马相如、严君平、洛下闳是这些文化的杰出代表。"(第264页)

从20世纪80年代以来,四川地区学界掀起了对"蜀学"的研究,取得了明显进展和不少成果,但还处于方兴未艾的起步阶段,许多问题尚待系统深入,诸如蜀学的源流与特点,"染秦化""文翁化蜀"的含义及其影响,蜀学在中华文明发展史上的地位等等。《巴蜀史》在蜀学研究上,提供了宝贵的资料、观点和方法。

蒙文通先生研经治史数十年,成果丰硕,贡献卓越,有学者评论说:"蒙先生一生的学术成就,涉及中国古代学术思想史、史学史、民族史、历史地理、佛教史、道教史以及经济史等等。在我国老一辈著名历史学家中,能够像蒙先生这样,在如此广泛的领域里,都贡献了精湛论著的学者,是为数极少的。"①《巴蜀史的问题》是文通先生长期研究巴蜀历史文化的主要著作之一,本文只就几个问题谈谈学习领会,但已可从中以窥见先生治学之道:广博厚重的知识储积,目光四射的学术视野,直探堂奥的深入开掘,征引有据的切实稽考,多科结合的细密互证,娴熟精到的研究方法,新颖独到的慧见卓识。有学者对文通先生巴蜀古史研究曾评论说:"博大精深""旁征博引""稽考源流""见解新颖""独到精辟"②。蒙文通先生的治学精神、工作态度和研究硕果、研究方法,是先哲业师留下的宝贵财富,对今日研究巴蜀地区物质文化遗产和非物质文化遗产及其特点,巴蜀文化在中华文明中的地位作用,以及在学术人才的培养上,都具有指导意义和重要启迪。

【附表】③

蒙文通先生论巴蜀历史文化有关著述列表

序号	篇 名	原 载	收入论文集	蒙文通文集卷序
1	略论《山海经》的写作时代及其产生地域	《中华文化论丛》第一辑,1962年8月,上海	《巴蜀古史论述》,四川人民出版社1981年版	第一卷《古学甄微》,巴蜀书社1987年版
2	道教史琐谈	《中国哲学》第四辑,1980年10月		同上
3	晚周仙道分三派考	《图书集刊》第八期,1948年6月,成都		同上

---

① 郦家驹:《深切怀念蒙文通先生》,蒙默编:《蒙文通学记(增订本)》,第107页。
② 王家佑:《文通师论道教》,蒙默编:《蒙文通学记(增订本)》,第135页。
③ 据已出版的文集。

续表

序号	篇名	原载	收入论文集	蒙文通文集卷序
4	校理《老子·成玄英疏》叙录（节录）——兼论晋——唐道家之重玄学派	《图书集刊》第七期，1946年10月，成都		同上
5	陈碧虚与陈搏学派——陈景元《老子》《庄子注》校记，附《陈图南学谱》	《图书集刊》第八期，1948年6月，成都		同上
6	周秦少数民族研究·南方民族之移动	龙门联合书局1958年版		第二卷《古族甄微》，巴蜀书社1993年版
7	巴蜀史的问题	《四川大学学报（社）》1959年第5期	《巴蜀古史论述》，四川人民出版社1981年版	同上
8	庄蹻王滇辨	《四川大学学报（社）》1963年第1期	《巴蜀古史论述》，四川人民出版社1981年版	同上
9	与缪赞虞君论汉后西南民族北徙书	《国风半月刊》第五卷第六、七合期，1934年10月，南京		同上
10	汉唐间蜀境民族之移徙与户口升降	手稿（1985年）		同上
11	从民族与地理论诸葛亮南征	手稿（1985年）		同上
12	与友人论西羌与吐谷浑书	手稿（1964年6月）		同上
13	经学导言	1923年重庆自印本		第三卷《经史抉原》，巴蜀书社1995年版

续表

序号	篇 名	原 载	收入论文集	蒙文通文集卷序
14	经学抉原·附：议蜀学	《史学杂志》第二卷第三、四、五期（1930年9、10月，南京），题为《经学抉原处违论》	《经学抉原》，上海商务印书馆1933年版	同上
15	井研廖平师与近代今文学	1931年8月15日天津《大公报·文学副刊》；《学衡》第七十九期，1933年7月，南京		同上
16	廖季平先生与清代汉学	《国风半月刊》第一卷第四期，1932年10月，南京		同上
17	井研廖师与汉代今古文学	原载《学衡》，转载《新中华半月刊》第一卷第十二期，1933年6月，上海		同上
18	廖季平先生传			同上
19	中国史学史·第三章中唐两宋	《华文月刊》第二、三、四期（1943年7至9月，成都），题为《宋代史学》		同上
20	评《学史散篇》	《图书集刊》中文本第二卷第二期，国立北平图书馆1935年6月编印		同上
21	致柳翼谋（诒徵）先生书（一九三五年九月）	《中国历史文献研究集刊》第二集，岳麓书社1982年版		同上
22	馆藏明蜀刻本《史通》初校记	《图书集刊》创刊号，四川省立图书馆编印，1942年3月，成都		同上

续表

序号	篇名	原载	收入论文集	蒙文通文集卷序
23	跋华阳张君《叶水心研究》	手稿		同上
24	从《采石瓜洲毙亮记》看宋代野史中的新闻报导	《四川大学学报（社）》1955年第2期		同上
25	二顾校《华阳国志》跋	手稿（1958年10月）		同上
26	汉潺亭考	盐亭县参议会1949年秋排印本		第四卷《古地甄微》，巴蜀书社1998年版
27	《华西大学图书馆四川方志目录》序	《华西大学图书馆四川方志目录》，华西大学图书馆1951年10月印行		同上
28	成都二江考——附论大城、少城、七桥、十八门	《四川大学学报丛刊》第五辑1980年	《巴蜀古史论述》，四川人民出版社1981年版	同上
29	四川历代盛衰与户口登耗考略	手稿		同上
30	四川古代交通线路考略	手稿（1958年）		同上
31	略论四川二千年间各地发展先后	手稿（1958年）		同上
32	前后蜀州县及十节度考	手稿（20世纪50年代初）		同上
33	古史甄微·江汉民族——上古文化	1927年讲义	上海商务印书馆1933年版	第五卷《古史甄微》，巴蜀书社1999年版
34	《宋史》叙言	1938年四川大学讲义《中国史学史·附录》		同上

续表

序号	篇名	原载	收入论文集	蒙文通文集卷序
35	严君平《道德指归论》佚文	《图书集刊》第八期，1948年6月，成都		第六卷《道书辑校十种》，巴蜀书社2001年版
36	辑校李荣《道德经注》	四川省立图书馆1948年石印本		同上
37	新校张清夜《阴符发秘》	1946年校订。《图书集刊》第八期，1948年6月，成都		同上
附	治学杂语（其中有关讲论）		蒙默编：《蒙文通学记（增补本）》	生活·读书·新知三联书店2006年版

（载《蜀学》第九辑，巴蜀书社2015年4月版）

蜀学与蜀学研究

一、定义界说

什么是"蜀学"?"蜀学"与"巴蜀文化"的关系如何?

"蜀学"一词,据我所见,至迟《三国志·蜀志》卷8《秦宓传》已有,已存在1700年以上了。作为学派的称呼,也至少有800年以上了。

什么是"巴蜀文化"?蜀学包含在巴蜀文化之内,不与巴蜀文化相等。

关于"蜀学"?我有一个认识过程,至今仍在探究。

初期(20世纪60至90年代)认为主要指经学,或泛指全部学术文化。

经查,古人谓"蜀学"者甚广,大体有:(1)官学、学官、蜀地赴京学者或蜀中儒学;(2)蜀地学人或蜀籍官员;(3)蜀地的学术名人;(4)某方面的学术或学派;(5)泛指蜀地学术文化。

近人谈蜀学大多是指文翁兴学或"苏氏蜀学"。夏君虞的论说很值得注意,他指出:"既谓之蜀学,当然以四川一省的学问为对象。苏氏一支固然是蜀学,苏氏一支以外也不可略去不说,凡是四川人创造的,或者是别人创造而为四川人奉行的,可谓之蜀学。"①。

我们的看法,在《宋代蜀学研究》中(1997年出版)有专目"释'蜀学'"。我认为:蜀学,"学"主要是学术,即指较为专门的系

---

① 夏君虞:《宋学概要》,商务印书馆,1937年版,第93页。

统的学问，包含甚广（一些学者对学术的看法可资参考①）。"蜀学"，是指自古以来四川地区的学术，而不泛指巴蜀文化，且在巴蜀文化包涵之中。它是中国重要的地域学术和重要的学术流派：(1) 其重点在文、史、哲（含宗教学）三个方面，其核心是思想、理论（应主要指其系统，包括方法系统）。(2) 是一种具有系统性、综合性、科学性的专门学问。(3) 具有明显的巴蜀地方特色。

二、蜀学研究的空间范围与时间界限

（一）空间范围

四川地区（含重庆直辖前的地区），简称蜀，此即蜀学之主要地域范围。

（二）时间界限

作为学术的蜀学，其时间上限还需深入挖掘资料（特别是考古资料），细致综合研究。

三、蜀学研究要大力加强

"蜀学"一词，至少已存在 1700 年以上了。作为学派相称呼，也至少有 800 年以上了。可谓源远流长，灿烂辉煌。

历史上"蜀学"的发展，出现了汉、宋、清末民初三次高峰。对"蜀学"的研究素来不断。但是，"蜀学"作为地域性学术文化的全面系统研究，则始于 1875 年开办的四川尊经书院（以编纂《蜀学编》

---

① 张立文主编：《中国学术通史·宋元明卷》，人民出版社，2004 年版。认为包括儒学复兴、三教融合、经学、理学、佛教、道教、文学、史学、科学技术等。朱汉民等：《中国学术史·宋元卷》，江西教育出版社，2001 年版。认为包括史学、理学、易学、沈括、中原文献之学、浙东事功学派、目录学、佛学、经学、数学、天文学、兵、医、农、地等。

为标志①）。

蜀学发展与蜀学研究是两个概念。

有学者把近一百多年蜀学研究的发展分为三个阶段②，我基本同意。

（一）开始复兴和初步发展

蜀学研究的开始复兴和初步发展是19世纪80年代至20世纪30年代。主要包括，尊经书院、存古学堂、国学研究院，成都蜀学会、《蜀报》。一些著名学者如谢无量、刘咸炘、蒙文通、李宗吾、夏君虞等有专门论述。③

（二）缓慢发展

蜀学研究的缓慢发展是20世纪40年代至80年代。主要是：

（1）1942年"巴蜀文化"的提出及其研究渐趋高潮。

（2）1988年《四川思想家》一书的出版。④

---

① 《蜀学编》是尊经书院本着"绍先哲，起蜀学"的宗旨，由四川提学使高赓恩、尊经书院山长伍肇龄共同倡导和组织的书院的教学内容和研究工作。光绪十四年（1888年）成都尊经书局刊印，方守道初辑，高赓恩覆辑，伍肇龄同订。光绪二十七年（1901年）锦江书局重刊。这是四川学使和尊经书院山长共同主持组织的一项规模庞大、有关"蜀学"的教学活动和研究课题，在蜀学研究史上和书院教学是空前的。《蜀学编》共两卷，依时代分人物列传。所列人物为自西汉张宽至晚清范泰衡，共114人（其中112人皆为巴蜀人氏），计：主传74人（汉代14人占19％、宋代32人占43％）；附传40人（宋代30人占75％）。对于蜀学之脉即发展源流和学统，高赓恩分为：洙泗之脉、伊洛之脉、湖闽之派、津会姚泾之派。此说当再探讨，但《蜀学编》首次集中地系统梳理和探求蜀学发展源流，并意图构建蜀学学统，是对这支中国历史上的重要地域学派和学术文化蜀学，做出较为全面的展示，这在蜀学研究史上具有开拓创新和承先启后的意义。在蜀学研究的发展史上是第一次，在中国学术史上也是第一次。

② 参见粟品孝：《蜀学研究回眸》（未刊稿），2007年6月。

③ 谢无量（民国初年四川国学院院长）撰《蜀学原始论》，对蜀学进行较全面的宏观论述，指出"蜀有学先于中国"，并分从儒、道、释、文章四个方面进行梳理归纳（《四川国学杂志》第六号，1913年）。李宗吾写道："四川自汉朝文翁兴学，而后文化比诸齐鲁，历晋、唐以迄有明，蜀学之盛，足与江、浙诸省相埒。"（1939年《六十晋一妙文》，《厚黑学》，求实出版社，1989年版，第164～165页）刘咸炘在其《蜀学论》中，对古代四川文、史、哲、医学进行概论，并指出："统观蜀学，大在文史。"（《推十书·推十文集》卷一）

④ 贾顺先、戴大禄主编《四川思想家》一书，对上起西汉严遵、下讫近代吴虞共20位蜀籍思想家进行论述。

（3）一些著名哲学家（如侯外庐、张立文）、史学家（如刘子健、漆侠）在其著作中明确提出"蜀学"，但或只称思想家不谈"蜀学"，或所谓"蜀学"只指"苏氏蜀学"①。也有学者在一些方面进行了研讨，如对吴虞、郭沫若、李劼人，如吕子方的《天数在蜀》、蒙文通对秦汉蜀学等研究。

（三）明显发展

蜀学研究的明显发展是20世纪90年代至今。主要是：

（1）"蜀学"作为地域学术文化的界定探讨和蜀学研究多方位推进。

（2）蜀学研究机构的兴起与研究项目的增多。

（3）研究成果激增。专门书刊如《蜀学》《唐君毅故园文化》等。

不足处是：研究尚需集中、深入，提高水平；研究队伍在数量、质量上、结构上还需改善；一些有关机构与蜀学研究挂钩不紧，对自己的研究与蜀学研究的关系不明确；缺乏统一规划和大的项目（巴蜀文化研究已有，可借鉴）。

总的来说，蜀学研究是方兴未艾，但需要加强。

（1）要有更多学人自觉地投身蜀学研究。

要正确认识研究蜀学的学术的和现实的意义，要有责任心和紧迫感。当今中国的文化，深深植根于中华民族的传统文化，弘扬中华优

---

① 侯外庐主编的《中国思想史纲》在北宋道学一节中列有"蜀学的唯心主义"一目加以专论（中国青年出版社，1980年版，上册第294～295页）。张立文：《中国学术通史·宋元明卷》第七章"理学的开创与奠基"，分主流派（濂、关、洛）与非主流派（涑、蜀、新），并云"'蜀学'特指与'洛学''新学'鼎立，由苏氏父子创建的理学非主流派，即苏氏'蜀学'，而不泛指古代四川地区的整个学术文化。"（人民出版社，2004年版，第313页）朱汉民等著《中国学术史·宋元卷（上）》列出一章"苏氏父子及其蜀学"云，建立起与理学、荆公新学相互对峙的学术思想体系，形成了包括张耒、秦观、黄庭坚、晁补之等文人学士在内的蜀学学派（江西教育出版社，2001年版，第132页）。刘子健：《〈宋代蜀文辑存〉重印小引》写道："到了北宋中期，蜀学就异军突出，一方面和洛朔旧学抗衡，一方面和江西新兴的思想竞争。"（《宋代蜀文辑存》，香港龙门书店，1971年影印本卷首）。漆侠则称为"苏蜀学派"（《宋学的发展和演变》，河北人民出版社，2002年版，第422页）赵吉惠等《中国儒学史》称，"三苏蜀学"兼容释老的'蜀学'"。（中州古籍出版社，1991年版，第561页、564页）

秀文化是建设中国特色先进文化之必需。总的来说，一是有助于深入发掘和准确认识源远流长、丰富多彩的地方性学术"蜀学"，有助于学科建设的发展和社科研究的繁荣。二是更加丰富和更好地弘扬中华优秀文化，有助于对四川省情和中国文化特色的明晰认识，从而为把四川建成为文化大省强省服务，为今日中国特色社会主义的经济文化建设服务。目前，在全国地域学术文化研究中，我们还是比较后进的。

（2）要聚集和整合学术力量，把蜀学研究推向深入发展和更高水平。

提倡集体项目与个人研究相结合。重点是推动各有关研究机构的研究工作，不断提高研究水平。"蜀学"源远流长，学科多样，丰富多彩，特色突出，不仅需要个案的、断代的、分科的、分人的、分著述的、分地区的深入研究，还需要有整体规划和系统深入。我觉得，当前，蜀学研究需要文、史、哲各方面积极推动，更加深入，然从总体来说则需要有计划地重点开展综合的系统的研究，特别是：蜀学发展史和蜀学学案的研究，以及蜀学与当今社会建设的研究。要以本单位为基础，开展协作，组织重点项目，能够把蜀学研究推向深入发展和更高的水平。希望：练内功、抓项目、锲而不舍、扎实推进。达到：学科前沿，巴蜀〔川渝〕称强，全国著名，蜚声海外。

（3）要坚持唯物辩证的科学历史观，坚持实事求是的优良学风。

努力把真实的历史贡献给社会和人民，明白区分历史与传说、结论与探讨、共识与权议、集成与新创等等。

（2007年12月12日在"蜀学与蜀学研究"座谈会上的发言稿）

从《说文月刊》
辨析"巴蜀文化"命题的初义

"巴蜀文化"作为一个科学的学术文化命题,是在20世纪40年代初正式提出来的。半个多世纪以来,"巴蜀文化"这个作为中华文化重要组成部分的地域文化命名,得到了学界和社会的广泛认同。但学界对这一命题的初始内涵和有关问题,目前还存在不同看法和诠释。笔者近来在检索《说文月刊》等资料之后,认为该刊原著内容有助于辨析歧见、推进趋同。

一、"巴蜀文化"命题首现的确切时间

"巴蜀文化"命题的最早提出者是卫聚贤,这是学界公认的。对于提出这一命题的确切时间,论者或笼统说在20世纪40年代;或云是在《说文月刊》上,1941年卫聚贤的《巴蜀文化》和1942年同名的《巴蜀文化》二文;或云1942年8月出版的《说文月刊》第3卷第7期《巴蜀文化专号》,是"巴蜀文化"这一概念的初次提出与讨论。

《说文月刊》于1939年1月在上海创刊,由卫聚贤主笔,说文月刊社出版发行。因上海沦陷,该刊自第3卷第6期,即1941年12月以后曾停刊,1942年7月在重庆复刊,卷期续前,渝版自第3卷第7期起。1947年1月停刊,总计共刊发48期。

《说文月刊》先后有两期皆名为《巴蜀文化专号》,第3卷第4期(1941年10月15日上海出版)为该刊第一辑《巴蜀文化专号》(见图一),第3卷第7期(1942年8月15日重庆出版)为该刊第二辑

《巴蜀文化专号》（见图二）。后者卷首有《复刊词》，写道："本刊于二十八年（1939年）一月在上海出版，于三十年（1941年）十二月出至三卷六期时，因上海沦陷而停刊。于三十一年（1942年）七月从三卷七期起在渝复刊。""本刊渝版第一号（即三卷七期）为巴蜀文化。"①

 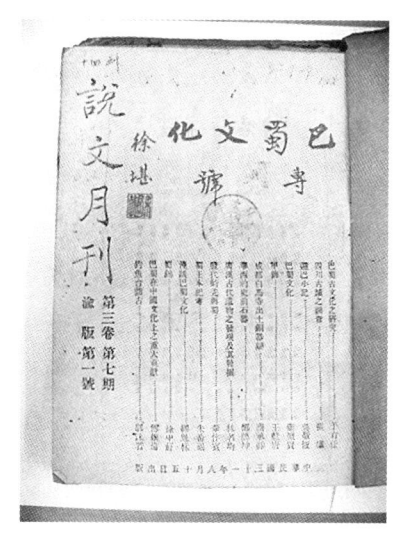

【图一】《说文月刊》
第3卷第4期封面

【图二】《说文月刊》
第3卷第7期封面和目录

在上述两辑《说文月刊》中，都载有卫聚贤题为《巴蜀文化》的文章，此二文标题一样但内容不完全相同，后文是前文的补充和扩展。然而，首次提出"巴蜀文化"这一命题，是在第一辑《巴蜀文化专号》上。因此，"巴蜀文化"命题首现的确切时间应该是，1941年10月15日在上海出版的《说文月刊》第3卷第4期。

二、"巴蜀文化"的最初含义

关于"巴蜀文化"的概念，笔者所见著述，主要有几种解释，一是先秦时期的巴蜀文化，即"原来意义上"或"狭义的巴蜀文化"，

---

① 《说文月刊》第3卷第7期，重庆：说文月刊社，1942年，四川大学图书馆藏，第1页。

是一种与中原文化有别的青铜器文化，或认为最初说的"巴蜀文化"还"限于春秋战国"，亦即只指先秦时期；二是巴蜀文化是"考古学文化"，它大致在西汉早期消失，这是从考古学分期而言；三是巴蜀地区的古今文化，近几十年来持此看法者渐多。那么，什么是《说文月刊》最初所说"巴蜀文化"的含义？这就需要从《说文月刊》所刊内容去探究。

笔者注意到，上述两辑《说文月刊·巴蜀文化专号》表述的"巴蜀文化"明显有两种含义，下面略加论析。

第一，指的是先秦时期蜀国和巴国的文化。

卫聚贤在第一篇《巴蜀文化》中写道：

> 今年（1941年）四月余到成都，在忠烈祠街古董商店中购得兵器一二，其花纹为手与心……六月，余第二次到成都，又购得数件，始注意到这种特异的形状及花纹，在罗希成处见到十三件，唐少波处见到三件，殷静僧处两件，连余自己搜集到的十余件，均为照、拓、描，就其花纹，而草成《蜀国文化》一文。八月，余第三次到成都，又搜集到四五件，在赵献集处见到兵器三件、残猎壶一。林名钧（均）先生并指出《华西学报》五期（二十六年十二月出版）有'錞于图'①，其花纹类此，购而读之，知万县、什邡（四川）、慈利（湖南）、长杨（湖北）、峡来（东？）亦有此特异的花纹兵器等出土，包括古巴国在内，故又改此文为《巴蜀文化》。②

卫聚贤还表示，计划在《说文月刊》续出《再论巴蜀文化》《巴蜀文化别论》和《巴蜀文化论》。③

此后，卫聚贤在第二篇《巴蜀文化》"巴蜀文化研究的动机"一节中，更为详细地写道：

---

① 《说文月刊》第3卷第7期第82页转载有关此图的文字，题为《记錞于》，作者赵世忠。
② 卫聚贤：《巴蜀文化》，《说文月刊》第3卷第4期，第1页，四川大学图书馆藏。
③ 卫聚贤：《巴蜀文化》，《说文月刊》第3卷第4期，第29页。

去年（1941年）四月余到成都，在忠烈祠街购到兵器一二件，其上花纹为手与心。因为这种花纹在黄河流域出土的铜器上未看见过，遂引起我的注意，但因收集不多，难加研究。六月重游成都，得若干件……追求其出土地，知为西门外的白马寺，先后探访过十余次，始着手研究。八月余再到成都，又搜求到十余件……写了一篇《蜀国文化》，送林名均先生看，他说《华西学报》于民国二十六年曾发表一篇《记镈于》，并附插图及拓本，其上也有手形花纹。余亟购而读之，知为万县出土，其花纹与成都同，是此文化包括巴国在内，乃将题目改为《巴蜀文化》。将稿寄往上海，与前年在重庆试掘的江北汉墓材料并在一起，名为《巴蜀文化专号》，载《说文月刊》第三卷第四期。十二月余自西北考察归来，路过成都，又续得十余器，在重庆有收藏蒙（家？）让出七八件。……对于前文有补充的必要。《巴蜀文化专号》，内地见到很少，故于《说文月刊》复版先出此专号，而将汉墓的文章提开，将来另出一汉墓专号。①

对于卫聚贤的两篇《巴蜀文化》，有学者曾做简要评介，写道，"1941年，卫氏在他的题为《巴蜀文化》一文中，用41幅图、17帧照片、48张拓片，记述了成都市面上收到的一批青铜、玉器"，卫氏认为似为"蜀国武器库"，又似为"蜀国宗庙"，且认为"春秋前蜀人有自己的文字"。"次年，卫氏又在同名的《巴蜀文化》一文中，又刊出150张图，并作了补充……成都白马寺后面的土阜可能是蜀国的社稷坛，蜀国都城就应在成都北门外高阜之地。……卫氏对这批兵器进行了辨伪，认为它们的时代应从商末至西周春秋战国。"② 又有学者说："当20世纪40年代学术界首次提出'巴蜀文化'的时候，还仅仅是把它作为一种与中原文化有别的青铜器文化来看待的。其背景是20世纪20年代成都西门北面白马寺坛君庙时有青铜器出土，以兵器

---

① 卫聚贤：《巴蜀文化》，《说文月刊》第3卷第7期，第46~47页。
② 林向：《"巴蜀文化"辨证》，《童心求真集——林向考古文物选集》，科学出版社，2010年版，第354页。

为多，形制花纹与中原青铜器有异，流布各地以至海外，被人误为'夏器'。抗战爆发后，学者云集四川，遂对这些异形青铜器产生兴趣。卫聚贤搜集这批资料，写成考释论文，题为《巴蜀文化》。"①

从这些内容看，卫聚贤所撰题为《巴蜀文化》的两篇文章，其最初原意是谈先秦时期一种有异于中原的蜀国、巴国的文化。因而，学者把该文所谓"巴蜀文化"，释为先秦时期的巴蜀文化或"考古学文化"，是有根据的。

第二，指的是巴蜀地区的文化。细察这两期《说文月刊》，所谓"巴蜀文化"，其时限不只指先秦时期，而是自古至20世纪，其范围也包含全巴蜀地区的各种文化。这从两辑《巴蜀文化专号》的目录里，就可以明显看到（见图三、图四）。

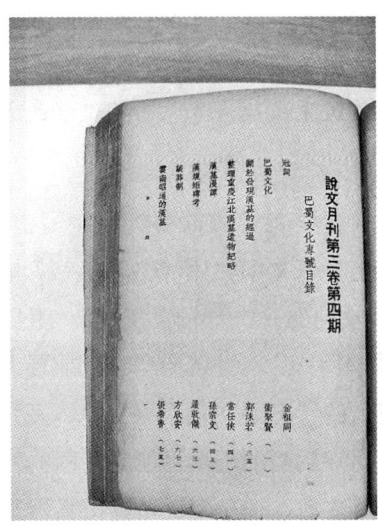 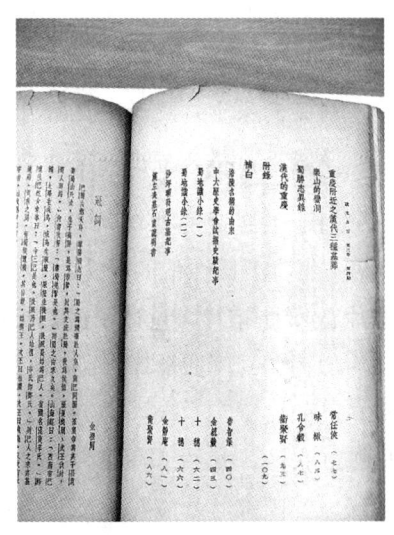

【图三】《说文月刊》第3卷第4期目录1　　【图四】《说文月刊》第3卷第4期目录2

第3卷第4期目录：《冠词》（金祖同，作者，下同）、《巴蜀文化》（卫聚贤）、《关于发现汉墓的经过》（郭沫若）、《整理重庆江北汉墓遗物纪略》（常任侠）、《汉墓漫谈》（孙宗文）、《汉规矩砖考》（严

---

① 段渝：《三星堆与巴蜀文化研究七十年》，《中华文化论坛》，2003年第3期。

敦杰)、《谈葬制》(方欣安)、《云南昭通的汉墓》(张希鲁)、《重庆附近之汉代三种墓葬》(常任侠)、《乐山的蛮洞》(味橄)、《蜀胜志异录》(孔令谷)、《汉代的重庆》(卫聚贤)。附录、补白:《涪陵名称的由来》(鲁智深)、《中大历史学会试掘史迹纪事》(金毓黻)、《蜀地识小录一》(十穗)、《蜀地识小录二》(十穗)、《沙坪坝发现古墓纪事》(金静庵)、《汉左表墓石画说明书》(卫聚贤)(见图三、图四)。

第 3 卷第 7 期目录:《巴蜀古文化之研究》(于右任)、《四川古迹之调查》(张继)、《避巴小记》(吴敬恒)、《巴蜀文化》(卫聚贤)、《甲饰》(王献唐)、《成都白马寺出土铜器辩》(商承祚)、《华西的史前石器》(郑德坤)、《广汉古代遗物之发现及其发掘》(林名均)、《殷代的羌与蜀》(董作宾)、《蜀王本纪考》(朱希祖)、《漫谈巴蜀文化》(缪凤林)、《蜀锦》(徐中舒)、《巴蜀在中国文化上之重大贡献》(傅振伦)、《钓鱼台访古》(郭沫若)(见图二)。

从《说文月刊》两辑《巴蜀文化专号》的内容看,就地区而言,第 3 卷第 4 期主要是重庆地区,第 3 卷第 7 期则泛及于巴蜀地区;就时代而言,第 3 卷第 4 期许多是谈汉墓,第 3 卷第 7 期则包括很广泛,如汉代巴蜀文化(缪凤林文)、蜀汉的锦(徐中舒文)、宋益州交子(傅振伦文)、宋元至清的合川钓鱼城(郭沫若文)、民国时期川省造瓷厂(傅振伦文)等。可见,编者所谓的"巴蜀文化"是自古至今且及于巴蜀各文化领域,因而才把这些文章列入《巴蜀文化专号》。

再看刊物编者对"巴蜀文化"认识的表述。当时参加《说文月刊》的编辑工作的学者金祖同[①],在第一辑《巴蜀文化专号》的《冠词》一文中,列举了自古代到明清时期巴蜀地区的辉煌历史文化,写道,"巴蜀古称天府……于中华文化实多所贡献。巴蜀之于中国,虽地近边陲,而于学术文物有与中原吴越相长相成者,安可不加注意者乎?……中华崭然新文化亦将于此处孕育胚胎,植其始基,继吾辈研

---

① 金祖同,浙江嘉兴人,甲骨文研究学者,曾师事郭沫若、卫聚贤,参加《说文月刊》的编辑工作。参见嘉兴市档案史志网,2010 年 6 月 24 日。

究巴蜀古文化而发扬滋长……使巴蜀新文化衍而为中华新文化"①，是列述自古至明清的"巴蜀文化"和之后的"巴蜀新文化"，并把"巴蜀文化"作为中华文化中重要的地域文化。所谓"冠词"，指排于刊首的文章，即卷头语之意，是编者对本期刊物主要内容之概识。还可见到，在以说文月刊社名义发表的《复刊词》中说："三卷四期为巴蜀文化——成都白马寺的兵器，与重庆江北的汉墓——但只寄到数册，内地见者甚少。此次复刊将白马寺兵器独出一期，汉墓将另出一专号。……本刊渝版第一号（即三卷七期）为巴蜀文化……五号为西北文化。"② 编者明显地把"成都白马寺的兵器"（卫聚贤《巴蜀文化》一文的主要内容）与"重庆江北的汉墓"均列于"巴蜀文化"之内。很值得注意的是，《说文月刊》的编者卫聚贤、金祖同等，从时间和空间上明白指出了两辑《巴蜀文化专号》中"巴蜀文化"的涵义及其与卫聚贤《巴蜀文化》一文所谓"巴蜀文化"的异同，二者皆论"巴蜀文化"，前者指自古及今的巴蜀地区文化，而后者则只限先秦时期的蜀国与巴国的文化。

可见，《说文月刊》所说的"巴蜀文化"，包括卫聚贤文中所指的古蜀国、巴国的文化，即他的《巴蜀文化》一文的内容；也包括巴蜀地区自古以来的文化，即两辑《巴蜀文化专号》所涵盖的内容。这就是《巴蜀文化》命题完整的初始含义。因此，要把这两个方面并合在一起，才是《说文月刊》两辑《巴蜀文化专号》所说"巴蜀文化"的完整原意。

三、狭义与广义的"巴蜀文化"

对于"巴蜀文化"，目前学界有狭义与广义之释。狭义的"巴蜀

---

① 《说文月刊》第3卷第4期，第1~2页。
② 《说文月刊》第3卷第7期，第1页。据载，《说文月刊》第三卷第九期为《水利专号》（1943年渝版第3号），主要介绍四川江水、李冰、大禹等情况，有于右任7首汶川纪行诗（参见腾讯拍拍网、孔夫子旧书网）；第3卷第10期为《西北文化专号》（1943年渝版第4号），亦即《敦煌专号》（参见豆瓣网，2010年10月15日；新浪博客，2009年1月11日转帖《1940、1945教育部艺术文物考察团考察活动评述》）。

文化",是指先秦巴蜀文化或考古学所说的巴蜀文化;广义的"巴蜀文化",是指从古至今巴蜀地区的文化。至于何时有此之分,流传着下面说法:广义"巴蜀文化"是一个"新概念",是有的学者于20世纪70年代(一说80年代末90年代初)提出来的。细察《说文月刊》,这种说法是不够确切的。

上面所述《说文月刊》编者对"巴蜀文化"内涵的诠释与表述,即已见存在着狭义与广义之分,狭义的"巴蜀文化",即卫聚贤的《巴蜀文化》一文的主要内容;广义的"巴蜀文化",即两辑《巴蜀文化专号》所涵盖的内容。

在《说文月刊》第3卷第7期《巴蜀文化专号》上,刊登有缪凤林的《漫谈巴蜀文化》一文。他在该文序言中写道:"历史上对于巴蜀文化的记载始于汉人,近世发现的巴蜀文物,我所见所知的亦以汉代者为多……我只能据汉代的记载和遗物,对于古代的巴蜀文化作一个合理的推测。"这已与卫聚贤两篇《巴蜀文化》限于先秦时期的巴蜀文化不同,而延伸到两汉时期,当指广义的"巴蜀文化"。缪文还明确提出了,在讨论古代巴蜀文化时,要注意狭、广二义之说。他指出:"讨论古代巴蜀文化,有三个问题得首先提出:第一是巴蜀的范围,第二是这种文化为何民族所留,第三是开始在什么时候。巴蜀二字,有广、狭两义:狭义的巴蜀,指的是'巴人''蜀人'或'巴国''蜀国',大略相当于汉代的巴郡十一县、蜀郡十五县及广汉郡十三县……约得今四川全省之半。广义的巴蜀,则除巴人、蜀人或巴国、蜀国外,《史记》和《汉书》'西南夷'所列举的西夷、南夷,亦皆概入。在汉代的巴、蜀、广汉三郡外,尚须加入犍为郡十二县、牂柯郡十七县及越巂郡十五县、益州郡二十四县,自今四川全省外,远及西康、贵州、云南的一部。或更加入汉世与上列七郡同属益州的汉中郡十二县……以汉代整个的益州——即上列八郡——为范围。"① 缪氏此文无论是时间或空间,都把"巴蜀文化"做了狭义和广义的解释。该文虽只就汉代而言,但同上述《说文月刊》两辑《巴蜀文化专号》

---

① 《说文月刊》第3卷第7期,第121页。

对"巴蜀文化"的狭广二义之分,是基本一致的。可见,早在20世纪40年代初"巴蜀文化"命题提出时,学界即明确提出对其有狭、广二义之释。此后,随着研究的发展,这种诠释逐渐更加细致完善。

通过上面辨析,笔者以为,首先明确提出"巴蜀文化"命题的时间是1941年10月15日在上海出版的《说文月刊》第3卷第4期。对"巴蜀文化"命题的初始含义,要有整体的认识、全面的把握,方能还原卫聚贤和《说文月刊》关于"巴蜀文化"的原意。

(载《巴蜀文献》第1辑,四川大学出版社,2014年12月版)

"巴蜀文化"学术命题的地理含义

"巴蜀文化",作为中华文化重要组成部分的地域文化命名,作为一个科学的学术文化命题,其产生、源流、衍化、界定、内涵、意义,已有不少学者发表了很好的意见。其中,有的问题如"巴蜀文化"学术命题的地理含义,还需要进一步加以讨论,笔者就所接触到的几个问题谈谈粗浅看法。

一、"巴蜀文化"命题的地域概念

什么是"巴蜀文化",学界进行过长时期讨论,在此基础上,笔者曾对广义的"巴蜀文化"概括为:"巴蜀文化,是指巴蜀地区即主要在今四川省、重庆市境内,自古至今汉族和各少数民族共同发展的具有巴蜀地区特色的地域文化。"近年来,又初步探讨过"巴蜀文化"命题的产生和初始含义。

"巴蜀文化"命题,是卫聚贤先生首次在他担任主笔的《说文月刊》(1939年1月在上海创刊)提出的。《说文月刊》先后有两辑《巴蜀文化专号》,第一辑是第3卷第4期(1941年10月15日上海出版),第二辑是第3卷第7期(1942年8月15日重庆出版[①])。在这两辑中,都载有卫聚贤题为《巴蜀文化》的文章,此二文内容不完全相同,后文是前文的补充和扩展。首次提出"巴蜀文化"这一命题,是在第一辑《巴蜀文化专号》上。因此,"巴蜀文化"命题首现的确切时间应该是1941年10月15日在上海出版的《说文月刊》第

---

① 《说文月刊》第3卷第7期《复刊词》,第1页,四川大学图书馆藏。

3卷第4期。从空间和时间看,上述两辑《说文月刊·巴蜀文化专号》表述的"巴蜀文化"明显有两种含义。

第一,指的是先秦时期蜀国和巴国的文化。卫聚贤在第一篇《巴蜀文化》中写道,他于1941年4月、6月先后到成都,搜购和见到一些器物,有特异的形状及花纹,"草成《蜀国文化》一文"。8月,再到成都,又搜集到一些器物,且读到《华西学报》五期(1937年12月出版)刊有"錞于图"①,"知万县、什邡(今四川什邡)、慈利(湖南慈利)、长杨(今湖北长杨)、峡来(东?)亦有此特异的花纹兵器等出土,包括古巴国在内,故又改此文为《巴蜀文化》"②。他在第二稿《巴蜀文化》的"巴蜀文化研究的动机"一节中,对把标题由《蜀国文化》改为《巴蜀文化》的缘由写道:"是此文化包括巴国在内,乃将题目改为《巴蜀文化》。"从卫聚贤《巴蜀文化》一文内容看,其初意是谈先秦时期一种有异于中原的蜀国、巴国的文化,学者把该文所谓"巴蜀文化",释为先秦时期的巴蜀文化或"考古学文化",是有道理的。但是,卫聚贤所谓"巴蜀文化"还不限于此。

第二,指的是巴蜀地区的文化,其时限自古及于20世纪,其范围含各种文化。全面看看两辑《巴蜀文化专号》的内容就清楚了。第一辑《巴蜀文化专号》(第3卷第4期)共11篇文章,除金祖同《冠词》、卫聚贤《巴蜀文化》外,大多为汉代的内容。第二辑《巴蜀文化专号》(第3卷第7期)内容更广泛,为见其概,抄其目录于下:《巴蜀古文化之研究》(于右任——作者,下同)、《四川古迹之调查》(张继)、《避巴小记》(吴敬恒)、《巴蜀文化》(卫聚贤)、《甲饰》(王献唐)、《成都白马寺出土铜器辩》(商承祚)、《华西的史前石器》(郑德坤)、《广汉古代遗物之发现及其发掘》(林名均)、《殷代的羌与蜀》(董作宾)、《蜀王本纪考》(朱希祖)、《漫谈巴蜀文化》(缪凤林)、《蜀锦》(徐中舒)、《巴蜀在中国文化上之重大贡献》(傅振伦)、《钓

---

① 《说文月刊》第3卷第7期第82页转载有关此图的文字,题为《记錞于》,作者为赵世忠。

② 卫聚贤:《巴蜀文化》,《说文月刊》第3卷第4期,第1页。

鱼台访古》（郭沫若）。

从《说文月刊》两辑《巴蜀文化专号》的内容看，就地域而言，第3卷第4期主要是重庆地区，第3卷第7期则涉及巴蜀其他地区；就时代而言，第3卷第4期许多是谈汉墓，第3卷第7期则包括很广泛，如汉代巴蜀文物（缪凤林文）、蜀汉的锦（徐中舒文）、宋益州交子（傅振伦文）、宋至清的钓鱼城（郭沫若文）、民国时期川省造瓷厂（傅振伦文），等等。可见，编者所谓的"巴蜀文化"是自古至20世纪且及于多种文化领域，因而才把这些文章列入《巴蜀文化专号》。

再看刊物编者对"巴蜀文化"的认识的表述。当时参加《说文月刊》的编辑工作的学者金祖同，在第一辑《巴蜀文化专号》的《冠词》一文中，列举了自古代到明清时期巴蜀地区的辉煌历史文化，写道："巴蜀古称天府……于中华文化，实多所贡献。巴蜀之于中国，虽地近边陲，而于学术文物有与中原吴越相长相成者，安可不加注意者乎？"[①] 是明显把"巴蜀文化"作为自古以来整个巴蜀大地的学术文化，作为中华文化中重要的地域文化。

《说文月刊》所说的"巴蜀文化"，包括卫聚贤文中所指的古蜀国、巴国的文化，即他的《巴蜀文化》一文的内容；也包括巴蜀地区自古以来的文化，亦即两辑《巴蜀文化专号》所涵盖的内容。这就是"巴蜀文化"命题完整的初始含义。因此，要把这上述两个方面并合在一起，才是《说文月刊》两辑《巴蜀文化专号》所说"巴蜀文化"的完整原意。

就在"巴蜀文化"命题提出的同时，从《说文月刊》所载内容中，即已见存在着狭义与广义之分，狭义的"巴蜀文化"，即卫聚贤的《巴蜀文化》一文的主要内容；广义的"巴蜀文化"，即两辑《巴蜀文化专号》所涵盖的内容。而且，缪凤林先生就明白地提出了狭、广二义之说，他在发表于《说文月刊》第二辑《巴蜀文化专号》上的《漫谈巴蜀文化》一文中写道："讨论古代巴蜀文化，有三个问题得首先提出：第一是巴蜀的范围……巴蜀二字，有广、狭两义；狭义的巴

---

① 《说文月刊》第3卷第4期，第1页。

蜀，指的是'巴人''蜀人'或'巴国''蜀国'，大略相当于汉代的巴郡十一县、蜀郡十五县及广汉郡十三县……约得今四川全省之半。广义的巴蜀，则除巴人、蜀人或巴国蜀国外，《史记》和《汉书》'西南夷'所列举的西夷南夷，亦皆概入。……尚须加入犍为郡十二县、牂柯郡十七县及越嶲郡十五县、益州郡二十四县，自今四川全省外，远及西康、贵州、云南的一部。……或更加入……同属益州的汉中郡十二县……以汉代整个的益州——即上列八郡——为范围。"① 这一说法虽只就地域范围而言，但明确提出了"讨论古代巴蜀文化"其范围有狭、广之分；而且，同上述《说文月刊》两辑《巴蜀文化专号》对"巴蜀文化"的狭、广二义之分，是基本一致的。

二、"西蜀""三蜀三巴"的地理范围

与"巴蜀文化"学术命题相关的名称不少，"西蜀文化"即其一。"西蜀文化"与"西蜀"的地域密切相关，然则探究"西蜀"的地理范围，首先要了解"巴蜀"和"巴蜀文化"的地理范围。

《华阳国志》于《巴志》写道："其地东至鱼复，西至僰道，北接汉中，南极黔涪。"学者注云："这几句是说古代巴国及秦巴郡的四境。大抵西包嘉陵江、涪江之间以至泸州一带，东至奉节，北抵米仓山、大巴山南坡，南极贵州思南一带。"② 《华阳国志》于《蜀志》写道："其地东接于巴，南接于越，北与秦分，西奄峨嶓。"学者注云："蜀国统治区似曾达到今云南、贵州一带。古代云贵地区曾为百越分布地，故云'南接于越'……[峨嶓] 峨眉山，嶓冢山。嶓冢（山）在蜀地东北，这里只是连带而言。"③ 蒙文通先生在所著《巴蜀史的问题》一书中认为，《华阳国志》所说蜀国疆域，应是"为秦所灭时的蜀国疆域"而不是"西周初年或更在前的蜀的疆域"。所说巴国疆域，是"巴为楚所侵后为秦所灭时的情况"。在此之前，则为"最早

---

① 《说文月刊》第3卷第7期，第121页。
② 常璩撰、刘琳校注：《华阳国志校注》，巴蜀书社，1984年版，第25页。
③ 分别见《华阳国志校注》，第175、177页。

有居民或族群的名为巴、蜀的地区"，这就是巴蜀文化产生的地区，而且指出："凡与巴蜀同俗的，就是受巴蜀文化影响的地区。……从民俗来看，汉所谓西南夷，可以说都是巴蜀文化所及的区域。"① 在该著作中，蒙文通先生论述巴蜀历史文化，不限于先秦、秦汉，而是贯穿至隋、唐、两宋。这是从文献记载上，用历史地理、区域地理的观念和方法命名"巴蜀文化"，其含义既是自先秦巴地、蜀地至秦汉巴郡、蜀郡及其影响地区的文化，又是魏晋以降四川地区及其影响地区的文化，是中华文化中的一种区域性文化。"西蜀""西蜀文化"的地理范围当在其中。

史籍所见"西蜀"之称是很早的，其所指地理范围，大致有以下数说：

（1）泛指中华西部。如："羌在西蜀，叟、筰、微在巴蜀。"②"江南金锡不为用，西蜀丹青不为采。"③ "东吴有齿角之饶，西蜀有丹砂之富。"④

（2）泛指巴蜀、古蜀或四川地区（本文所云四川除说明外，皆包括直辖前的重庆）。如："今臣（引者按，即王褒）辟在西蜀，生于穷巷之中。"⑤ "西蜀倾覆，边境见侵，何以御之？"⑥ 侯瑱"巴西充国人也，父弘远累世为西蜀酋豪"⑦。《宋史》卷479《世家》有"西蜀孟氏"。《宋史》载："太祖受禅……其后定西蜀，平岭南。"⑧ 余玠治蜀，冉氏兄弟向余玠说，"为今日西蜀之计，其徙合州城乎？"⑨《钱塘遗事》云："宝祐甲寅，余晦帅蜀。徐清叟奏曰：'朝廷令不行于西

---

① 蒙文通：《巴蜀史的问题》，分别见《蒙文通全集》第4卷《古族甄微》，第115、101、97~98页。
② 《尚书注疏》卷10《牧誓》，影印文渊阁四库全书本（以下简称四库全书本）。
③ 《史记》卷87《李斯列传》，中华书局，1959年点校本。
④ 《晋书》卷26《食货志》，中华书局，1974年点校本。
⑤ 《汉书》卷64下《王褒传》，中华书局，1962年点校本。
⑥ 《三国志·吴志》卷15《钟离牧传》，中华书局，2011年点校本。
⑦ 《南史》卷66《侯瑱传》，中华书局，1975年点校本。
⑧ 《宋史》卷68《律历志》，中华书局，1977年点校本。
⑨ 《宋史》卷416《余玠传》。

蜀者十有二年矣。'"①

（3）泛指西川地区。如："（唐）昭宗即位，三川大乱……（田）令孜引阆州刺史王建为援……时建方乱东川，闻其召也，以西蜀可图，欣然赴之。"②南宋人范谟于淳熙三年所撰《分弓亭记》写道："敷文阁直学士吴郡范公（按，指范成大）自广西经略使徙镇全蜀……公尝至亭上，顾语其属曰：'谁谓蜀兵孱乎！牧野誓师，庸、蜀、羌、髳、微、卢、彭、濮与焉，盖今东、西蜀与巴郡是也。'"③

（4）专指刘备或谯纵建立的政权。三国时期，刘备建立了蜀汉政权，当时位置在魏、吴西边，所以又称西蜀。④十六国时期由巴西充国县（今四川南充市北）人谯纵（初为东晋西安府参军）据蜀称"成都王""蜀王"后建立的政权，亦被称为"西蜀"（405—413），有时亦称"后蜀"。⑤

可见，从地理范围看，"西蜀"之称早已有之，或指巴蜀，或指四川地区，或指巴蜀西部，也有专指刘备蜀汉、谯纵西蜀、王氏前蜀、孟氏后蜀的。亦有泛指古蜀国、古蜀地。因此，所谓"西蜀"的地理范围是不具体的，名称也是不确定的，但都是属于巴蜀地理范围内的。

有一种意见认为，"'西蜀'的范围是以成都平原为中心，扩而及于三蜀地区"。照上所列，西蜀的范围可以泛指以成都平原为中心的地区，然而"扩而及于三蜀地区"之说则需加辨析。

历史上巴蜀地理范围有"三蜀三巴"之说。战国时周慎靓王五年即秦惠文王更元九年（公元前316年），秦在巴蜀设置蜀郡、巴郡，此后二郡的设置有些变化。《六臣注〈文选〉》于"三蜀之豪"注云："刘曰：三蜀，蜀郡、广汉、犍为也，本一蜀国，汉高祖分置广汉，

---

① 刘一清：《钱塘遗事》卷3《余晦帅蜀》，四库全书本。
② 《旧唐书》卷184《田令孜传》，中华书局，1975年点校本。
③ 《成都文类》卷27，中华书局，2011年点校本。
④ 西蜀文化网（www.xswhw.com）解释："历史上有'东吴西蜀'的说法，'西蜀'可以说是四川的代称。"
⑤ 《晋书》卷100《谯纵传》，中华书局，1974年点校本；《宋书》卷25《天文志》，中华书局，1974年点校本。

汉武帝分置犍为。"①《元和郡县志》写道："刘璋为益州牧，于是分巴郡自垫江已下为永宁郡。先主（刘备）又以固陵为巴东郡。由是，巴郡分而为三，号曰'三巴。'"②而"三巴三蜀"亦巴蜀或蜀地的总称，《宋书·刘敬宣传》载："义熙三年，表遣敬宣率众五千伐蜀，国子博士周祇书谏高祖曰：'……今往艰险，雨雪方降，驱三州三吴之人，投之三巴三蜀之土，其中疾病死亡岂可称计！'"③所谓"三蜀三巴"，是指秦国至汉晋时期，先后设置的蜀郡、广汉郡、犍为郡，被称为"三蜀"；巴郡、巴东郡、巴西郡被称为"三巴"。

西汉时，蜀郡领县15县、即：成都、郫、繁、广都、临邛、青衣、江原、严道、绵虒、旄牛、徙、湔氐道、汶江、广柔、蚕陵，其辖地大致在今成都市、雅安市及汶川、茂县、理县境。广汉郡，领13县，即：梓潼、什方、涪、雒、绵竹、广汉、葭萌、郪、新都、甸氐道、白水、刚氐道、阴平道（在今甘肃文县），其辖地大致在今绵阳市、广元市、德阳市、阿坝州及甘肃省文县境。犍为郡，领县12，即：僰道、江阳、武阳、南安、资中、符、牛鞞（以上在今四川境）、南广、郁邬、朱提、堂琅（以上在今云南境）、汉阳（在今贵州境），在今四川有7：属今宜宾市、泸州市、乐山市、资阳市、眉山市境。④蜀郡、广汉郡、犍为郡合称"三蜀"，其地约今四川中部、贵州赤水河流域、三岔河上游及云南金沙江下游以东和会泽以北地区。

西汉时，巴郡领县11，即：江州、临江、枳、阆中、垫江、朐忍、安汉、宕渠、鱼复、充国、涪陵⑤，其辖地在今重庆市境及四川阆中、渠县、南部。"三巴"中的巴西郡，为东汉末益州牧刘璋分巴郡所设，先为永宁、固陵、巴三郡，后又改为巴、巴东、巴西三郡，

---

① 李善等：《六臣注〈文选〉》卷4，四库全书本。
② 李吉甫：《元和郡县图志》卷33《剑南道·渝州》，中华书局，1983年点校本。
③ 《宋书》卷47《刘敬宣传》。
④ 《汉书》卷28上《地理志》。参见蒲孝荣：《四川政区沿革与治地今释》，四川人民出版社，1986年版，第7~9页。
⑤ 《汉书》卷28上《地理志》。

辖地相当今四川嘉陵江和綦江流域以东的大部。如果说，"'西蜀文化'仅只扩而及于三蜀地区"，则把今四川一大片地区主要是把"三巴"中的巴西郡所属地排除在外。巴西郡，汉献帝建安六年（201年）置，治阆中县（今阆中）。领7县：阆中、安汉（今南充市）、垫江（今重庆合川）、宕渠（今渠县）、充国（今南部）、宣汉（今达州）、汉昌（今巴中）。①巴西郡中7个县有6个县在今四川境，含今南充市、达州市、巴中市所辖地区，另一个垫江县（今重庆合川）亦曾长期隶于四川。如果说"西蜀文化"只"扩而及于三蜀地区"，则不包括原巴西郡今四川境内上述一大片地区了。更何况，唐以后"西蜀"的概念又有了新的变化。

三、从地理概念看"西蜀"与"东蜀"（左蜀）

文化的地理范围，往往是与行政区划的范围相联系的。随着古代行政区划的演变，唐、宋以降的文献记载中，在地理概念上又见有"西蜀"与"东蜀"的明显划分，被称之为西川、东川或西蜀、东蜀（一称左蜀）。

唐代在巴蜀地区设置剑南道，包括今四川、重庆大部分地区，后分设为剑南西川、剑南东川两个节度使，于是有两川之称。东川节度使所驻的梓州（治今四川三台），领郪、射洪、通泉、玄武、盐亭、飞乌、永泰、铜山等县②，常被称为"东蜀"，当与"剑南东川"之划分且在西川节度使驻地成都之东有关。史籍中常见此类记载，如唐肃宗上元年间："梓州副使段子璋反，以兵攻东川节度使李奂。（高）适率州兵从西川节度使崔光远攻子璋，斩之。西川牙将花惊定者……大掠东蜀。"③元稹任监察御史，"（元和）四年，奉使东蜀，劾奏故剑南东川节度使严砺违制擅赋"④。"元和中，卢坦镇东蜀，辟（白居

---

① 《华阳国志》卷1《巴志》。参见《四川政区沿革与治地今释》，第9、17~19页。
② 《旧唐书》卷41《地理志》。
③ 《旧唐书》卷111《高适传》。
④ 《旧唐书》卷166《元稹传》。

易之弟行简）为掌书记。"① 大中五年夏秋之交，李商隐之妻王氏突然病逝，冬天，他应柳仲郢之辟赴东川任节度判官检校工部郎中。痛楚未定，又要离家远行，在赴东川途中写下一首诗，其题目为《悼伤后赴东蜀辟至散关遇雪》②。大中十二年，唐朝廷任命崔慎由为东川节度使的诏令写道："东蜀实曰奥区，俾授旌旄，以彰优重。"③ 有载，"章孝子名全益，东蜀涪城人（出《北梦琐言》）"④。

在宋代，"东蜀"之称亦不鲜见。如《方舆胜览》载，遂宁府是"东蜀都会"；普州"为东蜀下州"⑤。《蜀中广记》载："宋京云，东蜀领郡十六，而江山瑰奇资中为最。""中江于东蜀号为剧邑。"⑥ 亦有称"东蜀"为"左蜀"的，如：《方舆胜览·潼川府》载，"郡名：梓潼、东川、左蜀"⑦（《玉海》卷19《州镇》同，"梓潼"作"梓部"）。《益州名画录》载："道士陈若愚者，左蜀人也。"⑧ 此谓左蜀，也是自中原视东川在西川之左之东而称。

宋代梓州路（真宗咸平四年置），徽宗重和元年（1118年）改名潼川府路。该路领11州、51县，计：梓州（辖地在今三台、中江、射洪、盐亭境）、遂州（辖地在今遂宁、蓬溪、重庆潼南境）、果州（辖地在今南充、西充、蓬安境）、资州（辖地在今资中、资阳、内江境）、普州（辖地在今安岳、乐至境）、昌州（辖地在今重庆大足、荣昌、永川境）、戎州（叙州，辖地在今宜宾、南溪、高县境，又领有羁縻州30个，其地在今筠连、珙县、屏山及云南东北境）、泸州（辖地在今泸州、江安、合江、长宁、纳溪境，又领有羁縻州18个，其地在今珙县、长宁、兴文、叙永、高县境）、合州（辖地在今重庆合

---

① 《旧唐书》卷166《白居易传》。
② 《旧唐书》卷190下《李商隐传》；朱鹤龄：《李义山诗集注》卷1上，四库全书本。
③ 《唐大诏令集》卷54《大中十二年二月》，四库全书本。
④ 《太平广记》卷168《气义》，四库全书本。
⑤ 《宋本方舆胜览》卷63《普州》，上海古籍出版社，1991版。
⑥ 《蜀中广记》卷8《成都府·资县》、卷30《潼川州·中江县》，四库全书本。
⑦ 《宋本方舆胜览》卷62《潼川府》。
⑧ 黄休复：《益州名画录》卷下，四川人民出版社，1982年版。

川、铜梁、潼南、四川武胜境）、荣州（辖地在今自贡市区、荣县、威远、犍为、乐山境）、渠州（辖地在今渠县、邻水、大竹境）、长宁军（辖地在今长宁境）、怀安军（辖地在今金堂境）、广安军（辖地在今广安、岳池境）、富顺监（辖地在今自贡市区、富顺境）。① 东蜀所及地区很广，包括今川北、川中、川南、川西及重庆市部分地区。其辖区范围，较之秦汉时的"三蜀三巴"有很大变化，较之唐代西川西蜀、东川东蜀亦有变化。

在宋代史籍里，还见到"四蜀"的名称，如"余玠者不羁之士，上于布衣中擢用之。入蜀，作《经理四蜀图》，奏曰：'愿假十年，手挈四蜀之地还之朝廷。'"② 绍熙五年夏，"革两川牒试弊。……旧例，命官锁印赴漕试者与避亲举人同试。王巽泽为益漕，始令分场（引者按，绍熙三年事），以革假身之弊。于是四蜀皆然。"③ 称为"四蜀"，是当时巴蜀地区分为益州路（成都府路）、利州路、梓州路（潼川府路）、夔州路四路之概称。大体是，唐之剑南西川、宋之益州路（成都府路）和利州路被概称为西蜀，唐之剑南东川、宋之梓州路（潼川府路）和夔州路被概称为东蜀，这是从行政区划的地理范围演变而来。

到了元、明、清时期，巴蜀已无四路行政区划之分，元世祖至元十九年（1282 年）即设"西蜀四川道"，至元二十三年（1286 年）设四川行中书省。④《明史》载，明军占成都、重庆，"太祖制《平西蜀文》"⑤。清人宪德在雍正《四川通志序》中写道："今者编辑既竣，聿观厥成，可备西蜀一省之全书。"⑥ 民国时期，郭沫若先生在 1934 年 7 月 9 日致林名均先生信中写道："你们在广汉发现的工艺品，如方玉、玉璧、玉刀等，一般与华北和中原地区的出土器物极相似。这

---

① 《宋史》卷 89《地理志》。《四川政区沿革与治地今释》，第 299~308 页
② 《宋季三朝政要》卷 1，四库全书本。
③ 《两朝纲目备要》卷 3，四库全书本；《宋史》卷 156《选举志》。
④ 《元史》卷 86、91《百官志》，中华书局，1976 年点校本。
⑤ 《明史》卷 129《傅友德传》，中华书局，1974 年点校本。
⑥ 雍正《四川通志》卷首，四库全书本

就证明西蜀（四川——原注）文化早就与华北、中原有文化接触。"①于是，"西蜀"又被作为巴蜀之泛称或四川之统称。

可见，从地理范围看，"西蜀"之称亦早已有之，或以其与东蜀对称而言西边蜀地，在西川之东、之左则称为东蜀、左蜀；或以唐代剑南东西两川、宋代川峡四路的划分而分别言之；或以元、明、清四川设省后因其在我国西部而以古巴蜀旧地而概言之。西蜀的行政区域是发展变化的，其具体所指也是演变的。"西蜀"之称，大多是王朝中央或中原地区或境外学人对巴蜀地区或四川地区的泛称，也有泛指巴蜀地区西部的。

四、"巴蜀文化"与其他地域性文化

就全国范围而言，"巴蜀文化"同其他地域文化如"齐鲁文化""秦陇文化""荆楚文化""湖湘文化""岭南文化"等等一样，都是中华文化不可或缺的组成部分。就巴蜀地区而言，当今又有不少以地域取名的文化命题，如四川境内的"西蜀文化""蜀西文化""川西文化""西川文化""川南文化"（内、自、宜、泸、乐）、"西蜀天漏"（雅安）、"嘉陵江文化"（南充）、"蜀南文化""巴渠文化"（达州），还有带地域性的"禹羌文化"（茂县）、"康巴文化"（甘孜州）、"凉山彝文化"（攀西）以及同今四川地区有关的"巴渝文化""三江文化"（合川，嘉、涪、渠三江）、"长江上游文化"等。

文化这个概念有多种解释，本文只举二说。一是，地理单元的文化。泛指某地区的文化，即地区性的文化。只要具备地区（地域）和文化两个条件即可。二是，文化地域的文化，即文化圈。这是文化视域的文化。要求有明确的地理范围、科学的时间界限、实在的文化内容、共同的文化特征、共识的文化命名。这在考古学、人类学上是严格的，如历史遗址、文化遗存、文化圈等等，在文化学上也是如此。

---

① 转引自葛维汉著、沈允宁译、陈宗祥校：《汉州（广汉）发掘报告》，李绍明、周蜀蓉选编：《葛维汉民族学考古学论著》，巴蜀书社，2004 年版，第 197 页。信中"西蜀（四川）"为原文。

本节所举今四川境内各种文化，多是地理单元的文化命题，也有兼备文化圈命题的。对于这些文化，都应分别探究其各自的文化内涵和特色。

在四川省崇州市曾举行过一次关于"西蜀文化"的学术会议，与会学者对"西蜀文化"的含义和"崇州建设西蜀文化特色"的提法进行了研讨。有学者指出："今人所说的西蜀是一个单纯的地理概念。一是地处中国西部的四川……二是单指今天的成都地区……据笔者的理解，建设西蜀文化特色城市的'西蜀'一词，与'川西'一词实为同义词，只是因为'川西'一词没有历史的厚重感，而采用'西蜀'一词，显得庄重典雅，增强了文化色彩。""更为重要的原因，则是崇州的雅称是'蜀州'……既然今日崇州处于'蜀中之蜀'这样的西蜀腹地，西蜀腹地上产生的文化称为西蜀文化，这是理所当然的。"①这一论述，把西蜀的地理概念、崇州地处西蜀腹地和崇州市建设西蜀文化特色的必然要求，说得很清楚；同时，也展示出这里所说的"西蜀文化"是泛指的地理范围的文化，不是指作为文化圈的学术命题。笔者理解，这就是"崇州建设西蜀文化特色"提法的含义。

"巴蜀文化"与巴蜀境内各种文化的关系如何呢？有一种意见认为，"'西蜀文化'是巴蜀文化共同体内……具有从古及今的历史延续性和连续表现形式的、与巴文化同为巴蜀双子星一翼的文化"。笔者部分赞同这一看法，即"西蜀文化"与巴文化都是巴蜀文化共同体中的组成部分，都属于巴蜀文化，是"巴蜀文化"中具有分支区别的特色区域文化。无论地理单元或文化视域，"西蜀文化"与巴文化联系紧密，源远流长，相通兼容，有许多共同的特色，确是"巴蜀文化"中不可分割的组成部分。但是也要注意到，作为地域范围和文化圈，"西蜀文化"不等同于"蜀文化"，因而确切地说，与巴文化同为巴蜀双子星一翼的文化的是蜀文化。

"巴蜀文化"是我国西南地区的一个大的文化圈，其下有许多分

---

① 张伯龄：《崇州建设西蜀文化特色城市刍议》，《西蜀文化光明论坛论文集》，2012年，第179~180页。

支区域文化，它们都是巴蜀文化共同体内不可或缺的组成部分，既具有这个大文化圈的共同特色，也有本区域的文化特色，乃至是一个地区的文化圈。因而在学术命题上，要充分注意到这种状况。但不能以巴蜀境内的某个分支特色区域文化与"巴蜀文化"命题相混淆，甚至以之替换"巴蜀文化"。

在巴蜀文化共同体内，上举今四川境内各种名称的文化，都是"巴蜀文化"中的分支性的区域文化。诸多分支地域文化是丰富多彩的、各具特色的，在巴蜀文化研究中，要全面加以重视。作为分支区域文化，也要提出本区域文化的适当命题，并对其地域范围、发展源流、文化内容、突出特色，认真地加以研究，审慎地确证其是否是一个文化圈，以推进本区域文化得到应有发展，同时也丰富巴蜀文化内容，更为全面地、准确地认识巴蜀文化的悠久历史、地域范围、突出特色和对中华文化的贡献。总之，在对"巴蜀文化"这一学术命题的认识上，首先细致探究其地理含义是很必要的。

（即刊）

巴蜀文化研究与建设文化强省

近些年来，在中央和省委的领导下，四川省开展了空前规模的巴蜀文化研究，取得了明显成绩，正在集中进行一些大的项目，并要求加强巴蜀文化的研究和展示利用。笔者就此谈谈自己的粗浅认识。

一、为什么要加强巴蜀文化研究

中国共产党的十八大要求"扎实推进社会主义文化强国建设"，提出"建设优秀传统文化传承体系，弘扬中华优秀传统文化"的重大任务。"优秀传统文化是发展社会主义先进文化的深厚基础，是建设中华民族共有精神家园的重要支撑。"四川省要求，"建设与西部经济发展高地相适应的文化强省"，要"突出巴蜀文化特色""深入挖掘特色优势资源，不断推出具有中国气派巴蜀风格的优秀文化作品"。

要实施建设优秀传统文化传承体系这一重大任务，一项十分重要的也是基础性的工作就是，加强对优秀传统文化的挖掘和阐发，维护和发展中华民族文化基本元素。我国社会主义先进文化是在两个基础上创造发展的，一个是中国特色社会主义的实践基础，再一个是中华优秀传统文化的历史基础，二者缺一不可。这里所说的"历史基础"包含着丰富的内容，要求我们对我国历史上各种文化做深入的研究，其中之一便是地域文化。只有通过"分区叙述"以展现个性，才能够真正了解"整个中国"的共性。中华民族历史悠久，文化灿烂，自秦朝以来就建立了统一的多民族国家。中国幅员辽阔，民族众多，社会发展不平衡，特点各异，因此就文明形态而言，是一个多元文化集合融汇的国家文明形态。所谓多元文化，包括地域文化（地区文化、地方文化）和民族文化，它们是中华民族文化和中国国家文明形态不可或缺的重要组成部分。

巴蜀文化是我国历史悠久的地域文化之一，是辉煌灿烂的中华文化的重要组成部分。我国西部大开发战略的实施，不仅要求经济的大开发大发展，同时也要求教育、文化、科学等领域的大开发大发展和人民整体素质的提高。这就对巴蜀文化的研究提出了更新更高的要求，巴蜀文化研究必须更好地发挥存史、资治和教化的作用，以促进西部经济发展高地和文化强省的建设。

今天，我们建设优秀传统文化传承体系，建设中华民族共有精神家园，既是对中华优秀传统文化的传承与发展，也是推进社会主义先进文化的发展，这是历史赋予我们的神圣责任。要通过我们的努力，去弘扬中华民族的优秀传统文化，推进思想文化各领域的学科建设，促进文化的大发展大繁荣。

加强巴蜀文化研究：一是全面建成小康社会，实现中华民族伟大复兴中国梦的要求。二是传承和发展中华文化，走中国特色社会主义文化发展道路的要求。三是建设社会主义文化强国、建设四川文化强省的任务。四是人民大众特别是国家工作人员和思想文化工作者的责任。

二、关于巴蜀文化的界定

巴蜀文化自古存在，对巴蜀文化的研究素来不断，但巴蜀文化作为学术命题的是20个世纪中叶的事。

学界公认最早者是卫聚贤，但时间及其界定说法不一。[①] 确切时间应该是，1941年10月15日在上海出版的《说文月刊》第3卷第4期。

巴蜀文化指的是什么文化，其内涵如何，目前学术界在这个问题

---

① 论者或笼统说在20世纪40年代；或云是在《说文月刊》上，1941年卫聚贤的《巴蜀文化》和1942年同名的《巴蜀文化》二文；或云1942年8月出版的《说文月刊》第3卷第7期《巴蜀文化专号》。

上，还存在着不同的看法。但总的来说，对"文化"一般都持广义文化的解释，即认为文化包括历史发展过程中人类的物质产品和精神产品的全部总和，换言之即包括历史发展过程中人类社会的物质文化、精神文化等。对于巴蜀文化的具体所指则有所差异。笔者所见主要有以下几种：

其一，巴蜀文化指的是考古学文化或先秦文化，即：

（1）"新石器时代晚期到青铜器时代以巴蜀两地为中心的物质文化"，其下限至汉代。

（2）是古巴人、蜀人的文化。

（3）指的是秦统一以前古巴蜀地区的文化。

其二，巴蜀文化指的是巴蜀地区的古代文化，以先秦为重点，也涉及秦汉魏晋南北朝时期。

其三，巴蜀文化是指四川和重庆古代及近代的文化。

其四，巴蜀文化是自古至今四川和重庆地区文化的总汇。

以上不管是哪种说法，都是论有所据的，只是各自理解的广狭相异或者所论的范畴不同。笔者基本上同意上列第四种看法。

自远古的巴、蜀部族，到巴国、蜀国，到巴郡、蜀郡，到"三巴""三蜀"，到巴地、蜀地，到西蜀、东蜀，到四川建省，今四川省、重庆市都是同一个地域文化类型，即文化圈。① 在这个地区里，生活着汉族和其他少数民族，他们长期地共同为巴蜀地区的开发发展贡献力量。巴蜀文化的地区范围，主要是今四川省和重庆市区域内汉族和各少数民族地区。巴蜀文化具有明显的巴蜀地域特色。

巴蜀文化历史悠久，绵延发展，具有连续性、传承性和拓展性，今日四川、重庆地区的文化，既深深植根于整个中华民族的传统文化，也深深植根于巴蜀地区的传统文化。因此，四川、重庆地区无论是古代的、近代的、现代的和当代的文化，都是巴蜀传统文化的发

---

① 地域文化其实就是最能够体现一个空间范围内有特点的文化类型。它产生的原因是地理环境、移民、政治权力和行政区划、民族、宗教以及外来文化。地域文化构成了丰富多彩的中国文化，体现了中国文化的生命力。地域文化的研究与发展有利于保存和延续中国传统文化。简言之，即"文化圈"。

展，其具有巴蜀地域特色的文化，都属于巴蜀文化的范畴。

综上所述，笔者认为："巴蜀文化，是指巴蜀地区即主要在今四川省、重庆境内，自古至今汉族和各少数民族共同发展的具有巴蜀地区特色的地域文化。"

在诠释这个界定时，要注意几个关系：

（1）总与分。中华文化是总，巴蜀文化是其分支，同于齐鲁、荆楚、湖湘、秦陇、吴越等等地域文化。

（2）广与狭。一是地域，一是时间，一是内涵。从内涵上看，我们所指的巴蜀文化，其文化的含义是广义的而不是狭义的，即包括物质文化和精神文化，包括各学科（含考古学）所指的文化。巴蜀文化中既有历史悠久的传统文化，又有内容丰富的当代文化。

（3）大与小。地域文化圈大与小。一是川、渝地区，一是今四川地区。

今有"川蜀文化"之谓。川蜀，古为蜀国之地，故称，在古代亦泛指四川地区。《宋史·选举志六》："方今国家之兵，东至淮海，西至川蜀，殆百余万。"

四川省名之谓，源于盆地平川地形，并缘此而发展变化。经历了概称、统称、简称，南宋初年成为一个统一的实体行政建置，正式确称为省名则始于元初。①

在今日四川地区，笔者所见又有不少区域文化，如西蜀文化、禹羌文化（茂县）、康巴文化（甘孜州）、凉山彝文化（攀西）、昌都文化（藏东文化，昌都）、巴渠文化（达州）、川南文化（内、自、宜、泸、乐）、西蜀天漏（雅安）、三江文化（合川，嘉涪渠）、嘉陵江文化（南充）、蜀南文化、长江上游文化等。在今日重庆地区有"巴渝文化"之谓。巴渝文化，博大精深，源远流长。近年来的三峡库区考

---

① 四川省名的"川"源自平原大坝或浅丘地带。秦以后在这里设置过郡、州等行政建置。唐代有剑南西川和东川之分，又有"剑南三川"的概称。宋代出现"四川"的概称、统称，又是"四川制置使司"和它所统辖的川峡四个路总的简称。到了元代，至元二十三年（1286年）置四川行中书省，简称"四川行省"，原宋代四路大部分地区都为其属辖。"四川"正式成为一个省名的确称。四川成为省级建置的确称。

古发现，更雄辩地证明：长江流域与黄河流域一样，同是中华民族文明的摇篮。这些，都是巴蜀文化的组成部分，其历史悠久、绚丽多彩，是构成中华灿烂文化的重要地域文化。

三、加强巴蜀文化研究的几点建议

（一）要认识巴蜀文化的地域特色

认识巴蜀文化的历史定位和历史特征，对于今天构建四川的特色文化有着重要的意义，对于培育四川人的改革开放意识、改革大局意识和开创跨越意识有着极大的作用。关于巴蜀文化的特点，学者们已有各自的概括，如"风光秀美，文化厚重""神奇、神妙、神秘"等等，笔者对此缺乏专题研究，只谈谈自己的粗浅认识，大体归纳如下几点：

（1）条件丰美，得天独厚。

（2）历史悠久，绚丽多彩。①

（3）四塞封闭，开放创进。②

（4）融合兼容，多元发展。多民族，大移民，地形多样，状态不平衡。

（5）多种文化，厚重发达。特别是文学艺术、史学、宗教（道

---

① 早在人类起源时代，就有巫山人和资阳人先后出现。以后经历了独特的灰陶文化时代、玉器文化时代和青铜文明时代。距今4500年前，以成都平原六座古城遗址为代表的宝墩文化，昭示着部落的集聚终于诞生出初期的城市文明。以广汉三星堆和成都金沙遗址为代表的殷商西周时期古蜀国文化，展示了玉器时代的异彩和青铜文明。成都商业街战国早期船棺葬和新都马家大墓的发现，证实了古蜀开明王氏的存在。成都平原是当时长江上游古文明发展的中心，是长江文明的生长点，这就是先秦时期巴蜀文化的历史定位。

② 巴蜀盆地在地形上为"四塞之国"，古代交通甚为困难，这对巴蜀文化的封闭性有较大影响。同时，又反过来激励起巴蜀先民向外开拓、努力改善自身环境的决心和勇气。环境与文化相交融，造就了巴蜀先民封闭中有开放、开放中有封闭的历史个性。随着时代的推移，开放和兼容终于成为巴蜀文化最大的特色。巴蜀先民创造了高超的栈道技术，远在四千年前巴蜀到印度（古身毒国）再到西亚早就存在一条通道，即今称作的"南方丝绸之路"。根据目前所能见到的文献资料，最早走这条线路的古蜀先民的知名人物是秦灭蜀后南迁的蜀王子安阳王。

教、藏传佛教)、教育(书院教育)、蜀学。①

(6) 贡献很大,地位重要。②

(二) 要坚持巴蜀文化品牌的质量

"要大力实施'巴蜀文化品牌'工程"。物质文化品牌是这样,精神文化品牌也是这样。品牌必须是有品相的名牌。要保证质量,有许多方面的工作,诸如领导重视,措施得力,队伍精干,条件良好等。主要的是:创新、务实、掘深、攀高,如"巴蜀全书""巴渝文库""蜀藏""巴蜀文化通史"、四川通史、重庆通史、成都通史、蜀学、大足学,四川省藏羌彝走廊文化资源调查与保护利用、禹羌文化研究等。

这里,重点谈谈笔者对保证和坚持精神文化项目建设质量问题的认识,最关键的是坚持科学发展观(这在学术文化方面同样重要和迫切需要),坚持历史唯物主义与辩证唯物主义。

第一,要有科学理论的指导(含历史观、文化观、民族观、宗教观等和价值取向),实事求是(这是马克思主义的核心理论)。

(1) 防止历史虚无主义和复古主义,坚持批判继承,去粗取精、去伪存真,古为今用。

(2) 防止僵化、教条,坚持与时俱进。

(3) 防止全盘西化,坚持洋为中用。对国外的东西,要洋为中用,经过科学的扬弃后使之为我所用。

---

① 中华民族历史悠久,文化灿烂,自秦朝以来就建立了统一的多民族国家。是一个多元文化集合融汇的国家文明形态。以考古而言,已有许多各具特色的文化遗存,而在学术文化方面,则有"齐鲁学""蜀学""关学""洛学""朔学""湖湘学""楚学""浙学""吴学""闽学""婺学""徽学""江右学""晋学""滇学""岭南学"等地域学术文化。所谓"蜀学",是指巴蜀地区的学术,其重点在文、史、哲,其核心是思想、理论,它是中国重要的地域学术文化。"蜀学"一词,早在《三国志·蜀书》就已出现,此后其内涵多有发展变化。在一千多年的历史长河中,出现了许多"蜀学"著名学者和蜀学研究的论著。20世纪40年代以来,尤其是70年代以后,随着巴蜀文化研究的蓬勃兴起,蜀学研究也有很大发展。

② 长江文化与黄河文化是中华文明多元一体系统中两支各有悠久而独立的始源,它们并行生长、生存和发展,是互相交错影响和相互融汇的主体文化。长江文化作为源远流长、绵延不绝的文化体系,主要由上游的巴蜀文化、中游的楚湘文化和下游的吴越文化三支主要文化构成。

(4) 防止急功近利，坚持严谨切实。

(5) 防止拜金主义，坚持利在义中。

第二，要掌握资料，深入研究，反复论证。不可言而乏据、浮躁用事、随意标新、追风图利、简单比附、影射实用，要经得起事实的核查和历史的检验。

1983年，四川出现了一种提法，即克服"盆地意识"。后又有"天府心态"之说。尔后在成都又有"东方伊甸园""世界现代田园城市"的提法。但都只是热闹一时。

第三，要正确认识和实行与国际接轨，对人文社会科学既要积极，更要特别审慎，在世界多元文化的环境中，继承和建设中国特色文化甚为重要。在内容和方法上都要坚持科学，洋为中用。传统方法不能抛弃，要充分运用，西方的先进研究方法也要采用，运用得当，都可能给巴蜀文化研究带来新的进展。

第四，开展学术评论，进一步提高研究水平。学术评论有助于研究者对所研究的问题在认识上周全、精确、深化，在资料上丰富扎实、佐证有力，在论述上清晰严密，在方法上科学、完善，因此对于学术发展和学术水平的提高具有重要作用。而且，也能抵制不良学风，促进严谨求实的优良学风的弘扬。在巴蜀文化研究中，学术评论有一定的开展，但总的来说是很不够的，当前要特别注意加强以下两个方面：一是积极地评介和推荐巴蜀文化研究的优秀成果，并向全国和海外介绍研究的新动态新成果；一是切实开展巴蜀文化研究著述（包括学术著作、开发区介绍、引商招商、文化新闻、文物介绍、景点导游、展品说明等文字材料，下同）的评论。

（三）加强传统文化研究与当代实际的结合

巴蜀优秀传统文化是中华民族优秀传统文化的组成部分，如果对巴蜀优秀传统文化仅停留于说明、介绍这一层面，那还只是一种存在价值。我们必须把巴蜀文化中的优秀部分加以弘扬，并与当代西部大开发和中国建设实际相结合，使之创造出新的价值即利用价值，从而有力地为我国人民服务，为社会主义建设服务。

对此，笔者的态度是：积极参加，认真研究，提出建议。作为历史工作者，笔者想着重谈谈历史学科与旅游产业的结合。

旅游文化的范围很广，既包括历史典籍与遗址文物，也包括文学创作、艺术创作、天神地祇、民间传说等等。史学工作者对旅游最好最大的支持与结合，就是如实地提供和诠释有关历史资料（包括文献、文物等），并对其研究成果与尚需解决的问题做出负责任的介绍，为旅游文化提供信史。这也是科学发展观的要求，即坚持唯物主义和辩证法的历史观。建议在旅游与历史结合中持以下态度：

（1）历史是真实的往事，历史学的基本要求是"求信"，这也是旅游文化内涵的坚实性和科学性基础。旅游与历史相结合的文化品牌，首先要选择其中具有土著性、独特性，并在全省全国占有优势地位乃至有世界影响的项目。

（2）要支持历史学以外的、有益于旅游事业健康的多方位发展的各种文化形态，诸如故事、小说、演义、戏曲、诗歌、绘画、传说、神话等等。它们都有各自学科的科学性，也往往蕴含有某些历史文化的科学信息。但这些毕竟与历史有别，因而在总体上，不要以历史学"求信"的要求去作为对它们的基本评价标准，而要多元并举、各展所长，以促进文化知识的传播、文化品牌影响的扩大、研究力量的增加和相关旅游事业的发展。要有理性的态度，坚持历史事实与非历史事实的区别，并且负责任地向社会如实说明，这将增加旅游文化的科学性。

（3）有关文化品牌的某些历史问题，若尚处于学术界深入研究过程（如假设、推测、推论、待考、商榷、争议等），要坚持客观态度，也要向社会如实介绍，或点明为一家之言，或并出争论各方之见，或提出旨在解惑释疑的研究课题，并积极组织研究。

要积极探究，在学界发表己见。就笔者所经历，早者如宋青城县址、司马光诞生地的考证，近者如巴蜀文化命题的探研等。也曾在学术上积极向党政机关建言。举二例：

1. 宋代交子纪念标志①

2007年10月5日笔者致信成都市党政主要领导，《建议大力彰

---

① 在成都，何处是交子具体诞生地，有几种说法，但均缺具体的史料依据。

显"世界第一张纸币'交子'产于成都"》（同时抄送市民政局）。

据互联网载地图，成都市已正式命名了"交子大道"和"交子北一路""交子北二路""交子南一路""交子南二路"。其具体位置与建设环境亦很考究。这5条路在府城大道之南、锦尚西一路之北。交子大道，东起金融城（其北邻近成都市金融工作办公室），西穿过益州大道，接于成汉南路。交子北一路、交子南一路，纵贯金融城。交子北二路、交子南二路，在益州大道之西、成汉南路之东，纵跨交子大道。

2. 遂宁唐代九宗书院始设时间

针对学界和社会上有遂宁唐代九宗书院是中国最早的书院之说，并希望有关部门依此规划复建该书院的建议。笔者于2011年10月17日致信中共遂宁市委书记，得到他的重视和回信答复（2011年11月2日）。

遂宁张九宗书院，一记载说建于唐德宗贞元间（785—805），另一记载说始建于唐贞观九年（635年），二者相距150年以上。经过考订，张九宗于唐德宗贞元年间（785—805）任遂州刺史，张九宗书院的建立即很可能在这一期间，是巴蜀地区和全国建立时间很早的书院之一。有学者据地方志载统计，唐时全国有书院40所，按建立时间排序，张九宗书院列全国第13位。① 有意见据建于贞观年间的误记，认为该书院是我国"民间最早的书院，有'中国最早的大学'之称"，是不确切的。

巴蜀文化是四川省历史悠久的基本文化元素和特色与优势，是辉煌灿烂的中华文化的重要组成部分。要建设与西部经济发展高地相适应的文化强省，就必须加强巴蜀文化的研究，高度重视，科学组织，深入挖掘，充分利用，培养人才，持续传承，这是我们应该担当的重要任务。

（2014年3月撰写的学术讲座稿）

---

① 邓洪波：《中国书院史》，东方出版中心，2004年版，第24~25页列表。

一通罕见的晚清书院碑石

——新出土《四川尊经书院举贡题名碑》初探

2013年4月，在成都市四川大学望江东区滨江楼附近、原四川大学文彬馆后面，出土一通《四川尊经书院举贡题名碑》，这是一件在中国书院史已有研究著述中罕见的书院与科举的历史文物，为晚清书院史、教育史和蜀学等研究提供了新的资料。笔者读后有以下初步认识。

一、碑文内容

这通石碑上有两篇碑文。一是，《四川尊经书院举贡题名碑》（以下简称《题名碑》）。现录全文于下①：

> 四川尊經書院舉貢題名碑並序｜
> 宋儒立書院，將待不志於科舉者，而功令課其效，以養人材，裨　國用為職。　國家取士，科舉為正，故士之不志科舉｜而能得科舉者，斯足尚也。尊經書院之立，前學使病夫習帖括而廢實學，故力戒程式之文。總督丁公每詰多士，以文翁｜資遣生徒入京師，為開利祿之門。闓運承風，申講其誼，嘗以孟子答景春不移、不屈者，入學所當先能也。若有富貴、貧賤、｜威武之見，不可以為學徒。又嘗論人爵、天爵之說為未能忘，爵天不以

---

① 原碑藏四川大学校史办，此据碑文拓片，并参照党跃武教授提供的简体字整理稿。引录时，碑文中的古体字、同义字和异体字均换为常用字（如以、因、期、时、秋、遂、三、卅、册等），为便行文，保留了碑文的繁体原貌，标点为笔者所加。

爵尊也。講之六、七年，諸生習聞之矣。故經丙子、己卯、壬午三科，舉過五十人，未嘗題名。乙酉歲，當選拔之期，充貢者幾六十人。及秋試，可舉者猶有三十、四十人，而舉者十五人，前十人居其四焉。公車將行，幾罿空矣。于是，諸生之不與舉者，喜見其盛，惜其將別，僉以賓興之典、鄉老所司飲酒之禮。以時可習，因欲齒序，遂始題名。蓋　聖主不貴素隱之儒，學者必有致用之略，出則從政，歸而習業，其志行一也。後來者考其人，或遂隆隆，或遂無聞，猶常人之榮辱耳。誠自念其所從出，怵然唯恐負吾學，斯必有以異於俗儒，而所謂不志科舉者何足以臧。于是各書姓名及里、年，以證本原。九月丙辰，王闓運記，吳之英書。

眉州焦炳瀛少海，年。酉陽陳　況子經，年三十。成都周道洽潤民，年三十三。酉陽陳嘯伯葆，年三十四。南充鄔兆麟星石，年二十九。瀘州高樹蔚然，年。成都顧印愚印伯，年三十一。犍為吳昌基聖俞。岳池何在清絜皆，年三十四。巴州余堃子厚，年二十九。銅梁胡嗣銓與可，年。秀山江傲少淹，年三十五。通江王幼懷少甫，年三十八。彭水王光棣葦唐，年三十四。廣安周紹瑄煦笙，年二十九。仁壽毛澂穉漪，年四十四。井研董含章南軒，年。綿州陳緯元經畬，年三十七。巴縣王繩生芝浦，年三十。犍為羅荃石谿，年二十七。眉州王文員灼郭，年。綏定潘多賢，年。敘州張問惺玉崙。漢州張祥齡子馥，年三十三。西昌吳博文麗笙，年二十六。□(南)溪包崇祐鐵盂，年三十二。成都葉大可汝諧，年三十四。華陽楊勳策卿。名山吳福連梓材，年三十二。榮縣林芝蘭香溥，年二十六。□□彭元瑾仲山，年。華陽傅世洵仲戩。成都蔡伯陶玉成。西充蒲九莖芝仙，年二十八。重慶楊士欽輔臣，年二十五。□□□(張)映璧，年。新繁周煜南克生，年。仁壽毛瀚豐霍畦，年三十二。成都曾鑒奐如，年二十八。涪州陳萱蔭孟慈，年二十五。□□□德寶枕虹，年二十八。彭縣劉九齡綏仙，年。宜賓邱晉成雲帆，年三十八。南溪包崇金鐵仲，年二十六。中江劉全璧華亭，年二十三。」□□□政和飲庵，年三十二。敘永徐心泰階雲，年。江津戴孟恂摯如，年三十四。富順郭武勳翊周，年二十四。永川黃秉湘楚枏，年二十二。」

碑文包括三个部分：题款，13字；序文，共9行，第1、7行各43字，第2至6、8行各46字，第9行33字，共408字；题名，50名举贡生员的里籍、姓名字号和年龄（有少数著录项目不全），共10行，每行5人。其中因碑石残缺有5人的里籍、姓名不能全读，可读共470字。总计可读878字。

二是，张之洞《四川省城尊经书院记》（以下简称《书院记》）中的部分文字。石碑原刻有文字，磨平后刻《题名碑》文。碑文第1至2列第6至9行间底部尚存原刻文字残迹，字径约小于《题名碑》序文的一半，其文可读者共84字。经比勘，原刻文字乃张之洞的《四川省城尊经书院记·说本义第一》中的部分文字，补录于后：

俑」唐之陳李宋之五」明之楊氣節經濟」方今」聖上敦崇經學祀尉南祭」酒許君于學宮試卷經籤空疏者」磨勘有罰使者奉」德意誠欲諸生紹先哲起蜀學然」歲科兩試能進退去取其所已然」不能補益其未至抹不能詳」（"許君"，木刻本作"許公"）①

为何出现这种情况？尚未见到记录。笔者设想，或是以下背景。《书院记》是前四川提督学政张之洞于光绪二年十一月离任调文渊阁校理之前所撰②，继任者为谭宗浚。光绪四年（1878年）十二月王闿

---

① 张之洞《四川省城尊经书院记》是尊经书院办学的指导文献，也是该院具有章程和学规性质的重要文件，慎始基斋刻本，四川大学图书馆藏。其简介，可参见胡昭曦：《四川书院史》，四川大学出版社，2006年版，第349~360页。此段原刻文字，文献所载全文为："宋之二王（当，俑），二李（焘、心传）、史、范、史之良也。其余唐之陈、李、宋之五苏、范、虞，元之虞，明之杨，气节、经济、文章之渊薮也。方今圣上敦崇经学，祀汉太尉南阁祭酒许公于学宫，试卷经策空疏者磨勘有罚，使者奉宣德意，诚欲诸生绍先哲起蜀学。然岁科两试能进退去取，其所已然，不能补益，其所未至，批抹不能详，发落不能尽，仅校之非教之也。"

② 张之洞离任时间，据廖幼平：《廖季平年谱》，巴蜀书社，1985年版，第13、18页。

运就任尊经书院山长。由于《书院记》意在说明办学宗旨和一些规程性要求，又为创办该书院的学政张之洞亲撰，因而很可能在张之洞任内，于该书院内镌竖《书院记》。据载，王闿运于光绪五年二月二日住进"平安里尊经书院"后，二月三日晚即"定书院条规章程"①，则张撰《书院记》已被替代。加之此记早已刊发院生，《书院记》碑不若初竖时显要。再者，当时王闿运急于辞去山长、离蜀返湘（从撰写碑文到离蜀约三个多月时间），难于觅选琢碑之石，便将原立于尊经书院内的此碑碑文磨去而覆刻《题名碑》文字。

原碑文刻的是张之洞的《四川省城尊经书院记》，则为尊经书院原立之重要碑石，或可称为张之洞《四川省城尊经书院记碑（残）》（简称《书院记残碑》），此又一现存历史文物。

二、碑文的撰著时间

碑记云："九月丙辰，王闿运记。"未署何年。

碑文写道："乙酉岁，当选拔之期，充贡者几六十人。"乙酉，是光绪十一年（1885年），乃乡试之年②，尊经书院选拔举贡生员将参加次年在京城的会试。此时，王闿运任尊经书院山长。碑文云"九月"，当在乡试揭榜之后。查光绪十一年九月有丙辰，当月朔日为丙申（公元1885年10月8日），丙辰日为当月二十一日，即公元1885年10月28日。③

关于王闿运辞山长离开成都的时间，一种说法是光绪十三年丁亥（1887年），另一种说法是光绪十二年丙戌（1886年），笔者经过细究，以为后说为是。本来，王闿运留有大量日记，即《湘绮楼日记》，其记录具体可据，但现行文本缺佚有13处，其中缺佚时间较长者即

---

① 王闿运著，马积高主编、吴容甫点校：《湘绮楼日记》第2卷，岳麓书社，1997年版，第738页。

② 乡试，唐宋时期称乡贡、解试。明清两代在各省城举行。每三年举行一次，考期在干支纪年的子、午、卯、酉年的秋八月，又称秋闱，为正科。遇新帝即位、皇帝寿诞、庆典，加科为恩科。

③ 陈垣：《二十史朔闰表》，中华书局，1962年版，第210页。

有"光绪十年七月二十七日至光绪十三年四月底一段,为两年半"①,至为遗憾!现据他书所记和其他佐证资料考订。

第一,王闿运的长子王代功所著《湘绮府君年谱》云:"光绪十二年丙戌,五十五岁。正月,清理书局所刻诸书。训告诸生言,为学在得师不在从师之义,以当去蜀。院生多于督府处留行,恐府君不再来蜀也。二月,先遣莫姬(按,王闿运的长妾莫久云,光绪十一年十一月逝于成都②)柩登舟,自率诸妹后行。三月,还长沙。"③《廖季平年谱》于光绪十二年也写道:"春,王闿运归湘潭,不再至蜀。尊经书院山长由锦江书院山长伍肇龄兼代。"④ 光绪十二年九月有丙辰日(二十六日,1886年10月23日),据《湘绮府君年谱》记,本月初三至十月全月,王闿运正在去山东和登泰山、滞济南的旅程中;而且此时王闿运已不是尊经书院山长,应不便写此题名记。光绪十三年九月朔日为乙卯,有丙辰日,为初二⑤,但王闿运早已不长尊经书院,且回湖南已一年七个月。

第二,碑文写道:"闿运承风,申讲其谊。……讲之六七年,诸生习闻之矣。"《湘绮楼日记》于光绪十年记:"七月癸卯,朔,晴。……牌劝诸生无讼:'诸生入院肄业,首宜自重。前与饬约,不得以一字干诉有司。……近闻此风未革,时欲呈诉……闿运典教六年,曾无感激兴起之效,愧可知矣。岂敷教在宽,而治蜀宜严,主客冰炭,不相合乎!'"⑥ 王闿运自光绪四年十二月二十七日到成都主讲

---

① 马积高:《湘绮楼日记·序》,《湘绮楼日记》第1卷,第18~19页。
② 王闿运著,马积高主编:《湘绮楼诗文集·文》卷6《莫姬哀词》,岳麓书社,1996年版,第226页。
③ 王云五主编,王代功述:《清王湘绮先生闿运年谱》(原名《湘绮府君年谱》)卷3,《新编中国名人年谱集成》,台湾商务印书馆,1978年。
④ 《廖季平年谱》,第33页;李晓宇:《尊经·疑古·趋新:四川省城尊经书院及其学术嬗变研究》,四川大学博士论文,2009年,第159页;刘平中:《锦江书院山长考》,四川大学博士论文,2007年,第144页。
⑤ 光绪十二年九月、光绪十三年九月朔日记载据《二十史朔闰表》第210页。
⑥ 《湘绮楼日记》第2卷,第1350页。

尊经书院①，至光绪十年七月，正值六年之际，故他在牌示中称"闿运典教六年"。如此，则碑文说"闿运承风，申讲其谊。……讲之六七年"中的"六七年"，则是在光绪十一年了。

第三，据《湘绮府君年谱》云：光绪十一年九月，"湖南乡试榜发"，王代功的堂兄取中第一名举人，"院中（按指尊经书院）中式者亦多通材，深喜教学之功"②。此年九月下旬，四川乡试亦已发榜，"深喜"自己"教学之功"的王闿运山长，欣然命笔写下了这通碑记，是很自然的。

因此，"九月丙辰"，即光绪十一年九月二十一日（1885年10月28日），是王闿运撰写《题名碑》碑文落款的时间。

三、碑文的书写

碑文写道："吴之英书。"经将碑文的书法同尚存吴之英《〈仪礼奭固〉手稿（节选）》③和手书《仪礼奭固礼事图》④的同类字迹比对，是明显相同的，如"书""举""阶""三""以""为""稘""礼""宾"等等。

至于吴之英何时书写、碑文何时上石，未见碑文记载，当不会迟至光绪十二年春王闿运离书院归湘之后（因王已不任尊经书院山长）。

吴之英（1857—1918），四川名山县人。经学家、书法家。光绪元年（1875年）尊经书院建成，吴之英以茂才入选。在院时，与杨锐、廖季平、宋育仁并被誉称"四杰"。光绪七年（1881年）肄业尊经书院。后历任尊经书院都讲、锦江书院襄校、国学院院正等。有《寿庐丛书》72卷传世。其书法"深得魏碑的雄强与姿肆"，隶书"悟得汉隶的雄浑质朴"，"楷书、行草书，早期是以苏字和颜字相结

---

① 《湘绮楼日记》第1卷，第720页；《清王湘绮先生闿运年谱》卷2；《廖季平年谱》，第20页。
② 《清王湘绮先生闿运年谱》卷3。
③ 吴洪武等校点：《吴之英诗文集》卷18《书法选》，四川大学出版社，2008年版，第506~512页。
④ 吴之英著，潘斌选编：《吴之英儒学论集》，四川大学出版社，2010年版，第215~422页。

合的面貌出现，后来则变为主要以碑书的面貌示人，略带帖意，具有一种浑厚、古朴、拙中寓巧的美感"[1]。他是撰写成都"辛亥秋保路死事纪念碑"碑文的四位著名书法家之一（其他三位是赵熙、颜楷、张学潮）。文学家、书法家赵熙称赞"其书瑰玮"[2]。

光绪十年至十二年，吴之英先后在资州艺风书院任主讲和主持院事，与在成都的其师王闿运学术联系密切。吴之英是王闿运器重的尊经书院院生，又擅长书法，这大概是王选吴书写上石碑文的考虑。

四、历史价值初析

这通石碑，载有两篇有关书院的文字（其中一篇残留少数文字），且为著名学术大家、书院教育名人、晚清蜀学贤哲分别完成，具有重要的历史价值。

（一）是研究中国教育史、中国书院史、晚清蜀学新的历史文物

尊经书院虽处晚清时期，存在时间不到三十年，但它是当时全国著名的省级书院之一，也是中国教育制度从传统向近现代转型的代表性书院之一，更是振兴蜀学的基地。《四川尊经书院举贡题名碑》和《四川省城尊经书院记碑（残）》的出土，为中国教育制度、书院制度的演变和晚清蜀学发展的研究增加了新的历史文物资料，用它们结合历史文献进行研究，将会有更新更深更细的收获。而且，《题名碑》及其碑文，《湘绮楼诗文集》未收，《湘绮楼日记》当年纪事已缺，《湘绮府君年谱》不记，尚未见其他资料提及，此碑的出土，补充了文献记载的缺失。另外，为研究吴之英的书法也提供了新的实物资料。

（二）为四川大学校史提供了重要资料

四川大学自1896年至今已有100多年历史，其源头为四川中西学堂、尊经书院和锦江书院。光绪二十八年至二十九年（1902—1903）三校合并为四川省城大学堂（旋改名四川省城高等学堂），校

---

[1] 何崚等：《吴之英书法赏析》，《吴之英诗文集》《附录四》，第675~676页。
[2] 吴洪武、吴洪泽：《吴之英先生年谱》，《吴之英儒学论集》，第504~507页。

址就在原尊经书院（成都南较场），几经分合，一直到1931年建立的国立成都大学，校本部均在此地。后国立成都大学与国立成都师范大学、公立（省立）四川大学合并为国立四川大学，校本部迁到皇城（今天府广场北），其理学院、法学院仍在尊经书院原址（以后又曾设新生院于此，1946年才将新生院迁至三瓦窑建国纸厂所在地）。1943年前后，学校已计划将校址迁往望江楼附近，并开始以原在此地的四川大学农学院为校部办公室和建设新校的基点，至1947年大体建成，"川大校舍横跨锦江两岸，沿江而下，从九眼桥至桂溪场，连绵十余里"①。估计《题名碑》即在这一期间由南较场尊经书院旧址搬到望江楼新校址内。此碑从19世纪七八十年代竖立，至20世纪40年代，经历了约70年，而尊经书院也已演变为国立四川大学，它是四川大学学校初期发展的历史见证。正如此，在搬入新校址时，当时的学校领导没有忘记这通颇有分量的碑石，因而为川大校史保存了一件历时约70年的重要文物资料（迄于2013年出土时，则已存在130多年）。就尊经书院而言，《题名碑》和《书院记残碑》更是该院极少留存至今130多年的宝贵实物。

（三）反映出尊经书院前期的办学状况

尊经书院处于近代维新变法时期，在传承发展中华传统文化、振兴蜀学并促其转型的过程中具有重大作用，它是四川近代高等学校的源头之一，是近代四川培养人才的摇篮，也是振兴蜀学的基地。《题名碑》的文字虽然不多，但反映出该院前期（主要是张之洞任学使、丁宝桢任四川总督和王闿运任山长时期）的一些办学状况。

从碑文看到，尊经书院在办学思想上，以"习帖括而废实学"为弊病，"故力戒程式之文"，教学中不提倡院生习学八股时文。但在当时考试制度和选官制度未根本改变的情况下，"国家取士，科举为正"，这是"士之不志科举而能得科举者"应该走的最好道路。并且对将赴京城的举人贡生们，举行隆重欢送和题名竖碑。这些，反映出

---

① 《四川大学史稿》第1卷，四川大学出版社，2006年版，第222页。本段有关四川大学发展历程，均据此书。

尊经书院正处于教育制度转型的状况。

同时，碑文也反映出尊经书院对德育和经世致用的重视。如强调入学之"先能"要有富贵不淫、贫贱不移、威武不屈的修养，否则"不可以为学徒"。还教育院生要培养"天爵"崇德而不追求"人爵"崇禄的优良品德。提倡院生要"有致用之略，出则从政，归而习业"。王闿运还热诚地表示"怵然唯恐负吾学"，要求学者"异于俗儒"。

从碑文中也可看到尊经书院前期的部分教学效果。尊经书院于丙子（光绪二年，1876年，次年会试）、己卯（光绪五年，1879年，次年会试）、壬午（光绪八年，1882年，次年会试）三科，"举过五十人"①，乙酉岁（光绪十一年，1885年，次年会试）赴京举贡又有30余人，而且，在当年中举者的前10名举人中，尊经院生占了4名。则四次乡试该院举贡生员共80余人。而此时尊经办学也才10周年。

需要提出的是，《题名碑》列出了50位举贡生员名单，而光绪十一年该院赴京举贡院生约30余人，则名单中当有往届通过乡试赴京会试的举贡院生。经初步查核，确实如此。如碑文所列"仁寿，毛澂，稺瀁，年四十四"。《仁寿县志》载："毛澂字叔云，号瀚丰，又名稺瀁，清道光二十三年（1843年）生于仁寿镇子场（今属骑虎乡）。"光绪二年入尊经书院，"光绪六年赴京会试，中进士"。"光绪十年后，历任山东定陶、历城、泰安等十余县知县……三十二年（1906年）六月五日卒于滕县任所，终年63岁。"②《清实录》的记载亦可佐证："光绪六年。庚辰。五月。……引见新科进士。得旨。……陈应禧、毛澂、陈光明。俱著改为翰林院庶吉士。"③碑文所写毛澂"年四十四"，按毛生于道光二十三年（1843年），王闿运撰此碑文是光绪十一年（1885年），此时毛虚岁为四十三岁，不知何

---

① 据《廖季平年谱》第21页载，光绪五年九月乡试，尊经院生中式者就有23名。

② 《仁寿县志》第27编《人物》，四川人民出版社，1990年版，第561页。"号瀚丰"之说，待考。因碑文中另有一位"仁寿，毛瀚丰，霍眭，年三十二"。又有记载说，"毛澂（1843—1906）字蜀云、又字叔云，四川仁寿人。著有《稺瀁诗集》等书。毛澂曾三任泰安知县"（见"康辉旅行网·泰安旅游指南·历史名人"）。

③ 《清实录》第53册《德宗实录（二）》卷113，中华书局，1987年影印本，第655页。

故写为"年四十四"？又如，碑文所列"犍为吴昌基圣俞"，有记载说廖平于光绪五年乡试中举，"同院生中式的有宋育仁、任篆甫、吴圣俞等二十三名"①。由此二例可知，碑文所列名单中，不全是光绪十一年乡试的举贡生员，具体的实际情况尚待逐一细考。

（四）可对已知尊经书院生员的名单、里籍、年龄等进行补充

在尊经书院教学的二十多年里，培养了大批院生，取得了很大成绩，其数量估计上千名。② 由于目前尚未查见该院的生员名册，也未见系统的具体资料，研究者多从零散的有关记载中寻人计数。笔者已知181人③，可从碑文名单补入35人。另一著述已知373人，可补入33人④。则共计已知在400人以上。

在生员籍贯方面，已知来自四川87县、直隶厅，碑文补入铜梁、叙永2县。此前尚未详知的，如毛澄（澂），碑文作仁寿；吴圣俞，碑文作犍为。叶大可，碑文作成都。

尊经书院没有明确规定院生学习年限和年龄，从碑文已标明年龄的32人看，不少已三十多岁，最小22岁（永川黄秉湘），平均约28岁。

此外，碑文所列名单，还有与文献不同的字。如毛澄，碑文作毛澂；江淑，碑文作江俶。

（五）《题名碑》碑文覆盖的张之洞《四川省城尊经书院记碑（残）》，也是一件新见历史文物

光绪二年，热心创办并具体主管的提督四川学政张之洞，撰写了《四川省城尊经书院记》，它是尊经书院办学的具有章程和学规性质的

---

① 《廖季平年谱》，第21页。
② 胡昭曦：《振兴近代蜀学的尊经书院》，《旭水斋存稿》，四川大学出版社，2012年版，第234页。
③ 《旭水斋存稿》，第239~241页；胡昭曦：《深入发掘资料，推进蜀学研究——文守仁先生〈蜀风集〉读后》（待刊）。
④ 李晓宇：《尊经·疑古·趋新：四川省城尊经书院及其学术嬗变研究》，第205~294页。

指导文件，曾刻梓印行①，并镌成碑石竖于该院，以晓谕师生。《书院记》共有5000余字，现存《书院记碑（残）》可读仅84字，约占此碑面积1/20，则全碑可刻1600字上下，以此推算，镌刻整个《书院记》至少需要三块这样大小的碑石。把学规章程镌之金石，劝语赞言刻之匾联，展示于馆院斋堂，是我国学校教育的传统教化方式。在四川，现已罕存这类实物，笔者所知尚存：今成都石室中学内有嘉庆二十三年（1818年）四川总督蒋攸铦题"文翁石室"匾额（悬挂今校门之上）；嘉庆二十四年（1819年）二月重刊顺治九年题准刊立的"学校条规卧碑"（今置于校内接待室北侧）②。又，今四川绵竹市绵竹中学内，留存该县紫岩书院（又名月波书院，元时建，清末改制）山长杨聪（杨锐长兄）于光绪壬午（八年，1882年）撰书的木刻对联。③ 尊经书院现存《书院记残碑》，是一件新见而罕存的历史文物。

在历史研究中，图书文献是基本资料，考古文物亦是基本资料，二者可以互证互校，考古文物还可补充图书文献之缺失。长期以来，学界对中国书院史的研究比较薄弱，近二三十年来有了很大改变和明显发展，尤以资料收集整理的收获特别突出。然而，所见披露的文字资料（包括大量碑记）基本上是图书文献记载，罕见历史文物。在书院史研究中，要在继续重视图书文献资料的同时，充分重视文物资料的发掘、积累和应用，定将进一步推动研究工作取得更大成绩。

（载《四川尊经书院举贡题名碑》，四川大学出版社，2013年版）

---

① 有沔阳庐氏慎始斋刻本、大字木刻拓本等。胡昭曦：《四川书院史》，四川大学出版社，2006年版，第352页。
② 四川省成都石室中学编：《石室校志》，1989年印行，第36页。
③ 《绵竹中学校志》第79页"校内古今名联留存"，1987年印行；民国《绵竹县志》卷10《学校》。参见宁志奇：《杨锐家书暨杨聪墓志铭》，《四川文物》，1985年第4期。

《四川尊经书院举贡题名碑》最初竖立地再探

2013年4月3日,在四川大学望江东区滨江楼附近、原四川大学文彬馆后面(今校后勤集团加油站)出土《四川尊经书院举贡题名碑》①(简称《题名碑》),这是一件重要历史文物,是四川大学校史宝贵见证和罕见的中国教育史新资料。

自1896年肇始的四川大学,其源头为四川中西学堂、尊经书院和锦江书院。尊经书院地址在成都南较场一带,距于1947年大体建成的四川大学新校址约5公里。《题名碑》为何出土于新校址?关于《题名碑》的最初竖立地址,目前所见有两种推测意见。一是:"此碑出土之处大致即其最初立碑处。此碑出土靠近望江楼……此处自古就建有楼阁,为文士游赏胜地,同时,其附近有好些码头,文士出川多由此上船。"认为,靠近望江楼乃文士常至之处,立碑于此可以起到褒扬被举者的很好效果。另一种意见是,估计"由南较场尊经书院旧址搬到望江楼新校址内"。认为,此碑是"四川大学学校初期发展的历史见证,在搬入新校址时,当时的学校领导没有忘记这通颇有分量的碑石,因而为川大校史保存了一件历时约70年的重要文物资料(迄于2013年出土时,则已存在130多年)"。笔者主张后者。② 但两种意见皆是推测。

---

① 详见党跃武主编:《四川尊经书院举贡题名碑》,四川大学出版社,2013年版。有关此碑资料均据此书。

② 胡昭曦:《一通罕见的晚清书院碑石——新出土〈四川尊经书院题名〉初探》,《四川尊经书院举贡题名碑》。

为了探讨究竟，笔者于2014年数次到望江楼公园走访考察，并撰写了《望江楼公园几座古建筑的历史变迁——辑补彭芸荪先生〈望江楼志〉》意在了解可为《题名碑》最初竖立地提供佐证的历史背景。①

通观望江楼公园的发展历程，最初是因薛涛井而著名，薛涛未曾在这里居住和活动过。薛涛井"旧名玉女津，为明蜀藩仿制薛涛笺处，因称此井为薛涛井"。同时，明代此地又是官绅宴饯之所。清代嘉庆、道光年间，四川布政使方积等于井旁修筑楼台（如浣笺亭），成都府知府李尧栋修建吟诗楼。这里又有雷神庙、方公祠等建筑物，已是成都外东的宴饯之处和水码头的名胜区。

然而，咸丰以后一段时间，这里急剧衰败。咸丰九年（1859年）李永和、蓝朝鼎农民军进入四川，转战数十州县，控制或切断了成都与一些州县的水陆通道，直逼成都。受到清廷强力镇压，于同治四年（1865年）失败，历时七年。与此同时，自咸丰十一年（1861年）八月开始，太平军石达开部也进入四川，逼向成都。活跃于四川各地的啯噜反清武装，也纷纷响应。四川各地社会混乱，民不安生，成都岌岌可危。官员忙于镇压侦查，到处奔突，豪绅慑于朝不保夕，或蛰或逃，士民护身顾命，岂敢游览，在成都的薛涛井名胜也受到影响，被称为"毁于兵燹"。

名胜区恢复发展是在光绪十四年（1888年）新建成崇丽阁（望江楼）之后。自咸丰九年（1859年）至光绪十四年（1888年）崇丽阁建成的30年间，薛涛井名胜地的残破衰落景象，从当时的诗文中可大致窥见："楼台都杳，竹树全虚，旧碣残碑，亦荡然无迹。惟重墙垒土障蔽周遭，并井几不可复识。""浣笺亭馆诗楼毁。""一自遭兵燹，精舍咸圮倾。""吟诗楼咸丰初年遭兵燹，毁拆几成荒土。"此期间，薛涛井名胜区大概仅存薛涛井故迹、方公祠和同治五年重建的雷

---

① 以下所引有关资料据彭芸荪：《望江楼志》，四川人民出版社，1980年版；胡昭曦：《望江楼公园几座古建筑的历史变迁——辑补彭芸荪先生〈望江楼志〉》，《地方文化研究辑刊》第8辑，巴蜀书社，2015年版；《巴蜀文献》第二辑，四川大学出版社，2015年版。

神庙等。雷神庙系官修建筑，濒临水码头，文武官员士绅商贾由水路出川，自上游码头上船后，有的于此泊舟饯别。其他则"满目荒凉"，未复胜境。

光绪十四年（1888年）崇丽阁新建成，这是望江楼名胜区的标志性建筑，也是该区文化复兴发展的又一起点；同时，濯锦楼重建成。光绪二十四年（1898年）浣笺亭重建成；同年，五云仙馆、枇杷门巷、流杯池、泉香榭新建成。光绪二十九年（1903年）又建清婉室。除此之外，还有方公祠、雷神庙、武圣宫等。

自咸丰九年（1859年）至光绪十四年（1888年）崇丽阁建成的30年间，是薛涛井名胜地残破荒凉时期。《题名碑》的撰著时间是光绪十一年（1885年）九月二十一日，其竖立时间亦在本年之内。此时距崇丽阁建成尚有三四年时间。

根据以上所述历史背景，对《题名碑》的最初竖立地的进一步探讨，有几个值得注意之点：

第一，《题名碑》之立，是尊经书院山长王闿运彰显书院的教学成绩和士子之"能得科举者"，向学人提出不"负吾学"的要求，借此教育和鼓励生员"出则从政，归而习业"，俾能励志、劝学而思齐。这样内容的碑石，是师长对学生的表彰、教诲和期望，是教育机构内部的设置，更适合于竖立在生员聚集的书院。

光绪二年，张之洞撰《四川省城尊经书院记》（简称《书院记》），宣示尊经书院办学宗旨和一些规程性要求，后上石为碑（全文约5000字，估计共需三块《题名碑》大小的碑石），立于尊经书院内。《题名碑》是覆刻于其上的。王闿运山长于光绪五年二月二日住进尊经书院，二月三日晚即"定书院条规章程"，则张撰《书院记》已被替代。加之此记早已刊发院生，《书院记》碑不若初竖时显要。再者，光绪十一年，王闿运急于辞去山长、离蜀返湘（从撰写碑义到离蜀约三个多月时间），难于觅选琢碑之石，便就地取材将原立于尊经书院内的此碑碑文磨去而覆刻《题名碑》文字，而不是另觅碑材，碑文上石后立于外东锦江边。

第二，《题名碑》出土之地，在1943年川大新建的文彬馆附近，靠近校内的柳荫村。依现今位置估测，距锦江边约50米，距人行道路约30米，距雷神庙（今薛涛纪念馆）约三四百米（见图）。① 民国三十五年（1946年）《四川大学校刊》载，当时川大在这里除了原农学院的办公用房和几幢新建校舍外，"四周农田菜圃，花木成林"②。据新中国成立前在四川大学读书的赵振铎（现年87岁）、蒙默（2015年逝世时89岁）二先生告知，当时校门外有路自九眼桥通薛涛井，在薛涛井附近印象深的就是有个庙子。笔者于1956年入读四川大学，曾在几间平房的文彬馆教室听过课，还不时去望江公园取静看书备考。这时，还没有望江路公园侧面这条公路，学校与公园紧邻。学校靠近河边道路和毗邻公园的地方，中间未见围墙，而是连绵成片的密茂竹林和长刺的杂树（有段时间，校、系曾把我们组织入巡逻队，定期轮流在夜间到这些地带巡逻），确乎"长期以来都是一片竹林和荒地"③。回溯到清代光绪初年，这里一定更是郊野之地，纵使有江边小道供行人来往，亦非众多士人必经之道。

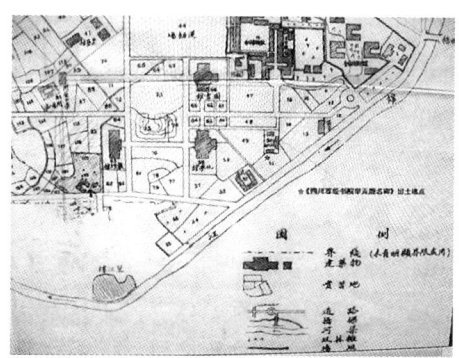

【图】《国立四川大学农学院农场土地丘块面积图（1944年）》部分
（标有星星处是《题名碑》出土地位置）

---

① 《四川尊经书院举贡题名碑》，第6~7页；《国立四川大学农学院农场土地丘块面积图（1944）》，第8~9页；《四川大学校本部平面图（1951）》，四川大学档案馆藏。

② 编者：《国立四川大学史略》，载《四川大学校刊》第三四期《十五周年校庆纪念特刊》，四川大学档案馆藏。所云十五周年校庆，是自民国二十年三校合并为国立四川大学起算。

③ 谭登峰、沈军：《〈四川尊经书院题名碑〉发现略记》，《四川尊经书院举贡题名碑》，第26页。

第三，自明代起薛涛井一带渐成名胜地，迄于清代嘉道年间，尚未成为游览园地，多是文武官员士绅商贾由水路出川泊舟饯别之处。自咸丰九年即受到战乱影响而遭荒废，直到30年后光绪十四年崇丽阁建成，才逐渐成为游览聚会之园。光绪十一年，在南较场的尊经书院，把这通《题名碑》竖立于成都外东已衰落二十余年的薛涛井名胜地江边道旁，是难于解释的。

第四，笔者至今仍然推测《题名碑》原竖立在成都南较场尊经书院，并做如下设想：国立四川大学建立后，校舍分散，迁徙频繁，后定址于望江楼附近，于1947年基本建成。原设在尊经书院的该校新生院，也于1946年迁入新接收的三瓦窑建国纸厂原址。① 可能就在搬迁新生院时，当时校领导重视此碑，将它迁到校本部，暂时置放在文彬馆附近，以待选址正式竖立。

据新中国成立前在川大读书的刘少平先生（现年87岁）回忆，他曾多次在文彬馆教室听课，文彬馆为一竖一横两排连接的"厂"形平房，竖排背靠校门方向，是教室；横排大体与锦江平行，也有教室，其末端有一间小屋，堆了一些杂物。1947年，成都市区遭受特大水灾。据1947年7月5日《新新新闻》报道："成都从前晚一时起直到昨日午后六时，连绵十七个钟头的滂沱大雨，九里三分的锦城，无形转入停市状态，交通断绝，四门电话不通，电灯无光，路断人稀，万籁俱寂，全市低洼处，均成泽国。江水骤然增高，一尺，一尺，到了午后水位更高，到顶点两丈有余，尤其是新南门，大水溢扑岸上，倒灌入城，大大复兴门（即新南门）好似桥洞一般，江水从大街流入小巷，活像万马奔腾，沿河两岸的房屋、家具被水浪吞去。"②《四川大学校史稿》载："1947年夏、秋，成都发生50年未有的大水灾，川大校舍遭到很大破坏，部分房屋倒塌。"③ 又见该碑出土时状

---

① 《四川大学史稿》第一卷（四川大学1896—1949），四川大学出版社，2006年版，第222页。

② 转引自2014年8月10日《华西都市报》第10版"宽窄巷"，《上世纪成都遭遇两场大洪灾》。

③ 《四川大学史稿》第一卷（四川大学1896—1949），第222页。

况的介绍，"该石碑发现时，碑阳朝下，碑首向北。碑阴之上覆盖较薄一层灰褐色沙土，厚约6厘米；沙土之上为混凝土层，厚约14厘米；石碑之下也是一层灰褐色沙土，沙土中夹杂砾石块"①。结合考虑，或者《题名碑》就在这场大水灾中倒扑于地，被泥土埋没。

以上所谓《题名碑》最初的竖立地址，仍然是推测之论，谨供参考。若要得出确切结论，尚需获得有关可靠实证资料。

（2016年6月6日致四川大学校史办的信）

---

① 《〈四川尊经书院题名碑〉发现略记》，《四川尊经书院举贡题名碑》，第24页。

华西协合大学与巴蜀文化研究[①]

在中国近代史上，位居中国内陆腹地四川成都的华西协合大学，为西方基督教差会在华设立的十三所教会大学之一，它是近代中国社会背景下的产物，也是20世纪以来中西文化互动的产物。华西协合大学是中国近现代教育史、基督教史和中西文化交流史的组成部分，对其开展研究具有重要的学术价值和现实意义。

私立华西协合大学（简称华大），从1910年3月11日建立到1951年10月6日人民政府接办并命名为"华西大学"的41年间，在由外国教会大学转变为中国本土大学的历史过程中，为四川乃至中国的社会文化的发展做出了显著成绩，特别是在医药学方面闻名中外。相对而言，人们对它在巴蜀文化（含蜀学）发展及其研究中的突出贡献，却了解不多，学界也缺乏集中系统的梳理。

在辉煌灿烂的中华文化中，巴蜀文化是源远流长、丰富多彩的重要地域文化之一。自1941年出现"巴蜀文化"的学术命名以来[②]，70多年里，巴蜀文化研究有了很大进展，其中有关蜀学的研究又在近30多年里蓬勃兴起。学界对"巴蜀文化"的界定，有狭义、广义二说，前者认为是指先秦时期巴蜀地区的文化，后者认为是指自古及今巴蜀地区的文化，笔者认为："巴蜀文化，是指巴蜀地区即主要在

---

① 本文曾用作张丽萍教授著《中西合冶：华西协合大学》一书代序，该书由巴蜀书社于2013年10月出版。

② 一般认为"巴蜀文化"的学术命名，始于20世纪40年代出刊的《说文月刊·巴蜀文化专号》（第3卷第4期、第7期）及该刊所载卫聚贤《巴蜀文化》一文，此说有一定道理，但还需辨析。

今四川省、重庆市境内，自古至今汉族和各少数民族共同发展的具有巴蜀地区特色的地域文化。"① 巴蜀文化，包括物质文化和非物质文化，华大对巴蜀文化的发展和研究，也包括物质文化和非物质文化，包括自然科学与社会科学，限于笔者的学识，本文只就华西协合大学时期，该校对巴蜀文化中人文社会科学主要是巴蜀文化研究的贡献做些初步探究。

一、充实文理两科，融入华西社会

同全国一样，晚清时期巴蜀近代高等教育开始发展，其模式大体有二，一是改革教育制度。如对已有省级书院锦江书院（1704 年建立）、尊经书院（1875 年建立）改制的同时，参照西方学制建立学堂，1892 年官办重庆洋务学堂、1896 年成都官办四川中西学堂、1902 年官办四川省大学堂（同年改建为四川省城高等学堂），1906 年重庆官办川东师范学堂，其轨迹是由中国传统教育向现代化教育发展。二是，外国人办学校，全为西方近代教育模式。其轨迹是逐渐中国化，由洋学校向中国本土学校发展，华大即为这类学校。华大初创时，"整套规划和建设方案，全部是从英美搬进来的"，"其办学宗旨是'借助教育为手段以促进基督事业'"②。中华人民共和国建立前的 40 年中，该校经历了自西徂东—采中补洋—抑洋立中——炉合冶的中国化过程。③

华大的发展经过三个阶段，即外国人在中国办的洋学校（1910—1933 年）、经向中国政府注册立案的私立学校（1933—1950 年）、由人民政府接办成为中国的公立大学（1951 年开始）。有过三任校长，

---

① 胡昭曦：《西部大开发与巴蜀文化研究》，《社会科学研究》，2001 年第 5 期；胡昭曦：《巴蜀历史文化论集》，巴蜀书社，2002 年版；林向：《巴蜀文化辨证——林向考古文物选集》，科学出版社，2010 年版。

② 《四川大学史稿》第四卷《华西协合大学 1910—1949》（简称《川大史稿·华大卷》），四川大学出版社，2006 年版，第 1、11 页。本文有关华西协合大学的资料，大多据自此书，除必要处，不一一注出。

③ 参见张丽萍：《从"五洋学堂"到中国的永久大学——华西协合大学本土化过程研究》，四川大学博士学位论文，2007 年。

他们是毕启（Joseph Beech，美国人，1867—1954。1913—1930年任校长，1930—1946年任校务长）、张凌高（重庆璧山人，1890—1955。1927年后任副校长、代理校长，1933—1946年任校长）、方叔轩（四川成都人，1883—1982。1946—1951年在任。曾长期担任华大教务长，任校长后承继了张凌高的办学思想和风格）。其中，毕启是奠基人。首任华人校长张凌高于1933年9月23日完成了华大向中国政府立案，逐渐实现了华大校院级领导的改组和专业设置的重大变化。他和方叔轩担任校长期间，是华大教学、科研和医药事业明显扩充、提高和发展时期，也是华大对巴蜀文化研究做出重要贡献的时期，这是华大迅速发展提高和加快中国化的要求，是张、方二校长的办学思想的实施。

作为一所教会大学，华大创办的初衷是为基督化中国服务的，起初华大的发展较为缓慢。张凌高认为教会大学不能与社会需求脱节，制定了充实文、理两科，加强调整医、牙科，文理渗透，教学与科研并重的办学方针。使它面向社会办学，最大限度地融入华西当地的社会生活中，融入中国当时的社会现实中，在教学内容上强调实用性和为四川乃至中国社会建设服务，大大提高了教学质量和科研水平，推动了学校的发展，基本完成了中国化进程，使华大逐渐成为具有世界影响的一所中国的私立综合性大学。

华大向中国政府立案前后办学思想变化及其实施，不仅使已形成华大强势的医科更加发展，而且也使华大的文科迅速增强并显出特色，特别是"融入华西社会"的要求，更使华大的教学科研着重面向巴蜀地区的历史与文化，为巴蜀地区的社会服务，从而也必然关注对巴蜀文化的研究。

二、大批名家云集，推进巴蜀研究

在张凌高担任校长后，华大的文科教学科研有了很大加强，学校聘请中国籍教师的人数逐渐明显增多，其中不少是研究巴蜀文化的著名学者，他们对华大相关学科的教学科研水平的提高和巴蜀文化研究的发展，起了决定性的推动作用。华大的教学科研队伍，大体由几部分组成。一是外国人。其在教师中比例逐渐减少，中、西籍教师之比例，开学第一年（1910年）为2∶8，1917年为1∶23，1931年为62∶60。① 西籍文科教师中不乏名师名家，如戴谦和（Deniel Sheets Dye，理学院院长，大学古物博物馆奠基人，主持校博物部长达20年）、葛维汉（Darid C. Graham，人类学家、考古学家、古物博物馆长）、费尔朴（Dryden L. Phelps，哲学博士）、文幼章（Jame G. Endicott）② 等。

二是中国人。华大聘请的中籍教师，初期聘数少、聘期短，但均为名家宿儒，如廖季平、刘豫波等。1928年至1947年，受聘来校的著名学者更多。抗战时期，内迁几所大学在成都华西坝联合办学，名家荟萃，华大聘请的文科著名学者明显大增。

三是国外著名学者来校进行学术访问或讲座。如李约瑟（Joseph Needham，1900—1995）③ 等英国以及法国、波兰的来访学者。

在中籍教师中，不少是四川籍④名家或蜀学传人。如廖平（清进士，著名经学家）、刘复礼（清进士）、文龙（清翰林）、刘豫波（蜀中儒学槐轩学派创立人刘沅之孙、文学家）、林山腴（清举人，文学家）、龚道耕（清举人，经史学家）、赵少咸（语言文字学家）、刘绍禹（心理学家、教育学家）、张凌高（教育学家）、吴君毅（法学家）、钟稚琚（语言文学家）、庞石帚（文学家）、杜奉符（文学家）、罗玉君（文学翻译家）、蒙文通（史学家、经学家）、何鲁之（历史学家）、罗忠恕（哲学家、心理学家）、蒙思明（历史学家）、罗荣宗（社会学家）、程英祺（经济学家）、傅葆琛（教育学家）、方叔轩（教育学家）、伍非百（中国哲学史家）、任乃强（藏学家、历史地理学家）、

---

① 有关教师人数及其中西比例，见张丽萍：《从中籍教职员的变迁看教会大学本土化进程——以华西协合大学为中心的考察》（未刊稿）。

② 文幼章（1899—1993），加拿大人。1899年生于四川乐山。毕业于加拿大多伦多大学。1925年在华西协合大学及华西协中任教，曾任大学英语和伦理学教授。

③ 李约瑟，英国人，剑桥大学李约瑟研究所名誉所长，长期致力于中国科技史研究。著有《中国科学技术史》等。

④ 本文所谓四川是指当时的四川省，包括直辖后的重庆市地区。有的地方必要时，当注出今日重庆。

程芝轩（文学家）、祝屺怀（历史学家）、李培甫（文学家）、姜蕴刚（社会学家）、甄尚灵（语言学家）、林名均（考古学家）。

非川籍学者大多是名著全国的，不少是一流的，如顾颉刚、钱穆、容庚、冯友兰、吕叔湘、徐中舒、陆志韦、赵人隽、陈寅恪、韩儒林、吴宓、萧公权、李方桂、刘咸、冯汉骥、缪钺、闻宥、朱少滨、郑德坤、张东荪、谢霖甫、许寿裳、刘朝阳、常燕生、孙伏园、董作宾、郎毓秀、蒋旨昂、黄方刚、沈嗣庄等。他们除了从事本专业研究外，不少学者也积极进行巴蜀历史文化研究。

华大文科教师的构成，有一个突出的优势和特色，即中西合作和校内外合作，贯穿了整个华大时期。

中西合作，例如，林名均与葛维汉，自葛维汉1932年任华大博物馆馆长、20世纪30年代林名均到华大博物馆工作，二人开始学术、工作上的合作交流，一直持续到1948年葛氏退休回国。双方合作的重大活动包括1934年广汉三星堆首次考古发掘、1933年至1936年成都东门外琉璃厂窑址考察。① 又如，罗忠恕任教华大哲学系，1934年任文学院院长，聘请国内外知名学者到华大任教或讲学，并于1939年提议在英国牛津大学成立了中英两国大学文化合作委员会，之后又组织一些中外学者在华大建立了"东西文化学社"（罗被选任社长），开展讲学和科研活动。②

对于巴蜀文化研究而言，更重要的是校内外大范围的学术合作。在成都，华大与具有文科突出优势的国立四川大学（简称川大）毗邻，两校间许多教学科研活动联系密切频繁而长期。抗战时期汇聚华西坝的高校有华大（东道主）、中央大学医学院、金陵大学、金陵女子文理学院、齐鲁大学、燕京大学，人们习惯称这一时期为抗战"五

---

① 参见周蜀蓉：《中西学术互动之典范——以华西协合大学博物馆葛维汉与林名均为例》（未刊稿）。
② 罗义蕴、罗耀真：《掬水移月：西出蜀道有知音》，四川教育出版社，2011年版，第15~23、87~88页。

大学联合时期"①，"友校并立，教授课程，交互合作，人才相当集中"。加上有的学者兼任四川省、西康省一些学术或行政机构负责人，出现了教师队伍的大量校际兼任和有关政府机构配合支持的局面。例如，历史学家、古典文学研究家、语言学家陈寅恪，1943年夏至1945年秋，任教成都燕京大学，同时受聘于华大中国文化研究所任特约研究员。语言学家吕叔湘，1940年在华大任中国文化研究所研究员，1942年至1946年任成都金陵大学中国文化研究所研究员。历史学家钱穆，1939年在成都齐鲁大学任教并主持国学研究所兼任华大课程，1943年至1945年任教华大并兼教川大。历史学家顾颉刚，1939年至1940年上半年任教齐鲁大学兼任该校国学研究所主任，1944年11月再次任校齐大。历史学家徐中舒，1938年2月任川大历史系教授，1943年9月至1944年上学期，兼华大文学院历史系教授，1946年任川大史地系系主任，1950年至1951年兼华大教授，1952年任西南博物院院长。② 历史学家、蒙古学家韩儒林，1940年至1943年任华大历史系教授、中国文化研究所研究员。③ 历史学家、经学家蒙文通，1938年至1940年任教川大历史系，1941任教金陵大学、兼任四川省图书馆馆长，1942年下半年兼教华大，1943年至1948年4月任职省图书馆，兼教华大、川大，1949年在华大、川大任教；1950年在华大，上半年兼哲学系代主任。④ 考古学家、民族学家冯汉骥，1937年受聘四川大学任史学系教授，1941年任四川省博物馆馆长，1943年兼任华大社会学系教授，1944年代理华大社会学系系主任。⑤ 文学家、历史学家缪钺，1946年应聘为华大中国文化研

---

① 华西坝五大学，1942年秋以前指金大、金女大、齐大、中大、华大。1941年中大自办医院，而1942年秋，燕大在成都复校，故1942年后五大学指华大、金大、金女大、齐大、燕大五校。

② 徐亮工：《徐中舒先生生平编年》〈未定稿〉，《徐中舒先生百年诞辰纪念文集》，巴蜀书社，1998年版。

③ 邱树森：《韩儒林传略》，《文献》，1990年第1期。

④ 蒙默：《蒙文通先生年谱》，四川大学历史文化学院编：《蒙文通先生诞辰110周年纪念文集》，线装书局，2005年版。

⑤ 林向：《西南考古学的奠基人——冯汉骥教授》，《中华文化论坛》，1999年第3期；《童心求真集——林向考古文物选集》，第411~415页。

究所研究员兼中文系教授，1947年8月兼川大历史系专任教授，1948年至1951年任华大、川大教授。① 考古学家郑德坤，1936年在华大任教，1941年至1946年任华大博物馆长。语言学家闻宥，1937年任教川大中文系，1940年至1951年在华大文学院任教中文系兼研究所所长并兼教川大，1951年在华大文学院任教兼博物馆馆长。社会学家、人类学家、民族学家李安宅，1938年赴甘肃拉卜楞寺对藏传佛教进行实地调查，后任教于华大。于式玉，民族学家。1942年与丈夫李安宅先后赴成都后，在华西大学边疆研究所任教。藏学家、历史地理学家任乃强，1940年任西康省通志馆筹备主任，1943年至1945年在华大任教兼华西边疆研究所研究员，曾率华大考察团赴康藏地区考察。② 文学家伍非百，曾任华西大学教授、省图书馆馆长等。③ 历史学家赵卫邦，1940年在北平辅仁大学研究院史学部任教，被派深入西康省凉山地区从事少数民族社会、文化调查研究工作。1950年受聘为华大中文系教授、代理系主任和中国文化研究所研究员。④

由于学校加强文科建设，加上校内外、国内外学者之间的学术合作交流，文科师资队伍庞大而具有活力。他们辛勤耕耘，既有不少全局性的高水平研究成果，还有许多巴蜀地域性的前沿课题；既推进了巴蜀文化的研究，又培养了大批巴蜀文科人才和巴蜀文化研究的传人。

三、增建学术机构，推进巴蜀研究

1927年华西协合大学向省府申请立案前后，设有文科，科长由张凌高兼任，1930年改由费尔朴担任。文科设有国文系、英文系、社会学系、经济学系、哲学系等。1931年华大向教育部申请立案时，

---

① 缪元朗：《缪钺先生生平编年》（1904—1978），《魏晋南北朝史论文集》，巴蜀书社，2006年版。
② 《川大史学·任乃强卷》，四川大学出版社，2006年版，"前言"。
③ "四川省文史馆网·历任馆员"。
④ 《赵卫邦自撰简历》，《赵卫邦文存》，四川大学出版社，1989年版，第12~13页。

按教育部大学组织法规定，筹建文学院。文学院于1932年正式成立，第一任院长为费尔朴，1934年由罗忠恕继任，下设中国文学系、教育系、外文系、社会学系、历史学系、哲学系、美术系等。① 与此同时，张凌高出任校长后，华大在加强医科、理科研究工作的同时，重视文科的研究工作，先后充实和建立了一些人文学科的研究机构，这些教学科研机构是华大巴蜀文化研究的重要阵地。列其主要者于下②：

博物馆。1914年戴谦和在华大筹办博物部。1932年成立古物博物馆，有标本6000件，葛维汉被任命为馆长（任期为1932—1941）。1941年郑德坤主持馆务。该馆明确提出"利用乡土教材，以促进吾国教育之本位化"③，主持了四川及西南地区的考古学、民族学方面的多项考古发掘，如广汉三星堆遗址、汉墓、唐宋窑址等。至1950年，所收罗古物文物达3万余件，其中边民文物颇具特色，西藏标本尤为丰富④，是中国西南地区建立最早的博物馆。华大博物馆也最早把西方近代博物馆的理论和模式介绍给西南的学术界，首开西南文博界的文物收藏、研究、陈列诸方面的先河。⑤

华西边疆研究学会。自1922年至1950年，设在华大博物馆内。创始人是戴谦和以及一些美籍人类学、医学、地理学等方面的专家。它是一个国际性的学术团体，具有跨学科、跨地域、跨学校的特点。其宗旨是研究华西（包括今天的川、渝、甘、青、藏、滇、黔、新等

---

① 《川大史稿·华大卷》，第73~77页。
② 《川大史稿·华大卷》，第117~121页。
③ 引自霍巍：《华西研究丛书·温故而知新——20世纪早期华西边疆研究的历史价值（代序）》，李绍明、周蜀蓉选编：《葛维汉民族学考古学论著》，巴蜀书社，2004年版；郑德坤：《四川古代文化史》，巴蜀书社，2004年版。
④ 《川大史稿·华大卷》，第70~73页；张丽萍、郭勇：《中国西部第一个博物馆》，《光明日报》，2006年6月16日。
⑤ 20世纪30年代四川大学也开始筹建博物馆，1937年8月8日国立四川大学博物馆筹备处成立。此后，收得各种文物逾3000件。1941年1月，四川省政府会同四川大学博物馆设立了四川省博物馆，由冯汉骥出任馆长。川大博物馆藏品全数移交省博物馆。今天的四川大学博物馆即由当年华大博物馆演变而来，被学术界誉为"中国高等院校首屈一指的综合性博物馆"。参见王东杰：《学术"中心"与"边缘"互动中的典范融合：四川大学历史学科的发展（1924—1949）》，《四川大学学报》（哲社版），2006年第4期。

地区）的民族历史、宗教、习俗及当地的自然环境，及其与西方文化的相互交流和影响。创办了面向世界发行的英文学术年刊《华西边疆研究学会杂志》，自1922年至1946年共发行16卷20册。①

中国文化研究所。1940年成立，研究中国文化，如宗教、考古学、史学、人类学、语言学及美术等。所长闻宥，教授兼研究员有韩儒林、吕叔湘、刘朝阳等，还聘请陈寅恪、刘咸、李方桂、滕固、董作宾等为特约研究员。出版有《华西大学中国文化研究所论丛》《华西大学文化研究所集刊》两种刊物。

边疆研究所。1942年成立，由张凌高兼任所长，李安宅任副所长。该所是以研究边疆为宗旨，与本校博物馆及各院系既互相配合又各自独立地开展调查研究、实地考察、主办公开演讲、举办文物展览、出版刊物等。

经济研究所。1942年成立，由程英祺主持。出版的刊物有《华西经济半月刊》《经济科学专刊》等。

教育研究所。1943年成立，由傅葆琛主持。出版有《教育与建设》《华西教育导报》《华西教育月刊》《华西教育通讯》等刊物。

中国社会史研究室。1944年成立，由姜蕴刚主持。出版《中国社会》月刊。1945年，顾颉刚主持编辑《文史杂志》，委托该研究室为其杂志编辑"中国社会史专号"。

历史研究部。成立于1942年，由钱穆主持。先后招收研究生10多名。

国学研究部。成立于1943年，李培甫任主任。

四、研究成果丰硕，学术贡献突出

（一）西南科学考古与民族学的先驱

1929年春，四川广汉县（今广汉市）太平场附近燕氏宅旁发现大批玉石器。1930年，英籍牧师董宜笃（A. H. Donnithone）函约

---

① 霍巍：《温故而知新——20世纪早期华西边疆研究的历史价值（代序）》；周蜀蓉：《传教士与华西边疆研究——以华西边疆研究学会为例》，《宗教学研究》，2011年第1期。

华大戴谦和同往调查，获得一批玉器。戴氏据此撰《四川古代石器》，刊于《华西边疆研究学会杂志》第 4 卷（1934）。1934 年，华大博物馆葛维汉及该馆林名均应广汉县政府之邀，在燕宅旁开展正式田野考古发掘，颇有收获。1934 年，葛维汉整理出历史上第一份有关广汉古蜀文明遗址的考古发掘报告——《汉州发掘简报》。1934 年 7 月 9 日，时旅居日本的郭沫若在给林名均的回信中，对葛、林、戴氏的研究给予很高评价，认为将各种陶器"判断为周代早期的文物，也许是可靠的"，称他们是"华西科学考古工作的开拓者"。葛维汉将广汉发掘及初步研究成果撰成《汉州发掘初步报告》载《华西边疆研究学会杂志》第 6 卷（1936），林名均撰成《广汉古代遗物之发现及其发掘》载《说文月刊》第 3 卷第 7 期（1942）。1946 年 7 月，华大博物馆出版了郑德坤的《四川古代文化史》，书中郑德坤把"广汉文化"作为一个专章加以讨论研究。广汉发掘尤其"广汉文化"的提出，表明当时的学者对广汉遗物与中原文化的异同开始关注。这些发掘研究，揭开了日后三星堆文化发掘与研究的序幕，是三星堆科学考古研究的先驱，从此在国内外学界很快形成了一股探讨广汉古蜀遗址之风。①

戴谦和潜心于寻访巴蜀古迹，发掘遗址、古墓。葛维汉主持了四川地区的多项田野考古工作，深入苗、羌、藏、彝等民族聚居地，广泛采集并系统整理民族文物，学者已将其论著翻译选编结集为《葛维汉民族学考古学论著》出版。②

1942 年至 1943 年兼任华大社会学系的川大教授冯汉骥（时已任四川省博物馆馆长）主持发掘了位于成都的五代前蜀王建永陵（华大博物馆林名均参加），这是国内首次发掘的五代十国帝王陵寝。冯汉骥在 1964 年完成出版了《前蜀王建墓发掘报告》。1944 年，冯汉骥（是年代理华大社会学系系主任）在川大校园内清理一座小型唐墓，从中取得成都县"龙池坊"唐代纸本雕版印刷品，这是国内迄今保存

---

① 段渝：《三星堆与巴蜀文化研究七十年》，《中华文化论坛》，2003 年第 3 期；周蜀蓉：《华西边疆研究学会与三星堆文化的早期研究》，《四川文物》，2012 年第 5 期。

② 李绍明、周蜀蓉选编，巴蜀书社，2004 年出版。

的最早印刷品标本。①

20世纪三四十年代，李安宅、任乃强等对康巴社会历史文化进行了开拓性研究，深入康区实地调查，发表了一系列著述，如《边疆社会工作》②《西康图经》《西康纪要》《康藏史地大纲》《西康德格之历史与人口》《川甘数县边民分布概况》等，还出版了《康导月刊》《边政》《康藏前锋》等专刊，为康巴研究奠定了科学的研究基础，架构起"康巴学"（康巴文化研究）的基本框架。③

（二）人类学的"华西学派"④

"华西"，此处主要是指华西协合大学。华大1910年建校不久即进行人类学与社会学的教学研究，建立了以人类学为主要内容的古物博物馆。之后，成立以人类学为重点的"华西边疆研究学会"，发行《华西边疆研究学会杂志》；又建立了专设的人类学研究机构"华西边疆研究所"。同时，该校社会学系及博物馆又培养出一批人类学人才。加之，抗日战争期间五大学协作办学，遂有不少著名的人类学家加入华大的行列，其中也包括当时在成都的四川大学等校的人类学与社会学家⑤，华西人类学学科之势大增。因此当时即有一些学人以"华西"之名，来称呼那一阶段这一人类学者的群体。

华西人类学派1911年至1937年为初创阶段，以后发展，直到1952年，于中国学术史上大约存在了42年之久。这个学派的特点

---

① 冯汉骥：《前蜀王建墓发掘报告》"壹，永陵的发现及发掘"，文物出版社，2002年版；林向：《西南考古学的奠基人——冯汉骥教授》。

② 1944年中华书局出版，1946年再版，收入"社会行政丛书"。

③ 任新建：《任乃强：〈格萨尔〉的发掘者》，载《中国民族报》，转引自中国民族宗教网，2009年11月13日；石硕：《关于"康巴学"概念的提出及相关问题——兼论康巴文化的特点、内涵与研究价值》，《西藏研究》，2006年第3期。

④ 主要自李绍明：《中国人类学的华西学派》，载《中国人类学评论》第4辑，转引自人类学在线，2009年10月30日；李绍明：《略论中国人类学的华西学派》，《广西民族研究》，2007年第3期。

⑤ 1935年，四川大学文学院的历史学系即开设有人类学，法学院的政治经济学系也开设有社会学、社会问题等课程，主讲这些课程的学者主要有胡鉴民和冯汉骥。他们二人与华西均有密切关系，如胡鉴民曾任与华大联合办学的金陵大学文学文科研究所教授，川大教授冯汉骥曾任华大社会学系教授和代理主任。冯汉骥任四川省博物馆馆长后亦兼教川大、华大。

是：在学术理论上兼容并蓄，在研究方法中史志结合，在研究领域中注重康藏。《华西边疆研究学会杂志》以英文出版，共有论文300余篇。其内容主要为有关西南地区的人类学（包括体质人类学、文化人类学即民族学、考古学、语言学）、历史学、民俗学、社会学、宗教学、地理学、地质学、生物学等方面的论著，其中人类学的成果约占三分之一，成为当时研究这一地区上述学科的世界性权威刊物，为世界各国大图书馆所收藏。

华西学派在体质人类学方面有较大成就。1935年至1936年华大医学院杨振华参加了由莫尔思主持的三次体质人类学考察。先后收集了1000个成都人的血型标本，以及200多个苗族人、100多个藏族人、50多个羌族人的血型，写出了以《四川人的血型研究》为题的论文，于1938年在《英国人类学杂志》上首先发表，获得高度称赞，对华西的体质人类学做出重要贡献。

在语言学研究方面。华大中国文化研究所所长闻宥，专长语言学、音韵学研究。该所出版有《华西大学中国文化研究所论丛》和《华西大学中国文化研究所集刊》两种，闻宥著《论民族语言系属》《民家语中同义字研究》《羌语比较文法》；吕叔湘著《释俺附论们字》《汉语第三代身词说》；李方桂著《沙佛，汉藏语元音》；董作宾著《读方编纳西文字典甲种》和刘念和著《中国古汉语声韵系统之研究》等都刊于此，皆称语言学一时的佳作。20世纪40年代赵卫邦到华西中国文化研究所工作，曾至西康宁属（今凉山彝族自治州）一带进行民族考察，撰有《西康会理的僰人》。①

（三）助推"巴蜀文化"命题的形成及其研究的深入

20世纪40年代，卫聚贤先后以《巴蜀文化》为题，在《说文月刊》第3卷第4期（1941年10月上海出版）"巴蜀文化专号"和第3卷第7期"巴蜀文化专号"（1942年8月重庆出版）发表论文，首次提出"巴蜀文化"的命题。据卫氏在第一篇《巴蜀文化》中所记，他于1940年8月"路过成都，参观华西大学博物馆，见有石器甚多，

---

① 《赵卫邦自撰简历》，《赵卫邦文存》，第12~13页。

皆川康境内出土"。1941年4月、6月，他两次在成都购得或见到共数十件器物，遂"就其花纹而草成《蜀国文化》一文"；8月，再到成都，又见到几件兵器和一残猎壶，"林名钧（均）先生并指出《华西学报》五期（二十六年二月出版）有'錞于图'，其花纹类此，购而读之，知万县、什邡（四川）、慈利（湖南慈利）、长杨（今湖北长杨）、峡来（东？）亦有此特异的花纹兵器等出土，包括巴国在内，故又改此文为《巴蜀文化》"①。可见华大的巴蜀文化研究，对"巴蜀文化"命题的提出所起的助推作用。

"巴蜀文化"的命题虽始于20世纪40年代，但作为中华文化重要组成部分的巴蜀地区文化，却是源远流长、丰富多彩，而且有关对它的研究也是自古至今连绵不断。长期以来文化学者研究中所谓"西南地区""西南边疆""四川""川康""巴渝"等地区文化，重点都是指巴蜀地区的文化，后来逐渐趋于采用"巴蜀文化"这个命题。

华大的文科研究自始就把重点放在四川和西南，1941年10月出版的《说文月刊》沪版"巴蜀文化专号"主要内容是重庆地区。1942年8月出版的渝版"巴蜀文化专号"，则泛及巴蜀地区，刊载了华大郑德坤的《华西的史前石器》、林名均的《广汉古代遗物之发现及其发掘》，同刊的还有在华大兼教或学术合作的徐中舒的《蜀锦》、董作宾的《殷代的羌与蜀》、商承祚的《成都白马寺出土铜器辩》、缪凤林的《漫谈巴蜀文化》等。这些著述丰富了"巴蜀文化"命题的内涵，也促进巴蜀文化研究渐趋高潮。

通观华大几十年的巴蜀人文文化研究，数量多，成绩大，笔者仅从《华西边疆研究学会杂志》载文的粗略统计，自1922年至1946年共刊登341篇文章②，从存目标题看，其内容明显是四川、西康、西藏地区人文社会科学方面和部分地理类的文章有167篇（四川、西康的约占60%以上），占总篇数的48.6%。1946年郑德坤出版了《四川古代

---

① 卫聚贤：《巴蜀文化》，《说文月刊》第3卷第4期，第1页。
② 据周蜀蓉译编：《〈华西边疆研究学会杂志〉目录》，李绍明、周蜀蓉选编：《葛维汉民族学考古学论著》，巴蜀书社，2004年版。

文化史》一书（已由巴蜀书社于 2004 年再版），这是有"巴蜀文化"命题以来，研究巴蜀文化的第一部专著。它与徐中舒 1940 年发表《古代四川之文化》①、1934 年林山腴编纂的《华阳县志》、三四十年代蒙文通的经史地理和道书研究、任乃强的康巴研究、甄尚灵的四川方言研究等系列著作，都是近七、八十年以来巴蜀文化研究的奠基之作。

（四）巴蜀学术人才的培养基地

据统计，从 1910 年开学至 1949 年的 40 年间，华大毕业学生共 2197 人，其中医、牙、药为各专业共 808 人，其余为文、理科。人文社会学科，仅以文学院的统计，到 1949 年，该院已发展到教育、乡建、社会、哲史、经济、音乐、中文、外文等 8 个系，学生人数 728 人，为全校学生人数最多的学院。② 研究生，如钱穆主持的哲史研究部，自抗战后期至 1948 年，即招有研究生 10 余名。同华大其他学科专业一样，华大文科毕业生中，不少人后来成了著名的专家、学者。仅就笔者所知，举例如下：

张凌高，教育家，重庆璧山县人。1919 年毕业于华大文科，获文学学士，1922 年获美国芝加哥西北大学研究院文学硕士学位，1933 年获美国德鲁大学研究院哲学博士学位。1927 年张凌高受聘为华大副校长，1930 年任代理校长。1931 年 5 月，华大在纽约的托事部正式同意任命张凌高为华大校长，并向中国政府教育部呈请立案。1933 年 9 月张凌高得到正式任命。1947 年，张凌高称病辞职。张凌高苦心经营达二十年之久，使华大逐渐由一所地区性的教会大学，跃升而成为在全国具有相当影响地位的一所中国本土的综合性大学。③

方叔轩，教育家，四川成都人。1916 年毕业于华大教育系。留学获英国伯明翰大学研究院教育硕士。1927 年后，任华大教务长达 20 年之久，1946 年至 1951 年任校长。方叔轩承继了前任张凌高的办学思想和风格，充实经费，完善条件，继续延揽名师，提高课程标

---

① 载《史学季刊》〈成都〉第 1 卷第 1 期。
② 《川大史稿·华大卷》，第 145、174 页。
③ 《川大史稿·华大卷》，第 87~92 页。

准，发展科学研究，充实图书设备，使华大成为西南教育文化重镇。①

杨重熙，教育家，四川内江人。1919年毕业于华大文科，美国西北大学神学硕士，1932年至1950年任重庆求精中学校长，兼重庆求精商业专科学校校长，1939年与人合作开办内江私立求精中学。②

罗忠恕，哲学家、心理学家，四川武胜人。1922年考入华大医科，后转学文科。1931年在燕京大学哲学系研究院获硕士学位，回华大哲学系任教。历任华大教务主任、文学院院长、哲学系主任等，1947年6月，被联合国教科文组织聘为哲学顾问。1942年11月任华大"东西文化学社"社长，持续开展国际学术活动，使该社成为当时华大的东西文化交流中心③，撰有论文《哲学在现代教育中的地位》，有《希腊哲学》（译述）等。

蒙思明，历史学家，四川盐亭人，1929年至1933年就读于华大社会及历史系。毕业后在校任教，1935年至1938年，入北京燕京大学研究院历史部专门进修。1944年由华大赴美国哈佛大学留学，后回校任教至1952年，历任华大文学院院长兼外文系代主任。代表作有《元代社会阶级制度》。④

林名均，考古学家，四川资中人。1933年毕业于华大，长期在华大博物馆工作，曾任馆员、总务主任兼馆长秘书等。从20世纪30年代开始，参加过多次考古发掘，发表过多篇涉及华西历史、民族、考古、文学等方面的论文，编纂出版专著《华西大学图书馆四川方志目录》。他的《广汉古代遗物之发现及其发掘》，是中国学者在国内学界发表的第一篇有关广汉古蜀遗址的论文。⑤

---

① 《川大史稿·华大卷》，第139页。
② 《西南财经大学志》第1卷，西南财经大学出版社，1992年版；《内江文史资料选辑》（第12辑），1995年版；《"三杨兴学"办教育》，转引自新浪网，2007年3月17日。
③ 罗义蕴、罗耀真：《掬水移月：西出蜀道有知音》附"学者生涯"，第84~109页；《川大史稿·华大卷》，第121~125页。
④ 发表于1938年4月《燕京大学学报》专号第16期。修订本于1980年由中华书局出版。
⑤ 周蜀蓉：《中西学术互动之典范——以华西协合大学博物馆葛维汉与林名均为例》。

甄尚灵，语言学家，四川遂宁人。1939年毕业于华大，在华大中国文化研究所和中文系任教。后留学，先后获哈佛大学、耶鲁大学硕士、博士学位。1951年回国后仍在华大原单位任教。著作有《成都语言初步研究》《四川方言音系》等。①

王仲镛，文学家，四川南充人。1939年毕业于华大中文系，留校在中文系、国学研究所任教，1945年，兼校长秘书。著作有《唐诗纪事校笺》《升庵诗话校笺》《绝句衍义校注》《陈寿〈益部耆旧传〉探微》等。

白敦仁，古典文学研究家，四川成都人。曾就读于四川大学，毕业于华大中文系。1942年起先后在华大中文系、成华大学、成都大学任教，曾任成都大学中文系系主任等。著作有《水明楼诗词集》《陈与义年谱》《宋诗略论》等，整理辑印有《养晴室遗集》等。

王文才，文学家、文献学家，四川崇州人。1943年就读华西大学中文系。编著有《元曲纪事》《成都城坊考》《青城山志》《蜀梼杌校笺》《杨升庵丛书》等。②

罗元铮，经济学家，四川成都人。1947年毕业于华大，后到美国留学和工作。1948年至1951年，在苏联列宁格勒大学东方学院任教员。1951年至1954年，就读于列宁格勒大学经济系，获博士学位。曾任旅美和平民主联盟秘书、冯玉祥将军英文翻译和随行秘书、国际经济协会副主席、首都经济贸易大学教授。著作有《中国走向世界的求索——罗元铮文选》《罗元铮文选续集》等。③

李绍明，历史学家、民族学家、人类学家，土家族，重庆秀山人。1950年入华大社会学系学习，1953年毕业于川大历史系民族学专业，1954年毕业于西南民族学院民族问题研究班。曾任中国民族学学会、副会长、中国民族史学会副会长、四川省历史学会会长、中国西南民族研究学会会长等。主要著作有《民族学》《李绍明民族学

---

① 龚汉熊：《言静声息，甄尚灵先生悄悄地走了》，龚汉熊的博客，2012年4月4日。
② 张天健：《我与川中大师王文才二三事》，史学日志网，2011年12月22日。
③ "百度·搜搜百科"；《冯理达罗元铮夫妇：永不凋谢的爱情》，"人民网·军事频道"，2008年6月28日。

文选》《凉山彝族奴隶社会》《羌族史》《川东酉水土家》《彝族》及《中国藏族人口与社会》等。①

此外，还有宋诚之（神学博士，曾任华西大学、四川大学、澳洲雪黎大学教授）②，教育系毕业的刘之介（教育家）③等。

以上所列，仅为笔者所知者的列举，可谓挂一而漏众，但已可见华大培养蜀中文科人才和巴蜀文化研究学者斐然成绩之概貌。

综观华西协合大学41年间的文科建设，有两点值得特别注意：第一，华大巴蜀文化研究的发展，是这所教会大学逐渐中国化的重要内容，它助推该校把中国化推进到更广更深，直至完成。第二，就华大文科的学术地位而言，虽不如它的医、牙、药科举世闻名，但已是全国高校中巴蜀文化研究的重镇之一，做出了具有明显特色的突出贡献。

1952年院系调整中，华西协合大学成为专一的医科大学（1953年定名为四川医学院，1985年5月14日更名为华西医科大学）；文、理、哲学院被合并给四川大学（其中社会学系及民族学即人类学于半年后从四川大学划出，并入西南民族学院即今西南民族大学），历史博物馆亦调整到川大，这些单位的大部分教师和一些职工，也随之调入川大。历史悠久、富有国学传统和具有文科突出优势的国立四川大学④，在中华人民共和国成立前已是巴蜀文化研究的主要重镇，华大文科调入川大后，川大文科的教学科研更为增强，巴蜀文化研究的队伍更为雄厚，成果也更为硕大。

（载《蜀学》第八辑，巴蜀书社，2014年4月版）

---

① 摘自巴蜀文化研究中心网和中国藏学网。
② "四川省文史馆网·历任馆员"。
③ 《高琦中学史略》，成都华西中学网，2007年12月7日。
④ 有关四川大学在1950年以前的文科情况，可参见《四川大学史稿》第一卷《四川大学1896—1949》，四川大学出版社，2006年版；王东杰：《学术"中心"与"边缘"互动中的典范融合：四川大学历史学科的发展（1924—1949）》；段渝：《三星堆与巴蜀文化研究七十年》。

天府新区建设与《华阳国志》

天府新区是国务院正式批复在四川建设的国家发展战略的城市新区，主要包括成都市高新区南区、双流县、龙泉驿区、新津县，资阳市的简阳市，眉山市的彭山县、仁寿县，共涉及3市7县（市、区）37个乡镇和街道办事处，总面积1578平方公里（在成都范围有1293平方公里，约占整个规划面积的81%。）其总体定位是以现代制造业为主、高端服务业集聚、宜业宜商宜居的国际化现代新城区。总体目标：努力建设"四化同步""四态合一"的现代化、国际化大都市新区，奋力打造西部经济核心增长极的重要极核。要坚持"高端业态、现代形态、厚重文态、优美生态""四态合一"的理念，高起点规划、高水平设计、高标准建设，加快打造疏密有度、城景相融、独具魅力的现代新区风貌。①

坚持"四态合一"理念中的"厚重文态"，就同《华阳国志》有重要联系。

一、从历史文脉看天府新区与《华阳国志》的关系

所谓历史文脉，即一个国家、一个地区、一个城市，历史遗留下来的文化精髓及其发展源流。《华阳国志》是我国古代特别是巴蜀地区、成都市历史文脉发展中的闪亮节点和光辉环节。

---

① 《成都天府新区宣传推介材料》。

(一)《华阳国志》诞生于成都

1. 作者常璩是东晋蜀郡江源县（今崇州市）人。①《华阳国志》成书在东晋穆帝永和十一年（355年）正月以前。

2. 首次印行。最早刻本是宋神宗元丰元年（1078年）知成都府吕大防的成都刻本。宁宗嘉泰四年（1204年），知邛州、丹棱李垕加以校正，重刊于临邛。二书今均存序。

3. 首次校注。有四川学者任乃强先生《华阳国志校注图补》，刘琳先生《华阳国志校注》及其修订版、再修订版。

4. 四川省崇州市有"华阳国志馆"并开展研究②，四川省古籍保护小组、四川省图书馆再造嘉靖版《华阳国志》，近几年来有学者开展规模更大的研究并提出有关纪念倡议（成都市志办、四川大学历史地理研究所），《巴蜀全书》把《华阳国志校注》再修订本列入精品出版。

天府、华阳是《华阳国志》诞生地和研究重镇。

(二)《华阳国志》是一部史学杰作

主要有以下方面：

1. 天下闻名。

2. 质量厚重。该书"博考行故，总厥旧闻。班序州部，区别山川。宪章成败，旌昭仁贤。抑绌虚妄，纠正缪言。显善惩恶，以杜未然"③，内容丰富，记述全面，是全面展示公元4世纪以前祖国西南（含甘、陕、鄂部分地区）的地方通史，是我国先秦、汉晋西南地区特别是巴蜀地区的史料宝库和历史宝鉴，足以存史、教化、资政。

3. 特色突出。

(1) 创新。一是内容。二是史识，如以"大一统"观念重建巴蜀

---

① 据《华阳国志》附张佳允辑《江源常氏士女志》。
② 《巴蜀史志》2014年第3期载该馆照片9幅。
③ 《华阳国志·序志》。

古史①；先秦秦汉巴蜀固有经济文化的发展②；贯彻"五善"的编史宗旨③。三是体裁，是地理志、编年史、人物传三结合的史书。

（2）地方特色。是全面展示公元4世纪以前祖国西南（含甘、陕、鄂部分地区）的地方通史。全面记述巴、汉中、蜀和南中四个地区的政区沿革、政治、经济、文化，各郡县的历史、地理、物产、风俗、民族、人物等等。

4. 评价甚高。在中国史志的发展史上具有崇高的地位。唐代刘知几在《史通杂述》卷10中说："其有如常璩之详审……而能传诸不朽，见美来裔者，盖无几焉。"宋代吕大防的成都刻本序："议论忠笃，乐道人之善，蜀记之可观，未有过于此者。"今人评价："其于地方史中开创造之局，亦如正史之有《史记》者。"④ 或说是"方志之祖""方志之王"⑤，我国汉唐时期"最有代表性的地方史著述"⑥，"皇皇巨著辉映古今"⑦，"地方史志的杰作"⑧。

《华阳国志》是我国古代的一部杰出的史学著作，可以作为天府新区文化建设的历史借鉴，建设出杰出的文化项目。

---

① 它是合并叙述巴、蜀（含汉中地区）古史以及南中地区古史的杰作：一是将巴蜀境内众多的部落和方国纳入巴国和蜀国两大政治集团的体系中。二是结合中原王朝的情况，将古代巴、蜀称王称帝的时代明确化。三是将先秦时期的巴国和蜀国描述为炎黄支裔，与所谓三皇五帝时代、中原夏商周等政权有着不可分割的血肉联系。

② 《华阳国志》批驳"蜀椎髻左衽，未知书。文翁始知书学"的说法，而认为"文翁之前，蜀已知书"。蒙文通先生《巴蜀史的问题》赞成这一论述，认为，南方文化系统是中华文明的三大始源之一，要重视古巴蜀同中原和周边的联系，更要重视"巴蜀固有的文化"即古巴蜀本土经济文化的生长、兴起和特点（载《蒙文通文集》第二卷《古族甄微》）。

③ 《华阳国志·序志》写道："夫书契有五善：达道义，章法戒，通古今，表功勋，而后旌贤能。"这是常璩始终遵循的著史宗旨。

④ 常璩著，任乃强校注：《华阳国志校补图注·前言》，上海古籍出版社，1987年版，第6页。

⑤ 刘琳：《〈华阳国志〉——中国方志之王》，《巴蜀史志》，2012年第1期。

⑥ 瞿林东：《中国史学史》第三卷《魏晋南北朝隋唐时期·中国古代史学的发展》，上海人民出版社，2006年版，第185页。

⑦ 李勇先：《皇皇巨著，辉映古今——〈华阳国志〉历史地位及其史料价值浅述》（未刊稿）

⑧ 粟品孝等：《巴蜀文化通史·史学卷》（未刊稿）。

二、从地理沿革看天府新区与《华阳国志》的关系

从地理沿革看天府新区与《华阳国志》的关系是一脉相承。"华阳"，在地理学上有两种解释。

（一）华山之阳的地区

《华阳国志》初名《华阳国记》，亦称作《华阳记》。为何作此称谓？《禹贡》："华阳、黑水惟梁州。"《华阳国志》所记地区属《禹贡》九州之梁州。《蜀中广记》："禹贡：华阳、黑水惟梁州。……周有天下，并梁于雍，二州以华山为主，雍有华阴犹蜀之有华阳也。"① 《明一统志》："取华阳黑水惟梁州之义。"② 这是指大范围的华阳。《舆地广记》："昔人论蜀之繁富曰'地称天府，原号华阳'，故晋常璩作蜀书诵之，《华阳国志》、县之得名实本诸此。"③

（二）行政区划的华阳

汉、晋时期：称广都（汉武帝元朔二年、公元前127年置）、成都。与新都并称三都。《汉书·地理志》：蜀郡有15县，中有成都县、广都县。《华阳国志校注》云："汉晋广都县辖今双流县、仁寿县之北部及简阳西部之一角。"④

隋朝：广都改双流。《隋书·地理志》：蜀郡13县，有成都、双流。双流，仁寿元年（601年）改广都为双流。《元和郡县志》："广都县。本汉旧县……隋仁寿二年避炀帝讳改为双流县。"⑤ 《蜀中广记》亦云，双流县"汉曰广都……避炀帝讳改今名广都为双流"⑥。"避炀帝讳"？有疑，待考。《隋书·地理志》《元和郡县志》既分别云仁寿元年或二年改名，而炀帝即位于仁寿四年七月，何来避炀帝讳改广都为双流？

---

① 《蜀中广记》卷51。
② 《明一统志》卷67。
③ 《舆地广记》卷29。
④ 《华阳国志校注》卷3《蜀志》，巴蜀书社，1984年版，第250页。
⑤ 《元和郡县志》卷32。
⑥ 《蜀中广记》卷51。

唐朝：成都县分置蜀县，《元和郡县志》《旧唐书》均作贞观十七年（643年），《旧唐书》载："分成都县置蜀县，在州郭下，与成都分理。"①《太平寰宇记》卷72则云，唐贞观十年（636年）分成都县东偏置。

蜀县又改名华阳。乾元元年（758年）蜀县改。②为何改华阳？《太平寰宇记》载，"玄宗狩蜀，驻跸成都，改为华阳县"③。《元和郡县志》云，"华阳县……华阳本蜀国之号，因以为名"④，是与《华阳国志》之"华阳"有关。据《旧唐书》载，至德二载（757年）十二月玄宗还长安，改蜀郡为南京。（至德三载即乾元元年）唐剑南道中五县：成都、华阳、双流（汉广都县地）、广都（龙朔三年、663年，分双流置）、灵池（久视元年、700年，分蜀县置东阳县，天宝元年改为灵池）。⑤

宋朝：成都府中五县：成都、华阳、双流、广都（今华阳镇）、灵泉（天圣四年、1026年灵池县改，今龙泉镇。后入广都）。⑥熙宁五年（1072年）以贵平（今简阳西南镇金桥）、籍县入广都。

元朝：以广都入双流（此时广都已含宋广都、灵泉、贵平、籍县）。⑦

1928年，成都市建置，将华阳县城区部分划入成都市管辖。

1965年，撤销华阳县，将华阳县乡区部分并入双流县，华阳县政府所在地中兴场镇改名为华阳镇。

纵观历史，行政区划的华阳，先后包括了今成都市区、双流县、华阳镇、龙泉镇、籍田镇及简阳部分，这就是历史上的所谓"华阳之国"（蜀国）和"华阳之区"。天府新区就建在这里，主要包括今成都市高新区南区、双流县、龙泉驿区、新津县，资阳市的简阳市，眉山

---

① 《元和郡县志》卷32；《旧唐书》卷41《地理志》。
② 《元和郡县志》卷32；《旧唐书》卷41《地理志》。
③ 《太平寰宇记》卷72。
④ 《元和郡县志》卷32。
⑤ 《旧唐书》卷41《地理志》。
⑥ 《宋史》卷89《地理志》。
⑦ 《元史》卷60《地理志》。

市的彭山县、仁寿县。从地理沿革看，高新西区与《华阳国志》有密切的地缘关系。

三、接续天府文脉，传承华阳基因

天府新区建设，要坚持"厚重文态"的理念，就要植根于双流、华阳、广都这片土地的传统文化，接续天府文脉（巴蜀文脉），传承华阳基因。

广都、双流、华阳历史悠久，有厚重的历史文化积淀。据我所见记录，有新石器时代河池遗址，汉代沙河村崖墓群，盘古祠，蚕丛故里，商瞿里，商子祠，秦皇寺，蒋琬墓，公孙述墓，天师观，牧马川，葛柏，张唐英墓，白塔山，唐、五代、宋广都城遗址，广都街，丛桂坊/堂，处士乡，宇文邦彦/粹中/师献/成化等人墓，二江寺大桥等。另外还有文态与生态结合的鹿溪河①。

其中有名胜，更多是古迹；有民间传说，更多是历史事实。要加以普查，仔细考究，分辨虚实，厘清真假，分别利用。

历史上双流、华阳、广都是学术文化重镇。以宋代而言：

学术家族。如：（1）范氏。200年间有进士27人，被列入《宋元学案》者7人，著者有范镇、范百禄、范祖禹、范冲、范仲黼等。（2）宋氏。110余年间，举进士者有7人，著者有宋堂、宋构、宋京、宋若水等。宋堂，嘉祐元年（1056年），被命名为"国子四门助教"。宋仁宗在位41年，在全国诏赐此者一共仅5人。熙宁年间，双流县知县徐九思将宋氏所居坊名为"丛桂坊"，宋氏即以此为其堂名。

---

① 鹿溪河，源于从龙泉山脉长松山一带，全长约40公里（双流县境段长18公里），于黄龙溪注入府河。其上游多色彩深沉的红土，山洪暴发时河水赤红。1960年于上游建宝师湖。河面宽广，水质优良，水深1.5米至3.5米，鱼类品种繁多。沿线如华阳、兴隆、万安、白沙、煎茶、大林、籍田等镇已建成上规模农家乐200多家和许多钓鱼场。关于鹿溪河有两个传说。（1）《三国志·蜀志》卷2载：建安二十五年（220年），诸葛亮等上言："黄龙见武阳赤水，九日乃去。"刘备于是登基。此后，芦溪河的黄龙溪段便作为蜀汉皇帝登基前的吉兆，被尊为蜀汉的圣迹。（2）美丽的阿西姑娘和英俊的鹿郎取天河水、战旱龙，最后幻化成赤水、碧河。两河交汇处的土坡上的榕树，就是阿西，她天天守在岸边，呼唤着她的鹿郎。人们为了纪念阿西姑娘和鹿郎，就把那赤水河称作"鹿西河"，时间长了，就叫成"鹿溪河"。

(3) 邓氏。宋代 6 代人中有进士 6 人，著者有邓至、邓绾、邓洵武、邓椿。(4) 宇文氏。有进士 11 人，著者有宇文邦彦、宇文阆中、宇文粹中、宇文虚中、宇文绍奕（虚中从孙）、宇文绍节。宇文虚中，高宗时被金杀，孝宗时赐姓赵。

儒学、理学、蜀学，教育。蜀学的转型。双流人范仲黼、范荪、范子长、范子该（一作垓）。沧江书院二江九先生①，仁寿虞氏。

史学。范镇、范祖禹、范冲。西蜀史学。②

艺术。邓椿著有《画继》一书，今存。《画继》是中国美术史上占有重要地位的著作。《宋代绘画史》《中国绘画思想史》都列出专目论述，并被编入《历代论画名著汇编》。有文章写道，"邓椿堪称中国文人画理论的确立者"。

又有章詧，嘉祐四年（1059 年）被皇帝赐为冲退处士。宋仁宗在位 41 年，在全国诏赐"处士"称号者仅 10 名（含孔子第四十六代孙）。知成都府王素命所居之地为处士乡，通儒里，冲退坊。

以上只举宋代一些例子，可见一斑。

天府新区对文化建设很重视。2014 年 8 月 19 日天府新区成都直管工委、成都市志办召开座谈会并参观。基础建设热火朝天，于文化建设上有几件事印象深。

1. 天府新区的命名。《舆地广记》于华阳县云，"昔人论蜀之繁富曰'地称天府，原号华阳'"。

2. 整个规划都有大片文化区（参观时未见明细规划）。

3. 秦皇寺③中央商务区的命名与建设，规划面积约 8 平方公里。该区域以"城市新中心、发展新高地"为发展定位。

4. 该地区各镇正进行文物和名胜古迹普查清理。

5. 正在维修省保文物二江寺大桥。

---

① "二江九先生"返传南轩之学回蜀，推进了"洛蜀会同"，使蜀学大盛。见《宋元学案》卷 72《二江诸儒学案》。
② 《宋元学案》卷 85《深宁学案》，王应麟朝夕讲道，言西蜀史学。第 2866 页。
③ 秦皇寺为当地地名或寺名，有秦皇寺街、秦皇寺村、秦皇苑小区。有传说与秦举巴蜀移民有关。

我以为，天府新区建设提出"厚重文态"的目标是很好的，这就要坚持高标准高质量的要求，经济建设与文化建设并进，接续天府文脉，传承华阳基因，大力弘扬广都、双流、华阳地区的优秀传统文化，凸显地方优势和特色，建设成植根于华阳大地、独具魅力的国际化现代都市新城区。

预祝：天府新区的经济建设与文化建设，并驾齐驱，比翼高飞。

（在"2014年中国地理学会历史地理专业委员会学术研讨会"的发言，载《成都地方志通讯》2014年第9期）

望江楼公园几座古建筑的历史变迁
——辑补彭芸荪先生《望江楼志》①

中华人民共和国成立以来，经过多次调整改建、精心培修，四川省成都市望江楼公园以拥有望江楼（崇丽阁）为代表的清代古建筑群、唐代著名女诗人薛涛纪念遗址薛涛井、薛涛纪念馆等著名景点及园内各类珍奇异竹而闻名中外，成为成都历史文化名城的重要标志之一。1999年被录入中国历史文化名园，2006年被国务院列为全国重点文物保护单位。1980年出版的彭芸荪先生的《望江楼志》②（简称《彭志》），较为系统地考察了望江楼名胜区的沿革变迁和薛涛的生平事迹，内容全面、资料丰富、考证翔实，是迄今研究成都望江楼名胜的主要地方志专著。笔者读后，颇受教益，同时也感到尚有一些可补之处。经查阅资料，并实地访问考察，本文主要梳理该公园内以原雷神庙为主包括武圣宫、方公祠三座古建筑的变化，以及它们同望江楼公园发展历程的关系，旨在更多更细地了解其历史状况，并对《彭志》作点辑补。

一、雷神庙的初建与薛涛井、方公祠

《彭志》第20页云："园中旧有雷神庙及方公祠，今废。"所记甚简。

---

① 撰写此稿，多承望江楼公园管理处副主任王道云先生和汪辉秀、范静女士接待访问、提供资料，又承王先生对初稿提出意见，谨致感谢！
② 此书由王文才先生据彭芸荪先生《薛涛丛考》整理而成，四川人民出版社1980年出版。

史载:"雷祖庙,在城东南。国朝嘉庆十九年(1814年)总督常明建,兼祀风云雷雨诸神,岁时享祀,以祈丰岁。"① "雷神庙。(成都)县东三里,华阳境。创建培修详《华阳县志》。春秋致祭于此。成(成都)、华(华阳)两县共。"② "雷祖庙。在崇丽阁西,嘉庆甲戌(十九年)总督常明建。"③ 当年,四川总督常明奉敕建雷祖庙于薛涛井左,布政使方积与成都府知府李尧栋④等,建吟诗楼、浣花亭于井右,以此怀薛涛居所城内碧鸡坊吟诗楼之古。⑤

雷神庙(又称雷祖庙、雷神祠、雷祖殿)是历史上薛涛井名胜区(简称名胜区)的重要建筑之一,据望江楼公园管理处副主任王道云先生介绍:位于今望江楼公园文物保护区的桂花林前的薛涛纪念馆,于2005年由原有雷神庙改建而成,于2006年2月14日正式对外开馆(见图一)。雷神庙距江边约30米。1953年新建的公园大门即今北大门,至原雷神庙约200米。

常明(?—1817),满洲镶黄旗人,姓佟佳。嘉庆十五年二月丙申,由湖北巡抚升兵部尚书兼都察院右都御史总督四川等处军务兼管巡抚事。是嘉庆二十一年刻印的嘉庆《四川通志》的领衔修撰人。⑥ "历任贵州布政使、巡抚,湖北巡抚。嘉庆十五年任四川总督,十八年署成都将军。二十二年卒。赠太子少保,谥襄恪。"⑦

---

① 嘉庆《四川通志》卷34《舆地志·祠庙·成都府》,巴蜀书社,1984年影印清嘉庆本。

② 《同治成都县志》卷2《祠庙》,成都时代出版社,2007年点校本,第55页。

③ 《嘉庆华阳县志》卷17《祠庙》,成都时代出版社,2007年点校本,第132页;《民国华阳县志》卷30《古迹》,成都时代出版社,2007年点校本,第808页。

④ 嘉庆《四川通志》卷103《职官志·成都府知府》载:"李尧栋,浙江山阴进士,嘉庆十九年任。"

⑤ 有文字云:"薛涛久居成都西郊浣花溪,晚年移居城内西北隅的碧鸡坊,建吟诗楼,偃息其上,原址早已无处可寻。自明代有薛涛井之后,清代嘉庆十九年……又有四川布政使方积与成都府知府李尧栋等,建吟诗楼及濯锦楼等于井之右。次年,李尧栋有跋记此事,文曰:'……兹于井旁造小楼数楹,仍颜曰吟诗楼,以存其遗迹,登览者勿泥其地焉。'这就是说,他希望游客以怀古为重,不必计较此地是否真为薛涛故居。"参见"掌门人网·成都望江楼公园景点首页"。

⑥ 嘉庆《四川通志》卷103《职官志·总督》、卷首《重修四川通志序》;《清实录·仁宗实录(四)》卷225,中华书局,1985年影印本,第31册第25页。

⑦ 《清史稿》卷16《仁宗纪》、卷358《常明传》,中华书局,1977年标点本。

【图一】 薛涛纪念馆（原雷神庙）正门（胡昭曦摄）

据所见资料，我国古代神话中有雷神，又称雷祖、雷公、雷师等。广东雷州城边有座雷祖寺，供奉雷神陈文玉之像，是国家级文物保护单位。陈文玉"自幼才智过人，德行高尚，精通经史，武艺绝伦，在乡里深孚众望。陈、隋两朝朝政腐败，雷祖拒荐而不仕。……唐贞观五年，已近晚年的雷祖始受唐帝之命，出任合州（雷州）刺史。他主政八年……政绩卓著。雷祖谢世后，唐帝念其开雷功高，封号赐庙。唐贞观十六年，榜山村先民为奉祀雷祖，改石牛庙为雷祖庙，成为雷州最原始古老的雷祖庙"①。这是讲雷州"开雷功高"之祖，是人间雷州之祖，也流传陈文玉即天神中的雷神之说。

本文所述名胜区的雷神是指天神。雷神，是神话人物，被称为九天应元雷声普化天尊，或称九天应元雷声普化真王，是司雷之神。雷祖为其封号。我国古代早已有祭祀社稷和天神云、雨、风、雷的记载，清朝历代对此亦有明确规定，《清史稿》载："顺治初，定云、雨、风、雷。既配飨圜丘，并建天神坛位先农坛南，专祀之。"雍正七年，皇帝以云师、雷师尚阙专祀，认为云与雷皆运行造化者也，拟"官建庙奉祀"。于是下所司议。有司列举自唐至清的沿革："唐天宝

---

① 海湛：《走进雷祖陈文玉诞生地》，《湛江日报》，2011年5月29日第5版。

五载，增祀雷师，位雨师次，岁以立夏后申日致祭。宋、元因之。明集礼……郡、县建雷雨、风云二坛，秋分后三日合祭。今拟西方建雷师庙，祭以立夏后申日，东方建云师庙，祭以秋分后三日。"雍正帝"从之。乃锡号云师曰'顺时普应'，庙曰凝和；雷师曰'资生发育'，庙曰昭显；并以时应宫龙神为雨师，合祀之"。"嘉庆二年旱，祷雨既应，仁宗蒇坛报祀……以次诣云、雨、风、雷神位上香，二跪六拜。"①

据传，四川地区早就有祭祀雷神的礼俗。在晋代，梓潼先民就在七曲山建有善板祠，把张亚子作为雷神供奉。为恢复原貌，几年前，又重新修建了雷神庙，庙位于七曲山西北峰最高处。雷神庙内塑有风神、雨神、雷神、电神、蛇神、树神，殿内文字介绍有上述诸神动人的传说故事②。嘉庆年间，成都府建有"风、云、雷、雨、山川坛，在城南"。③ 四川总督常明奉皇帝之命，建雷神庙于薛涛井之左，"兼祀风云雷雨诸神，岁时享祀，以祈丰岁"，当是按照朝廷规定，祈祷风调雨顺、一方平安之举。

薛涛井之说，始于明代。薛涛井旧名玉女津，是明代蜀王仿制薛涛笺的地方，因称此井为薛涛井。《彭志》云："宋人以薛涛井上游合江亭为宴饯之所，明时移此，故……升庵诗称'江楼'，则明时已有楼馆。"④ 此说尚需考订。

今所见明正德至清乾隆史籍、诗词所记，在提到名胜时多只提薛涛井，因其井水清冽，又为蜀藩制薛涛笺处，如《天启成都府志》载："薛涛井。旧名玉女津，在锦江南岸。水极清澈，石栏周环，为蜀藩制笺处。有堂室数楹，令卒守之，每年定期命匠制纸，用以为入京表疏。"⑤ 除《彭志》所引明人何宇度、王士性、曹学佺、包汝楫诸人著述而外，清初王士禛（顺治十二年进士）《池北偶谈》写道：

---

① 《清史稿》卷83《礼志·天神》。
② "梓潼政务网·景点介绍"。
③ 嘉庆《四川通志》卷34《舆地志·祠庙·成都府》。
④ 《彭志》，第20页。
⑤ 《天启成都府志》卷3《古迹》，成都时代出版社，2007年点校本，第77页。

"明时蜀王府例以三月三日取薛涛井水制笺二十四幅，以十六幅贡京师。近督府监司稍募工仿制，殊不能佳。予使蜀时访之，井旁石臼尚存，雕镂精丽。井在锦江东，亦名玉女津。"① 雍正《四川通志》云："薛涛井。旧志：玉女津在锦江南岸，水极清冽，为蜀藩制锦笺处，有堂室数楹，令卒守之。每年定期命匠制纸，以为上进。"② 乾隆《大清一统志》也写道："薛涛井。在华阳县锦江南岸。旧志：旧名玉女津，水极清冽，明属藩邸，人不敢汲。每岁春三月三日汲此水造笺二十四幅，以十六幅入贡。"③ 可见明时薛涛井为蜀王藩邸管辖，在这里汲水制贡笺，派有兵卒看守，不准他人汲用井水。也只见"堂屋数楹"和井旁"石臼"等，未言及楼馆。

至于杨慎诗中"江楼"即指薛涛井的江楼之释，亦乏确指之证。笔者于《升庵集》中，查到杨慎诗中提到"江楼"有数处，《闻笛》诗："江楼寒笛起春声，蜀客扁舟万里行。吹尽落梅还折柳，新春残腊正关情。"《箕仙笔诗》："商家傅说作良弼，宋室张浚多奇功。忆昔江楼吹铁篴，明月一醉三人同。"此二诗所说"江楼"皆未见确指其在薛涛井地带。《五言律起句》："宋周伯弼选《唐三体诗》取起句之工者二……又，'江天清更愁，风柳入江楼'是也。"④ 此"江楼"为"唐人司马曙《题江陵临沙驿》诗中句，见《文苑英华》卷二百九十八"⑤。杨慎诗中也明确提到过薛涛井，如："重露桃花薛涛井，轻风杨柳文君垆。""薛涛井上凝清露，江令筵前擘彩云。"⑥ 但亦未见提到薛涛井的"江楼"。杨慎"江楼"确指何处，尚需查考。

自明蜀藩取玉女津制薛涛笺至清乾嘉之际，薛涛井已是这里的主要名胜，但尚未辟为园林。至康熙初年成都知府冀应熊始书"薛涛

---

① 王士禛：《池北偶谈》卷15《蜀产》，影印文渊阁四库全书本（以下简称四库全书本）。
② 雍正《四川通志》卷23《山川·华阳县》，四库全书本。
③ 乾隆《大清一统志》卷292《成都府·山川》，四库全书本。
④ 杨慎：《升庵集》卷36、73、57，四库全书本。
⑤ 王大淳：《丹铅总录笺证》卷20，浙江古籍出版社，2013年版，第885页。
⑥ 《升庵集》卷30《别周昌言黄孟至》、卷31《周五津寄锦笺并柬杨双泉》。

井"三字刻石。① 到嘉庆十九年（1814年），薛涛井附近已有雷神庙、吟诗楼、濯锦楼等建筑，渐渐成为吟咏游憩之地。《彭志》所引资料可证："旧《华阳县志》云：'嘉庆十九年，布政使方积等于井旁修筑亭台，颇称幽静。李专、董新策、顾汝修有诗。'陶澍（1779－1893）《蜀輶日记》云：'出东门循锦水行五里，过雷祖殿，入修竹丛中，曲径疏篱，有小亭，石刻万里桥边女校书一诗。'""何绍基（1799—1873）于咸丰五年（1855年）八月卸四川学使，去蜀入秦，有《寄蜀中士民》诗，中题薛涛井一首注云：'二十八日复偕同人茶憩于薛涛井之吟诗楼，楼为李松云（引者按，即成都知府李尧栋）中丞所构。'"②

自嘉庆十九年（1814年），历道光年间，到咸丰初年（咸丰五年、1855年前后），40多年间，薛涛井及其堂室、雷神庙、吟诗楼、濯锦楼等建筑，以及有关碑碣题记，加上修茂竹丛，使这里已成为纪念薛涛和园林名胜之地。

此地还有方公祠，祠祀方积。方积（1764－1814），字有堂，安徽宁远人，拔贡生。历阆中知县、署梁山，嘉庆六年为建昌道。历川北道、盐茶道（嘉庆十年署，十一年任），擢按察使（嘉庆十二年任），迁布政使（嘉庆十四年任）。"积官四川二十余年，驰驱殆遍，山川风土，了然于胸。用兵辄独当一面。及任藩司，僚属多故交，一无瞻徇。清节自励，尤为时称。卒于官，祀名宦。"③ 方公祠的修建时间尚未见确载。史载："嘉庆十九年，布政使方积等于（薛涛）井旁修建亭台，颇称幽静。"④ 把方公祠建在薛涛井附近，当与方积修建此地建筑有关。《彭志》云："案：《清一统志》：方积，定远人，嘉庆间累迁四川按察使。官蜀二十余年，因筑堤有功，又培修薛涛井，都人于井侧建祠以纪念之。"⑤《彭志》所云《清一统志》为《嘉庆重

---

① 参见《彭志》，第20～22页。
② 参见《彭志》，第22～23页。
③ 《清史稿》卷362《方积传》；嘉庆《四川通志》卷103《职官志》。
④ 《嘉庆华阳县志》卷13《古迹》，第77页。
⑤ 《彭志》，第23页。

修一统志》，其上只载方积卒后"入祀乡贤""入祀名宦祠"[①]。此书始修于嘉庆十六年（1811年），成书于道光二十二年（1842年），"所用资料以嘉庆二十五年为断"[②]，据此，方公祠之建或在嘉庆二十五年（1820年）以后。据王道云先生介绍，1953年，填方公祠的放生池，改建成办公室，现为竹陈列馆。方公祠（见图二），即今公园接待室（其门额曾一度被题名为"宽坐"）。

【图二】原方公祠正门（胡昭曦摄）

二、雷神庙的重建与武圣宫的变迁

现存雷神庙旧建筑，已是同治五年（1866年）重建的，其大殿中梁墨书题记仍存（见图三），录于下：

（左）"大清同治五年岁次丙寅嘉平月榖旦"

成都县知县文　康

（右）"道衔成都府知府孙濂率　　　　　　暨两县绅民捐建"

华阳县知县霍为菜

张□□

---

① 《嘉庆重修一统志》第2265、2362册，四部丛刊本。
② 张艳玲：《三部〈大清一统志〉比较研究》，下载自中华文史网；《御制大清一统志序》，四部丛刊本卷首。

【注】同治五年为丙寅年，即公元 1866 年，嘉平月为农历十二月。"文康，厢红旗汉军人。监生。同治五年任（成都县知县）。"①"霍为棻，陕西朝邑县，进士。同治五年任（成都县知县）。"② 同治六、七年，霍被列在华阳县知县职官表上。③"孙濂"，"濂"字尚未确读；张□□，其名字亦未看清，均待细辨查考。

【图三】原雷神庙大殿中梁墨书题记（胡昭曦摄）

从嘉庆十九年新建到同治五年重建，历时 52 年，为什么会重建？尚未见到具体记载。只从该名胜区有关古建筑的资料看到：浣笺亭、吟诗楼，均始建于嘉庆十九年，"曾毁于兵燹"，光绪二十四年（1889 年）重建；濯锦楼，始建于嘉庆十九年，"曾毁于兵燹"，光绪十五年（1889 年）重建。④ 有的记载则明确指出："吟诗楼咸丰初年遭兵燹，毁拆几成荒土。井旁竖有前邑令朱公凤樨培修石记，末云：风消雨蚀，百年后颓败，复兴者不知又何人也？按：朱知华阳县县事，《县志·职官表》在咸丰九年。"⑤

---

① 《同治成都县志》卷3《职官志·知县》，第177页。
② 《同治成都县志》卷3《职官志·知县》，第177页。
③ 《民国华阳县志》卷6《华阳县唐宋以来职官表》，第217页。
④ 均据望江楼公园撰立有关景点的文字说明。
⑤ 据《彭志》第46页载引马长卿诗《附识》。

考之历史，咸丰、同治年间四川地区连续发生大规模的武装冲突。咸丰九年（1859年）十月起事于云南昭通的李永和蓝朝鼎农民军进入四川，转战四川数十州县，数年之中，控制或切断了成都与一些州县的水陆通道，一度进入温江、郫县、崇庆、新津、什邡、汉州（今广汉）等地，并围攻绵州（今绵阳）、眉山，直逼成都。受到清廷强力镇压后，于同治四年（1865年）失败。农民军盛时达30多万人，活动及于滇、川、鄂、陕、甘等省，历时七年。清王朝为了镇压农民军，曾四次撤换四川总督，又调入湘军增加兵力。与此同时，自咸丰十一年（1861年）八月开始，太平军石达开部也进入四川，逼向成都。清廷既着力镇压李、蓝农民军，又在川东、川南防堵攻剿石达开太平军，直到同治二年（1863年）六月石达开在大渡河畔全军覆没。还有，长期以来活跃于四川各地的啯噜反清武装，也纷纷响应李、蓝等农民军，当时史载："咸丰庚申（十年）李永和、蓝朝鼎分道上窜，由嘉、眉、邛、雅掠蒲江，四乡啯匪应之。"① 从咸丰九年到同治四年（1859－1865）的七年中，农民军反抗与清军镇压，相互间展开殊死的武装决斗②，四川各地社会混乱，民不安生，成都岌岌可危，官员忙于镇压饬查，到处奔突，豪绅慑于朝不保夕，或蛰或逃，士民护身顾命，岂敢游览，在成都的薛涛井名胜也萧条衰败了，"毁于兵燹"即与此局面相关。

武圣宫（即关帝庙③）始建时间不详。"武圣宫。在雷祖庙侧。民国丙寅（十五年、1926年）重修。"④ "1953年建'锦江春色'，迁武圣宫。武圣宫在雷神庙以东，现公园龙丹竹林至桂花林一带。为三重殿小庙，前殿为一般建筑无特色而拆除，中间的大殿（今大香樟附近）别具一格，维修时拆原中间的大殿建现'锦江春色'（见图四）。

---

① 同治《新繁县志》卷14，同治十二年刻本。
② 有关咸丰同治之际的四川政局的内容，参见隗瀛涛主编：《四川近代史稿》，四川人民出版社，1990年版，第一章第三、四节。
③ 嘉庆《四川通志》卷34《舆地志·祠庙·成都府》载，清朝中期成都府"关帝庙，在府南淳化街。各州县乡镇俱有之"。
④ 《民国华阳县志》卷30《古迹·祠庙表》，第808页。

原大殿墙为半砖台笆子墙，迁建时改为花窗。武圣宫后殿没有拆，改为公园伙食团。"① 其后殿又改为读竹园、职工宿舍，现已不存。

【图四】由原武圣宫原拆迁建的"锦江春色"（胡昭曦摄）

三、崇丽阁的兴建与雷神庙功能的转变

从咸丰九年（1859 年）至同治四年（1865 年）的七年之中，兵燹使薛涛井名胜地逐渐破落。同治五年重建雷神庙，是因地方官春秋祭祀天神之需（或亦有水码头歇息开航之需）。名胜区恢复发展当是在光绪十四年（1888 年）之后，这年新建成的崇丽阁（望江楼），是名胜区历史发展具有里程碑性质的建筑。此后，雷神庙的功能也逐渐从以祭祀为主，变为以服务于名胜区活动为主。

自咸丰九年至光绪十四年（1888 年）崇丽阁建成的 30 年间，薛涛井名胜地的残破衰落景象，从当时的诗文中可大致窥见。林毓麟《薛涛井》诗序写道："井为锦里名胜之一，适送客经过，楼台都杳，竹树全虚，旧碣残碑亦荡然无迹。惟重墙垒土障蔽周遭，并井几不可复识。低回往昔，慨然有作。"诗云："碧藓空深故井斑，楼台销歇鸟声闲。春风无地留诗碣，蹙煞香魂两黛弯。……繁华如梦复如尘，万

---

① 据王道云先生提供的书面资料。

里桥边黯不春。""林毓麟（1842－1891），字涛如，四川华阳县（今属成都市）人，林思进之父。……好金石书画。有《澹秋馆遗诗》一卷。"① 林逝世于1891年即光绪十七年，其诗中所述当是此前更可能是光绪十四年前的情景。又有毛澂《薛涛井》写道："浣笺亭馆诗楼毁。"② 毛澂（1843－1906），字叔云，四川仁寿人，光绪庚辰（六年，1880年）进士，翰林院庶吉士，长期在山东做官。有《稚澥诗集》存世。③ 其诗中所说建筑物被毁，亦应是光绪十四年以前之事。光绪十二年募资筹划创建崇丽阁的马长卿（华阳人，松潘厅教谕），在其《江楼全局工竣偶成五言二章》中写道："古井何澄清，十样笺染成……一自遭兵燹，精舍咸圮倾。"并于"附识"中说："吟诗楼咸丰初年遭兵燹，毁拆几成荒土。……卿于光绪甲申（十年，1884年），由都门归里，省墓便游，触目生感。……抚今思昔，能勿动予补葺之怀哉！"④ 马长卿的《题成都崇丽阁》对联中也写道："斯楼为蜀国关键，慨兵燹倾颓，人物凋谢，数十年满目荒凉，遗风顿竭。"⑤

光绪十四年崇丽阁新建落成之前，名胜区建筑物主要即重建的雷神庙，还有方公祠，而以官建的规模较大的雷神庙为主，虽为祭祀之所，但它濒临水码头，仍为文武官员士绅商贾由水路出川泊舟之处。"吴焘《游蜀后记》云：'光绪丙子（二年，1876年）正月二十六日，仲宣叔交卸总督官防，择期三月十九日起程回籍。家眷由川江行者，先期二日登舟，泊雷祖庙，距府城七里。左为方公祠……右即薛涛井也。'"⑥

光绪十四年（1888年）崇丽阁新建成，这是名胜区的标志性建筑，也是该区文化复兴发展的又一起点；次年，濯锦楼重建成。光绪二十四年（1898年）浣笺亭重建成；同年，五云仙馆、枇杷门巷、

---

① 林毓麟：《薛涛井并序》，《近代巴蜀诗钞》，巴蜀书社，2005年版，第257、248页。
② 《彭志》，第40页。
③ 《近代巴蜀诗钞》，第279页。
④ 《彭志》，第46~47页。
⑤ 百度网，2006年3月7日。
⑥ 《彭志》，第23页。

流杯池、泉香榭新建成。光绪二十九年（1903年）又建清婉室。至此，纪念薛涛的井、楼、亭、馆已初具规模，既有明代古迹，又是游览胜地。除此之外，还有方公祠、雷神庙等。

从傅崇矩（1875—1917）编撰的《成都通览》所载，可见宣统二年（1910年）前后此地的社会文化的繁华情景①：

> 江楼。在东门外九眼桥下，即濯锦楼也。花木甚多，买舟东下者多设饯于此。有薛涛井、吟诗楼、浣笺亭、流杯池、崇丽阁诸名胜。夏日纳凉者多。井水甘洌，为成都第一泉。雷神祠居其侧。有售茶者，每碗六文。近年设有饮食店，楼外亦有小车。对岸即新厂（按，同书载有"机器新厂"），有渡船。②

其繁华概况枚举如下：

1. 游览宴饮。"正月初一日，游丁公祠（按，丁公祠在方正街）、游武侯祠、游望江楼。……四月初八日，游雷神祠，观放生会。九月初九日，游望江楼（登高）。"③ "雷神庙。在望江（楼）侧，东行设饯之所，有茶有酒，游人至此，咄嗟可办。"④ "（正月）初一日，多游丁公祠或望江楼。……（九月）初九日，重阳，登高，到望江楼或城内之鼓楼蒸酒。"⑤

2. "官员取井水。城外之井水，以望江楼之薛涛井为第一，上年秋闱之试官及委员均饮此水。"⑥

3. "放生会。在东门外大佛寺，每年四月初八举行，官商士女，彩船如织，尽一日之兴而散，筵宴所多设于望江楼。"⑦

---

① 《成都通览》于宣统元年九月至宣统二年六月，由成都通俗报社陆续印出，共8册，为类180余。"在一定程度上，可看作是清末成都社会的一部百科全书。"参见巴蜀书社校点本《出版说明》，巴蜀书社，1987年版。
② 《成都通览》"成都之筵宴所·城外筵宴"，上册第75页。
③ 《成都通览》"成都之有期游览所"，上册第74页。
④ 《成都通览》"成都之筵宴所·城外筵宴"，上册第76页。
⑤ 《成都通览》"成都之筵宴所民情风俗"，上册第203、205页。
⑥ 《成都通览》"成都之水·井水"，上册第7页。
⑦ 《成都通览》"成都之临时会场"，上册第73页。

4. "过渡船（见图五）。东门外大码头渡船，东门外望江楼渡船。"①

【图五】1948年锦江望江楼段渡船（翻拍自望江楼公园网）

民国十七年（1928年），此地设立为"成都市第一郊外公园"，占地20.6亩。建有公园大门，由当时川军将领邓锡侯题写门额（见图六）。旧大门原址在今公园大门（北大门）内约75米处。

【图六】望江楼公园1938年旧大门（王道云提供）②

---

① 《成都通览》"成都之渡头"，上册第15页。
② 进门左边有缺口处即水码头。

成都解放前夕，园内建筑年久失修，凋零败落。"到建国时，公园已破烂不堪，崇丽阁梁和柱子腐朽断裂，楼板、瓦角等损坏脱落，雕刻彩绘模糊不清，成为危险建筑。濯锦楼与吟诗楼楼层已经坍塌，仅存一些柱架。薛涛井砖墙牌坊倾斜，原清光绪年间铺装的石板路整段没有，仅存一些石板。"①

1952年，人民政府接收"成都市第一郊外公园"，拨专款修葺。1953年，改名望江楼公园，占地78亩。并新建公园大门（今北大门）（见图七），当年11月8日正式对游客开放。1960年，公园面积增至188亩，持续建设，逐渐形成了今天的公园规模。

【图七】 1953年新建的望江楼公园大门（今北大门）（王道云摄）②

纵观公园三座古建筑的变化：1953年填方公祠的放生池改建成办公室，其祠堂，即今接待室处。1953年建"锦江春色"景点建筑，迁武圣宫，前殿为一般建筑无特色而拆除，拆中间的大殿建现"锦江春色"，后殿改为公园伙食团，又成为读竹园、职工宿舍，后拆去。先是将原有雷神庙作为公园展览厅，2005年改建而成薛涛纪念馆。

---

① 据王道云先生提供的书面资料。
② 北大门至原雷神庙约200米。

至此，原雷神庙及武圣宫、方公祠三座古建筑经过改建，故迹尚存，已经完全融入望江楼文物区并为之服务。

（载《地方文化研究辑刊》第 8 辑，巴蜀书社，2015 年版；《巴蜀文献》第二辑，四川大学出版社，2015 年版）

新花再放结硕果，改革发展耀志书
——读 2013 年版《自贡市贡井区志（1986—2005）》

出于恋乡之情和从事史学专业的缘故，在全省展开第二轮新修地方志志后，笔者很注意家乡的修志成果。从网上看到《自贡市贡井区志（1986—2005）》出版的消息，就立即托请朋友帮我代购邮来一册。拜读之后，颇受教益，感想甚多，略陈其中几点体会，以表对区志再修出版的祝贺！对修志诸位领导、学者和有关先生的感谢！

一、古区创方志，新花又结果

自贡市贡井区历史悠久，但建置频变。早在北周武帝时期（561—578）就设为公井镇，唐武德元年（618 年）设为公井县。宋熙宁四年（1071 年）又改为镇。明嘉靖间（1522—1566）改公井镇为贡井镇。清代，属荣县，辖今贡井区旭水河左岸地区，右岸属富顺县上圹镇（1942 年改为筱溪镇）等地区。1939 年自贡建市，将贡井、上圹两镇及艾叶、敦睦两乡划为市辖镇乡。1944 年，自贡市改镇设为九个区，贡井地区为第三（筱溪镇）、四（贡井镇）、五（艾叶、敦睦二乡）三个区。1950 年第三、四两区合并为第二区，1953 年改称贡井区，并在此前后将第五区城市部分划归贡井区。此后，陆续将郊区、荣县所属部分乡镇划入。

从地方志撰修而言，自公元 618 年设县至 1995 年撰成第一本《自贡市贡井区志》的 1300 多年间，这个古老的贡井地区没有本区（县）的地方志。同许多新县志编纂相比较，贡井区志的编纂更具艰苦性和特殊性，因为它没有旧区志的基础，而且所辖地区又很长时期分属荣县、富顺两个县，此二县的县志所载有关资料既少又散，虽存贡井地区盐场资料，但仅有一部分可为地方志所取。可谓头绪繁多、变化纷呈、资料缺失，修志工作白手起家、筚路蓝缕。直到改革开放后，在党和政府的领导下，从1983年起历时10年，才修纂出版了贡井区"有史以来的第一部区志，也是我区文史建设的一大硕果"（1985年修《自贡市贡井区志·序》）。本文称新修第一轮贡井区志为"1985年修《自贡市贡井区志》"（1995年出版）或简称《1985年区志》、前志，第二轮新修区志为"《自贡市贡井区志（1986—2005）》"（2013年出版）或简称《2005年区志》、续志。

作为续志，《2005年区志》的编纂任务非常繁重。"2005年8月1日，经省政府批准自贡市区划调整。贡井区荣边镇划归自流井区管辖，荣县的成佳镇、龙潭镇、桥头镇、五宝镇、莲花镇、白庙镇、章佳乡、牛尾乡划属贡井区。"贡井区所辖面积由87.16平方公里增至417平方公里，人口由1985年底的123519人增至295036人。续志在前志的基础上，所涉地域空间上有很大增加，在时间上既上接前志，又要追溯补充前志及其以前的历史，更要在空间里包括自2005年8月划出1镇、划入6镇2乡的重大辖区变化。该区历史管辖地域的资料，面广量大，头绪众多，交叉频繁，类如新修志书的工作。因而"对前志记述的历史沿革、自然地理仍予保留，记述时采取综合浓缩或补充修正"（《2005年区志·续志编修始末》），例如"人物传"即补充了龙鸣剑、邹曙曛、孙瑜等，"人物简介"补充了宋俊臣等15人；"革命英烈士名录"补充了抗日战争阵亡将士45人、2005年从荣县划入的8个乡和1985年后新增的革命烈士110人。

《2005年区志》的编修工作历时6载，（起于2007年，止于2012年），内容自1986年至2005年。它不仅坚持和实现了前后两志的连续性完整性，还从中看到贡井区地方志工作的很大发展和志书质量的明显提高。前志全书有大事记，分23篇，共72万余字，图片22幅；《2005年区志》则有大事记，分36篇，共160万余字，图片134幅。续志较前志，字数增加1倍多，图片增加6倍多，反映出该区自开始修志即注意保存和积累有关资料，也反映出该区地方志修撰队伍的从无到有、逐渐强大、成长迅速、素质优良的实况,因此才有如此丰厚和更加完备的记录。续志的出版工作(由方志出版社出版)也较前志有明显改进,装帧庄重、版式大方、纸张适度、文图清晰、印刷精良,校对仔细,附有电子版磁盘。

《1985年区志》是贡井区自有县级行政建置1300多年以来编纂区志的首创之举,是方志学界绽开的一朵新花、结出的一个硕果,《2005年区志》则是在前志基础上,于方志学界绽开的又一朵新花、结出的又一个硕果。两本区志编志工作,历1983年至2012年,前后共30年,从中可以看到,改革开放以来自贡市、四川省乃至全国方志学界修志工作的迅速发展以及修志队伍素质的明显提高。

二、改革发展的辉耀记录

《2005年区志》所含内容的1986—2005年,正是我国第七个至第十个五年规划期间,根据中央和省、市的决定,中共贡井区委、区人民政府结合该区情况,实施了一系列稳定经济、加大开放、深化改革、推动发展的措施,其重大者如:1987年6月实施《贡井区综合体制改革方案》;1992年2月自贡市政府确定贡井区为市规划管理体制改革试点县(区);1992年5月区委、区政府决定在境内2.5平方公里范围内,建设"自贡市贡舒平经济开发区",1993年4月省政府确定该开发区为省级开发区,定名为"自贡市工业开发区";1995年7月,省经济体制改革委员会批准,贡井区列为四川省第一个省级城区综合配套改革试点区;2000年4月省委、省政府确定该区艾叶镇为省级小城镇试点镇;2004年3月市政府确定该区建设镇固胜村为自贡市首个新村建设示范村;等等。以这些重大措施为主,20年里,"贡井人坚持改革开放,狠抓经济建设和社会发展,取得巨大成就,给贡井历史增添辉煌一页"(《2005年区志·总述》)。

翻开《2005年区志》,有关贯彻上级和本区的改革规划的措施,从计划、实践到效果,都历历在目,诸如:工业体制改革(第158页)、工业开发区(第176页)、广播电视体制改革(第189页)、商业(国营、集体)体制改革(第194页)、粮油体制改革(第214

页）、外贸体制改革（第236页）、非公有制经济体制（第244页）、农业体制改革（第252页）、教育改革（第585页）、文化体制改革（第598页）、科学技术管理体制（第610页）、卫生体制改革（第667页）等。国家《地方志工作条例》规定："地方志书，是指全面系统地记述本行政区域自然、政治、经济、文化和社会的历史与现状的资料性文献。"《四川省地方志工作条例》也明确要求："地方志编纂工作应当坚持实事求是的原则，全面、客观、系统、科学地反映当地自然与社会的历史及现状。"《2005年区志》全面记录了20年中贡井区的发展历程，特别突出反映了推动发展的各项改革，它是自贡市一个重要地区坚持改革开放、取得巨大发展的简要载述。闪亮于该志的改革开放，辉耀着我国1986年至2005年的发展道路和时代精神。《2005年区志》发挥了地方志书存史、育人、资政的社会服务作用。

三、努力展现地方志书的区域特点

方志学界在坚持改革开放中，对于修志工作实施了许多改革。近些年来，进一步加强地方志服务社会功能的同时，着力于地方志突出地域特色和构建方志文化的研究与实践。《2005年区志》的编纂，对此显现出很大热情和努力。

一部志书包括的物质、非物质（制度、精神等亦在内）、政治、生态等各方面都是文化，现行新县志体例均全面包括这些内容，而且都重视地域性甚至独有性的特点。贡井区的两部区志，注意到"贡井历史悠久，是'盐都'发祥地之一"，"贡井各行各业的特色"和"岁月留下的珍贵文化遗产和丰富的精神资源"；注意到"方志姓方"，在共性中力求突出贡井的个性和特色。因而从志书中可以明显看到，编纂者努力坚持实事求是的原则，全面、客观、系统、科学地反映贡井区自然与社会的历史及现状。同前志相比较，《2005年区志》做得更充实更细致，比如新增了居民生活、综合经济、城乡建设与管理、信息传媒、粮油、建筑房地产、外经贸、民营经济、水务、劳动与社会保障、政治协商会、公安司法、检察、审判、旅游等篇章。总的来看，该志的主体篇章，于经济、政治内容分量为重，而非物质文化、生态等则相对薄弱。

然而值得注意的是，《2005年区志》加大了志书的《附录》部分，由前志的13页（共约16000字）、约占全志的2.5%，增至93页（共约170000字）、约占全志的10.7%。同前志不同，续志没有把"修志始末"和有关文告、名单放入《附录》，而是包括以下内容："部省级以上先进单位"、《贡井盐业史话》（曾新著）、"民间故事""地方诗文辑存""地区老地名拾遗""前志勘误"、《贡井区志（1986—2005）编纂方案》。其中许多内容是志书主体各篇章略载或不载的，特别要提到的是"地方诗文辑存"和《贡井盐业史话》。

"地方诗文辑存"，共20页，辑录了自西汉至当代贡井籍、在贡井工作过的人或客籍人写贡井的诗赋楹联100多首（幅）。《贡井盐业史话》，共71页、约130000字，有历史渊源、所有制类型、盐工、生产、储运、销售、盐税、缉私、经营管理、井灶枧号垣、盐运古道、古街古巷、盐商大宅民居院落、祠堂会馆寺庙、特殊建筑、帮会民俗、文化教育等17个部分，其内容涉及自古至20世纪末的贡井地域，资料丰富，内容充实。比如"盐运古道"，其中有一条创自清康熙三十五年（1696年）起于贡井水段，开凿石滩船槽，沿旭水河、釜溪河至富顺入沱江，再入长江的水路盐道，是至今"完好保存"的"中国最早的梯级运盐水道水利工程"，该区前志和此志的主篇中均未载。又如盐业生产中的盐井，"贡井自东汉章帝时期（76—88）始凿大公井，至20世纪80年代，前前后后开凿近千口盐井（含天然气井）"，该区前志《附录》第539至547页一览表简要列出332口盐井（其中中华人民共和国成立前开凿的有295口），《贡井盐业史话》较详地编述了"散见于文史资料有详细记载的37口"，占18页、约34000多字（前志有文字叙述的仅有3口井，约300字），这些都是贡井区独特的文化，其中不乏唯一性的，如"大公井是世界开采最早（与富顺富义井同一时期开凿，距今2000年左右）且至今遗址尚存的盐井"，"金流井是迄今为止世界上天车（提卤井架）最高（45米）的盐井"，东源井"是世界钻井史上发现的地质结构罕见之百年不衰黑卤老井"。

《2005年区志》的编纂者之所以如此安排该志《附录》，是一种修志改革创新的尝试和努力，在志书地域特色的加强和方志文化的构建上甚为着力。在志书主篇中看不到或依稀看见的重要内容，由《附录》中的内容做出一些相应弥补与充实，从而使《2005年区志》的地域特色和文化内涵大为增强。

　　改革开放以来，我国修志工作有很大发展，取得巨大成绩。历史悠久的自贡市贡井区的两部区志从无到有、精益求精，《2005年区志》更显质量提高，是我国方志工作突飞猛进的一个缩影。笔者读后，也感到《2005年区志》还存在一些不足之处，诸如体例需更完善、个别史实尚待确考、个别文字存在讹误等，但总的是很具质量的，读后甚有收获：认识到我国方志事业蓬勃发展的大好局面，再次感佩修志先生们的辛勤奉献，特别是因在外地工作而离开贡井区和自贡市58年的游子，读到桑梓贡井的区志，非常亲切，极受教育！希望家乡各项事业日新月异，希望贡井区修志工作更加卓著，希望千年古县老镇区再开出艳丽的方志之花、结出更硕大的方志之果。

　　（载《巴蜀史志》2014年第4期。刊登稿略有删节，收入本集时据原稿）

历史的图证,深沉的乡情
——《富顺背影——世纪老照片·序》

  重视历史是中华民族的优秀文化传统,唐代刘知几在《史通》中写道:"史之为用,其利甚博,乃生人之急务,为国家之要道。"真实的、原始的史料是撰写可信历史(信史)的根本要素。史料历来有文献、文物等各种类型,自18世纪照相机和摄影技术传进中国之后,人们对历史的记录又多了一种载体,那就是影像,被称之为图证。值得注意的是,这种史料不仅是真实的、原始的,还是直观的。这种图像,是历史的遗存和记录,它再现的历史记忆,是可视的历史文化,是人类社会过去发展变化的见证,以图证史已成为历史研究的重要途径和基本方法之一。

  随着摄影技术和电子信息的发展进步,人们摄制大量历史影像,也千方百计地搜集各个历史时期的老照片,编辑出版了许多不同题材和内容的老照片著作,然而以一个县为区域汇编老照片的还很少见。《富顺背影——世纪老照片》一书,在现有条件下,尽可能收录了从晚清、民国到20世纪80年的一些历史旧照,它所记录的,正是这大约一百年间富顺县社会的变化和民生的发展。它是富顺县这段历史的图证,是影像体裁的地方志图集,是可信的乡邦历史和本土记忆。

  配合一些重点的章节和重要图片,这部图册同时刊载有富顺当今作家学者或长或短的文字叙述和解读,可谓图文并茂。循着这些如同向导一般的文字,历史的细节变得更加可感可触可识,也弥补了一些历史事件照片的不足,增加了所录照片内容的厚度与可读性。在一个县域,有如此多的作家、诗人和学者集体关注本土历史文化,令人佩羡。

富顺县山川秀美，交通便利，人杰地灵，宋代王象之《舆地纪胜》于"富顺监"写道："富义奠梁蜀之东，为水陆之会。……地多咸醝，故饶沃衍润过于他部。……人以是聚，国以是富。……其俗愨而愿，其士竞于文，其山川之胜则翠巘络绎张其前，大江缭绕环其下。"富顺县是一个超逾千年的古县，建县于北周天和二年（567年），因有著名的富世盐井而名富世县；唐贞观年间改名富义县；宋初升为州级盐监称"富义监"，旋改名富顺监；元初为富顺州；明洪武四年仍名"富顺"，确定为县级，沿袭至今。富顺县是一个物产丰富的大县，是千年盐都的发源地之一（先后有富世井、自流井等）。富顺县又是一个人文荟萃之地，"典午以后，才俊蔚起"（乾隆《富顺县志》段玉裁序言，典午指晋代），据不完全统计，历史上中进士者达二百余人，明清时期富顺就有"才子之乡"誉称。及至近代，刘光第、宋育仁、李宗吾等，均是富顺学术人物的杰出代表。《富顺背影——世纪老照片》所展现的，正是近百年来富顺县翻天覆地的社会进步、沧海桑田的经济发展、传承创新的人文文脉、人民生活的真实变化。

八十多年来，对富顺县深沉的乡邦情怀，一直萦系在我胸中。

我生于富顺县上坵镇（1939年设自贡市后仍为此名，后改为筱溪镇，属贡井区）。稍长，为躲避日寇飞机轰炸，跟随父母先后到富顺县双石铺狮子湾、太平乡（即舒平乡）曹溪居住，并就近在高峰乡读书（当时，因躲避日机轰炸，自贡市昌平小学迁校到该乡高峰寺内），从读初小5期到高小3期历时近4年。新中国成立后，我虽然不在富顺县工作，但总是把它和自流井、贡井一样视为家乡。1981年，由于研究和撰写《宋蒙（元）关系史》的需要，我专程去富顺县南40多公里的大城公社前进大队，实地考察南宋晚期的虎头城（即虎头寨，1265—1275年富顺监治所迁于此），得到县、社热情鼎助。20世纪末，承邀忝列新修《富顺县志》顾问，我有机会学习、研讨新修地方志的理论与实践。近一二十年来，在书院史研究中，有关刘光第、宋育仁、李宗吾、锦江书院、尊经书院、富顺江阳书院、自流井炳文书院等历史资料和状况,都得到富顺、自贡许多同乡的帮助和启迪。富顺县、自贡市是生我育我的地方,也是培养我逐渐成长的地方,我由衷地向家乡致以感谢之情!

当我读到正在编辑中的《富顺背影》时,甚为激动,浮想联翩。一是许多不知晓的人和事,使我增加了对家乡近百年中史实的了解和认识;一是许多往事涌上心头,酸甜苦辣,百味俱陈,使我增加了怀恋桑梓的乡情,也激励我晚晴更思献余热。我向自己说:年过八旬了,在生命的夕阳中,为了家乡更美好,我要力所能及地为家乡的文化建设添砖加瓦,促进家乡在我国文化大繁荣大发展中发挥更大作用。

《富顺背影——世纪老照片》以历史影像的图证,构筑了别具一格的县域记忆,每一个不同年龄、不同经历的人,阅读这样一本图集,透过这些照片,都会生发不同的历史感受。它的出版,将起到存史、教化、资政的积极作用,尤其可助推爱乡邦爱祖国的传统美德教育,从而为中华优秀文化的传承发展做出新的贡献。我相信,具有深厚文化底蕴的家乡富顺,一定会在弘扬传统文化、推进文化建设上,取得更加令人瞩目的成绩。

(载《富顺背影——世纪老照片》,中国文史出版社,2016年6月版)

深入发掘资料，推进蜀学研究

——文守仁先生《蜀风集》读后

《蜀风集》（又名《文守仁集》，封面题签及封底均署《蜀风集》），是文守仁先生的遗著，由新津县政协文史资料委员会审定，内部印行（川成新出内字98第0141号，1998年3月）。32开，390页，约30万字，印数300册。

文守仁先生（1908—1987），四川新津县人。1935年毕业于国立中央大学政治系。后随国民党政府迁台，历任"国大代表"和政府官员。1967年退休，受聘为台湾省政府参议。擅长文笔，乐于写作，曾担任台湾地区立法机构大事记总编。1960年，台湾四川文献研究社成立，创办《四川文献》月刊，被聘主担该刊"蜀风集"一栏，编著颇多，本书乃文守仁先生在《四川文献》发表的著述和其他存稿。他逝世后，所存文稿由其夫人文邱玉娇女士保存，后经同乡从台湾带回家乡新津，其子文丕衡先生加以整理编辑、印行分赠。

本书分为以下部分：（一）"蜀风集"（以发表先后为序）。选录近世四川52人的诗歌，并逐人编写小传（数百字至千字以上）。（二）"人物志"，记近世四川11人事略。（三）"方志论"，2篇。（四）"考证类"，17篇。（五）"序跋"，10篇。（六）"杂记"，含消夏杂忆、退斋杂忆，共25篇，多为作者亲历亲闻。（七）"诗歌"，23首，多为作者在台湾的纪行、志感、赠友和唱和。最后部分为"附录"，载译文5篇。

作者在中国大陆生活逾40年，又在中国台湾生活30余年，所见甚广，所历甚多，所交甚众，对巴蜀历史文化风俗民情有较多亲身体验,又有较多了解和研究。他在《蜀风集·序》写道:"余之撰述,纵拙于文辞,但所存故实,自史料言之,尚不失为直接而可征信者也。"① 统观全书,于"存故实""可征信"确实努力。又于《蜀风集·小引》说:"倘前辈心血,得由此而保存,只鳞片爪,启吾人拳怀故土之思,寻求盛衰之迹,抑亦本栏之意义所在也。"② 可谓情牵桑梓,文系巴蜀。从探讨巴蜀文史尤其是近代蜀学来看,《蜀风集》是一本内容广泛、资料丰富、亲证性强的历史著作。③ 对此,新津县政协原副主席、县志总编王志芳先生在该书《序》中写道:"文稿中之'蜀风集'与'人物传',涉及近百人,大部属'三亲'史料,可供修史纂志者采摘。"

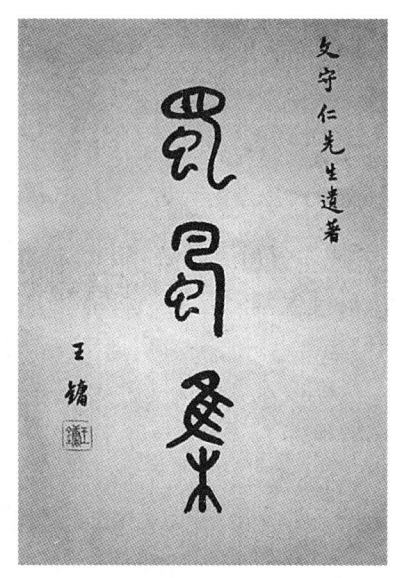

《蜀风集》封面

本文谈谈读后的几点初步认识。

---

① 《蜀风集》,第5页。以下引录本书文字只出篇名、页序。
② 第3~4页。
③ 文守仁先生的生活经历和他在世时的海峡两岸关系状况,对他的政治观点上有所影响,这在其部分著述中有一定反映,对此需历史地看待。然而,他热爱中华民族传统,坚持一个中国,长期探研巴蜀文化,在《蜀风集》中展示明显。

一、录载较多可与史志参补的人物资料

(一)"蜀风集"选载诗作者共52人

其中:《四川省志·人物志》(以下简称《省人物志》)① 已入志者31人,即:邹容、林思进、刘咸荥、戴传贤(季陶)*、傅增湘、乔树楠、尹昌衡、李思纯、徐思平*、庞俊(石帚)、王光祈、刘存厚*、曾琦*、乔曾劭、朱山、高树、任鸿隽、宋育仁、赵熙、吴芳吉、向楚、吴鼎昌*、曾懿*、曾彦、梅际郁、雷昭性(铁崖)、蒲殿俊、周岸登、骆成骧、吴之英、刘行道(除标*号的6人以外,余25人的诗作皆入选《近代巴蜀诗钞》,以下简称《诗钞》)②。

《省人物志》未载者21人,列见下表(其中,姓名标♯号者,《诗钞》已选收其人的诗作并撰有作者小传):

姓　名	籍　贯	科第或学历	简　况	著　作
顾印愚♯	华阳	光绪五年举人		遗诗由门人辑刊
傅增淯	江安	光绪十八年进士		
罗兴邦	古宋	廪生		
王乃澄♯	中江	光绪十六年进士		《嵩洛吟草》《天目纪游草》
李稷勋♯	秀山	光绪二十四年进士	尊经书院肄业	《甓庵遗诗》
毛澄	仁寿	光绪六年进士		《稚澥诗集》
范天烈♯	永川	光绪二十八年举人		
王秉恩	华阳	同治十二年举人	同嘉兴沈子培共成《四部丛刊》辑刊之刻	《养云馆诗存》

---

① 四川省地方志编纂委员会编:《四川省志》,四川人民出版社,2001年版。
② 《近代巴蜀诗钞》编委会编:《近代巴蜀诗钞》,巴蜀书社,2005年版。

续表

姓 名	籍 贯	科第或学历	简 况	著 作
向迪琮#	双流			其诗词集,于民国二十年由其乡人资助刻印
戴正诚#	江北	卒业京师大学堂		为诗甚多,未刊
邓镕#	成都	光绪二十三年优贡		《荃察余斋诗存》
陈铸	泸县	光绪二十年举人		《乐素斋诗文集》,稿存于家
胡琳章#	富顺		赵熙弟子	
张朝墉	奉节			
黄英	荣县	举人	光绪二十九年东渡日本	《扫苔诗钞》
文钰	崇庆	庠生		《燕云集》
陈崇哲	富顺	(光绪十三年?)举人	光绪初选入尊经书院	《萁玩阁》诗、文、词,《八代文章志》《礼仪士丧虞器服释证》《蜀历代文学赞》
曾学传	温江		历教四川高等学堂、国立成都师范学校	《皂江全书》(含《春秋大义绎》《孝经释》《诗文集》及其他)
董清峻#	南溪		尊经书院肄业。宣统初,为四川省谘议局议员、法政学堂监督。民国初,任清史馆纂修。著《蜀学案》,未脱稿	纂编《华国新书》,著有《鹤后身诗文集》《西湖百韵》
涂凤书	云阳	光绪二十九年举人		《厚庵诗文稿》
杜柴扉	长宁	光绪二十四年进士	尊经书院肄业。民国十二年,当选四川省议员。民国初,被目为成都五老七贤	著作宏富,藏家待梓。

（二）"人物志"载 11 人事略及其他人物题名

"人物志"中列出的 11 人，皆为专传。其中，《四川省志》有传者 4 人：杨荩诚、向传义、徐可亭（堪）①、杨子惠（森）；《四川省志》无传者 7 人：包国华（成都人，大学教授，1963 年卒于台湾），吴人初（巴县人），刘启明（成都人），甘家斌（邻水人，乾隆十八年进士），廖寅（邻水人，乾隆四十四年举人），陈大任（女，宜宾人，唐迪风之夫人），漆中权（江津人，卒于台湾）。

此外，还有《唐宋两代蜀士状元考》及补遗，列述 21 人。《清代监察御史蜀人题名录》，列 53 人。《国民政府立法院川籍委员名记》，列 1928 年至 1947 年 23 人。以及李白籍贯考、虞允文之世系、李调元及其藏书楼、伍肇龄之少年科第、邓孝可之晚年、王光祈生平及著作、傅增湘之集校群书和蜀中学人、官吏的轶事等。

选载的人物，记事详略不一，总计有 100 多人，大致有以下特点：

第一，选录的人物大多是近代巴蜀的重要人物。所选 52 位诗作者，《省人物志》已载者 31 人，《诗钞》所收为 36 人，可见对入选标准有较为相同的认识。需提及的是，除《蜀风集》外，文守仁先生还编撰有其他有关著述，据《蜀风集·小引》说："至若杨沧白、吴碧柳、曹缵衡诸先生之作，本社已另刊专集，又赵侍御先生之诗词，本社……即将付梓，故不载于此。"② 这些人物亦是巴蜀历史和蜀学发展史上的重要者。

第二，重视人物生平事迹的录述。《蜀风集》于所收 52 人，皆各选其诗作，并逐人编有数百字至千字以上的小传。《诗钞》所选有关作者的诗作数量，大多超过《蜀风集》，但为体例所限的各作者小传相当简略，一般在 100 字左右。同《省人物志》所编有关人物专传相较，《蜀风集》的诗作者小传分量均少，但亦有可补充之重要资料，

---

① 文守仁先生所撰《徐可亭先生传》，在他逝世后，台湾《川康渝文物馆年刊》（1995 年）以《徐堪先生传》为题转载。

② 第 4 页。

主要是可以稍补那些限于志书体例，小传字数或有规定而简略者，如精研词学的四川大学教授周登岸，《省人物志》不足500字，而《蜀风集》在1000字以上。其中就有资料利用的差别。至于未入《省人物志》者，更可从《蜀风集》中得到资料或线索。

二、对巴蜀历史文化的介绍与研究

《蜀风集》中，大多为有关巴蜀历史文化的文字。其内容相当广泛，考证类文章多篇，包括綦江汉隶字碑、诸葛亮南征、李白籍贯、雷氏琴、蜀石经、四川省名、宋代交子、李调元藏书楼、三费局、傅增湘藏书、成都摩诃池、新津老君像、彭县铜矿、川鄂俗语等。

作者治学秉承国学传统，论史重根据，探新创进，有蜀学求实致用之风。如《诸葛武侯南征考》（约15000字）写道："诸家异说，每北辙南辕，故老相传，尤河汉而无极。爰就现存记载，参以舆图，首述其亲征原因，次述其行军之迹，再次述其善后之策，末附杂记，论述史之阙脱，后来考证之疏失，以明治史之难，求商榷者之共谅焉。"① 另一篇《宋代四川交子考》（约18000字），较详地考述了交子的产生、制作、发行、流通、变迁及其与当时政府财政和社会经济的关系，所引资料丰富，论述平实，考订细密，是一篇很好的学术著作。值得提出的是，作者把宋代四川交子放到中国历史和世界范围加以考察，以明确其历史地位和深远影响，写道："此（交子）不得不谓为我国货币史上之一大演进也。""交子不仅为我国最早流通之纸币，亦为世界最古之纸币。……视英兰银行发行纸币，早大约七百年左右。"在木刻印刷术之进步中，"蜀人先利用其术于纸币之发明，亦足反映中古时期蜀地文明之盛。苟由此而探讨其时其地各项进步之迹，亦治史者之任也"②。

《蜀风集》还附有5篇译文，选自日本人神户正雄所著《四川省综览》（1936年成书）的有《民国初年之四川》《三峡纪程》《蜀栈风

---

① 第201页。
② 第241页。

光》《峨眉山寺宇述略》及另一日本人著作的《清末民初重庆流通之货币》(1917年刊行),亦有助于对清末民初巴蜀历史文化的了解和研究。

三、巴蜀历史文化资料的新线索

《蜀风集》所载,不仅可补充已有相关论述之不足,还可提供新资料或新线索。试举数例:

1. 在尊经书院存在的20多年中,培养学员上千名,近些年来,笔者尚未查到该院生员的名册,只从所见零散资料中搜集到154名学员姓名。① 今又从《蜀风集》中见到3名,即:李稷勋,秀山人,"早岁肄业成都尊经书院"。董清峻,南溪人,廪生,"调尊经书院肄业";杜柴扉,长宁人,"调住成都尊经书院"。②

2. 伍肇龄轶事。伍主持锦江书院时,在尊经书院受业的张森楷,同山长王闿运论学,"意见相左,遂退学,求入锦江书院,先生(伍)许之,俾得尽观藏书,其后以史学名家……盖得先生所陶铸而玉成之者"。伍任锦江、尊经二书院山长"先后四十年","尝自书其门楹曰:天下翰林皆后辈,蜀中佳士半门生"③。

3. 《四川高等学堂校歌》。四川高等学堂建立,"始定校歌。其辞曰:'岷山峨峨开天府,江水泱泱流今古。聚精会神生大禹,近揆文教远奋武。桓桓熊罴起西土,锵锵文教适东鲁。祭神人,歌且舞,领袖群英吾与汝。'……相传为骆修撰公骦(引者按,骆成骧字公骦)所拟,究出何人手笔,不能定也。其后国立成都大学仍沿之"④。笔

---

① 胡昭曦:《振兴近代蜀学的尊经书院》,《蜀学》第三辑,巴蜀书社,2008年版;胡昭曦:《旭水斋存稿》,四川大学出版社,2012年版,第234~241页。
② 分见第55、140、145页。
③ 见《伍肇龄之少年科第》,《蜀风集》,第328~329页。笔者编辑本续集时见到有关此联的说法,特补白于此。四川大学档案馆(校史办公室)编写(党跃武执笔)《文翁石室化巴蜀,锦江尊经烁古今》一文云,此对联是李鸿章亲书所赠。原载《四川大学报》第663期,转引自"四川大学新闻网·百年史苑",2015年10月26日。存此待考。
④ 第323页。据《蜀风集》卷首《文守仁先生生平简介》云:"文守仁先生早年在国立成都大学预科就读。"

者近日见到一首《国立成都大学校歌》，署"张澜词，佚名曲"，歌词基本一致，以下稍异，"桓桓熊罴起西土，锵锵文教适东鲁。祭神人"，《国立成都大学校歌》作"桓桓熊罴起西土，锵锵鸣凤叶东鲁。和神人"①。笔者以为，后者所异处的内容，于词义和对仗较前者妥帖，至于歌词作者尚待考订。

4. 晚清成都流行歌曲。《清季成都之流行歌曲》写道："前清自道光中鸦片战争以后，国势积弱，列强压境，虎视眈眈，割地赔款之事，踵至沓来，国几不国。而朝政昏暗，维新革命，随之以起。当时最足反映民间愤激不平之气者，厥为流行歌曲。余幼时尝见先君所记壬寅（光绪二十八年，1902年）以后数年间事，录当时成都流行歌曲十余首，并谓其声悲壮。历年既久，今已遗忘。其中《吾党何日醒》一首，仅能断续记忆如次：'一朝四万万人都醉，强邻虎视眈眈，弃琉球，割台湾。宁波上海，闽粤厦门，通商五口城。香港持相赠，旌旗猎猎照南溟。谁为戎首，谁自要盟，吾党何日醒。'"②

5. 华阳人王秉恩，为张之洞所器重，累官至广东按察使。收藏古物甚富，精于目录校勘之学。民国初寓居上海，同嘉兴沈子培合作，利用涵芬楼所藏善本和自己藏书，"成《四部丛刊》之刻"③。

6. 富顺人陈崇哲（字子元），在尊经书院受业于王闿运，与同邑宋育仁"以经学词章并称高足"。王闿运"尝欲汇汉魏以来之文……子元得承其绪"，与同邑简乐"辑汉迄隋十三朝之文，本诸正史，旁及群书"，汰去事义无取和不能成章者约十分之三，"以类相从，厘为四集，凡二百二十卷……曰《八代文粹》"。王闿运《序》云：此书，"广甄往籍，精论流别"，"截断众流，归之淳雅，庶使词无鄙倍，学有根本"。此外，陈氏还著有《夷玩阁》诗四卷、文七卷、词一卷，《八代文章志》二十卷，《仪礼丧虞器服释证》四卷，《蜀历代文学赞》

---

① 载上海社会科学院出版社 2006 年出版的《近代中国高校校歌选》中张澜作词的《成都大学校歌》。据《张澜作词的老川大校歌（歌词）》，"天涯社区网·唐有章博客"，2007 年 11 月 26 日。
② 第 324 页。
③ 第 92 页。

二卷。①

7. 董清峻及其著作。董清峻（1875—1925），南溪人，尊经书院肄业。"以经史教授各校"。宣统初，为四川省咨议局议员。"民国成立，乃僦居燕京，杜门著作，成《华国新书》近百万言……刺取古籍中记载为近世科学所滥觞及理与暗合者，详为考证论列，凡我古代实业、巧工、奇器、历象、兵器、音乐、医学、方术、格物各项之发展及其停滞，均探本溯源，其议论有卓然可记者。梁启超、熊希龄见其书深为感叹，上之政府，经中央评定学术委员会审核，录存于官，并予褒奖，时民国三年也。"董后任清史馆纂修。曾编《蜀学案》，未脱稿。刊行著作有《鹤后身诗文集》《西湖百韵》。②

8. 近代著名蜀中学者、荣县人黄英是否留学日本，所查诸书，未见确载。③《蜀风集》于此明确写道：黄英，"光绪二十九年（1903年），东渡日本，与彼邦名流，迭有唱和"④。

对于人和事的记述，《蜀风集》是慎重的。如毛澄，仁寿人，光绪二年与范溶、杨锐、张祥龄"同时受知张之洞"，"补诸生"，未言其入读尊经书院。对选录诗作、"游历南北，久负诗名"的富顺胡琳章、奉节张朝镛，"不数十年间，曾就其生平事迹，询其同辈及里人，已罕能知者……兹先录其诗，倘有两家亲故，知其事略者，录以见告，当另述焉"⑤。

回顾迄今在巴蜀历史文化和蜀学的研究中，对台湾地区学者特别是旅台四川籍学者的有关著述，还了解不多，需要加强搜集和利用。笔者曾零星地翻阅过台湾《四川文献》月刊，留下了深刻印象：它不仅有浓郁的巴蜀乡土味，还在巴蜀文化方面甚为广泛、数量很大，保留了许多巴蜀近现代资料和口述历史，不少研究相当深入，具有重要

---

① 第133页。
② 第140页。
③ 胡昭曦：《近代蜀学学者黄英及其〈筹蜀篇〉》，《盐文化研究论丛》第五辑，巴蜀书社，2011年版；胡昭曦：《旭水斋存稿》，四川大学出版社，2012年版，第243、257页。
④ 第119页。
⑤ 第106页。

参考价值。现在读到的文守仁先生的《蜀风集》，就是一个例证。

笔者还接触到台湾地区的另一种刊物，即台湾川康渝文物馆出版的《川康渝文物馆年刊》。那是笔者20世纪应邀去台湾参加学术会议时接触到的，访问台北市四川同乡会的座谈会上该馆馆长赠送了4册（即第10、12、13、14期各一册，分别于1991、1993、1994、1995年印行）。该刊设置的"学术动态""今古人物""怀念乡贤""故乡之旅""山川文物""家乡采风录""蜀风选辑"等栏目，登载了不少具有学术价值的文章，例如：《邓少琴先生传略》《川东名城》《经学大师廖季平》《忠州古来文史香》《周太玄传》《忆先父吴虞》《四川历代书法艺术概论》《四川开国史话》《刘鉴泉先生述略》《民国川康渝人士著述汇志》《谈巴蜀文化的古文明》《晏阳初新传》《太玄之玄——扬雄太玄经初探》《史前三代与巴蜀文化》《略谈四川的刻板印书史》《赵尧老与梁任公》，等等。这次撰写本文，再次翻检阅读，甚感该刊不少内容有助于巴蜀历史文化和蜀学研究。

蜀学是中华文化的重要组成部分，历史悠久，源远流长，丰富多彩，涉及面广，目前对其系统梳理研究方兴未艾，许多问题需要接触和深入，首先就要在资料上大下功夫，广泛搜集，深入发掘，科学传承，勇于探新，方能扎实推进研究工作。《蜀风集》一类的著述，定会引起蜀学研究者对资料工作的进一步认识。

（载《蜀学与中国哲学——"蜀学与中国哲学"学术研讨会论文集》，四川文艺出版社，2013年版）

加强领导，保证合力，坚持质量
——对编纂《巴蜀全书》的希望

一、编纂《巴蜀全书》的意义

其一，是对巴蜀历史文献和蜀学的首次全面清理和集中传承。不负先辈，有益当代，泽惠子孙。

其二，是对中华文化的大丰富和大彰显，有助于中华民族优秀文化的大弘扬，有助于当今的学术发展和文化建设。

其三，是一件巨大的德政工程，是一笔丰硕的精神财富，可以资政、育人、存史，是具有中国特色文化大发展大繁荣的重要内容和标志，是建设四川文化强省的有力措举。

《巴蜀全书》的编纂在全国同类项目中是突出的。其条件、基础也是较好的，诸如典籍的数量与质量，队伍的数量、水平与结构，已有研究，学术传统等。单就近两年的研究成果而言，四川省古籍保护小组和四川省图书馆出版有《第一批四川省珍贵古籍名录》，《巴蜀文化通史》中专门一卷是《巴蜀文献要览》。四川省档案馆现存清代巴县衙门档案113020卷，案卷起止时间由清乾隆元年（1736年）至清宣统三年（1911年），包括乾隆、嘉庆、道光、咸丰、同治、光绪、宣统共七朝175年的历史。《南部档案》18186卷、84010件。重庆市也启动了"巴渝文库"的编纂出版。

二、自始至终加强领导，保证合力

《巴蜀全书》的编纂是我省的重大文化工程，数量多、规模大、要求高、动员力量广、组织工作细，可谓四川省在文化领域的"天府新区建设"。是政府行为，也是学术研究。四川省委、省政府重视，有关领导部门做了许多工作，希望自始至终加强领导，保证合力。同时，要加强与重庆市有关方面的联系和学界的协作交流。

要借鉴湖南编纂《湖湘文库》①、安徽整理研究《徽州文书》②的精神和做法。

三、坚持质量标准

第一，选书视野广、学术性强、地方特色突出。要注意民间的以及港台地区巴蜀学人的研究成果。如《蜀风集》，是台湾文守仁先生（1908—1987，新津人）的遗著，新津县政协文史资料委员会审定，内部印行，为32开，390页，约30万字。书中论介总计有100多人和许多历史事件。又如台湾川康渝文物馆出版的《川康渝文物馆年刊》。

第二，提要的规范要允当贴切、全书统一。

包括著作提要、作者小传、装帧、版式等。

（1）规格，结构，项目，字数。

（2）文风。

（3）提法要平实：注意人物誉称，如家、大家、大师、子、著名、全国著名，等等；著作评价，如空前、填补空白、杰出，等等；

---

① 《湖湘文库》全套丛书共700册，3亿字。其中甲编445册，为湖湘文献，系前人著述，以时间为序，分为上古至唐代、宋元明、清代和民国时期四个时段；乙编255册，为湖湘研究，系今人编撰作品，分为湖湘人物、历史、风物、文化综合研究、文化工具书与研究资料等5个部类。目前已出版180册，今年将再出版150册。《湖湘文库》锁定湖湘地域文化特色。《湖湘文库》举行赠书仪式时，湖南省委书记、省人大常委会主任张春贤，省委副书记、省长周强等领导同时出席。《湖湘文库》已被列为湖南省和全国"十一五"出版规划重点出版项目。

② 《徽州文书》，是指在20世纪50年代在徽州屯溪大规模面世的20万件从宋代到民国的文书档案，后来又相继发现的10多万件徽州文书。它具有真实性、原始性、唯一性等特点。《徽州文书》曾被誉为是20世纪继甲骨文、汉晋简帛、敦煌文书、明清档案发现之后中国历史文化上的第五大发现。正是由于对于这批徽州文书的整理和研究，才使得徽学不断兴盛。

形容词,如非常、十分,等等。

第三,检查、验收制度要严格细致、明确可行、坚决执行。可参照四库全书馆的做法。

(2012年10月15日在《巴蜀全书》专家委员会会议上的发言提纲)

汇报·感恩·鞭策

各位领导、师友、同志：

今天参加为我举行的这个学术座谈会，我特别高兴、非常激动！我再次感受到组织的关怀和培育，再次感受到师友的温馨和支持。首先，我和我的老伴，衷心感谢这次会议的筹办单位和费心出力的各位先生和同学！衷心感谢光临会议的各位领导、老师、学友、同志！

这个会，对我来说，是一次汇报的会、感恩的会，也是鞭策的会。

汇报的会：趁此机会向组织上向师友们，比较系统地汇报我的情况。这些，大体都在奉送给各位的《习学人生》《旭水斋存稿》两个小册子上，包括了近80年来特别是改革开放以后，我在教学科研和行政管理方面的基本情况。（补充：我承担指导任务的研究生和博士后研究人员共25名，他们经过组织的培养和自己的努力，都已经取得了很大成绩，据不完全了解，目前，其中至少已有教授20位，博导9位）我还做得很不够，敬请各位指教。

感恩的会：近80年来特别是我15岁以后的65年，在党、团、政、学校组织的培育下，在老师的教导下，在亲人的呵护和朋友的帮助下，我有了很大的变化和一些进步。我时刻牢记这些恩情，也在努力报答。今天的会，使我更加感念所有对我有恩惠的人，包括在座的、不在座的、健在的和已过世的。在这里，我向培育教导我的组织、老师、领导、父母感恩！向热情帮助和鼎力支持我的同志、同学、同事、朋友和其他人士感恩！向相依相伴的妻子和时刻呵护我的家人感恩！

鞭策的会:"夕阳无限好,只是近黄昏。"我已跨进了"老年八零后",身体多病、机能老化、感官迟钝,但我是新中国培养的历史工作者,是具有巴蜀文化传统的四川社科研究人员,是四川大学的历史教师,应该离而不休,继续为历史学科的建设、为我国文化大繁荣大发展尽心尽力。我要坚持科学态度,认真向老、中、青的师友们学习,积极维护身体健康,求实创新,量力而行,竭尽绵薄,鞠躬尽瘁!请各位经常鞭策我、帮助我。下面,我用几句顺口溜来表达这种心情:

老马深知夕阳晚,策缰扬鞭再奋蹄。

习学壮心仍自勉,跬行奉献尽终生。

最后,我和我的老伴,再次衷心感谢到会各位的教导和支持!敬祝大家:

笑口常开,身体安康,事业美满,家庭幸福!

(2012年3月25日在80岁学术座谈会上的答谢发言稿)

在学校赠书会上的感言

尊敬的谢校长、石副校长、步副校长、徐副书记、党馆长以及各位领导和各位师友：

今天学校为我捐赠听课笔记举行这样一个隆重的会，我非常感动，更是惭愧和不安。首先，我衷心感谢谢校长在百忙中莅会指教，衷心感谢各位领导和师友拨冗光临，衷心感谢校档案馆、校史办领导和各位老师的关心支持！这样的会议，体现了学校党政领导对校史工作和校园文化建设的高度重视。

1956年我入读川大历史系，到至今的56年中，我一直受教、工作和生活在这个富有优秀文化传统的美丽的川大校园里。四川大学哺育我从弱冠青年到耄耋老者，从一个普通青年工作干部到高校历史教师，我感谢川大、热爱川大，几十年来为了川大办得更好，我也在自己的岗位上操心出力。

很幸运的是，我在川大入读的是当时全国高校著名系科之一的历史系，读书的五年中，聆听了徐中舒、蒙文通、缪钺、冯汉骥、蒙思明、胡鉴民、卢剑波等十多位著名教授的讲授和许多老师的教诲。毕业留校后，又在徐中舒、缪钺二位先生直接领导和教育下、蒙文通先生亲切指导下，从事中国古代史的教学科研，历时分别达7年（蒙文通先生直接指导4年多）、25年（徐）、30年（缪）。《庄子·养生主》说："指穷于为薪，火传也，不知其尽也。"柴虽烧尽，火种仍留传。用以比喻师父传业于弟子，一代代地传下去。在四川大学，我的老师们是民国到新中国成立后薪火相传、承前启后的老一代，我则是新中国成立之后薪火相传、承前启后的又一代，今天我捐出的资料，就是这种师生授受、薪火相传的真实记录和证物，主要是我在读书和毕业留校初期的 4 件资料：

1.1957 年上学期，缪钺先生讲授《中国通史·秦汉魏晋南北朝》时我的听课笔记（全学期一本，共数十页）；

2.1961 年毕业留系工作后，按学校要求，制订的《教师个人进修计划（底稿）》一份；

3.1961 年向蒙文通先生呈送的我的部分《读书笔记（三）》（一本）；

4.1962 年至 1979 听课记录（一本，含进修备课期间每周一次在蒙先生家、我向 77 至 79 级讲基础课时请缪钺先生讲唐诗、宋词等）。

这些物件量少零碎，微不足道。但它是大海中的一滴水，可以反映出太阳的光耀和阳光的谱系。从这几件微小资料中，可以见到 20 世纪五六十年代我们学校和老师教书育人、专业培养的一些举措和川大的风骨精神。

附带捐赠的还有一件近代四川学者黄英先生撰著的《筹蜀篇》（复印本二册）。此书同我们川大有密切关系。（一）作者黄英（1867—1928），光绪十四年举人，曾留学日本。于光绪二十二年（1896 年）在四川中西学堂任华人教习。光绪二十三年（1897 年）后，担任荣县旭川书院山长。我校前校长吴玉章先生即曾就读于旭川书院，他与黄家同为荣县老乡且为至交，还同黄英之兄黄芝一道赴日留学。（二）《筹蜀篇》为木刻线装本，四川省图书馆藏，是古籍稀见本。光绪二十七年（1901 年）荣县旭川书院校刊。计 26 篇，共 347 页、76000 多字。内容丰富，经世致用。它包罗文理工农医，贯穿古今，涉猎中外，中体西用，维新改革，具有卓识，切中时弊，兴利富国，是维新变法和近代蜀学的重要著作之一。

我们四川大学已经建校 116 年，是由书院改制演变而设的高等学校（1875 尊经，1704 锦江的部分），其文脉上承西汉景帝（前 179－前 141）时期的文翁石室，可谓历史悠久、积淀丰厚、光耀杏坛！有许多著名的历史事件和历史人物，需要广泛地、深入地开展"存史"（即今所说"历史记忆"）活动。存史之道贵乎"真"与

"实",而亲身经历者或目击者对历史事件与人物的记录,则是保存信史的前提与基础。

  近些年来,我校着力于一流高校和校园文化的建设,又确定今年为"文化建设年",存史文化正是这些建设的重要组成部分,已经取得显著成果。档案文化是存史文化,也是记忆文化,档案文化是文化建设中的特殊阵地,我希望校档案馆、校史办,在学校领导下,在已有优好工作基础之上,更强地发挥职能作用,坚持奋力推进存史工作。预祝取得更硕大更切实的成果!

  作为一名离休教师,我要继续响应学校的号召,毕生做"自信川大人",为校园文化建设,为四川大学和我国社科事业更加发展,贡献余热,竭尽绵薄,有什么需要我做的,召之即至,我当努力以赴。

  谢谢大家!

(2012年6月18日)

在母校的襁褓中成长

——回忆旭川中学第一个团支部

1947年秋，我考入自贡市旭川中学高八班。1950年夏肄业后，留本校教导处工作，主要任务是管理学生活动。1951年2月奉调到西南团校学习，遂离开旭川。在旭川读书和工作的三年半中，我受到了学校特别是中国共产党和中国新民主主义青年团（后改名共产主义青年团）的教育，人生道路经历了根本性转折。期间，我参与了旭川中学第一个团支部的酝酿、建立和活动。趁母校建校五十周年大庆之际，特将母校第一个团支部的情况回忆整理如下。

旭川中学第一个团支部，是在党的哺育和领导下建立、发展的，是在母校的襁褓中成长的。她经历了酝酿、地下活动、公开建团三个阶段。

一、酝酿阶段（1948年秋—1949年6月）

随着国民党反动统治日益腐朽和人民解放战争的迅猛推进，1947年旭川中学已有一些思想进步的师生，以各种方式反对国民党反动统治，传播中国共产党的革命主张。1948年下学期，在学校中共地下党员和进步师生的组织支持下，旭川中学部分师生掀起了反饥饿争温饱、反迫害争民主的罢教罢课运动，历时逾月，教育和锻炼了一批师生。此后，旭川校内民主空气大增，思想活跃、社团纷起，地下党组织也加强了旭川中学学运的领导。其时，我和几位同学也参加了这些活动。1949年5月4日晚，在中共地下党员、高九班学生蓝其邦同志（吴玉章同志的外孙）的领导下，部分进步同学秘密组织了"马列同盟会"（我亦入会），推选卢顺清（今名赖民）、卢文楷分任正、副会长，开展了在会内秘密传阅进步书刊、在校内监视特务活动和联络同学等活动。接着，又以该会会员为核心，扩大了"鸿鹄社"等进步社团，活动更为广泛。这一期间，"马列同盟会"的会员更多地受到党的影响和教育，经受了一定的锻炼和考验。党组织通过"马列同盟会"培养了一批学生，也为旭川建立青年团进行着思想上、组织上的准备。

二、地下活动阶段（1949年7月—1950年2月5日）

1949年上学期，蓝其邦同志离开旭川后，仍领导着旭川的学生运动。同年6月底，蓝根据中共川南工委的指示，将旭川的一些进步学生（大部分为"马列同盟会"成员）吸收入中国共产党领导的"民青"（"中国新民主主义青年联合会"的简称）组织，并编为若干小组（万国良、胡昭武、胡昭曦一个小组，万为负责人），均由蓝单线垂直领导。此后，我们的组织程度提高了，纪律性加强了，在校内组织了更多的进步活动，团结了更多的师生，掌握和监视国民党特务活动，进行了护校迎解放。1949年12月5日自贡市解放，12月中旬萧菊人同志（时任团自贡市工委副书记，新中国成立前夕曾在旭川任教）在自贡市军管会文教接管处（当时在自贡新市区）组织了全市"民青"成员会师大会，旭川的"民青"成员大部分参加了大会。1949年12月下旬，自贡市军管会派罗民先同志来旭川，召集"民青"成员开会（已有部分成员离开旭川），宣布组织上决定把我们由"民青"成员转为青年团员，发给我们《中国新民主主义青年团入团志愿书》。经萧菊人同志介绍、团自贡市工委批准，当时在校的万国良、刘利潮、戴敦谷、刘玉容、詹瑞林、张德芝、胡昭曦、丁荣芬、郭德滋等于1950年2月5日转为青年团员，组成一个团支部，万国良任书记，张德芝、胡昭曦分任组织、宣传委员。至此，旭川中学第一个团支部正式诞生了。

三、公开建团阶段（1950年2月6日—1950年底）

（一）公开建团前（1950年2月6日—1950年5月3日）

旭川第一个团支部建立后，属贡井区委、区政府机关党支部领导（当时旭川尚未建党支部）。1950年上期，市军管会派中共党员粟纯熙、徐尧勤同志来旭川任教，接管旭川中学。团支部在粟、徐等同志（不久增加王道隆同志）的具体领导下开展活动。鉴于当时的形势和条件，团支部和团员的身份均未公开。这段时间团支部主要进行了以下工作：

1. 经办寒假学园。1950年2月，根据中共贡井区委和团市工委的决定，在旭川中学举办了自贡市西区寒假学园，组织自贡市第二、五区的中学生、小学教师和部分社会青年集中学习《社会发展史》和党的方针政策，人数一千余，历时近一个月。万国良任学园指导员、胡昭曦任学园主任。

2. 1950年3月以后，配合学校做好开学工作。这期开学时，同学很少，仅二十余人，因而争取同学来校是一项很紧急的任务。在党员老师和刘极常校长（代理，当时他是团友，不久被正式任命为校长）领导下，团支部具体分析了情况：不少同学或家长受到谣言的影响，以为学校要停办，或认为学校不上课只是扭秧歌，聘不到好教师等；也确有一些同学家庭存在经济困难。团支部一方面发动团员进行广泛宣传（包括到同学家里宣传），要求每个团员至少动员五位同学来校；另一方面，建议学校在收取学费、杂费、伙食费上实行分期缴费办法，扩大免费名额，解决同学的实际困难。团员们做了许多切实工作。如一位同学在艾叶滩（距校七八里）借到学米二斗五升，因无钱请人挑到学校，年仅14岁的团员李睿谟自告奋勇去帮他共同抬回学校。团员刘利潮帮助一位同学从离校约30里的地方，把行李背到学校。由于学校采取了正确措施，经过教师和团员们的努力，来校的同学逐渐增加到300多人，学校得以正式开学上课。

3. 开展生产劳动。为了响应党和政府的号召，克服旭川办学的经济困难和通过劳动生产教育师生，学校决定安排一定的生产劳动，把学校周围的 25 亩荒地和两块水田进行耕种，以增加收入。团支部立即响应，组织团员带动全校同学参加，在各班、级建立了劳动队，并开展劳动竞赛。荒地开出来了，种子播下去了，到七月份粮食相继收获。各班、级都举行了收获晚会（如苞谷会、红苕会），师生们畅谈劳动和收获的体会，分享劳动果实，受到了生动而实际的劳动教育。

4. 自己动手，办好伙食。当时学生伙食团厨房在原天后宫正殿侧，吃水要从天后宫门前水井提水挑上坡，团支部组织各班团员和住校同学轮流挑水。到贡井街上买菜，也是轮流挑回。厨房有臭水缸（石缸）一口，污水与蛆虫、死老鼠混杂，臭气四溢。两位团员带头跳进缸内清扫，一些团员和同学也相继参加，半天时间把水缸洗得干干净净。这一行动锻炼了团员，也在同学和教职工中产生了很好影响。

5. 协助学校建立教学秩序。团支部组织团员发挥模范带头作用，带动同学积极参加学校提倡的反迟到早退，严肃课堂纪律和到农村助耕（全校出动，分为十余组，远至离校十七八里，自备干粮），以及配合政治运动的宣传等活动。

6. 积极加强团组织的建设。从 2 月 6 日到 5 月 3 日公开建团，团员人数由不到 10 人发展到 20 余人。党组织和团支部特别注意对团员的教育。每周数次组织团员学习团的基本知识、过民主生活或讨论工作，重点进行有关团的性质任务、团员应起的作用和密切联系青年群众的教育，提倡为办好新旭川献计献策的主人翁和为群众服务的精神，收到了好的效果。与此同时，通过各种方式在全校师生员工中宣传青年团的任务，使更多的青年和老师对青年团有正确认识和了解，从而为公开建团打下了基础。

（二）公开建团（1950 年 5 月 3 日）以后

在前期工作的基础上，中共贡井区委和团市工委决定将旭川中学团支部公开。1950 年 5 月 3 日，在校内一间教室举行旭川中学建团大会，部分老师和 100 多位同学（占当时全校同学的一半左右）参加。团市工委副书记、地方党支部书记、校行政负责人莅会并讲话，宣布了旭川中学团支部的建立，公布了团支委和全体团员名单；进一步阐述了团的性质任务；肯定了旭川中学团的工作。不少团员和同学也在会上发言，或谈自己入团后的体会，或对团支部提出希望和建议，或表示争取入团的决心和打算。会上和会后有50多位同学提出了入团申请。

此后的几个月中，团组织迅速发展，团员增加到80余名，经上级批准建立了团总支，书记王道隆，组织委员胡昭曦，宣教委员张德芝；不久，又补选万国良为副书记（他曾因工作短期离校），詹瑞林为宣教委员（张德芝调走），邓文奎为保卫委员，李睿谟、廖淑贞、黄永泽分任组织、宣教、保卫干事。1950年下期又经改选，选出以王道隆为书记、胡昭曦为组织委员、蔡汝熙为宣教委员、刘恩让为保卫委员、李睿谟为少年儿童委员的新一届团总支，下设三个支部（不久又分为5个支部）。1950年下期，全校学生627人，团员有84名（其中教师1名、职员3名、学生80名），占全校学生人数的百分之十三。

公开建团后，团支部更充分地发挥了组织作用，成了旭川中学党组织的有力助手和推动学校工作的骨干力量。在党的领导下，团支部配合行政重点做了以下工作。

1. 建立新的考试制度。在旧社会，学校的考试风气极坏，舞弊严重，旭川中学也不例外，要建立人民的新旭川，必须改变这种恶习，团支部把它作为一项重要工作来抓。1950年上期期考前，支部召开团员大会进行动员，认真讨论了新旧中国学校的本质区别和消除考试舞弊的重要性，每个团员都做出了考试不舞弊的保证，然后在学校中广泛宣传。同时，团支部帮助各组织温课复习，建立了数学、物理、英文等科课程互助小组，安排学习较好的同学帮助和督促学习较差的同学，结果这个学期考没有发现舞弊行为。

2. 改善师生关系。为了改变旧的、建立新的师生关系，团支部发动同学尊敬师长，师生共同办好学校，组织了全校性的尊师座谈会，慰问教职员工。团支部还经常沟通师生间的联系，征求他们对同学的意见，也向他们反映同学的要求。还在黑板报上褒扬好老师，在学校的《周志》上反映同学的意见。尊敬老师、爱护学生的新风尚开始形成。

3. 协助学校做好困难同学的免费工作。1950年上期,学校设有免交学、杂费的名额,约占全校学生总数的百分之二十到三十,但申请人数却达到百分之六七十,学校要求团支部协助把评定工作做好。团支部在广泛宣传的同时,组织各班、级认真学习和掌握有关办法,开好民主评议会。团员们还在学生中进行了深入细致的调查工作。有一位靠自己抬盐挣钱交学费的同学,经过做工作后主动放弃免费申请,表示可以在假期抬盐换钱交学费,同学们很感动,有的同学激动地说:"我没有钱帮助你,但我有劳力,假期我一定帮你抬盐。"对少数隐瞒情况,不该免费的同学,则个别帮助,提出批评,动员他们主动放弃申请或建议学校不予批准。从而使困难同学免费的评定公平合理,解决了一批同学的生活实际问题。

4. 配合党的中心工作,开展自我教育和宣传动员。1950年上期,团支部组织团员和同学学习《社会发展史》、党的方针政策和时事。还动员团员、同学参加禁用银圆、减租退押、推销公债等宣传活动;在全校组织了大型话剧《解放》的排练,有近100位同学参加,在校内外演出十多场;1950年底到1951年初,动员在校团员和同学报考军政干部,全校有314人报名(其中团员71人,占百分之二十三),结果考取31人(其中团员19人,占百分之六十一),为党和国家集中输送了又一批干部。

回顾这段历史,至今记忆犹新。当年风华正茂的青年团员,如今均已年过半百。但这段经历却终生难忘,因为他们在自贡新旧社会更替之际,在年未及弁之时,就在母校的襁褓中受到党的哺育和革命斗争的洗礼锻炼成长,这段历史成为他们人生道路上的转折点。

由于事隔近四十年,难于记忆,加以当时个人接触面的局限,本文或有缺漏、欠确之处,望得到补正。

(载旭川中学校刊编辑小组编:《旭川1938—1988》,1988年8月校庆五十周年印行)

【附】庆祝母校六十华诞（1938—1998）

莽莽旭川，花甲华诞，遐迩学子，齐寿母校。
半世纪前，弦歌于斯，列列师长，育我劬劳。
春蚕吐丝，蜡炬燃泪，道德文章，言传身教。
母校哺乳，惠重恩深，终生受用，铭记牢牢。
六十年来，沧海桑田，母校建设，新貌频添。
值此大庆，恭敬祝贺，衷心感谢，母校襁褓。
祈愿母校，继往开来，团结奋进，业绩炳彪。
教者严格，学者勤苦，改革发展，一流目标。
科教兴国，贡献更大，教书育人，质量更高。
我侪学子，爱心永在，竭尽绵薄，倾力报效。
旭川学生，当之勿愧，旭川精神，大显大昭！

高八班学生胡昭曦、王淑端拜贺①
1998年9月16日

---

① 20世纪40年代，我们先后考入自贡市旭川中学，就读于高八班，距今已50多年。

旭川中学与旭川书院

(资料汇编)

一、有关旭川书院的记载

荣县凤鸣书院、桂林书院、旭川书院：[凤鸣书院]，在县城内凤鸣山明察院署，康熙中知县李镕改为书院，乾隆中知县黄大本重建，易今名；桂林书院，在桂林山；旭川书院，在贡井，均系嘉庆年间知县宫鉴桂建。①

旭川书院在贡井，为官办书院。创建于清嘉庆二十二年（1817年），光绪三十年（1904年）改办为公立高等小学堂。②

嘉庆二十二年（1817年），知县宫鉴桂在贡井文昌宫内建旭川书院。光绪三十年废。③

旭川书院。清嘉庆二十二年（1817年），荣县知县宫鉴桂首议在贡井文昌宫建旭川书院（后迁河街子），由地方人士筹有学田收租，并拨草市捐以充经费，为贡井地区半官（公）方办学之始。由山长一人掌管书院，有正课生员2名、童生4名，副课生员2名、童生8名。沈维镛、杨公华、黄书、梁谦等先生先后出任山长，革命先驱吴

---

① 同治《嘉定府志》卷10《学校》。所录皆原著原文，未加引号，[ ]内为引者加。下同。

② 《自贡市志》第30篇《教育·书院》，方志出版社，1997年版，第1119页。按此，旭川书院存在共87年。

③ 《荣县志》第二章《学校·书院》，四川大学出版社，1993年版，第446页。

玉章、知名人士林悦葱曾于该院就读。光绪三十年（1904年）停办。①

旭川书院，在荣县贡井（今自贡市贡井区）文昌宫内，嘉庆二十二年（1817年）知县宫鉴桂建。光绪三十年改办为公立高等小学堂。②

二、目前已知旭川书院师生资料摘录

（一）山长名录③

沈维镛、杨公华、黄书、梁谦等山长：清嘉庆二十二年（1817年），荣县知县宫鉴桂首议在贡井文昌宫建旭川书院（后迁河街子）……沈维镛、杨公华、黄书、梁谦等先生先后出任山长。④

李春霈山长：林悦葱……6岁同吴玉章就读于清举人李春霈塾所。李接掌旭川书院山长后，林同吴玉章一起转入旭川书院就读。⑤

（二）吴玉章同志（1878—1966年）

吴玉章（1878—1966），原名永珊，字树人，清光绪四年十二月初七（1878年12月30日）生，双石桥蔡家堰人。……少年入私塾，后就读成都尊经书院、贡井旭川书院、泸州经纬学堂……［1966年］12月12日于北京逝世……在纪念吴老诞辰110周年大会上，副省长韩邦彦代表中共四川省委、省人大、省人民政府、省政协，赞扬吴玉章是"人类先哲，党内楷模，时代伟人，万世师表"，"吴老的高贵品德，是我们时代光昭日月的磅礴正气，是激励我们奋发图强，振兴中

---

① 《自贡市贡井区志》第17篇《教育》，四川人民出版社，1995年版，第367~368页。
② 胡昭曦：《四川书院史》，巴蜀书社，2000年版，第133页。
③ 到2011年，笔者所见旭川书院山长名录有所增加，补录如下："沈维镛，道光二十九年。杨公华，咸丰年间。杨筱帆，咸丰、同治年间。刘炳勋、刘光模、黄茂、黄书、梁谦、李春霈、黄英，均在光绪年间。"参见胡昭曦：《近代蜀学学者黄英及其〈筹蜀篇〉》，《盐文化研究论丛》第5辑，巴蜀书社，2011年版（收入胡昭曦：《旭水斋存稿》，四川大学出版社，2012年版）。
④ 1995年《自贡市贡井区志》，第367~368页。
⑤ 1995年《自贡市贡井区志·林悦葱传》，第519页。

华的精神力量"。国家主席杨尚昆为吴玉章故居书写横匾，中央军委主席邓小平为吴玉章雕像题字："我国杰出的无产阶级革命家、教育家、历史学家和语言文字学家。"①

吴玉章，原名永珊，字树人，1878年12月30日（清光绪四年十二月七日）生。荣县双石桥蔡家堰人，幼入私塾，及长，先后就读贡井旭川书院、泸州经纬学堂、成都尊经书院。……1903年4月，吴玉章为救国图强赴日本留学。……［1906年］4月，吴玉章加入同盟会并被选为评议部评议员。……1922年8月，吴玉章被聘任成都高等师范学校校长。……1925年4月，吴玉章在北京经赵世炎等介绍加入中国共产党。……大革命失败后，吴玉章撤离武汉到南昌参加了"八一"南昌起义，任中央革命委员会委员兼秘书长……1939年11月，吴玉章到延安，先后任陕甘宁边区政府文化委员会主任、鲁迅艺术学院院长、延安大学校长等职。……1946年4月，任中共四川省委书记。……1948年4月，任华北大学校长……建国后，吴玉章曾任中国人民大学校长、国务院文字改革委员会主任、中国教育工会主席、中国自然科学普及学会主席、中国史学会副会长……吴玉章在中共六届六中全会上、中共七大和八大均选为中央委员，还是全国"人大"一、二、三届代表和常务委员。……于1966年12月12日不幸逝世。②

1892年（光绪十八年，壬辰），14岁　年初一，［吴玉章］随仲兄永锟到成都，入读尊经书院。

1894年（光绪二十年，甲午）16岁　因母丧而庐墓三年。

1898年（光绪二十四年，戊戌）20岁　就读旭川书院（现自贡市贡井区内）。经常读到仲兄寄回的各种维新变法书籍报刊，成了新政的热情宣传者，在学［书］院辩论中大占上风，被戏称为"时务大家"。

1900年（光绪二十六年，庚子）22岁　因家贫，在荣县城西街

---

① 1993年《荣县志·吴玉章传》，第592~596页。
② 《四川省志·人物志·吴玉章传》，四川人民出版社，2001年版，第251~254页。

张姓亲戚家作专馆老师，教其子弟。①

以康有为、梁启超为代表的资产阶级改良运动，在甲午战争后，由于民族危机的刺激而发展。变法维新思想一时传布全国。……我开始接触"新学"，也是在这个时期。我的二哥最喜欢买书，他于母亲服满之后，仍回成都"尊经书院"续读。……我那时虽在乡下，但我二哥却能按时不误地把新书寄回来。当我读到康梁（特别是梁启超）的痛快淋漓的议论以后，我很快就成了他们的信徒，一心要做变法维新的志士，对于学习八股、考功名，便没有多大的兴趣了。……"戊戌变法"的那些措施，虽然是微不足道的，但在当时却震撼人心。……那时我正在四川自（自流井）贡（贡井）地方的"旭川书院"读书，由于热心于变法维新的宣传，人们给了我一个外号，把我叫做"时务大家"。当变法的诏书一道道地传来的时候，我们这些赞成变法的人，真是欢欣若狂。尤其是光绪帝三令五申地斥责守旧派阻挠上书言事，更使我们感到鼓舞，增长了我们的气势，迫使那些反对变法维新的守旧分子哑口无言。现在看来，我们那时对光绪帝的迷信，是何等的幼稚可笑，但在当时，尤其是我的家乡，我们的思想要算是最进步的了。我们在书院占了上风就表明进步思想在那里占了上风。可惜好景不长，很快"戊戌政变"就发生了，"六君子"也被杀了。守旧分子立刻向我们反攻。他们嘲笑道："早说不对吗，要杀头哩！"但我们并不气馁，我们引谭嗣同的英勇事迹来回击他们……谭嗣同的精神鼓舞了我们，使我们在守旧派的面前不肯屈服。②

1898年，维新运动逐渐达到高潮。……在这一年，吴玉章到旭川书院（现自贡市贡井区）求学。其仲兄仍在尊经书院求学，仍不时由成都寄回宣传维新变法的各种新书刊，使吴玉章得读当时风行海内外的《时务报》《万国公报》《蜀学报》《盛世危言》《经世文》等。吴玉章深为维新变法理论所折服，"一心要做变法维新的志士"。（原注：《吴玉章回忆录》，中国青年出版社1978年版，第7页）吴玉章回忆

---

① 刘文耀、杨世元：《吴玉章年谱》，四川人民出版社，1998年版，第3~6页。
② 《吴玉章回忆录》，中国青年出版社，1978年版，第6~8页。

说:"由于热心于变法维新的宣传,人们给了我一个外号,把我叫做'时务大家'。当变法的诏书一道道地传来的时候,我们这些赞成变法的人,真是欢欣若狂。尤其是光绪帝三令五申地斥责守旧派阻挠上书言事,更使我们感到鼓舞,增长了我们的气势,迫使那些反对变法维新的守旧分子哑口无言。现在看来,我们那时对光绪帝的迷信,是何等的幼稚可笑。但在当时,尤其是在我的家乡,我们的思想要算是最进步的了。我们在书院里占了上风就表明进步思想在那里占了上风。"(原注:《吴玉章回忆录》第8~9页)吴玉章在当时"实际上成了邻封各县的一个新政的宣传者"。(原注:中共四川省委党史工作委员会《吴玉章传》编写组:《吴玉章文集》下,重庆出版社1987年版,第1258页)……可惜好景不长,在顽固派的反扑下,新政实行了103天即告失败……消息传到旭川书院,守旧分子立刻对吴玉章进行围攻、嘲笑,吴玉章并不气馁,引谭嗣同的英勇事迹来反击守旧分子,并宣传说:"新政仍要实行"。吴玉章俨然成了新政的辩护人维新派。(原注:《吴玉章文集》下,第1258页)①

(三)谢奉琦左将军(1882—1908)

谢奉琦(1882—1908)字能久,号伟颜,1882年12月9日出生于贡井院子坝。……1902年,就读于富顺炳文书院,后转入贡井旭川书院,受"戊戌变法"启迪,萌发革命之志……素闻东邻日本原极贫弱,自明治维新后始为亚洲强国,遂决定东渡日本求学。先于成都入东游预备学堂。1904年与亲友……自渝乘船东去。到日本后,考入成城学校,与吴玉章等同学。1905年转入早稻田大学理化系……同年7月25日,由孙中山、黄兴为主盟人加入中国同盟会……深得孙中山、黄兴等器重,委以调查、评议等职。……1906年,孙中山为推翻清廷,积极筹划军事起义。……同年6月,孙中山派黄复生、熊克武、谢奉琦回国,为四川主盟人。……谢等积极从事革命宣传,发展革命组织,建立军事据点……运动新军往返于成、渝、泸、叙之间10余次,发展同盟全员数百人,并在成都草堂寺多次召开军界、

---

① 吴达德:《吴玉章与中国民主革命》,西南师范大学出版社,1998年版,第13页。

学界、部分革命党人会议……同盟会决定以叙府［今宜宾市］起义为要枢，兵分四路［即叙府、泸州、成都、永宁即今叙永等四路］，分头在各地起义。……并决定在 1907 至 1908 年间发动起义。……叙府起义时间定为 1908 年 1 月 26 日。……殊因事机不密，全盘计划竟被土豪雷东垣所出卖，……清知府宋联奎乘势大肆捕杀革命党人……死难革命志士 200 余人。革命党人被迫分散转移，待机再起。谢奉琦亦回贡井老家。……1908 年 3 月 10 日，叛徒汪蔚然于贡井将谢诱捕。……谢被押至叙府后，府官宋联奎威胁利诱，软硬兼施，谢毫不理睬。……1908 年 3 月 27 日，在叙府一洞天街口刑场，谢奉琦昂首挺胸，神色泰然，对众慷慨陈词，号召人民"跟踪继起，推翻满清，建立民国"。临刑时索笔赋绝命诗一首："中原多故祸燃眉，草泽人怀造国恩，富贵无亡耕陇上，诗成泣下数行时。"谢奉琦凛然就义，时年 26 岁。

1912 年 3 月 18 日，蜀军政府公布谢奉琦为四川死义烈士。同年孙中山就任临时大总统后，颁行恤典，追赠谢奉琦为陆军中将左将军，在其就义处建"谢将军祠"（今宜宾市中医院处），将叙府水洞口街改为谢将军街，烈士家乡贡井新街至长腰滩一段路，曾以烈士号命名为"伟颍路"（今和平路），赠其故居（贡井院子坝）匾书"谢左将军府"，"以慰忠魂，而垂不朽"。①

谢奉琦（1883—1908），字能九，号伟颍，清光绪八年十二月九日（1883 年元月 17 日）生，自贡市贡井区蒿草田院子坝人。光绪二十八年（1902 年）入富顺县自流井炳文书院，后转贡井旭川书院。光绪三十年（1904 年）到成都东游预备学校攻读日语。同年，东渡日本求学……②

谢奉琦，字能久，荣县贡井乡（今自贡市贡井区）人，1884 年（清光绪十年）生（一说生于 1882 年）。谢奉琦弱冠就学于富顺炳文书院，后转学贡井旭川书院。……1908 年 3 月，谢奉琦［在叙府］

---

① 1995 年《自贡市贡井区志·谢奉琦传》，第 508~611 页。
② 1997 年《自贡市志·谢奉琦传》，第 1527 页。

惨遭[清政府]杀害……临难时……赋绝命诗一首:"中原多故祸燃眉,草泽人怀复国恩。我志未酬民益愤,还将万弩射胡儿。"1912年3月18日,蜀军政府公布谢奉琦为四川死义烈士。同年,孙中山颁行恤典,追赠谢奉琦为陆军中将,谥左将军。叙府群众也建将军祠纪念他。①

谢奉琦(1882—1908),字能九,号玮颍,光绪八年十月二十九日(1882.12.9)生,荣县井贡[贡井]乡(1939年建自贡市,贡井划归自贡)人……幼年就读于私塾,光绪二十八年入富顺炳文书院,后转学贡井旭川书院。他勤奋好学,关心时务,憎恶科举制度。时值帝国主义瓜分中国的狂潮……他主张"科举非改革不可,八股非废去不可。果尔,则人民思想必富,思想富,则国家前途乃有起色。否则,睡狮沉沉,不亡何待"?……光绪三十年,毅然辞别刚结婚三年的贤妻刘仲仪,到成都东游预备学校,攻读日语……②

(四)林悦葱先生(1880—1967)

林悦葱(1880—1967),荣县人,后迁住贡井南华宫。……6岁同吴玉章就读于清举人李春需塾所。李接掌旭川书院山长后,林同吴玉章一起转入旭川书院就读。……1902年,林赴嘉定府应试,中秀才。……1906年自嘉属中学师范班[在成都]毕业后,一直从事教育工作达29年之久。先后受聘于贡井两级[高级、初级]小学……在贡井担任教员和校长达24年之久。……自贡知名人士刘极常③、侯性涵等均受其教诲。学生中知识界、工商界知名人士也不乏其人。

辛亥革命前,吴玉章自日本回荣县组织保路同志会,林积极支持。1911年秋,荣县保路同志会起义……[林悦葱到自流井]召集富、荣两场地方代表开会,宣布自贡脱离清廷,建立自贡地方议事会……林任议事会议员。

---

① 《四川省志·人物志·谢奉琦传》,四川人民出版社,2001年版,第25~27页。
② 1933年《荣县志·谢奉琦传》,第568~570页。
③ 刘极常先生,新中国成立前即任教于旭川中学。1950年初,由中国人民解放军自贡市军事管制委员会任命为旭川中学校长,直到1959年秋调离。后被选任自贡市人民政府副市长、市人大副主任等职。

1953年……被聘为四川省文史馆研究员，相继当选为省政协第一届常委、第二届委员；自贡市政协一、二届常委，三、四、五届委员、副主席；自贡市人大第三、四、五届人民代表。①

三、旭川中学与旭川书院

1937年抗战军兴，四川是大后方，希望入学学生更多，自贡一所私立中学〔即在自流井的私立自贡中学，简称"井中"，是蜀光中学前身〕，远远不能适应广大社会人士要求。……（于是，贡井盐业团体和地方热心教育人士）宋俊臣、黄学周、余述怀、刘祉滋、黄象权、刘瀛洲、黄与櫑、金灿如、何其义、刘运周、金志贤、胡少权等，集会讨论，决定在贡井、上丘、艾叶、敦睦四乡镇中心，创立中学一所，继过去旭川书院旧称，定名为旭川中学。……校地暂设贡井江西庙和南华宫，分别于1938年秋，招收男女生各一班。（据胡少权初稿、余文祥整理：《回忆旭川中学的创立和发展》②）。〔按此，旭川书院停办34后，乃有旭川中学〕

自贡市旭川中学创办于1938年9月……因早年有"旭川书院"及地处旭水河畔而定名为"自贡市旭川初级中学校"。……1941年春，增设高中部，改校名为"自贡市私立旭川中学校"。③

〔1938年8月〕富荣西场评议公所所属七个盐业团体的主要负责人，以贡井地区尚无一所中学为由，联名致函自贡市政筹备处，建议在贡井筹设"蜀光初级中学分校"，因"私立学校不得设立分校"，于

---

① 1995年《自贡市贡井区志·林悦葱传》，第519～520页。
② 胡少权先生（1898—1988），生前为自贡市政协文史资料研究委员会成员、自贡市诗词学会会员，为旭川中学创办人之一。1938年起至1949年12月，一直是旭川中学校董会董事，其间，1944年任副董事长，1945年至自贡解放任董事长。余文祥先生（1918—1999），生前为自贡市沿滩教师进修学校教师。1943年任教于旭川中学并兼教导主任。1944年上学期，先后任旭川中学副校长、代理校长。1948年下学期至自贡解放，任旭川中学校长（载《胡少权史志文存》第17～20页，2003年编印，自贡市图书馆有收藏本）。参见邹家英、曾新编撰：《自贡市旭川中学大事记（1938—1998）》，自贡市旭川中学编：《波光行——旭川六十周年华诞纪念》，1998年9月印行。
③ 旭川中学校庆筹委会校刊编辑小组：《旭川（1938—1988）》，1998年8月印行。

是袭用"旭川书院"之称，设"自贡私立旭川初级中学"。①

[编者按]旭川书院存在87年（1817—1904），光绪三十年（1904年）被改办为公立高小学堂。34年后，即民国二十七年（1938年）九月，旭川中学建立。

目前，只知旭川中学得名是"继过去旭川书院旧称"，或"因早年有旭川书院及地处旭水畔"，或"袭用旭川书院之称"，从中可见中学与书院在名称上有联系和文脉承接。但二者是否还有更多联系之处，当是目前深入挖掘资料的用力所在，重点是1904年至1938年间的34年。

[纂辑说明]

1. 本资料仅据纂辑者手边书刊，还需加以扩展和深入。特别是重要出版物和地方文史著述（含口述史料），更需广求细考。

2. 本资料中有关吴玉章同志的部分著述，承蓝其邦同志（吴的外孙、旭川中学高九班学生）提供，谨致感谢。

3. 敬将本资料提交母校审阅参考，并请诲正。

纂辑者：胡昭曦（旭川中学高八班学生）
2004年10月

（载自贡旭川中学网，2004年12月3日）

---

① 邹家英、曾新编撰：《自贡市旭川中学大事记（1938—1998）》，《波光行——旭川六十周年华诞纪念》。

建议大力彰显"世界第一张纸币'交子'产于成都"[①]

(成都市)书记、市长钧鉴：

我是四川大学历史文化学院教授。顷见传媒报道：我市锦江区提出"计划五年内将东大街基本建成为成都金融商务大道"。对此，我谨向你们和市委、市府汇报自己的看法，建议抓住我市建设商务中心（圈）或金融街道的时机，大力彰显世界第一张纸币"交子"产于北宋成都的历史，以宣扬我国杰出的优秀历史遗产和民族精神，更加展现历史文化名城成都的深厚积淀，扩展与加深爱国爱成都的教育内容，进一步推动我市旅游事业的发展和增加其科学文化内涵，并为今日建设提供历史镜鉴。

一，在世界历史上，纸币"交子"首先产生于北宋初期的成都府城（当时的益州州治），这是中外学界公认的不争事实。一般认为，具有纸币性质的官"交子"的产生，大约是在宋太宗至道元年（995年）前后几年间。在西方，最早的纸币是公元1661年瑞典斯德哥尔摩银行发行的信用纸币。中国纸币——成都官"交子"的产生，比欧洲纸币早了六百多年。这是人类社会金融商务发展史上的里程碑，对世界经济具有巨大的推动作用，在货币史、金融史、印刷史、经济史、文化史、科技史上都具有重要历史地位和现实意义。因而，得到中外有关学者和著作的高度评价。

二，近几十年，中外学者加强了有关交子的研究，我市有的政府

[①] 此信同时抄致成都市民政局。

部门也进行过历史考察。基本认识是,对"交子"产在成都的宣传介绍还需大大加强。然而,目前要确定北宋"交子"在成都的具体产生地是非常困难的,已有的"产于'椒子街'即'交子街'"说、"产于'净众寺'"说,都缺乏史料依据。但是,官"交子"产生在北宋的成都府城是毫无疑义的,宜就此加以大力彰显,不必粘滞于具体产生地的考订和讨论(仍可继续探讨)。因此,利用金融街道、商务中心(圈),向社会科学宣传和大力彰显世界第一张纸币产在成都,是很有必要的、适当的。

三,至少可采取三种具体做法:

1. 将市区内已建或正建、待建的某条金融街道或商业街道,冠以"交子"的名称,如"交子大道东大街"(与"蜀都大道总府路"等名称相类)。

2. 在命名的交子大道或商业中心,修建纪念性标志(譬如今日均隆街钱币博物墙的做法),用文字和图像简介产于成都的"交子"的历史及其意义。

3. 在有关博物馆如成都博物馆、西南财大钱币博物馆的展览中,加重介绍"交子"的分量。

需要强调的是,无论哪种做法,都应把传说与历史、学术上的研讨与确凿的结论严格区分,不容混淆地、科学地向世界展示,向民众介绍。

以上汇报和建议,谨供参考,并望批示。

打扰你们于百忙之中,添麻烦了,谢谢!祝愿身体康健!

【附一】个人简况。

【附二】拙稿一篇:胡昭曦《宋代交子具体诞生地探考杂识》(载胡昭曦:《巴蜀历史考察研究》,巴蜀书社,2007年版;原载《四川大学学报》,2006年第4期)复印件一份,谨供参考,并请指正。

四川大学离休教师　胡昭曦上
2007年10月5日

【作者附记】 在领导和有关部门的重视下，成都市在高新区已正式命名了"交子大道"和"交子北"一路、二路，"交子南"一路、二路。其具体位置与建设环境也很考究。交子大道，东起金融城（其北邻近成都市金融工作办公室），西穿过益州大道，接于成汉南路。交子北一路、交子南一路，纵贯金融城。交子北二路、交子南二路，在益州大道之西、成汉南路之东，纵跨交子大道。

关于公示确定"四川大学校歌"的浅见

校党委宣传部并校领导：

学校确定以《国立成都大学校歌》的词曲为今日的《四川大学校歌》，很好！我赞成贵部在公示公告中对该校歌所做的评析。

我对校史没有研究，在平时接触的资料中，见到些许有关记载，也存在不解和疑难处，正式确定校歌是我校的一件大事，特别需要科学地对待和实事求是地考订，我冒昧地把这些疑惑并所见重要资料提出来，供学校参酌。

一、关于这首校歌的词作者

目前所见：一说"由张澜亲自作词"；一说"张澜亲自"作了细微改动；一说"推荐张澜先生任校长时期的《国立成都大学校歌》为四川大学校歌"。①

（一）这首歌词，最早是《四川省城高等学堂校歌》的歌词

党跃武教授指出："据说这首校歌是由四川清代唯一一名状元、尊经书院学生、四川大学校长（四川官立高等学校校长、四川大学筹备处处长）骆成骧拟词，因而气势恢宏。"②"据说"二字，是对词作者是谁，抱慎重态度。

---

① "四川大学学生会：【SUSU快讯】经2012年10月30日（即今日）下午举行的学校校务会议研究决定：推荐著名教育家和社会活动家张澜先生任校长时期的《国立成都大学校歌》为四川大学校歌。……四川大学校歌今天终于确定了！"人人网，2012年10月30日。

② 党跃武：《川大历史上的校歌》，《四川大学报》，2012年10月18日。

前几年，我见到一个记载，抄摘于下：

《四川高等学堂之校歌》。四川高等学堂创办于前清光绪二十八年壬寅，系就尊经书院原址改建者。学堂既立，始定校歌。其辞曰："岷山峨峨开天府，江水决决流今古。聚精会神生大禹，近揆文教远奋武。桓桓熊羆起西土，锵锵文教迨东鲁。祭神人，歌且舞，领袖群英吾与汝。"就其风土，谱入歌辞，山川钟灵，神禹所宅。吐属雄伟，至今诵之，犹觉不同凡响。相传为骆修撰公骕（引者按，骆成骧字公骕）所拟，究出何人手笔，不能定也。其后国立成都大学仍沿之。（文守仁：《蜀风集》① 第323页）

可见，第一，我校校歌歌词最早的是《四川省城高等学堂校歌》歌词，比《国立成都大学校歌》早约20年，是我校第一首正式校歌。第二，词作者可能是骆成骧，因不见可靠依据，只云"相传"未确署骆成骧作词。第三，国立成都大学沿用此校歌歌词（《蜀风集》作者文守仁先生早年在国立成都大学预科就读）。

（二）"由张澜亲自作词""张澜亲自"作了细微改动，未见所据资料

我所见的资料非常少，也未见有关的介绍，因而不知怎么确定是经张澜校长亲自作词或斧改的？

---

① 《蜀风集》（又名《文守仁集》），是文守仁先生的遗著，新津县政协文史资料委员会审定，1998年3月印行。据该书卷首《文守仁先生生平简介》云，文守仁（1908—1987），四川新津县人。早在国立成都大学预科就读。1935年毕业于国立中央大学政治系。后随国民党政府迁台，历任"国大代表"和政府官员。1967年退休，受聘为台湾省政府参议。擅长文笔，乐于写作，曾担任台湾地区立法机构大事记总编。1960年，台湾"四川文献研究社"成立，创办《四川文献》月刊，被聘主担该刊"蜀风集"一栏，编著颇多，本书乃文守仁先生在《四川文献》发表的著述和其他存稿。作者在中国大陆生活逾40年，又在中国台湾生活30余年，所见甚广，所历甚多，所交甚众，对巴蜀历史文化风俗民情有较多亲身体验，又有较多了解和研究。《蜀风集》是一本内容广泛、资料丰富、亲证性强的历史著作。参见胡昭曦：《深入发掘资料，推进蜀学研究——文守仁先生〈蜀风集〉读后》，载本书。

（三）"由张澜亲自作词"之说，或径署"张澜词"，均为不妥

我在网上看到有关报道，摘抄于下：

  本人购有一本《近代中国高校校歌选》（上海社会科学院出版社 2006 年出版），书中有一首张澜作词的《成都大学校歌》。从书中得知，这所成都大学并非今日之市属成都大学，乃是作为当今四川大学的前身且由张澜任校长之国立成都大学。现在，四川大学已确认张澜为其老校长并立了塑像。那么，由张澜亲自作词的《成都大学校歌》当然也应该认为是四川大学的老校歌了。其歌词为：岷山峨峨开天府，江水泱泱流今古。聚精会神生大禹，近揆文教远奋武。桓桓熊熊起西土，锵锵鸣凤叶东鲁。和神人，歌且舞，领袖群英吾与汝（录自《国立成都大学五周年纪念特刊》，1929 年）（作者：tangyouzhang）。①

从这条信息中得知，第一，1929 年有一本《国立成都大学五周年纪念特刊》，其中载有校歌，因我未见过此刊，不知所载校歌是否词曲俱全并署名张澜词？第二，所云"由张澜亲自作词"，不知何据？

今天来看，无论是否经张澜校长改词，《四川大学校歌》是沿用"著名教育家和社会活动家张澜先生任校长时期的《国立成都大学校歌》"，而《国立成都大学校歌》又据自《四川省城高等学堂校歌》，因此署名为"张澜词"或云"由张澜亲自作词"，都是不确切的。比较《四川省城高等学堂校歌》《国立成都大学校歌》，二者歌词都是 55 个字，后者于前者的修改处是，"适东鲁"改为"叶东鲁"，"祭神人"改为"和神人"，改了两处两个字。② 正如党跃武教授文章所说，《国立成都大学校歌》是在《四川省城高等学堂校歌》的"基础上改

---

① 《张澜作词的老川大校歌（歌词）》，"天涯社区网·唐有章博客"，2007 年 11 月 26 日。

② 《四川大学校歌》中有"锵锵鸣凤"词，与《近代中国高校校歌选》所记《成都大学校歌》相同。而《蜀风集》于此则记作"锵锵文教"，然该书所记《四川高等学堂之校歌》中，前段歌词已有"近揆文教"四字，是"文教"二字于此歌词中重复，疑不确，何以出现这种情况，尚待考查。

定了校歌歌词，这几处改动虽然细微，却寓意颇深"①。可见，说"沿用"或"细微改动"是恰当的，不好说是"张澜作词"，因为这不符事实。

（四）建议

上列有关校歌作者三说，我觉得以"张澜先生任校长时期的《国立成都大学校歌》"之说为好。若于今日正式确定的《四川大学校歌》必须署名，宜再作慎妥考虑和论证，比如可否用"老校歌原词、佚名曲"？若实在要署张澜先生之名，可否用"张澜改词、佚名曲"（其意为"张澜先生任校长时期"改定的《国立成都大学校歌》歌词）？或者其他。并在歌页之后，对此歌的沿革作简要说明。

二、普及中，要注意校歌中有的词字的读音

较之《四川省城高等学堂校歌》歌词，《国立成都大学校歌》改"适东鲁"为"叶东鲁"，这个"叶"字在普及传唱中要格外注意。

此"叶"字是古汉字，不是"葉"字的简化。《汉语大辞典》云，"叶"有二音二解：1、读 xié，同"协"，《周礼·春官·大史》："与群执事，读礼书而协事。"汉郑玄注："故书协作叶。杜子春云：'叶，协也，书亦或为协。'"2、读 yè，"葉"的简化字。②《简明古汉语字典》亦云："叶，一，xié，同'协'。合；协调。《新五代史·梁家人传》：'中外叶力，期于小康。'……二，yè，'葉'的简化字。"③校歌中的"叶"应是"协"的读音和释义。

为了普及方便、传唱准确，可否在论证的基础上，将校歌正式文本中的"叶东鲁"径改为"协东鲁"，或书写为"叶（协）东鲁""叶（xié）东鲁"，或加说明？

---

① 党跃武：《川大历史上的校歌》。
② 徐中舒主编：《汉语大辞典》缩印本，四川辞书出版社、湖北辞书出版社，1993年版，第239页。
③ 张永言等编：《简明古汉语字典》，四川人民出版社，1987年版，第764页。

三、校歌要有注释乃至今译

这是准确诠解校歌、充分发挥校歌宣传教化功能之需。网上对此亦有要求，如："张表老的这首歌词，我和很多人都不太懂，希望有人能出来解释一下。不胜感谢！""如能译成现代汉语的话，就最好了！"[①]

出于一个在川大受教近60年的老年教师爱校之心，我热切盼望学校各方面发展得更好，也希望校歌确定得更好，然囿于识涉局限，以上孔见，或有谬误，仅供参考。

望赐教并复示！

谨致问候！

历史文化学院离休教师胡昭曦　上
2013年1月7日

---

① 均见"天涯社区网·唐有章博客"，2007年11月26日。

"国学与现代化"议

这是当前学术文化思想理论的一个重大课题,是今日文化之根,是中华民族民族性之集中表现,是关乎建设中国特色社会主义的基本问题。我素乏研究,谈点感想,提点问题,请教于师友。

一、关于国学的界定

"国学"(旧学、中学)之名,肇始于明末,清末与号为新学、西学的欧美学术文化相对。狭义者,指中国古代学术文化,包括儒、诸子、道、佛、诗文、史等。广义者,中国古代和近现代的学术文化(物质与非物质)都是国学涉及范畴,即"国学者何?一国所有之学也"[①]。

二、国学与国粹

一是国学与学科建议。要全面继承这份宝贵遗产,加以整理研究、科学利用。

一是国学与公众普及。主要是普及国学中的精华即国粹(包括不同历史时期的先进者即历史进步性和对今日有益有用者),继承与弘扬祖国优秀传统文化。

就道德范畴和基本价值观而言,需要注意:1. 是非要清楚。如真与伪。2. 时代不同,社会标准不一。如善与恶,美与丑。3. 具有特定时代性。如"三纲"。4. 其内涵有部分共通性的。如忠、孝、

---

① 邓实:《国学讲习记》,《国粹学报》第 19 期,1906 年。

"五常"。

对今日建设而言,其中有没有精华与糟粕或优秀与不优秀?要不要分别精华与糟粕,怎样区分精华与糟粕?要不要批判继承?① 我赞成要全面研究,批判继承,弘扬精华。

三、国学与蜀学(中华文化与巴蜀文化)

国学的内容:包括儒、道、释、文、史、哲;区域(地方)学术文化;少数民族文化。

主流与非主流:中国特色是由各地域文化所组成和升华。要进一步打破只重视主流文化(如齐鲁、濂洛关闽等)而轻视非主流文化(如湖湘、巴蜀等)的传统。

蜀学历史悠久,丰富多彩,名人辈出,名著林立,颇具特色,多有贡献。先秦时期的辉煌,秦举巴蜀后与中原文化的融合,洛蜀会同,中体西用。谢无量、蒙文通先生的说法可供参考。谢无量先生的《蜀学原始论》②,是首次系统研究蜀学之原的文章。他提出,"蜀有学先于中国"。从儒、道、释和文章四个方面进行梳理归纳。其说有些夸誉,但其言蜀学源远流长,对中华文化贡献很大乃事实也。蒙文通先生在其著《巴蜀史的问题》③ 中,提出了"辞赋、黄老、律历、灾异是巴蜀固有的文化"的论断。

四、如何传承国学和开展国学教育

1. 专业的。国学是我们民族的宝贵历史遗产,应该加以保护、传承,如成立专门研究机构或教学单位、培养专业人员、拨给专项经费,等等。全面保护,逐步整理,开展研究,科学利用。要不间断地培养合格的后继者(不只背点国学经典,而应有科班培养、包括初中

---

① 批,评论也;判,断论也。批判,为评论判析之意。
② 载《四川国学杂志》第六号,1913年。后收入《崇文集——中央文史研究馆馆员文选》,中华书局,1999年版。
③ 载《四川大学学报》1959年第5期。收入《蒙文通文集》第二卷《古族甄微》,巴蜀书社,1993年版。

高层次的）。要加强对国学精华的研究，提出进行国学普及教育的基本要求和重点（如爱国、行善、义利统一、言行一致）等。

2. 要适应市场经济的发展。关键是坚持国学的学术文化内涵和品位，不搞并抵制形式主义、耍花架子、作秀哗众、曲意迎合、图利损学。

3. 正确对待和处理与国际接轨。坚持开放，积极地科学地推进与国际接轨。中体西用，洋为中用，坚持中华民族性、中国特色和中国气魄，切合中国实际，有利我国社会经济文化独立发展。

4. 需要传媒更加配合。要发扬批判继承精神[①]，引导社会进一步提高分辨力（提倡、允许、不宜与反对）。

5. 关键在党和政府要加强领导。建立全国统一领导或具有协调权力的机构（包括宣传、文化、教育、科研、财政等）及其办事机构；要制订相关法律法规和具体管理办法；要有统一的规划和教学科研重大项目；要对目前已有国学教育进行系统的调研总结，包括形式、方式、方法、教材、效果等，提出优选方案；组织编写（或推选）适用于学科建设和公众普及的各类各层次的基本的国学读本或教材（教学大纲）。

（2011年3月7日在"国学与现代化"座谈会上的发言稿）

---

① 如孝顺、孝敬。《孝经》共18章，其中即有《谏诤章》，云："父有争子，则身不陷于不义。"《荀子》卷20《子道篇》也说"从义不从父"才是孝。

"大足学"研讨

一、大足学是"学",而且早已是一门学问、学科

(一)何谓"学"?所见名词有:学业、学说、学问(含技术、技艺)、科学、学科(专业)、学术、学派等。

(二)大足学已成"学"。大足石刻是国家文物保护单位和世界文化遗产。近几十年来有研究机构、队伍,有明显的研究成果、学术影响和贡献。大足学早已是一门学问、科学和学科。

(三)大足学正在向大学问大学科发展。

(四)要努力构建大学问大学科的大足学。

二、重庆应该而且有条件牵头构建大足学

(一)大足学是以地域命名的专门学科。大足在重庆,重庆为大足石刻长时期地做了出色的维护、建设和学术研究组织工作;重庆有条件创立以大足石刻为核心、涵盖周边区域同一文化圈层的石刻造像,以及相关历史文化研究的地域性专门学科大足学。

(二)大足石刻资料丰富,特色突出,学术品位高("国保""世遗"),研究工作不断进步(基础的、专题的、综合的、多学科的),省内外海外及国际学术联系日益扩大和密切。其研究机构不断充实发展,已由大足文管所发展为大足石刻艺术研究所,近些年更名为大足石刻研究院。

(三)已明显形成学术优势和研究特色。诸如:唐宋石刻艺术、宗教历史文化、儒释道三家结合、唐宋时期的历史实物、科技与民俗、语言文字的变化、巴蜀地域文化……以及它们同其他文化的联系和在中华文化中的地位。

（四）大足石刻及周边的一大片石刻艺术都属于一个文化圈层内，时代背景、造像渊源、题材内容、艺术风格等都大同小异或互相交融，它们是一个包容和体现多元文化的石窟群宝库。

（五）重庆市、大足区党政领导重视。

（六）重庆地区、大足研究院积累了大量资料，有一定数量专业研究人员和与之长期联系合作的学者群，已取得丰硕研究成果。

三、几点建议

（一）把"艺术宝库"的提法，改为"石刻宝库"或"石窟群宝库"。

（二）在提法上，我以为"北有敦煌学、南有大足学的交相辉映"更为妥帖。

（三）要调整好内部。

1. 紧密依靠市、区党政领导，建立可持续发展的制度保证，坚持不断地进行大足学建设。

2. 大足研究院要坚持选任学术领军、懂事能干、勇于担当、善于创新、团结奋进的学者为负责人，并维持其稳定性连续性。

3. 大力引进和培养自己的研究队伍，特别是高级专业人才。

4. 处理好与旅游、宗教的关系。

（四）尊重和团结广大学者，加大学术凝聚力。

（五）重庆市有关部门可否在此设"大足学研究基地"，基地定期提出研究课题，在大范围内组织研究。

（六）订出可行计划，加强同周边的一大片石刻地区所在单位的联系和学术合作。

（七）同有关高校商议，开始在历史文献学或考古学、宗教学、历史学二级学科中招收大足学研究方向的硕士或博士研究生（鼓励在职报考、定向培养），条件具备后争取在大足研究院设立博士后流动站。

以上看法和建议，极不成熟，谨供参考。

（提交 2014 年 3 月 15 日大足石刻研究院座谈会的书面提纲）

关于"三苏祠"规划的看法

一、参观后(包括网上所见)的感受

1. 眉山市的领导和同志们做了许多工作,成效显著。三苏博物馆工作很有成效,量大、切实、细致,如编印《三苏名言佳句选》。

2. 眉山市党政领导的指导思想很好,如崔市长刚才所说的。这也是对三苏祠进一步建设的要求。

3. 三苏祠和三苏文化,是眉山中国诗书城的底蕴、主干、核心和内涵。要规划好建设好,文物是原本的,学术文化是真实的,复制是有历史根据的,新建是围绕主题并加说明的。

二、关于三苏文化

这是眉山三苏博物馆的基础、优势和特色。

三苏文化至少包括两个主要方面:第一,苏洵父子(苏轼为主)的突出文化成就。第二,以三苏为中心的宋代眉州的突出文化成就。

这些文化成就,主要是具有全国性的历史地位或历史影响,乃至是服务于今日建设的现代性资源。

(一) 对三苏的成就,要有全面反映并突出重点

目前看来,尚有值得补充者,特别是学术思想(包括经学、史学、佛学)。

1. 苏氏蜀学。

蜀学为宋学中学派之一。北宋时,蜀学主要是巴蜀地区的传统蜀学,而占据主导地位的突出代表就是"苏氏蜀学"。它与"新学""洛

学"长期"角立",且对宋代学术有很大影响。

两宋之际以后,洛学系统传入巴蜀,传统蜀学与之逐渐交融,直到南宋后期完成"洛蜀会同"。南宋时期,苏氏学术在文学上仍有很大发展。

苏氏蜀学在中国古代学术思想史上的地位,为学界所认同。

史学:三苏有许多史学著述,雷简夫见苏洵《史论》,以为"真良史才也"①;王安石欲重修《三国志》而不能,晚年则谓:"非子瞻(苏轼),他人下手不得矣。"② 朱熹对苏辙《古史》颇为称许,赞叹说:"近世言史者,惟此书为近理。"③ 史论是三苏史学的着力所在,三苏最有成就的是论史。三苏史论在整个宋代都有重大影响,南宋浙东诸儒承袭其风尤盛,在宋以降的历史长河中亦有很大的影响力。

佛学:苏轼兄弟频繁与僧人交往;吸收佛、道思想,公开进行三家合流;是宋代居士佛教鼎盛发展的重要内容。二人亦为释界所认同,如《五灯会元》列"东坡居士"是"临济宗南岳十三世东林总禅师法嗣"(第1146页),"苏辙居士"是"临济宗南岳十三世上蓝顺禅师法嗣"(第1176页)。

2. 以苏氏父子为中心的学术群体。

师承:见《宋元学案》。要注意张浚一支与湖湘学派。

家族:眉山苏氏是宋代著名学术家族,自三苏开始至于南宋,播扬家学,代有传人,多善于为文,长于议论,通达经书,尤擅《春秋》。

蜀中学术交游圈:眉山苏氏－华阳范氏－梓州文同－成都吕陶。

苏氏蜀学与学派:蜀学与湖湘学研究现状。

3. 其他。

如卓筒井记载、医学、文学、艺术等等。

---

① 邵博:《邵氏闻见后录》卷15,中华书局,1983年点校本,第119页。
② 王铚:《默记》卷中,中华书局,1981年点校本,第29页。
③ 朱熹:《朱熹集》卷72《古史余论》,四川教育出版社,1996年点校本,第3795页。从总体上讲,朱熹对苏辙的《古史》是持批判态度的,参见粟品孝《朱熹与宋代蜀学》,高等教育出版社1998年版,第56~59页。

（二）以三苏为中心的宋代眉州地区

是在祠内反映，或祠外反映？是只在宋代眉山反映，或在宋代眉州所辖六个县（眉山、仁寿、彭山、丹棱、洪雅、青神）的范围反映？需酌。这是优势，很重要。

中国封建社会文化发展高峰在宋代。宋代发达有二地区（江浙、四川）。四川发达有二地区（成都、眉州）。

1. 史学。

宋代四川史学发达，有"西蜀史学"之称。

"北宋三家惟苏氏能不废史学。"《史论》《古史》。眉山王称、丹棱三李（焘、壁、埴）、"蜀人比之三苏"。

2. 家族学术。

著者如眉山苏氏、家氏、任氏、史氏、王氏，青神杨氏，丹棱李氏、史氏等。

3. 书院。

已知宋代四川有29所，眉州有6所，占20%（同期成都有2所）。

4. 科举考试。

5. 雕版印刷。

四川为全国三大中心之一，以成都、眉山为最繁荣。眉州私刻（如苏林）与坊刻（如程舍人、万卷堂、书隐斋等）均著名。

三、几点建议

1. 坚持文物、学术文化、休闲三者既联系又区别。正确处理与旅游、宗教活动的关系。

2. 加强对三苏的全面研究。资料、动态，适当提高学术会议的深广度。走出去，接触广些。如蜀学研究中心、唐学研究中心等。要与中青年学者多联系。

3. 中国诗书城，只列本土学者，就已很有分量。至于请欧阳修、李白、杜甫、李清照等入诗城，以及他们在诗书城中的地位分量还需细酌。

（2006年2月27日在眉山市座谈会上的发言稿）

《成都精览》：一部记述成都历史精要之书

我有幸成为《成都精览》书稿的第一批读者。该书内容自远古至民国时期，拟编为上、中、下三册（口袋本）和合订本（32开本）两种版本。书名和内容颇具新意和特色，不同于"通览""要览""概览""之最"等类，正如本书《序》云"选材精粹""传承文化基因"。通观全书所选条目，多是成都历史上的重要成果和精华所在，具有鲜明的地方特色，是中华优秀传统文明的重要组成部分，且跻于各历史时期的先进行列。本书计划以10万字左右介绍几千年的成都历史精要，可谓简赅；又明确读者对象为初中以上文化程度，则较一般地方志、地方史著作更易普及。成都市地方志编委会组织编辑出版此书，是践行"存史、资政、教化"职能和普及地方史志知识的创新之举，可为今日成都市和四川省的文化建设、旅游事业，为乡土教育和爱国教育提供优质服务。

本书作者熟悉成都历史，又对近些年来有关成都历史、四川历史和巴蜀文化史的研究著述进行了较为全面的清理辨析。从已撰书稿看，内容广泛，源流远长，观点平实，选目审慎，体例统一，结构明晰，史论结合，文字通畅，图文并茂，是一本高质量的乡土历史普及读物。

鉴于本书内容时间跨度长、涉及面广、精度要高、体例严格，文字需精达，建议作者在定稿过程中，继续把"信实""准确"作为重点，进一步仔细琢磨：遴选条目是否完全恰当？所采论述及其稽凭是否完全确切？文字的提法和表述（尤其是节、目标题）是否达雅？引号中的资料引文是否完全无误？所用插图及其说明是否与内容相吻合？努力使这本《精览》成为精品。

对本书稿的一些具体意见和建议，我写在书稿电子版行间，随信附上，请予查阅。

以上读后感仅供参考，并请指教。

（2014年2月5日致成都市地方志办公室的信）

谈都江堰市文庙的灾后重建

一、文庙的灾后重建，是本市文化建设的新理念，是灾后建设的高起点

都江堰市（原灌县）历史悠久，人文荟萃。《县志》云："灌为蜀郡名邑，西汉之绵虒县也。"① "青城山水甲于西南，灌口人文隆于巴蜀。"②

国学传统包括儒、道、释。灌县、都江堰市长期以来在道、释文化上做了许多工作，而对儒学稍显薄弱。此次县文庙在汶川地震后的重建及相关举措，是加强儒学文化传承、全面弘扬国学优秀传统的新理念，是灾后文化建设的高起点，是建设文化强市的重要软实力。

我觉得，都江堰市文庙至少有三个特点：

1. 建立时间较早。始建于五代时期（907—960）。我省今存乐山文庙，始建于唐武德元年（618年），富顺、犍为、资中、德阳文庙均在宋代始建。

2. 在县级文庙中建置完整、规模备具。见《（光绪）增修灌县志》。

3. 庙、学分设而又紧密结合。《（光绪）增修灌县志》云，岷江书院经费"均由文庙支应"。

经过灾后重建，目前都江堰市文庙的建筑变化很大，布局恢宏，

---

① 乾隆五十一年修《灌县志》卷首载乾隆四十九年《跋》。
② 朱振源：《重修文庙碑记》，光绪十二年增修乾隆《灌县志》卷13。

古色古香。建议充分利用这个场所，增加儒学文化内涵展示和宣传。比如：

1. 文庙功能标志（如门池殿祠堂斋廊庑阁亭等）、匾联、碑志（如重修文庙碑记等）。对这些建筑及其名称含义、文物、作品、文化内涵等等加以文字简介。

2. 乡贤及其著作。据《（光绪）增修灌县志》，宋至光绪八年，本县共有进士17人、举人71人、贡生198人。可否辟设地方著名儒士展厅？

3. 可否设置碑碣文献展厅？将有关本市历史文献（如历代县志、《灌州金石录》）、碑碣楹联集中展览。

4. 本市先进人物展厅，特别是抗震救灾中的道德光辉、英雄行为和先进人物。

二、要加强书院文化的梳理

据我知，迄于新中国成立前，灌县书院有12所，值得重视的是：

1. 岷江书院的建置规模。据载，斋堂等共38间，另附外馆于院右，自乾隆二十八年（1763年）设办，至民国二年（1913年）改为县立高等小学校，共150年未断。①

2. 书院与文庙，书院街。②

3. 民国期间的灵岩书院。

4. 书院与蜀学文脉的传承。

书院中，灵岩书院资料相对较多，遗址尚存，当年学员仍有健在者，当是一个研究重点。③ 民国时期川地罕有书院之一。我知民国时期四川著名书院有5所，即：1919年三台箭道坪书院、1939年乐山复性书院、1941年重庆勉仁书院、1943年南充西山书院、1945年灵

---

① 见光绪增修县志、卞再彬先生提交本次会议的论文。
② 据卞文，清道光三年（1823年），知县李桂林将岷江书院迁到县署之北，文庙旁边的考棚内，并扩大了书院规模。而连接文庙与岷江书院的小街便称为"书院街"，街名相沿至今。
③ 介绍的著述渐多，如王国平先生提交本次会议的论文。

岩书院。据现有资料了解到，灵岩书院办学理念、办学模式、教学方法突出，学术研究与国学传承紧密结合，教学效果明显。

三、要研究蜀学文脉的传承

本市历史文化发展中，蜀学有重要地位，一根文脉，绵延古今。

西汉：郡守文翁在任职期间，组织穿湔江，扩大了都江堰灌区。① 司马相如墓，据载在今都江堰市境内。②

宋代：张俞，郫县人，文学家，隐于家。文彦博治蜀，为置青城山白云溪杜光庭故居以处之，自号"白云先生"。仁宗屡诏不起，遨游天下山水，买石载鹤以归，杜门著书。③

谯定④，涪陵人，理学家。从程颐学，传洛学，《宋元学案》称为"程门一大宗"，开创"涪陵学派"。促进蜀学转型。晚年隐居青城山，传说其址在"谯岩"。⑤

虞刚简，仁寿人，曾知永康军（治今都江堰市），是张栻南轩之学传人，在成都设立并主持沧江书院，是南轩之学返传回蜀的"二江九先生"之一。推动了蜀学与湖湘学联系交融和蜀学转型。

黎靖德，南宋末导江（治今都江堰市聚源镇）人，编《朱子语类》140卷。

元代：张翌，导江人，朱熹嫡四传，理学家。推进理学北传。《元史》卷189有传，吴澄作墓志，见《吴文正集》卷73。旧志云其墓在县东16里。

现代：李源澄，犍为人，史学家、经学家，曾先后师从经学大师蒙文通、廖平。1945年在灌县灵岩山自办灵岩书院，历时两年左右。除自己主讲外，还聘请钱穆、蒙文通、唐君毅、牟宗三、朱自清、谢

---

① 《汉书》卷89有传。
② 《元和郡县志》载在导江县东20里，旧志载在离县12里刘海坝。
③ 《东都事略》卷118、《宋史》卷458有传。
④ 《宋史》有传。《宋元学案》有多处记载。
⑤ 青城山上有号称全中国最长的对联，由清朝李善济所撰，内有"巾帼共谯岩竞秀"句。宋高宗授谯定"通直郎致仕"，不就。后隐居青城山中，相传其地即"谯岩"。

文炳等学者讲学,培养了一批潜研儒学、博闻广见的学生。

可否将书院与蜀学研究相结合,作为都江堰市文庙与国学基地的重要研究课题和向社会推介的重点项目?

(载《都江堰文庙首届国学论坛会议论文集》,2013 年 5 月 11 日)

持续深入推进巴蜀古城堡考察研究

从发来的网页中,看到了贵校西华师大古城堡研究中心的建立和初步成果,引起了许多美好回忆,非常亲切!十分高兴!30多年前,我和师友们跋山涉水考察古城遗址的情景再次涌上眼帘。

这一重要的巴蜀文化和宋史研究课题,沉寂了一二十年之后,又有一支领导重视、势力雄厚的队伍扛起来,并开了好头。在这里,诚挚祝贺中心的建立,问候各位师友好!望能科学规划,切实工作,锲而不舍,成果不断,队伍愈加精强,作育更多人才。

不揣冒昧,谈谈以下想法和建议:

1. 研究队伍来自各单位,人多力壮乃优势,但流动性、临时性不可避免,会影响研究的深入和持续。因此,要有持之以恒的骨干即"磨心",以此为主,干他个一二十年。

2. 巴蜀已分出重庆市,但此课题不作此划分,因古城堡范围当含今渝市,何况还有巴西一大块在今四川。

3. 古城堡考察范围宜有重点,可否以宋元之际为主,兼及明朝,至于清初中期要选特色突出者。建议有机会注意考察遇到的著名抗日防空城堡,留下资料以供后用。建议一个一个地写出考察报告。

4. 研究内容可否以军事功能、科技含量、人财物贡献及其实际效果为主。由于目前诸多问题尚在研究,因此贵中心所拟"中心任务"第二条中的几个用词,似宜再酌,或作中性表述。

5. 请充分运用先进摄影等设备,将地方收藏的文献、文物和遗址现状仔细记录,并用现代考古测绘要求加以分类编号记录,最好记考察日记。持续地妥善地保存考察等资料,设置资料室,专题保管充分利用。能否先编纂出一个现当代研究四川古城堡的论著索引？

完全是想到就说，仅供参考，若有错谬，请予指出。

贵中心有何成果，望能掷我拜读。

（2014年1月1日致西华师大古城堡研究中心信）

推荐出版《宋会要辑稿》整理本

宋代是中国封建社会发展之鼎盛和承前启后时期,其政治、经济、制度、文化等各方面,皆于近代中国有着深远之影响,故宋代历史文化之研究,素为海内外学者所关注。研究历史,必须广泛占有资料,"从现有的有关宋代历史的资料来看,《宋会要》无疑是最原始、最全面、最丰富、最翔实的一部。可以说它是宋代的百科全书。因此,不但是研究宋史的人,就是那些想深入研究中国历史的人,都需要使用它"(陈智超《解开宋会要之谜》)。惜乎此书原本早已不存,今本《辑稿》乃是从《永乐大典》辑出,其价值弥足珍贵。

正如陈智超先生指出,"现存的《辑稿》像一团乱麻,像一个死结,《宋会要》原本的真面目更像一个难解的谜,以致影响了对《辑稿》的使用。它的复杂使许多人(特别是初学者)望而生畏,也使许多经常使用它的人发生错误"。若干年来,王德毅、王云海、陈智超等先生皆致力于此,释疑纠谬,补益良多,但全书仍需进行全面系统整理。

四川大学古籍整理研究所以宋代文化研究为特色,长期从事宋代文献的整理和研究,条件充实,资料丰富,人员干练,具有经验,已整理出版《全宋文》等大型古籍。经该所刘琳、舒大刚、尹波、刁忠民等教授数年的艰苦努力,已将《宋会要辑稿》整理校点完毕,交由上海古籍出版社出版,此乃学界一大盛事。观其整理成稿,方法科学,体例谨严,校勘认真,对原稿重复纷乱及批语、注文等的处理细致,体现了规范严谨的古籍整理风范。上海古籍出版社非常重视此书的出版,精心筹划,于校对、编辑程序和人员配置上作了合理调整和妥善安排。在古籍整理领域，上列两家单位实力雄厚、经验丰富，具备应有水平，这对于《宋会要辑稿》的整理和出版质量当有切实保障。

本人乐观其成，期待这部高质量的《宋会要辑稿》整理本早日出版，嘉惠学林。特此推荐。

（2011 年 3 月）

祝贺校点本《宋会要辑稿》出版

我对《宋会要》没有什么研究，参加这个会很感动。首先祝贺点校本《宋会要辑稿》的出版！

1986年上海古籍出版社出了王云海先生的《宋会要辑稿考校》，邓广铭先生在该书《序论》中指出，宋代有两本很重要的书，即从《永乐大典》中辑出的《续资治通鉴长编》和《宋会要辑稿》，邓先生对《宋会要辑稿》的评论是"先天不足，后天失调"，我觉得讲得很中肯。"先天不足"，是指《宋会要》内容庞大丰富，但原本失传，辑出者少，编辑结构混乱；"后天失调"是指《宋会要辑稿》经过许多整理，总感到用起来很不方便。这次会上，我赞成陈祖武先生所说，刘琳先生为点校本写的前言非常好，很平实、很扎实。陈祖武先生说川大古籍所的这个工作，为宋史研究、古籍整理、国家资助的重大项目树立了三个标杆，这是支持和鼓励。从《宋会要辑稿》点校本的整理研究看，川大古籍所在这三方面确实做得很好。

点校本《宋会要辑稿》的出版，是川大古籍所同上海古籍出版社良好合作的结果，是研究机构同出版社合作的范例。更值得注意的是，点校本《宋会要辑稿》还为《巴蜀全书》编纂出版精品树立了典范，是《巴蜀全书》编纂精品的一个样板，可以比照着来。今后《巴蜀全书》的出品，若同点校本《宋会要辑稿》的质量相差不远，即可称为精品。

会上有先生提出如何方便检索的问题，我也有此建议。虽然检索只能作为查阅资料的线索，但为读者阅读和使用古籍提供了方便，这就要有电子版、检索版，希望点校本《宋会要辑稿》能解决这个问题。

对《宋会要》编纂者张从祖和李心传的研究还需深入,这两位是宋代四川地区的人,把他们列为《巴蜀全书》的巴蜀作者是可以的。但是张从祖的生平,张、李二人对《宋会要》的汇总和续编以及首次在成都刊刻的情况,有关著作还谈得不多,需要深入探讨。

(在"校点本《宋会要辑稿》出版暨学术研讨会"的发言,载《〈巴蜀全书〉工作简报》第18期,2014年10月15日)

《国学》集刊：推进国学研究的新园地

当前，我省已有数种以研究中华传统文化为内容的学术集刊，今天又见《国学》集刊的编辑出版，它为学界开辟了又一个学术园地，为弘扬中华和巴蜀优秀传统文化增加了推动力，也使我能更集中地学习到师友们的研究成果，在这里谨向省社科院、省文史研究馆表示祝贺！

国学（旧学、中学）之名，肇始于明末，清末与号为新学、西学的欧美学术文化之称相对应。

什么是"国学"？学界认识尚不一致。狭义者，指中国古代学术文化，包括儒、诸子、道、佛、诗文、史等。广义者，中国古代和近现代的学术文化（物质与非物质）都是国学涉及范畴，即"一国所有之学也"①。我以为国学实指我国的学术文化，重点是上述狭义的内容。

国学，是今日文化之根，是中华民族民族性之集中表现，是关乎建设中国特色社会的基本问题，研究和传承国学是当前学术文化思想理论的一个重大课题，要加以整理研究、科学利用。《国学》集刊应运而生，重任在焉。

对《国学》集刊的几点希望：

一、坚持以历史唯物主义为指导

《国学》"发刊词"明确指出，"历史唯物主义是科学的世界观和

---

① 邓实：《国学讲习记》，《国粹学报》第19期，1906年。

方法论，它是指导我们从事国学研究的基本观点和方法"，在"稿约"中也表明，"本刊倡导以历史唯物主义为指导的探求真知的学术态度、科学严谨的研究方法、远大广博的学术视野"。这是很重要的、很好的探求真知的学术态度是国学的优秀传统。我国很早提出"信史"即翔实的史书的要求①，又有"读万卷书，行万里路"的传统②。近代又有二重、三重、多重证据法，这与近代实证方法相类相通，符合唯物史观的基本要求。

希望《国学》集刊坚持这一指导思想，办成探真求信、严实创新的出版物。

建议：（1）区分国学传统中的精华与糟粕。（2）分辨历史事实与非历史事实。（3）科学处理国学传统与现代社会学术文化的结合。（4）发扬百家争鸣的学术精神。

二、形成学术特色

国学是一个庞大的学术构成和体系，《国学》集刊内容广博，稿源多样，作者夥众，如何形成自己的学术特色是一重要问题。是包罗万象的，还是几个学术领域的，还是地域性的？现有两集的目录仅是开始，从中还看不出来，希望能加以仔细规划，加强来稿的预约性和选择性，逐渐形成鲜明的学术特色。

建议不定期地对一些国学研究重要课题组织文章加以综述评论；对今人一些国学名著开展书评；加强对一些重要学术人物的学术活动和成果进行评介（如本期《袁珂学术》）。

本刊"稿约"宣告"文章篇幅长短不限，以不超过两万字为宜"，并采用分页页下注。很好！

---

① 《公羊传·昭公十二年》："《春秋》之信史也，其序则齐桓、晋文。"《清史稿·圣祖纪三》："壬戌，诫修《明史》史臣核公论，明是非，以成信史。"
② 宋人王质指出："世传，杜诗不读万卷书、不行一万里不可以观。"（《诗总闻》卷7）明人陈第说："读万卷书，不行万道，不足以知山川。"（《尚书疏衍》卷3）清人潘天成概括道："大丈夫不读万卷书不走万里路，安能作好文章明圣贤之道乎！"（《铁庐集》外集卷1）

希望本刊成为我省乃至我国有明显特色的学术集刊。

三、保持学术高水平

这肯定是本刊编委会和编辑部的要求。关键在稿源的水平要高，更多是优秀中青年学者的文章。

由于本刊的类型对吸引中青年作者的优秀作品和现有一些做法有不相适应之处，比如作者在职称评定与考核、申报研究生导师、申报课题时，于本刊发表的作品，是否会被承认为前期研究成果等。这样本刊似宜采取有效措施，如投稿的规定等。

此外，(1) 要有目的的组稿。(2) 严格审稿，建立必要的审稿制度和责任制，防止不正当行为的用稿。(3) 要有定期评刊的制度。

（2015 年 5 月 21 日在《国学》集刊座谈会上的发言稿）

【附录一】

教书育人重能力，科学研究尚创新
——著名宋史专家胡昭曦教授访谈录①
●胡昭曦 ■粟品孝②

胡昭曦：1933年生，四川自贡人，1956年考入四川大学历史系，1961年毕业后留校任教。现为四川大学历史文化学院教授、博士生导师、四川省学术带头人。曾任四川大学研究生部主任、图书馆馆长、人文社会科学院院长、中国宋史研究会副会长等。长期从事宋史和巴蜀历史文化研究，先后出版《张献忠屠蜀考辨——兼析"湖广填四川"》《王小波李顺起义》《四川古史考察札记》《宋蒙（元）关系史》《宋理宗宋度宗》《宋代蜀学研究》《胡昭曦宋史论集》《四川书院史》《巴蜀历史文化论集》《宋代蜀学论集》《巴蜀历史考察研究》和《旭水斋存稿》等专著，发表论文100余篇。1989年被评为全国优秀教育工作者，1992年获准享受国务院特殊津贴。

■：胡先生，您好！今年三月③，四川省社科联为您主办了一个八十寿辰的学术座谈会，大家对您的道德文章都评价很高，我们作为

---

① 本文载《历史教学问题》2014年第3期"史家访谈"栏。《历史教学问题》（双月刊）创刊于1957年，是由教育部主管、华东师范大学主办的综合性的历史研究和历史教育教学类专业刊物。该刊设有"史家访谈"栏目，该栏文稿作者署名格式均为被访者（第一）与访问者同署。
② 采访者，四川大学历史文化学院教授、博士生导师。
③ 2012年3月。访谈于本年12月开始。

后学也深受教益。今天，受《历史教学问题》杂志社的委托，对您老做一次采访，想请您谈谈您的从学经历、治学概况和教学科研心得等。我们首先关心的是，您是如何走上学习和研究历史这条道路的？

●：这要从我考大学选报历史专业谈起。我于1949年在自贡的旭川中学高中三年级时参加革命，第二年高中肄业后参加工作，1956年响应国家"向科学进军"的号召，在职参加高考，1956年7月被录取入读四川大学历史系。历史专业是我报考的第一志愿。为什么我要学历史？当时是朦朦胧胧的，现在看来这是偶然也是必然。

首先有家学环境的影响。我的祖籍是江西省吉安府（今吉安市）庐陵县，清朝嘉庆年间先祖至四川，从行走贩布到开设布店，再到经营盐业，同治、光绪年间家业极盛，民国初年走向衰败。祖父胡汝修（名念祖）、父亲胡少权，经营盐业，喜好诗书。先祖父重视名教，嗜读《周易》，喜好诗词。他当家时，先后延请多位饱学宿儒主教族塾，还经常与蜀中名流聚会赋诗。特别是与近世鸿儒荣县赵熙（1867—1948）联姻，世交四十多年，研讨请益，关系至密。赵熙是光绪进士，做过翰林院编修、监察御史，善诗文，工书画，好戏剧，对胡氏后代倾力教育。我家伯叔父辈中，有诗画书法著名者，有精于中医医术者。先父幼承庭训，学于家塾，又深得赵熙教诲，其诗作有《百一诗存》《胡少权文存》。在我读中学的寒暑假时，父亲或自己讲授，或敦请学者，给我们弟兄补习国文，诸如《唐诗三百首》等，虽断续为之，亦稍获益。

其次是中学老师的影响。1947年秋，我考入旭川中学高中，入读高八班。这是一所具有书院传统和革命传统的中学，它延续了旭川书院的文脉，被孙中山追赠为陆军中将的谢奉琦烈士，杰出的无产阶级革命家、教育家、历史学家和语言文字学家吴玉章都曾在旭川书院学习。我有幸遇到一批好老师，受到了很好的教育。当时我不喜欢自然学科，感到难学。到高中二年级分文、理组时，我选文组就读，喜欢国文、历史、英语、音乐等科。在这些老师中，我最佩服的是教历史课的王道隆先生。他毕业于武汉大学历史系，知识渊博，思路清晰，讲课时常常穿插一些有趣的历史故事，令人兴趣盎然；他为人平易，不厌其烦地回答课外提问，颇受我辈学生欢迎。我最喜欢听他讲课，因而对历史课产生了浓厚兴趣。他又是一位中共地下党员，新中国成立初期曾任旭川中学团总支书记，我是团总支组织委员，对他有更多请教。我尊敬他，也看重历史课，因而考大学选报专业时首先想到的是历史。

再一个就是六年多基层工作的影响。1956年报考时，我已参加基层工作六年多。先是从事土改试点、复查，农村、城市建团等工作，这些使我较为广泛而深入地接触社会的今昔状况和各种人，潜移默化地培养我观察社会、思考历史的习惯。后来又有两年团市委的盐厂青工基点工作，试验了一些新的举措，写了不少情况反映、试点计划、工作简报或总结，在创新意识、资料搜集、分析综合、文字表达上有了不少锻炼。

报考大学时，视自然学科为难学，对人文学科感兴趣又有一定基础的我，就选了历史专业。当时，谈不上对历史专业有什么认识，只觉得这个专业我有些了解，可能考得上大学并获得发展。

■：您从1956年进入四川大学学习历史，1961年毕业留校后又一直从事历史的教学和研究。这期间您得到了很多老师的培养教育，您能不能就此谈一谈他们对您的影响？

●：说实话，我至今都感到非常自豪。在四川大学历史系学习的五年期间，我得到了很多老师的悉心教诲，没有他们，就没有我的今天。当时先后给我们授课的有徐中舒、蒙文通、缪钺、冯汉骥、胡鉴民、蒙思明、卢剑波、赵卫邦、谭英华、孙次舟、王介平、李世平、黄少荃等教授。这是当时国内高校中很强的历史学科教师阵容之一，有一级教授，有全国著名教授，有蜚声国内外的历史学家、人类学家和考古学家，有本学科前沿的学术带头人。我有机会聆听这些老师的教育，非常幸运，收获很大，影响至深，给我的专业进修打下了初步而坚实的基础，把我导引到历史学科的大门。

1961年8月大学毕业后被分配留校，在历史系中国古代史教研室工作。当时，系主任是徐中舒先生，古代史教研室主任是缪钺先生。我得到许多老师的培养教育，在这些老师中，我请教最多的是蒙文通先生和缪钺先生。

蒙文通先生是我国现代杰出的历史学家和经学家,被学界称为"20世纪中国卓立不苟的儒学大师、国史专家"。我到中国古代史教研室担任助教,当时学校实行青年助教导师制,系里确定蒙先生为我的指导老师,安排我进修备课,同时协助蒙文通教授进行教学科研。此后的三年多(1961年9月至1965年上半年),我跟随蒙师重点学习宋史,并为他整理文稿、指导论文做些工作。

我是同蒙师新招的研究生朱瑞熙、贾大泉二同志一起学习宋史的。先生要求很严格,布置先读《御批通鉴辑览》,以明通史之概绪。继而逐字细读《续资治通鉴长编》,了解北宋编年史,培养系统读书和细致咀嚼的精神,锻炼深入钻研和发现问题的能力。同时阅读《文献通考》《宋文鉴》等书。第一年内每周必写读书笔记,用两个本子轮换,写心得札记或提出问题。先生审阅得很细,连错别字也改正。在答疑时,还加以具体讲评或解答。蒙师这种高度重视基础知识、能力锻炼、因人施教的教学思想和方法,使我受益很深。

现在总结起来,在培养方式上,蒙先生有两个突出特点,一是课外讲授,直面交流;二是安排写作,培养能力。开始学习的头一年,先生要求我们每周至少一次去他住的水井街川大宿舍,大多是晚上7点到10点钟。每次约二三小时,都主要是先生讲论,内容广泛,丰富精彩。先生研究之灼见,为学之甘苦,治史之经验,无所不谈。我虽不能全懂,但潜移默化,逐渐消化,启迪尤多。对我们提的问题,先生总是悉心解答。此外的时间去请教,只要在家,先生总是放下其他事情,热心接谈。有时还带我去隔壁茶馆,边饮茶边讲解,往往坐上两三个钟头。这种讲授方法,比课堂得到的知识更多、更深、更实际、更具有针对性,我也对老师的治学经验、研究方法了解更具体、更切实。先生对培养我们的研究能力非常重视,主要通过安排写作进行。先是要求写读书笔记。接着,要我把他在学术会上的发言纲要整理为文稿,同时为他的研究再查些资料,或者对他指导的本科学生毕业论文提些问题。然后,拟订课题,布置参考书目,指导我撰写了通史性的专题论文《论汉晋的氐羌和隋唐以后的羌族》(1963年刊载于

《历史研究》）。对我写的稿子，先生均严审细改。通过这些措施，使我增加了知识，增强了科研能力。

先生不仅在业务上悉心指导，在做人操守方面也言传身教。我们每次去先生住所求教完毕，纵使是冬天晚上10点过，先生总要亲自送到宿舍大门。一次，先生看到一条新资料，为了及时告诉我，竟然同师母自水井街坐三轮到我住处盐市口附近交通路，在宿舍门口说完材料就离开了。可见先生对学生的热忱关爱，悉心扶植。先生是大学问家，但并不摆大自用、将己见强加于人。对与他不同的学术意见，先生从不责难，亦不视为不恭，还鼓励讲出来、写出来。如我对熙丰变法的评价，同先生根本否认的看法有异议，觉得宜一分为二。先生莅堂听完我的备课试讲后，鼓励我可以坚持自己观点。我写了一篇稿子，请先生审阅，先生再次鼓励并同意投稿发表（1965年刊载于《光明日报》）。先生这种高风美德对我教育尤深。

在讲论学问时，先生曾说，"不管做哪门学问，都要堂堂正正做个人"，"一个心术不正的人，做学问不可能有什么大成就"。又说："学生总得超过先生，如不能超过先生，纵学得和先生一样，还要你这学生作何用！"先生是这样教导学生要求学生的，也是这样身体力行的。在专业上，先生强调：要自己认真读书，独立思索，把一本书打得粉碎，使书为己用，而不是己跟书走；要目光四射，广泛涉猎，纵贯古今，环顾学界，要有创进的史观；要在读书中产生问题，置疑存问，在研究中逐步解决；要勤于写作，稿子写成后不要急于发表，可存于书屉，多次复读修订，然后定稿。可以说，先生无论在科学研究和教书育人上都是好老师，道德文章，言传身教，足以垂范后学。

■：那您向缪钺先生请教的情况呢？

●：缪钺先生也是我请教很多的老师，对我影响很大。缪先生是20世纪我国杰出的文学家、史学家和教育家，是我国高等学校突出的名师，也是我们后学的优秀指导老师。缪先生非常重视基本功，经常教导青年学人要高度重视基本功的培养锻炼。他说："一个人要想做学问，先练基本功是必要的。"文史之学的基本功"首先是有较好的语文能力，包括读与写，还有目录学与文字、声韵、训诂学的常识"。他在这方面要求特别严格，并且贯彻始终。

我刚到中国古代史教研室工作，缪先生分配给我的任务是进修备课，先准备讲授基础课中国古代史的辽宋金元段，由蒙文通先生担任我的指导老师，并根据校、系布置，叫我拟订并填写学校统一制订的《教师个人进修计划（1962—1967年）》①，并反复强调"三基"即基础理论、基本知识、基本技能的重要性。对填表逐项审阅，与蒙文通先生相商后，给我提出修订意见。对于《个人进修计划》的执行，缪先生经常督促检查。比如，根据计划我着手注释《宋史·食货志》选段的习作，缪先生教我要从严从难，适当多立条目，广查史籍与工具书，包括字义词义、今古读音、年号庙号、时间地点，特别要注意人物、地理沿革、纪时换算、事件、典章制度的诠考。我努力按照这些要求去做，每次习作都复写两份分别交缪、蒙二位先生审阅。

指导和帮助青年教师备课开课，是缪先生重视基本功练习的又一重要部分。他按照进修计划所订进度，适时组织试讲。我的试讲安排在1963年上学期，内容是"庆历新政与熙丰变法"，讲10个课时。缪先生检查了我的讲稿准备情况，然后他组织教研室几位老师听我试讲部分内容，进行帮助。正式试讲时，蒙文通先生自始至终莅堂指导。全部试讲完后，缪先生和蒙先生又在教研室做了讲评。此后，我就正式开课了。这次试讲，给我很大收获，为我进行教学打下很坚实的基础。40年来，我能较好地先后开出中国古代史的断代史、通史、专门史、专题研究等本科生、研究生课程，是同这次试讲的锻炼分不开的。

缪先生讲课特别精彩。记得1957年上学期，缪先生给我们年级讲授基础课《秦汉魏晋南北朝史》，整整一个学期，每周6学时。他那全面系统而又详略得当的内容，严密有序的层次布局和逻辑结构，重点难点的突出讲解，明晰简洁的论析，标准的晋通话，以及课外的

---

① 有"教学工作"（含教学任务、教学能力）、"业务基础"（含专业基础、外文、基本技能训练）、"科学研究"（含基本文献、专题研究）、"培养和指导工作"四项，并分项列出"本人目前情况"，然后分5个学年（前三年分上下学期）共8栏列出"主要措施"，要求逐项填写。

细致答疑，不仅使我能够详细笔录讲授内容，比较顺利地初学了最为纷繁的魏晋南北朝史，更体会到教学的艺术，可以说听缪先生讲课是一种美的享受。缪先生的教学，是对我们后学的言传身教，给我树立了很好的典范，也帮助我几十年来努力做好教学工作。

■：胡先生，您刚才谈到了蒙先生和缪先生对您的教育和影响。实际上您在自己的教学中也加以了传承和发展，您在本科生和研究生的教育中都十分突出，先后被评为"成都市先进教师"（1985年）、"全国优秀教育工作者"（1989年），现在学院不少中青年老师还津津乐道于您的讲课风采。因此我们很想听听您在教学方面的看法。

●：谈不上什么突出和风采，这里只做一个较为系统的介绍。先说说本科教学。从20世纪60年代到80年代，我有20年的时间从事本科教学。我印象最深的是"文化大革命"后给本科一些年级尤其是77、78、79级同学上课，非常愉快。他们学习的主动性和自觉性强，有渴求知识的热情，上课听讲时眼神特别专注，师生之间往往目光对接，心领神会，让老师觉得特别舒畅。

我在给本科生上中国古代史基础课时，每个年级都要讲一个"绪论"，向同学们开宗明义地说明我的教学要求和想法。

一是基本要求。总的是"一严三重"，即严格要求，重基础、重思考、重实践。中心是搞好自学，就是要求发挥自己在学习上的主动性，而不是跟着书本或教员后面跑，当然要善于借助书本和教员的指导。自学，就是要求同学们自己研究书本包括教材、参考资料和教师的讲授，把主要精力放在提高分析问题和解决问题的能力上。这些，对综合大学历史系的学生尤其重要。怎样搞好自学呢？第一，熟悉教材，研究讲授内容。第二，要争取多接触原始材料。同教材相配套的《参考资料》要好好利用，有余力可看点白文本古籍。第三，要使知识面广些。或精读，或浏览，尽可能多读些书，可做目录索引，不一定做卡片或摘抄。第四，要多思考、多提问题，包括在课堂上递纸条提问。

二是要打好基础。通史是很重要的基础课，通过通史学习，逐渐掌握基本理论、基础知识、基本技能。基本理论很重要，要坚持以马列主义毛泽东思想为指导，全面地准确地理解其基本原理。基础知识必须掌握系统、广博而牢固，只有这样才能深入。基本技能的训练，中心是提高自己的阅读能力、分析能力和解决问题的能力，注意别人怎样分析问题，熟练地使用基本工具书。

三是把作业做好。俗话说"百闻不如一见"，而百见不如一践。一般每学期布置一至二次课外作业，其内容大致是史料标点、注释、分析、干支纪时换算、古地今址、古籍版本知识等等。目的在于把同学引向图书馆，开阔知识视野，练习基本技能，启迪学术思考，有助读书习惯。同学们普遍热心习作，反映有"实战"感受，很有收获。

我还注意锻炼学生社会调查的能力。"文化大革命"中复课以后，我组织了三位同学，数次同当地文化部门一起，先后到灌县、青神、开县、奉节等近10个县考察农民起义和其他历史遗址与文物，以扩充和积累资料，并从中锻炼了同学们进行社会访问考察、搜集资料、见识文物、辩证史实，乃至安排旅途吃住行的能力。之后，又组织了两位同学一起搜集资料，进行研究，撰写和发表了文章。这都有助于他们增长社会见识，提高科研能力。

■：胡先生，您曾担任过6年的研究生部主任，又做了20年的研究生指导教师，您这方面一定积累了很多宝贵的经验。我们也想请您谈一谈。

●：谈不上经验，我也是按上级要求和老师教导边学边实践。对于研究生教学，我的基本态度是：严格要求，全面关心，勤学善思，严谨切实。我是从1982年起开始指导硕士研究生，1984年到1990年被任命为学校研究生部主任。当时的研究生教育不像现在，很多方面还处于摸索的过程中。我写了《要加强硕士研究生的能力培养》（载四川大学《高教研究》1985年第3期）一文探讨，也有一些实践。

一是课程设置要更加适应能力培养的要求。对硕士生课程的设置，我认为宜宽泛一些，要符合硕士生以自学为主和注重能力培养的教学要求，充分调动硕士生的学习主动性，有利于硕士生独立的学习能力和研究能力的培养。根据上述要求，我们把硕士生课程分为三类：一类是专业的基干课，即保证研究方向的特色和深度的课程，由指导教师亲自主持负责；一类是相近专业、研究方向共同的专业课或专业基础课，由教研室（研究室）或系（所）统一安排，遴选水平较高的教师担任，硕士生可经导师同意后必选或任选；一类是跨专业、跨系科的课程，全校统一安排，由硕士生任选。与此同时，必须实行硕士生在导师指导下自由选课的制度。

二是开展教学实习和社会调查。就是组织硕士生积极参加教学实践、社会调查、科研活动和开展各种学术活动，让他们有更多的独立工作的机会，在实践中增长才干和能力。比如，1984年5月，吴天墀先生、方北辰先生和我，带领4位宋史方向硕士生进行学术访问，先后拜访了武汉大学、南京大学、上海师大、杭州大学、北京大学、中国社科院、河南大学研究宋史的先生，并同他们指导的硕士生进行了学术交流，收获特丰。

三是对学位论文严格要求。总的是按国家《学位条例》的有关要求。结合我的实践来看，第一，我认为对学科专业来说，硕士生一般尚处于入门阶段，需要在研究宋史方面再打基础和进行专业的基本训练，在选题上一定要"查重"求新、自主决定；要有创进性的研究成果或研究心得；主要论证须资料充实，尽可能用第一手资料，论史结合；对已有研究成果可以吸收、引用，要注明出处，绝不能抄袭；行文通达、规范；分量不超过3万字。第二，论文题目，最好与我的科研项目相配合，以更好地发挥我的指导作用。在我一共招收并指导的14位硕士生中，有10位都从晚宋史和四川历史文化中选题。对除此之外的选题，我则逐个加以准备，梳理其基本研究状况，做到心中有数。我又推荐他们的论文参加有关学术会议，广泛地进行交流。

■：您对硕士生培养问题的探索效果很好，有些已成为现在的培养制度。我们还知道，您从1993年开始还担任博士生指导教师，也培养了一批优秀人才。请问您在博士生的培养中有什么认识呢？

●：我自1993年被国务院学位委员会批准为博士生导师后，至2003年离休，招收指导了8位博士研究生。1998年，我在教学实践的同时，写了一篇文字，题目是《浅谈文科博士生知识的博观厚积》

（载国务院学位委员会办公室、国家教委研究生工作办公室编：《博士生培养纵横谈》，河南大学出版社，1998年版）。反映了我的主要看法和做法。

最先我招收的5位博士生，都是硕士考入的，但情况各异：中国古代史专业宋史研究方向1位，先秦史研究方向1位，中国近现代史专业中国现代史研究方向1位，世界上古中古史专业世界中世纪史研究方向1位，中国古代文学专业1位。这样，在专业培养上面临以下问题：第一，我们招生的专业和研究方向，要求他们在中国古代史尤其是宋史方面，学得扎实，比较深厚，能获得创造性的研究成果。然而，多数博士生对宋史甚至中国古代史的系统了解不多，对浩瀚的宋代史籍接触很少。第二，中国古代史专业的非宋史方向硕士，仅对原攻研究方向比较熟悉，无论在基础理论和专业知识上，都需要继续扩大和深入。第三，非中国古代史专业的硕士，则对中国古代史的基础理论和主要论题都不熟悉。归纳起来，这些问题最基本的是"基础"与"精深"、"博"与"约"的矛盾。我要全面达到博士生的培养要求，必须加大扩展基础的培养力度，引导博士生博观厚积，从博反约，并为此初步采取了以下措施：

一是抓紧课程教学，扩展课程内容的知识面。我在博士生入学一年至一年半以内，安排了两门课程：一是"中国古代专题研讨"。主要是加强基础理论、基本知识和扩大知识面，也介绍一些研究方法。二是"基本史籍研读"。要求他们通读《资治通鉴》，细读《宋史》中"纪""志""世家"和部分列传，参读《中国古代史史料学》一书，第一学期结束后，由博士生写出"读书报告"。此外，还安排或鼓励博士生旁听有关课程。例如，系里其他老师为中国古代史专业硕士生开设"宋史专题研究"课，要求非宋史研究方向硕士的博士生都要作为必选课旁听，以弥补他们在这方面的不足。

二是发挥集体培养的作用，要求博士生主动求学问道。面对硕士专业各异、阅览广泛、置疑不少、论文选题不同的几位博士生，单靠导师一人的指导是不够的，很有必要结合集体的培养力量，乃建立指导小组。当时由6位教师组成指导小组。其成员除导师外，有本系中国古代史教授3位、副教授1位，他们分别主攻魏晋南北朝史、西夏史与宋史、明清史、中国民族史；哲学系教授1位，主攻中国哲学史；另一位教授为副导师。从而构成多方面知识结构和不同学术风格的合力，使博士生能够多方位地接受和扩展知识、多风格地培养研究方法。博士生们对此是欢迎的，经常主动地去请教这些老师，也得到这些老师的热情帮助和悉心指导。

三是提倡博士生就近参加学术活动。参加学术活动是扩大知识面、培养科研能力的好机会。因此，我提倡博士生在条件允许的情况下，尽可能就近参加校内外的有关学术活动。一种情况是导师安排或组织博士生参加，这是教学要求的一个部分。如先后参加在成都举行的"中国宋史研究会第六次年会"、成都地区宋代研究座谈会、我校宗教研究所两届6名博士生的学位论文答辩会，以及美国、我国台湾地区的学者专访指导教师时的学术座谈会。指导教师到香港地区讲学和到台湾地区参加学术会议后，向博士生介绍学术动态。一位我所指导毕业的硕士，先后在美国哈佛大学进修和香港中文大学攻博，返蓉休假时，也安排他们一起进行了座谈。另一种情况是由博士生自选参加，有校内外不定期的学术讨论，也有定期学术讨论会，如本校历史系多次举办的学术论坛等。

以上这些做法，对博士生扩充知识面、加强基础、增长科研能力起到了促进作用。但是，强调博士生的"博"并非漫无边际，而是《学位条例》要求的"在本门学科"上"坚实宽广""系统深入"，以求做出创造性成果。这个基点和目标是不能分割的。

四是博士生学位论文的中心是创造性研究。博士生要走向本学科专业的殿堂，做到"登堂入室"，既要积累知识，又要再添技能，更要锻炼和显现科学研究的创造能力，因而我对博士学位论文的要求的中心是创造性研究。当时，我的科研集中在"晚宋史""宋代蜀学""四川书院史"这几个课题上，尚居于本专业的研究前沿之列。我有意引导他们从中选题，以补前人未谈、少谈之不足，或辩证得失，或发掘新资料，或提出新见解。他们的论文题目大多围绕上述课题，且都有创造性的研究和成果，有一份论文还被评审选入"高校文科博士文库",由高等教育出版社于 1998 年 10 月出版。

■:胡先生,您是著名的宋史研究专家和巴蜀历史文化研究专家,取得了卓著的科研成果。我们希望分享您在科研方面的心得体会。能否先谈谈科研选题问题?这往往是年轻学人最头痛的事情。

●:我不敢说在科研上有好大的成绩,更说不上卓著。但 40 多年的科研活动确实有不少值得总结的地方,有一些心得体会。

选题是科研的首要工作,决定着科研工作的成与败、科研成果的大与小和科研价值的高与低,因此要特别注意,要力争做到开拓创新、切实可行。大体上是几个环节:首先是目光四射,发现课题,估量其学术价值与实际意义;接着了解已有研究和查重;再就是仔细考虑可行性,主要是看能否走得通,诸如自己的基础与能力、客观条件与主观能动,是否经过艰苦努力可以达到。我的选题主要有两类:一是围绕提高本科和研究生教学质量的,一是促进本专业即宋史和巴蜀历史文化的学术发展或直接服务社会的。二者并非截然划分,而是紧密相连的。

关于围绕提高教学质量的科研。主要是对一些重大的或带全局性、贯穿性问题的探究。其中,有的是推向深入的拓展性研究,如:熙丰变法评价、中国古代史上的民族关系(重点在 10 至 13 世纪)、中国农民战争史(重点在四川);有的是对学界已有成果的综合性研究,如:宋代社会与中华文化、中国古代科举制度、中国古代官职、历史人物的评价等等。举例而言。1961 年至 1962 年备课期间,准备试讲"庆历新政与王安石变法",接触到对王安石变法的两种评价,即过分肯定和根本否定。作为综合大学历史系,要着重培养学生的研究能力,因而不能仅仅在课堂上介绍这些学术纷见,更应加以评论。于是,进行了较系统的清理和论析,提出了宜称为"熙丰变法"和既有肯定又有否定的第三种看法,使教学内容更为充实,深入和启发性更强,也受到学界的重视。

关于促进本专业发展和直接服务社会的科研。主要是前人没有研究过或研究不够的,因而具有原创性或拓展性。在这方面,我注意到宋代四川地区在全国的重要地位,而我在四川高校工作,有自己的学术条件优势，因而主要选择宋代四川地区关乎全国历史的一些问题。其中，有厘清学界争论的，如王小波起义发祥地在青城县而不在青神县，宋初青城县治的今址在都江堰市徐渡乡境内；有提出新资料新看法的，如晚宋史的分期、陈抟的里籍、对宋理宗的评价、宋代学术人物如谯定、张栻、华阳范祖禹家族、蒲江魏了翁家族、大足石刻的史料价值及有关人物如冯楫等；有在一个历史事件或历史时段的首次开展较为全面系统的研究，如宋蒙（元）关系史、宋末四川战争、宋代蜀学、四川书院史等。

■：您刚才提到科研服务社会的问题，古代史研究似乎不及近现代史那么直接。请问您是怎样认识这一问题的？又是怎么做的呢？

●：历史研究与现实社会是有一定距离的，但历史不能割断，古代史研究成果很多也是具有现实意义的，也可以服务于我们当前的社会建设。这方面学者要有一定的敏锐性、自觉性和责任感。我虽然做得不够，但也有过一些努力。比如我曾利用研究成果向党政有关机关建言献策。这里举两个例子：

一是关于宋代交子纪念标志。2007年10月，我曾致信成都市党政主要领导，建议抓住我市建设金融街道、商务中心（圈）的时机，向社会科学宣传和大力彰显世界第一张纸币"交子"产生于北宋成都的历史，以宣扬我国杰出的优秀历史遗产和民族精神，更加展现历史文化名城成都的深厚积淀，扩展与加深爱国爱成都的教育内容，进一步推动成都市旅游事业的发展和增加其科学文化内涵。建议将市区内已建或正建、待建的某条金融街道或商业街道，冠以"交子"的名称，如交子大道东大街。这一建议得到了有关部门的重视，目前成都市在高新区已正式命名了交子大道和交子北一路、交子北二路、交子南一路、交子南二路。其具体位置与建设环境也很考究。交子大道，东起金融城（其北邻近成都市金融工作办公室），西穿益州大道，接于成汉南路。交子北一路、交子南一路，纵贯金融城。交子北二路、交子南二路，在益州大道之西、成汉南路之东，纵跨交子大道。

再就是关于四川省遂宁市唐代张九宗书院创立时间的问题。针对学界和社会上有遂宁唐代张九宗书院是中国最早的、第一所书院之说，并希望有关部门依此规划复建该书院的建议，我依据历史资料做了认真探考，认为遂宁张九宗书院最早不始于唐太宗贞观九年（635年），而是建于唐德宗贞元年间（785—805），因此根本不可能是中国最早的书院。为此，我在2011年10月致信中共遂宁市委书记，把这一情况做了汇报，指出张九宗书院是遂宁市也是我省一个很重要的历史文化项目，是历史上的真人真事，希望有关部门在坚持历史真实性这一基础上进行科学宣传和开发规划，以更好地为今日建设服务。这一建议得到遂宁市委书记的重视和亲自回复。

■：看来确实要依据确凿的史料才能服人啊！近代史学名家傅斯年有句名言："近代的史学只是史料学。"这句话虽然广受诟病，但从强调史料是史学的核心这一点来看，还是很有道理的。下面请您谈谈史料在史学研究中的作用问题。

●：史学不等于史料学，但其重要部分是史料学，而其研究基础则是史料。这是没有疑问的。研究历史必须掌握与研究课题有关的丰富资料，包括史料和前人有关研究，在史料方面，不但要量广，还要力争是第一手的或尽可能原始的，讲求版本的道理也在此。

这里我想重点谈谈重视历史文物资料的问题。历史文物中，有许多是第一手资料或较原始的资料。我进行的科研内容大多是宋代至清前期历史的，这期间的文献资料非常丰富，可谓皓首而不能尽览，因此学者们毕生致力于文献者多多，对历史文物包括出土的、地面的、传世的文物却顾而不及或重视不足。我在大学阶段受到的考古学基础教育，如听冯汉骥先生讲课、考古实习、参观博物馆或遗址，以及同年级"考古学专门化"同学的影响，对文物资料比较重视。因此在我的科研工作中，很注意努力掌握有关文物资料，并运用到分析和解决研究中的问题。事实证明，这对我进行科研有很大帮助。

一是补充或挖掘出新资料，丰富和充实了我论证问题的根据和基础。比如：南宋末年余玠在四川组织军民抗击蒙古军队的山城战术，我运用了现存的钓鱼城、神臂城、白帝城、大良城、小良城、云顶城等数十座山城遗址的资料，提供了不少新见原始资料，弥补了一些史籍缺载。

二是校核辨析了文献记载的准确性。如辨析"张献忠杀尽四川人"之说时，我运用了现存的不少碑碣文物，有一通1979年仍立于邛崃县东安公社九大队境内的咸丰元年《徐氏宗坊碑》，碑文云徐氏先祖明时由湖广入川，住于邛崃，明末合家逃亡，"乱息后，先祖母携三子以归原业"。所列徐姓祖宗共10代，其中在明4代、在清6代。足证所谓"张献忠杀尽四川人"之说乃不实之词。

当然，对历史文物的可靠性要有科学辨识和考订，有的文物或并非原始资料，或所载文字有误，不能作为稽据。如成都附近的郫县旧县署内有一通立于民国二十三年（1934年）的石碑，碑文说司马光出生于郫县，故字曰岷。考之史籍，此为附会之说，不足凭信。

■：胡先生，您刚才谈到的一些文物资料，有些是您通过实地考察获得的。我们知道您非常重视实地考察，并撰写了《四川古史考察札记》，听说徐中舒先生也特别称赞这一方法。您能不能就此多谈一点？

●：徐中舒先生肯定这本书中的一些研究方法，是先生的过奖和鞭策，其实这些方法许多是从徐先生那里学的。这个问题与历史地理有关。我对历史地理没有基础，只是从"读万卷书，行万里路"的古训和徐中舒先生、蒙文通先生的一些著作中对其意义有一般认识。后来，有一件事促成了我接触历史地理和实地考察的兴趣和要求。那是1973年上半年，省里要求四川大学为复旦大学编绘的《中国历史地图》四川部分样张提意见，学校在历史系组织了一个班子，我是负责人之一。我们在校图书馆一间房里工作了一个月左右，翻查了许多地理书和地方志，对该图提出了一些意见和建议。对我来说，这无疑是进了学习历史地理的短训班。这次工作中，我们对该图一些地方的方位和里程提出了意见或疑问，我觉得，作为在四川的历史工作者，有责任也有条件尽可能弄清，而且这些问题还关乎全国通史的准确性。于是，我踏上了在细察文献基础上进行实地考察之路。

从1974年至1976年初，我会同地方有关部门，对北宋青城县和味江河进行实地考察。先后十多次在灌县、崇庆县境内考察，还去过青神县一次，足迹到过青城内外山、泰安寺、沙坪和灌县东南部一些村乡。结合文献记载与实地考察，弄清了唐宋青城县的位置在灌口镇南（偏东）金马河以西、徐渡乡五队杜家墩子一带；明确了味江河不是沙沟河的支流，而是源于青城山，流经泰安、沙坪、太平场至元通场西注入文井江的另一条河；肯定了王小波籍贯味江和起义发祥地青城县均在灌县境内，廓清了自明朝以来"青神"说的误载，为史学界所认同。

此后，我或申请科研考察，或组织教学实习，或随同省地震考古组，在查阅文献、提出考察要点的基础上，到省内一些地方进行实地考察，自1974年到1984年初的10年中，总计去过省内上50个县（市）。后来我被调校研究生处工作，没有时间再去考察了。

通过实地考察，我收获很大。如围绕南宋后期宋蒙（元）之间的战争，我考察了现存山城遗址15座、水碛2处、铁锁关1处，对当地地理形势、城防设施、战斗地点、交兵路线等问题方面，弄清了一些在文献上得不到了解之处。如钓鱼城这座山城，为何能供应约10万军民、坚守36年？1979年到1981年，我和系里两位老师会同合川的同志三上钓鱼山，其中一次自县城带上炊事员、租带卧具，在山上住了三天。发现该山被嘉陵江、渠江三面围成半岛，周围约20公里，山城突兀于半岛台地之上，台地大部分可种农作物，山城相对高度约300公尺，城墙周长约6公里。考察时，城内有堰塘10多口，其中一口约40亩、水井10多口、山泉1处；城内有5个生产队，水田400余亩、旱地150余亩；住有近200户约700人。这一下就释惑了。我在钓鱼城还发现一佛龛上被凿摩崖残存文字"逆丑元主""王公坚以鱼台一柱支半壁""诗纪厥功被之金石"等，经考订，是宋末为抗战将领王坚纪功的文字。王坚在《宋史》无传，其他书籍也没有详其生平，这一摩崖文字就成为重要的实证。

事实证明，虽然古代距今已远，极少可能获得可靠口碑资料，但山川形势变化不大，一些遗址尚存，当时碑碣散见，如能在掌握大量文献资料的基础上，有目的地、实事求是地进行必要的实地考察，加以核校辨析，对中国古代历史尤其是地方史的研究是有很重要帮助的，甚至在一些问题的研究中是不可或缺的。

■：胡先生，我们知道，电脑检索也是您获取研究资料的重要手段。还听说您是从 70 岁时才开始进行电脑学习与运用的，这在一般人看来不可想象。能不能谈一谈您接受这一现代工具的原因和运用电脑的收获？

●：对于电脑，我长期敬而远之，即使在校图书馆工作，推动数字化管理的良好环境里，我也没学用电脑。在我看来，应用计算机，是自然科学领域老师们的事，我用不用没什么关系；而且，我已年过花甲，不容易学会。

2003 年我 70 岁，办理了离休手续。当时，我仍担任博士后的合作指导任务，几位博士后、已毕业的博士和家里的子孙，轮番地反复地向我宣传并演示使用电脑的必要和效果，把我"逼上梁山"。自 2004 年起，分别给我买了台式电脑、显示器等硬件，教我如何使用。还送给了《四库全书》等电子版，装进了《四部丛刊》检索版等，使我尝到甜头：我住在校外，许多基本书籍可在家里查阅，不必频繁去图书馆了。针对我不熟悉拼音，又不习惯在键盘上用五笔字等输入法，他们又送给我写字板（记得我用的第一个写字板是一个儿童玩具厂出产的），于是我得以较顺利地在电脑上写作，至今我至少已用过 6 个写字板。他们又给我装上《四库全书》检索版、川大校外访问软件，添加了存有不少大部头古书和各地地方志等等电子史籍移动硬盘。这样，我的电脑储存的古籍资料，堪比一个中型图书馆的藏书。

使用电脑 8 年多来，我虽只涉电脑皮毛，但亦脱盲境。我逐渐掌握了阅读和检索查核电子书籍、写作、上网查阅下载资料和浏览时事、收发电子邮件、开通视频等方法。我的文稿，基本上都在电脑上写成，不下几百万字。较之用手写，资料排比分类、摘录引用方便；反复修改不用重抄未改文字；利于分类存储原稿，也减少收存空间。运用电脑，可谓大开眼界，如有千里眼纵观古今，横视中外；可谓承旧习新，添翼增力，在知识获取上、教学科研上、师友交往上、保健治病上大得益处。我深深地体会到，在学习方法上要在传承发展的同时，不断地改革创新。当然，电脑查阅只是提供线索，科学研究还必须通读细查有关原书原文，因此不能以电脑检索代替读书。

■：胡先生，您在科学研究中非常注重创新性，像王小波李顺起义的地点、熙丰变法的评价、晚宋政治及宋蒙（元）关系、张献忠、宋代蜀学及有关晚清蜀学研究、四川书院史等等研究，您都有独树一帜的新见，都有开创之功，有些在学术界产生了很大影响。我们很想知道，您是如何做到这些创新的？

●：科学研究需要传承，更需要创新，尤其需要做前人未曾做过的研究即原创性研究。要做到这点是很难的，但我们必须努力去做。我的老师蒙文通先生曾语重心长地说："学生总得超过先生，如不能超过先生，纵学得和先生一样，还要你这学生作何用！"这也就是要求学生在学业上，既要继承老师，又要比老师更向前进。因此，进行科学研究，就要立志出特色、出新意，充分考虑其学术价值和现实意义，力争研究成果具有创造性。

我认为，首先读书要产生和置带问题，即古人所谓"置疑"。历史研究的过程是一个发现问题、分析问题、论证问题、解决问题的过程。如果不能发现问题，就不能选好题目，也不能完成所选题目的研究。因此，必须注意发现问题并带着这些问题去爬梳取舍资料，所带问题越多、越大，经解决后其研究成果也会更多更大，不断产生新问题，科研工作就会不断前进；反之，胸中没有问题，科研则会停滞不前。朱熹说过："读书，始读未知有疑，其次则渐渐有疑，中则节节是疑。过了这一番，疑渐释，以至融贯会通，都无可疑，方始是学。""大疑则大进。"（《朱子读书法》卷1）置疑释疑才是学问，有疑有问题才能不安于故而进于新，这是符合辩证唯物主义的矛盾论的。发现问题就是发现矛盾，解决问题就是解决矛盾，不断发现，不断解决，这就是科学研究的发展轨迹。

科学研究同社会的发展一样，要前进就必须传承创新，没有传承就没有基础，没有创新就没有发展前进，这就是科学研究的基本功能和研究者的基本任务。一个合格的研究型大学的教师，也应该成为在独立进行创造性研究上不断取得成果的科学工作者。我认为教学和科研都是我应努力以赴的任务，要搞好教学必须搞好科研，我要争取在前人的基础上有所创新有所前进。

创新性科研，尤其是进行原创性的研究，是披荆斩棘、深山采矿的历程，需要锲而不舍、艰苦奋斗、做出奉献的。几十年来，我在科研中也经常着意于出新，不敢说有什么创造，更无惊人的创新成果，但也有一些实践和体会。所谓创新，是包括各种层次、规模、程度的新意，据我的经历，主要有以下两类：

一类是，前人已进行过探究，但还不够完善，我的研究成果促其更臻完善。或使其趋于全面系统，如南宋四川山城战术、"湖广填四川"等；或对长期的重要学术争论发表己见，如对熙丰变法的评价、张献忠"屠蜀"问题的考辨等；或对已有资料、研究结论提出质疑辨析，如宋代益州交子的具体制造地。

另一类是，前人没有进行过研究，或没有进行过系统研究，我的工作具有肇始性。这种肇始，包括几个层次和方面。一是零星的但较重要的。有的是发现新资料，如合川钓鱼城王坚纪功碑；有的是发表新看法，如大足石刻铭文中"冯大学"的含义；有的是提供新线索，如陈抟里籍在普州崇龛县，即今重庆市潼南县境内。二是单个题目研究。如熙丰变法经济措施的再评价，宋代川峡地区的茶法与"贩茶失职"，谯定张栻与朱熹的学术联系，张献忠"屠蜀"与"湖广填四川"考辨等。三是课题研究。主要有：王小波李顺起义、宋蒙（元）关系研究、宋代蜀学研究、四川书院史。这四个课题都是比较大的，立题全新或首次全面系统探究，研究所历时间较长（大都在10年左右），少数教师和同学参加过部分资料搜集、实地考察、某个问题的前期研究或协助通纂校核工作。我觉得，大凡一个较大的研究课题，其有计划的前期研究是很必要的、很重要的，不然就会没有基础而影响课题成果。可以说，这些研究是否具有新意、能否深入有效，是这个课题能否创新的保证。

■：胡先生，您长期从事晚宋史特别是宋蒙（元）关系史的研究，扎实深入，影响很大，台湾"清华大学"萧启庆院士曾针对这一情况指出："四川大学是中国大陆宋史研究的一个重镇，特别着重南宋后期历史——尤其是宋与蒙元关系的研究。"我们想知道的是，您后来为什么转向了蜀学和书院史研究呢？您是从什么时候开展蜀学研究的呢？

●：宋蒙（元）关系史的研究课题基本结束时，我就在思考下一步的选题。我当时管理任务很重，难以开展全国规模的大课题，就打算找一个相对小的课题。以前我接触过四川历史，还参与过四川地方史的修撰，感觉蜀学是一个四川史也是宋史上重要但还研究不足的问题，而且蒙文通先生早就深研过蜀中经学并号召推进蜀学研究，于是从20世纪80年代后期开始，我就选择较系统地进行蜀学研究了。我研究蜀学是从两点入手的：第一，不从哲学去研究蜀学，只从蜀学史来研究。这样就可以扬长避短，我如果还要去研究经学、哲学的话，就要从头学很多东西，而且也学不好。第二，从我较熟悉的历史阶段宋史着手。宋代又是蜀学在古代空前发展的时期，首先做了宋代蜀学发展脉络的研究，包括宋代蜀学的兴起、鼎盛、衰亡、转型以及学统、学派、特色等，撰写了一些论文，研究成果集中体现在我同两位老师合作撰写出版的《宋代蜀学研究》（巴蜀书社1997年版）中，这是第一本关于宋代蜀学研究的著作。

■："蜀学"研究近些年呈现出蓬勃发展之势。您是早期的倡导者，也做了很多具体的研究。您能不能进一步谈谈对蜀学和蜀学研究的认识呢？

●：目前蜀学研究还非常初步，对于蜀学本身还未能完全深入到学科本身，更多是在研究蜀学的演变和发展，是从史的角度去研究，如果要从一个学科的角度去研究还很费力。具体而言，对蜀学的认识还没有完全趋同。原因是长期以来，认为蜀学就是经学；认为古代只有宋代才有蜀学，而宋代蜀学只有苏氏蜀学。1941年卫聚贤先生首次提出了"巴蜀文化"这样一个概念，但它基本限于隋唐以前甚至先秦以前，而且主要是跟考古相结合的东西，后半段则谈得很少。

近二三十年有一个很大进展，巴蜀文化有了广义和狭义的界定，蜀学也有广、狭二义之释。广义的蜀学，是指巴蜀地区自西汉迄今的以儒为主、融汇佛道的学术文化。为什么我要提这点呢？因为现在研究蜀学，一个很重要的问题就是它跟中华学术文化的关系。究竟蜀学是什么？如果只认为是苏氏蜀学，是局部地方的蜀学，或是某一个学派的蜀学就不妥了。它应该是一个比较完整、明显、强大的地方学术，是中华学术文化的基本元素和组成部分，中华文化哺育了地方文化，地方文化也推进了中华民族文化的发展。"十二五"规划中也特别强调发展地方优秀传统文化和地方学术文化，这样才有中华学术文化的大繁荣大发展。

我们对广义蜀学的界定：蜀学是巴蜀地区即四川省和直辖前的重庆市的学术文化，它是中华学术文化基本元素和主要组成部分，包括了巴蜀地方学术文化的各个方面，主要是哲学、文学、史学、经学、宗教，重点在于思想理论方面。

蜀学研究目前还有不少尚待解决的难题。如，四川是一个移民社会，从秦到现在好多次大移民，我们要弄清楚土著文化和移民文化之间的关系怎样，这个问题非常费劲，后来明清的移民还好些，特别是先秦以前的移民情况。《华阳国志》所谓"染秦化"的具体情况，"文翁化蜀"的实际内容等，还需弄清楚。因此我们必须艰苦努力，并重视培养后续研究人才。

■：您在书院史方面也很有成绩，出版过《四川书院史》这样的开创之作。请您谈谈您在这方面的研究和认识。

●：我在20世纪80年代即萌发研究书院史的念头，90年代拟定的"四川书院史"被批准为省"九五"重点项目。之所以选此题，我认为书院为中国历史上教育的发展繁荣，为中国传统文化的传承衍续起了积极的促进作用。书院教育的历史功绩不可磨灭，具有中国特色的书院教育的历史经验值得总结和借鉴。

于是，我从了解全国书院史研究状况开始，重点全面搜集和梳理四川书院的发展历史，其中着力于宋代书院、魏了翁书院教育、清代锦江书院、晚清尊经书院的微观探究，撰写了《四川书院史》；同时，有意识地试图总结书院教育的历史经验。随着我的教学经验和行政管理经验的积累，更加认为我接受过的苏式或欧美式教育方法中，虽有不少值得借鉴的，但其中也有不少是我国书院教育中早已行之有效的，为什么不加以继承发展，使我们教育更适合中国国情、更具中国特色呢？比如，20世纪五六十年代，举行学术研讨会，这种形式往往被叫做"习明纳尔"（俄语音译），似乎这种教学方法只在苏联才有。其实，中国的书院早就采用这种自由研讨的重要教学方法，被称为"讲会"或"会讲"，而且连绵千年，效果显著。我们实在应该加以认真认识和继承。

■：胡先生，您的教学科研都很有成就，令人钦佩。同时我们还知道，您从1983年到1997年，还先后兼任学校四个部门主要负责人共14年，表现出很强的才干。我们很想知道，您是如何协调好行政管理和教学科研这两个看似矛盾的关系的？

●：我实际上并没有完全协调好。总的说来，我认为管理工作、社会工作非常锻炼人，有助于专业的学习，因为它实际锻炼了我的组织能力、协调能力、分析与解决问题的能力、克服困难与坚持进取的毅力。

我读高中时，就参加社会工作，新中国成立前任过学校社团社长，新中国成立初期任过区学园主任、中学团总支组织委员、川南区学联执委等。1950年到1956年，我又先后在学校、农村、工厂、城市等基层工作。在川大，我先后兼任年级团支书、系总支副书记、校业余文工团团长，年级主任兼政治辅导员。"文化大革命"后，又任历史系中国古代史教研室副主任。

改革开放后，我被调到学校职能部门工作，先后担任古籍整理研究所副所长、研究生部主任、校图书馆馆长、校人文社会科学院院长，共4个单位、历时14年（从1983年到1997年）。之后，调回历史系编制内，专职担任教学工作，直至2003年、70岁办理离休手续。对于组织的安排，我是服从的；也觉得业务人员应该参加教育改革，承担一些行政职务，为学校建设出点力。于是成了不懂得教学管理、又必须亲自动手动腿的"双肩挑"的干部。这14年是在管理工作和教学科研工作的矛盾中行进的。一方面，我素来对认定和接受的工作，一定要尽力做好，不然就不接受；另方面，1983年我还是一个副教授，还要争取晋升教授，乃至承担博士生导师，在专业上必须扎实努力艰苦奋斗。

在这4个单位中，有两个是新建（古籍所、校人社院），一个是升格扩建的（校研究生部，原是教务处的一个科）。从办公和业务用房、图书资料、家具用具，到申请经费、物色人员，到拟订和实施工作计划，都得同有关部门多次协调后报学校和上级部门审批，基本上是从零开始。校图书馆又是人员较多、摊子较大的单位。特别是都要参加与全国直属高校同类工作的比评，需要很多大的跨越，日常工作的思想压力很大，比如担心本校研究生招生具体组织工作中发生失误或事故，严防图书馆发生火灾等等。而且，还得带头工作，准时考勤，坚持坐班。在研究生部的6年，基本上没有假期，暑假寒假都分别进行硕士生、博士生的招生事务。这一时期，可以说是业余进行教学科研。一些原来计划进行的连续性、较大规模的科研项目，也因没有基本的时间空间条件而压缩乃至停止，如晚宋史研究，如到本省100个县市进行历史考察只走了约50个。

学校也注意到这个情况，在1990年任命我为图书馆馆长时，校党委常委会决定，我可以半天在馆工作、半天进行教学科研。此后，从事专业的时间相对多些，在坐班、考勤上也可灵活些。但是，作为主要行政负责人，馆里的事也少不了许多。我这才真正认识到我这个"双肩挑"的干部，要双肩负重是很困难的。

回顾起来，自1983年以后，我的行政工作和教学科研虽皆有进展，但都不理想，没有达到组织的期望，也没有实现自己的设想，而且在身体健康上预支不少，以致1997年卸任行政职务至离休以来，年老多病，对一些具有创造性的科研项目，只能做点开题、初步设计和专题（个案）论析，心有余而力不足。

■：胡先生，您太谦虚了。这样，还是回到您教学科研的本行，最后请您谈一个问题，就是如何才能成为一个合格甚至优秀的高校教师？

●：怎样才能成为一名合格的教师？这是我毕业留校任教以来首先和经常考虑的。第一，四川大学是全国重点高校之一，历史系里有多位全国知名的历史学家，我必须努力承传，不辱没是他们教出来的学生。第二，川大历史系是当时全国综合大学中教学质量著名的历史系科之一，我必须自强奋进，站好三尺讲坛，促进发扬已有优势。第三，综合大学历史系是培养高校师资和历史学工作者的地方，既需历史学知识，更需研究历史学的能力，我必须双管齐下，教学科研齐头并进，以保证教学质量。结合前辈的教导，我觉得以下四点特别重要。

一是要处理好一碗水与一桶水的关系。这是比喻教学准备中资料与讲述关系的通俗表述。我的老师们在谈到教学时叮嘱说，要给学生一碗水，就要有一桶水的储备，这样才能辨析正误、触类旁通、精益求精，答疑有备、游刃有余。我从试讲就开始这样做，长期坚持，从不懈怠。1963年试讲题目是《庆历熙丰变法》，共10课时。为此，我阅读了《续资治通鉴长编》《宋史》等基本史籍，以及王安石、司马光、二程、三苏等相关人物的文集和蔡上翔《王荆公年谱考略》、漆侠《王安石变法》、蒙文通《北宋变法批判八件》（手稿）以及有关学术论文，将重要而手边无书者摘抄成许多卡片，然后写成讲稿，其内容虽说全面，但字数较之所摘资料可谓甚少。以后我系选定翦伯赞先生主编《中国史纲要》为教材，我则首先熟悉教材，广泛阅读有关史籍、参考资料和论著，补充阙略，辩证史实，提出重点、难点或疑点，写成与教材若即若离的讲稿。在研究生教学中，除了讲课仍坚持博中求约地备课而外，我则尽可能把研究生学位论文选题纳入我已开展的研究课题。

二是要使学生听明白，首先自己要弄清楚。教师责在传道、授业、解惑，《孟子·尽心下》写道："贤者以其昭昭，使人昭昭。今以其昏昏，使人昭昭。"我不够称为贤者，但我是学生一个课程的引导者，如果自己昏昏然，是不能使学生昭昭明了的。对教学内容，我努力弄懂，在主要点上概念、内涵、线索要清楚，还要联系一些相关内容；对引用的关键史料一一熟悉，包括读音、释义、今译、古今地名、纪年换算等；还要准备如何回答同学们可能提出的疑问。当然也会有不少问题自己没有弄清楚，还需存疑待考，我就在讲课或辅导时主动告诉。例如，在给本科生讲宋史时，讲到当时川峡地区的客户为什么称为旁户？宋朝疆域小、国力弱，为何延续320年之久？我向同学们坦言我还不能圆满回答。

三是"授之以鱼,更要授之以渔"。这是著名的古训,中外也有类似的"点金术"的故事。用在教学上,其意是比喻,教师不只是授给学生以知识,更要授给他们获取知识的技能。这是非常重要的教育方法,也是我国历来行之有效的重要教学经验。我的老师经常强调和运用这种方法,致使我在耳濡、目染和践行中甚为注意。我告诉同学们,要立志青出于蓝而更胜于蓝,但首先要认识和学习老师们的长处。与同学相比较,老师有许多长处,其中在专业上最突出的一点是,对于专业上的问题,老师知道采取何种方式方法和怎样着手、逐步深入去寻求解决,具有比学生更强的发现问题和解决问题的能力。因此,在教学中我特别重视对同学们的能力培养。

四是要坚持教学相长。作为教育工作者,首先必须先受教育,这是一个教师最基本的素质和品格,其中也包括要向自己的学生学习,这是中国传统教育的宝贵经验。我认为,同学们年轻,朝气蓬勃,思想敏锐,富有创造精神,敢于闯关克难、推陈出新;而且,本科和研究生人数众多,接触的知识面广、信息量大、方法多样,因此长期以来注意发现、汲取他们有益的新见和建议。对于学生,我抱着平等相待的态度,亦师生,亦学友,同他们随意交谈聊天,在工作上、生活上互相关心和帮助。我们的教与学是在平等和谐气氛中进行的。

(载《历史教学问题》2014年第3期"史家访谈"栏)

胡昭曦：习学人生，不断攀登

《中国社会科学报》记者　吴运亮、曾江

四川大学历史文化学院教授胡昭曦出生在"千年盐都"自贡，回忆起自己的少年时代，他有两点印象深刻：一是盼望国家强大，不再遭敌机轰炸；二是希望自己勤奋读书，将来有出息。长大后，他成了一名历史学家。近日，胡昭曦向记者娓娓道来，讲述他的宋史研究、巴蜀史研究经历。

名师指引　结缘宋史研究

1956年7月，胡昭曦考入四川大学历史系，开始系统学习历史知识。随后的五年，在徐中舒、蒙文通、缪钺、冯汉骥、胡鉴民、蒙思明、卢剑波等名师的引导下，他逐步走进历史学的大门。"能够接受一批著名学者的教育，我到现在仍然感到很自豪。"胡昭曦告诉记者。

大学毕业后，胡昭曦留校担任中国古代史教研室助教。当时的四川大学实行青年助教导师制，蒙文通成为胡昭曦的指导老师，也成为他宋史研究学术生涯的引导者。

"蒙先生让我和他新招的宋史研究生一起学习，在指定读书目录、答疑辅导、批改作业等教学上，我和研究生完全一样，也在蒙先生指导下，我撰写了论文《论汉晋的氐羌和隋唐以后的羌族》（刊于《历史研究》1963年第2期）。"胡昭曦说，在三年多的时间里，他受到许多教益和锻炼，与宋史研究结下了终生之缘。

迎难而上　总体概括晚宋史

刚开始担任助教的那段时间，胡昭曦准备试讲"庆历新政与王安石变法"，由此接触到了王安石变法的两种评价——过分肯定和根本否定。在蒙文通的指导和鼓励下，胡昭曦撰文《关于评价王安石变法的几个问题》，提出了自己的初步意见，后又继续研究，并独立撰写长篇论文《熙丰变法经济措施之再评价》进行系统阐述，认为此次变法应称为"熙丰变法"，其有值得肯定之处，也有应该否定的地方。这一观点提出后受到学界重视，被《中国历史学年鉴》列为新中国成立以来评价这次变法的代表性观点之一。此后，胡昭曦便以开拓创新的精神进行宋史研究。

在晚宋史特别是宋蒙（元）关系史研究方面，胡昭曦有着重要贡献。由于资料零散，晚宋史一直是宋史研究的薄弱环节。胡昭曦迎难而上，先后完成出版了《宋末四川战争史料选编》（合著）、《宋蒙（元）关系研究》（主编）、《宋蒙（元）关系史》（主编）、《宋理宗宋度宗》（合著）等专著，获得学术界好评。有学者称赞，胡昭曦"对宋理宗宋度宗时期的政治、宋蒙（元）关系、晚宋史分期等问题做了深入研究"，"对这一时期历史的发展做出的总体概括性论断，很大程度上提高了人们对晚宋史的认识"。

读行结合　开辟研究新领域

胡昭曦注重将宋史文献资料与川渝地区的历史遗迹考察相结合来进行研究。他以古人"读万卷书，行万里路"的精神自勉，走访四川省内50多个市、县及相关地区，收集大量实地调查材料，将它们与文献记载相结合，探讨有关历史问题。

"长期以来，研究宋代学派和地区学术者有一现象，就是特别重视濂、洛、关、闽一系的理学派，以及江西陆九渊心学、浙东功利学派，而对其他地区的学派学术则关注不够。"胡昭曦说。而这种状况的改善，源自《湖湘学派源流》和《宋代蜀学研究》这两本书的问世。胡昭曦与同事合著的《宋代蜀学研究》，将宋代蜀学置于宋代学术和巴蜀文化的广阔背景中进行考察，全面探讨宋代四川地区的学术思想乃至科学技术，是比较系统深入研究蜀学问题的第一部专著。

　　胡昭曦对四川书院史研究的开创，亦为学人称道。1990年至2004年，胡昭曦先后查阅川渝地区新中国成立前编纂的地方志149部、新修的地方志65部，写成《四川书院史》，该书首次从整体上较为全面、系统地论述四川书院的历史，被学者评价为"深入地研究了四川地区书院史，填补了我国书院史的空阙"。

　　2003年离休后，胡昭曦仍在研究领域耕耘，审读了大量有关巴蜀历史文化和地方志方面的研究成果，如《四川通史》《成都通史》《四川大学史稿》《巴蜀文化通史》《巴蜀全书》等成果中，都有他的心血。正像他所说："回顾过去的80多年，我走过了一条充满学习需求和实践历练的崎岖山路，我不断地攀登、不断地进步。"

（载《中国社会科学报》2014年12月1日"大家印象"栏）

胡昭曦：蜀学的渊笃与健雄

《成都日报》记者 蒋蓝

在胡昭曦看来，蜀学是中华学术文化的基本元素和组成部分，中华文化哺育了地方文化，后者也推进了前者发展。蜀学重点在文、史、哲，核心在思想、理论，还有科技、艺术、宗教、民俗等，涵盖了巴蜀地区物质与非物质文化遗产，正如萧萐父（1924—2008）总结："蜀学渊渊，积健为雄……心炬之传，薪火无穷。"

本期嘉宾：胡昭曦，著名历史学家、宋史专家、蜀学学者，四川大学历史文化学院教授。1933年生于自贡，四川大学历史系毕业后留校，曾任博士生导师、博士后流动站指导教师，四川省首批学术带头人。1992年享受国务院政府特殊津贴。获四川省哲学社会科学优秀成果奖5次。曾任川大古籍整理研究所副所长、研究生部主任、校图书馆馆长、人文社会科学院院长等职。现任四川省中华文化学会副会长、四川省巴蜀文化研究中心学术委员等职。出版专著20余部（含合作），主要有《四川古史考察札记》《四川书院史》《巴蜀历史文化论集》等。

对　话

蜀学：完整、明显、强大的地方学术

记者（以下简称记）：蜀学在四川学界认识还不是完全一致。一些人长期以来认为蜀学就只是经学；还有人认为，只有宋代才有蜀

学,而宋代又只有三苏的学问才是蜀学。

胡昭曦(以下简称胡):公允地说,蜀学研究在近二三十年有明显兴起。我认为蜀学大体上有广义和狭义之分,广义指巴蜀地区自西汉迄今的以儒为主、融汇佛道的学术文化,更多的人逐渐趋向于这种解释。研究蜀学,一个很重要的问题就是它跟中华学术文化的关系。狭义的蜀学指由苏洵开创,由苏轼、苏辙兄弟加以发展,由黄庭坚、张耒、秦观等参与组成的有共同思想基础与学术倾向的学派。如果只认为以三苏为代表的学问才是蜀学,是局部的、地方的蜀学,或说成为一个学派的蜀学,这种观点就值得商榷。蜀学是一个比较完整、明显、强大的地方学术,是中华学术文化的基本元素和组成部分,中华文化哺育了地方文化,地方文化也推进了中华民族文化的发展。

我们该怎么解释蜀学?这涉及一个时间、空间的界定。空间,主要是巴蜀文化地区,即大四川版图区域的学术文化,包括了地方学术文化的各个方面,根据学术界的看法和我们的研究,蜀学主要指巴蜀哲学、史学、文学、经学、宗教等,重点在于思想、理论方面。时间上,蜀学作为一个文化概念缘自西汉蜀守文翁,西汉景帝末年文翁担任蜀郡守,创办了中国历史上第一所官办地方学校,自此蜀中学风大振,"学徒鳞萃,蜀学比于齐鲁"。所以,西汉至今的涉及巴蜀文化的研究,就是蜀学的时间概念。这也是我们对广义蜀学的诠释和界定,涵盖了巴蜀地区的物质文化遗产与非物质文化遗产。

记:北宋时代,以三苏、黄庭坚、秦观、张耒等为代表的蜀学更是大放光彩,蜀学与二程"洛学"、王安石"新学",构成北宋学术的三大流派。

胡:宋代蜀学是中国古代臻于鼎盛的宋学的重要组成部分,它不仅是地域文化,也是当时的主要学派,对当时儒学发展具有全局性影响和推进作用。宋代蜀学的发展有两个高潮时期,即北宋中期和南宋中后期。这两个时期的蜀学各有不同特色,其学派特色是从第一个高潮时期向第二个高潮时期逐渐转型。

巴蜀一地经文翁倡学后,学风大盛,学者研究儒家经书者众,据《华阳国志》记载,两汉时期就有二十多人,其中影响最大的蜀学学者是扬雄。尽管有陈寿在史学上异峰突起，但魏晋时期蜀学并无大的发展。

宋仁宗嘉祐二年（1057年），在古文运动和复兴儒学方面颇有建树的欧阳修主持贡举考试，张载、曾巩、程颢、苏轼、苏辙都同榜中了进士。随后，张载创立"关学"，程颢及其弟程颐创立"洛学"，苏轼兄弟及其父苏洵创立苏氏"蜀学"，它们与王安石"新学"、司马光"朔学"以及邵雍"象数学"比肩而立、竞相发展，表明蜀学已蔚然一派，并进入繁荣阶段。宋神宗以后，学者们陷入由变法而激起的党争漩涡中。这时，蜀学也异常活跃，最为突出的标志是苏氏蜀学的崛起，与二程"洛学"、王安石"新学"相角立。此外，当时的蜀学还有"范氏蜀学"和吕陶、鲜于侁等学者闻名于世。值得一提的是，范氏蜀学草创于成都人范镇、范百禄，形成于范祖禹。在南宋中后期蜀学发展出现了第二个高潮，发展程度比北宋中期的第一个高潮更为蓬勃兴盛，形成了二程理学中以谯定传人为主的"涪陵学派"，以张栻为代表的"南轩学派"，以魏了翁为代表的"鹤山学派"，以及井研"四李"、丹棱"二李"、成都"二江九先生"等著名学者和一些学术家族。

总体而言，北宋时期的蜀学多本土之学；南宋谯定去向二程学习，尚未形成学派。因张栻随父宦游湖南等地，后来成为洛学传人，其学术再返入蜀，出现"洛蜀会同"的格局，本土蜀学遂逐渐转型以洛学为主。

记：南宋之后蜀学开始凋敝了。

胡：自宋理宗端平二年蒙古大举攻宋，至宋帝昺祥兴二年（1279年）旧四川全境为元朝统治，四十多年间蒙古（元）对四川长期进攻，战火在四川绵延近半个世纪，杀戮频繁，经济凋敝，人口逃亡，文化衰败，社会残破，学者大迁徙与蜀学衰落是必然的。

尊经书院：振兴蜀学 薪火无穷

记：尊经书院是你研究近代蜀学的重点。

胡：光绪十四年（1888年）冬，尊经书院所属的成都尊经书局刊印了《蜀学编》一书。尊经书院本着"绍先哲，起蜀学"的宗旨，着力传统蜀学的振兴、蜀学承先启后的发展，遂有《蜀学编》撰写编印。《蜀学编》在所列114人中，112人皆为巴蜀人氏，首列人物为西汉张宽，止于晚清范泰衡。该书所列入主传的74人中，以汉代（14人，占19％）、宋代（32人，占43％）为多，而其附传40人中，宋代有30人，占75％。附传人物均分别列在一个主传人物之后，为该主传人物之门人弟子或兄弟、子侄、孙辈等，亦有朋友，如汉代任安附3人，宋代张栻附8人、度正附3人、魏了翁附6人，明代任少海附5人。从这114人中，可以看到编者是在探讨蜀学发展的"学脉"源流，构建蜀学学统的架构。通观蜀学研究发展史，《蜀学编》是对蜀学这支中国历史上的重要地域文化，第一次集中系统地进行梳理和展示。尊经书院这次编纂活动及其成果《蜀学编》，在蜀学研究史上具有拓荒和薪传的意义。特别要提及的是，尊经书院师生及其传人在经学典籍研究上成果累累，建立经学和蜀学新的学术体系，如经学巨子廖平之后，尚有刘鉴泉（咸炘，1896—1932）、蒙文通（1894—1968）、唐君毅（1909—1978）都是近现代蜀学大家、全国著名学术大家。他们在学术上承前启后，融汇创新，发展国学，振兴蜀学，对他们要着力研究。

记：胡老师很注意田野实证与资料搜集，近年有什么新发现？

胡：鉴于目前所见尊经书院的原始资料非常零散，在完成《四川书院史》后，我有心进一步搜集梳理尊经书院的历史。我在四川省图书馆偶然发现了一本《筹蜀篇》，出自尊经书院生员黄英，他后来担任过荣县旭川书院（在今自贡市贡井区）山长。据此我写成《近代蜀学学者黄英及其〈筹蜀篇〉》。《筹蜀篇》的主要特点体现在其救国图存、维新变法的政治思想及"经世致用，务实筹划"儒家传统的经邦治国思想上。我们在古代和近代的蜀学研究中，要扩大视野，加强对各府州县蜀学学者的深入发掘探究。另外，台湾学者文守仁先生的《蜀风集》，主要研究四川，却很少为内地人所知。

记：2013年4月，四川大学内加油站附近出土一块缺角的红褐色石碑，引起了你的高度重视。

胡：这通《四川尊经书院举贡题名碑》刻于光绪十一年（1885年），是四川大学前身——尊经书院竖立的表彰该书院中举生员的石碑。石碑的出土补充了文献记载的缺失。由时任书院山长王闿运撰文，第一期生员、书法家吴之英书写碑文，反映了尊经书院前期的办学思想——以"习帖括而废实学"为弊病，"故力戒程式之文"（教学中不提倡院生学习八股文）。这反映出尊经书院正处于教育制度转型时期的状况。碑文也反映出尊经书院对德育和经世致用的重视，如强调入学之"先能"要有富贵不淫、贫贱不移、威武不屈的修养，还教育院生培养崇德而不崇禄的优良品德，提倡"有致用之略，出则从政，归而习业"等。

年过八旬　仍需努力求索

记：你对四川书院的研究一直为学人称道，《四川书院史》被学者评价为"深入地研究了四川地区书院史，填补了我国书院史的空缺"。

胡：2003年离休后，我仍在研究、写作，审读了大量有关巴蜀历史文化和地方志方面的研究成果。在蜀学方面，我还在思考一些问题，比如：秦灭巴蜀前后四川土著文化怎样，《华阳国志》所谓"染秦化"的具体情况，"文翁化蜀"的实际内容还需弄清楚……现在研究蜀学还有很多难题尚待解决，我们必须继续努力并重视培养后续研究人才。回顾过去的80多年，我走过了一条充满学习需求和实践历练的崎岖山路，今后我仍需不断攀登、不断进步。

采访手记（2014年12月4日成都）

南宋时，蒙古一度东进西扩，南攻北占，疆域广阔，曾达欧亚大陆。其中南攻多次，长达近100年。南宋淳祐二年（1242年），余玠任四川安抚制置使兼知重庆府，为组织抗击蒙军南攻，"广求意见，广用人才""因山而垒，或州县治所，或屯兵积粮""以山城山寨为屏障，形成坚固的防御体系"，先后修筑堡垒50几处，胜战36次，重创蒙古骑兵。其中合川钓鱼城、金堂云顶寨、合江神臂城等地，蒙军久攻不下，成为世界战争史上因以少胜多的战例而出名的城池。近几年我去过多处位于四川几条大江边、修筑于南宋末年的古堡古寨，胡昭曦教授正是最早对四川地区为抗击（蒙）元而修筑的数十座"山城"进行系统考察、研究的学者，他的一系列研究成果，不但填补了相关历史研究的空缺，也成为人文地理作者、摄影家的参考著作。

4日下午，我到川大花园拜访了胡昭曦老师。他头脑敏捷，一口乡音，让我倍感亲切。谈到那段历史，他说，那时四川的宋朝军力仅3万，四川军民前赴后继，谱写了一曲抵抗侵略的壮歌，"当时很多历史真实情况，就来自于蜀学学者们的记述"。

胡老师回忆说："我的老师蒙文通先生是经学大师廖平的弟子，他在历史研究上博大精深，对经学的见解也是卓尔不群，他认为自己研究最有心得的是理学。我跟先生学了3年多，做过他的助手，受到许多教益和锻炼，从此与宋史结下了终生之缘。我较为系统地进行蜀学研究始于20世纪80年代，但我有先天和后天的不足：没有扎实的经学功底，因此我研究蜀学从两点入手：第一，不搞哲学领域，只从蜀学史着手，这样就可以扬长避短。第二，从熟悉的历史阶段开始，从我研究的宋史着手，宋代是蜀学空前发展的时期，我首先做了宋代蜀学发展脉络的研究，包括宋代蜀学的兴起、鼎盛、衰亡、转型以及学统、学派、特色等，研究成果集中体现在1998年出版的《宋代蜀学研究》中。"

这是一番坦荡之言。孔子说："君子坦荡荡，小人长戚戚。"正是把学问建立在心地平坦宽广基础之上，胡昭曦老师方能探微镜理，详细梳理出蜀学的来龙去脉，蜀学的风聚云散。但他强调，蜀学与荆楚学近似，长时期没有得到应有的地位。研究宋代学派和地区学术者有一个现象，即特别重视濂、洛、关、闽一系的理学，以及江西陆九渊心学、浙东功利学派，对其他地区的学派学术则关注不够。尽管有的著述提出了蜀学……但就以往整个学术层面来看，蜀学的光芒没有得到进一步彰显。这种状况的改善，源自《湖湘学派源流》和《宋代蜀学研究》两本书的问世。胡昭曦与同事合著的《宋代蜀学研究》，将宋代蜀学置于宋代学术和巴蜀文化的广阔背景中进行考察，较全面地探讨宋代四川地区的学术思想乃至科学技术,由此成为系统深入研究蜀学问题的第一部专著。

(载《成都日报》2014年12月6日第9版"专家访谈"栏)

【附录二】

胡昭曦学术著作目录（1961—2016）

一、专著

1.《王小波李顺起义考述》（通纂，集体署名），四川人民出版社1978年4月版。

2.《张献忠屠蜀考辨——兼析"湖广填四川"》，四川人民出版社1978年11月版。

3.《王小波李顺起义》，四川人民出版社1985年10月版。

4.《四川古史考察札记》，重庆出版社1986年9月版。

5.《四川古代史稿》（宋元部分），四川人民出版社1988年10月版。

6.《宋蒙（元）关系研究》（主编，撰稿），四川大学出版社1989年8月版。

7.《宋蒙（元）关系史》（主编，撰稿），四川大学出版社1992年12月版。

8.《宋理宗宋度宗》（二人合作），吉林文史出版社1996年7月版，2004年11月再版。

9.《宋代蜀学研究》（三人合作），巴蜀书社1997年3月版。

10.《胡昭曦宋史论集》，西南师范大学出版社1998年4月版。

11.《四川书院史》，巴蜀书社2000年2月版；四川大学出版社2006年4月修订版。

12.《巴蜀历史文化论集》，巴蜀书社2002年5月版。

13.《宋代蜀学论集》，四川人民出版社 2004 年 6 月版。

14.《巴蜀历史考察研究》，巴蜀书社 2007 年 6 月版。

15.《旭水斋存稿》，四川大学出版社 2012 年 2 月版。

16.《旭水斋存稿续集》，四川大学出版社 2017 年 1 月版。

二、古籍整理、工具书、资料

1.《王小波李顺起义资料汇编》（通纂，集体署名），四川人民出版社 1978 年 4 月版。

2.《圣教入川记》附《五马先生纪年》（校点），四川人民出版社 1981 年 4 月版。

3.《四川郡县志》（校点宋元部分），成都古籍书店 1983 年印行。

4.《宋末四川战争史料选编》（二人合作），四川人民出版社 1984 年 9 月版。

5.《中国野史集成》（三人共同主编），巴蜀书社 1993 年 11 月版。

6.《四川省高校图书馆古籍善本联合目录》（二人共同主编），四川大学出版社 1994 年 11 月版。

7.《中国历史大辞典·宋史卷》"朱熹"等 47 个条目，上海辞书出版社 1984 年 12 月版。

8.《中国大百科全书·中国历史·辽宋西夏金史》"钓鱼城之战"等 6 个条目，中国大百科全书出版社 1988 年 5 月版。

9.《旭川中学与旭川书院》（资料），自贡旭川中学网 2004 年 12 月 3 日。

10.《谢奉琦资料辑录》，自贡旭川中学网 2007 年 4 月 12 日。

11.《近代盐业世家自贡胡慎怡堂史辑》（执笔，总纂，署名胡午兮），2007 年 6 月印行。

12.《四川省自贡市胡慎怡堂简志》（五人合作，总纂），2015 年 10 月印行。

13.《由精逮博，积知为用——名师听名家课堂笔记·〈秦汉魏晋南北朝史〉课堂笔记》，四川大学出版社 2016 年 9 月版。

三、论文

1.《从甲午战争到辛亥革命时期帝国主义对四川的经济侵略》，《历史教学》1961年第11~12期。

2.《论汉晋的氐羌和隋唐以后的羌族》，《历史研究》1963年第2期。

3.《关于评价王安石变法的几个问题》，《光明日报》1965年3月1日。

4.《关王小波李顺起义几个问题的调查》（第1、第3部分），《四川大学学报》1975年第4期，其中《宋代永康军青城县地址考》，载《川大史学·历史地理卷》，四川大学出版社2006年8月版。

5.《论王小波李顺起义》（通纂，集体署名），《四川大学学报》1976年第1期。

6.《元代蒙古族人民起义初探》，《中央民族学院学报》1977年第1期。

7.《论元末红巾军将领明玉珍的历史地位》，《四川大学学报》1977年第4期。

8.《四川地区有关明末农民起义的一些碑石》，《四川大学学报》1978年第3期。

9.《〈宋神宗实录〉及其朱墨本辑佚简论》，《四川大学学报》1979年第1期。

10.《有关张献忠起义的新见资料——简介〈五马先生纪年〉》，《四川图书馆学报》1979年创刊号。

11.《"张献忠屠蜀"与"湖广填四川"》，《中国农民战争史研究集刊》第1辑，上海人民出版社1979年11月版。

12.《张献忠〈七杀碑〉是怎么回事》，《历史知识》1980年第1期。

13.《唐宋时期邛州火井县治的今址》，《井盐史通讯》1980年第1期。

14.《唐末阡能起义及对其遗迹的考察》，《四川大学学报丛刊》

第 5 辑（1980 年）。

16. 《宋初川峡地区的茶法与"贩茶失职"》，《四川大学学报》1980 年第 3 期。

16. 《〈圣教入川记〉附〈五马先生纪年〉出版说明》，《〈圣教入川记〉附〈五马先生纪年〉校点本》，四川人民出版社 1981 年版。

17. 《研究地方史要重视必要的实地考察》，《中国地方史志通讯》1981 年第 3 期。

18. 《四川抗元名城之一——富顺虎头城》，《富顺报》1981 年 11 月 8 日。

19. 《反映南宋末年四川军民抗元斗争的几件历史文物》，《四川大学学报》1981 年第 4 期。

20. 《略论南宋末年四川军民抗击蒙古贵族的斗争》，《宋史研究论文集》，上海古籍出版社 1982 年 1 月版。

21. 《试论清朝中期白巾军起义四川战区的几个问题》（三人合作），《中国农民战争史研究集刊》第 2 辑，上海人民出版社 1982 年 1 月版。

22. 《〈明玉珍玄宫之碑〉初析》，《四川大学学报》1982 年第 3 期。

23. 《范祖禹与〈唐鉴〉》（二人合作），《史学史研究》1982 年第 3 期。

24. 《"啯噜"考析》（三人合作），《四川史学会史学论文集》，四川人民出版社 1982 年 9 月版。

25. 《宋代农民起义对社会经济的影响》，《西南师范学院学报》1983 年第 2 期。

26. 《首倡"均贫富"，义旗卷川峡——北宋王小波李顺起义》，《文史知识》1983 年第 8 期。

27. 《南宋云顶山石城遗址》，《成都文物》1984 年第 1 期。

28. 《〈明玉珍墓葬研究〉评介》，《四川文物》1984 年第 2 期。

29. 《对编写公路交通史的几点建议》，《公路交通编史研究》1984 年第 2 期。

30. 《广安县宋末大良城遗址考察》，《四川文物》1985年第1期。

31. 《司马光诞生地考》，《四川大学学报》1985年第1期。

32. 《切实加强硕士生的能力培养》，四川大学《高教研究》1985年第1期；《四川大学研究生教育文集》，四川大学出版社1994年4月版。

33. 《大足宝顶山石刻浅论》，《大足石刻研究》，四川省社会科学院出版社1985年4月版。

34. 《陈抟里籍考》，《四川文物》1986年第3期。

35. 《大足石刻与宋史研究》，《四川文物·石刻研究专辑》（1986年）。

36. 《宋理宗"端平——淳祐更化"刍论》（二人合作），《宋史研究论文集》，河北教育出版社1989年5月版。

37. 《张献忠农民起义历史作用的再评价》（二人合作），《张献忠与李自成》，四川人民出版社1989年6月版。

38. 《论正确对待我国古代史上的民族关系》，《宋蒙（元）关系研究》，四川大学出版社1989年8月版。

39. 《两宋时期的重庆》（二人合作），《重庆城市研究》，四川大学出版社1989年9月版。

40. 《主动适应社会需要，积极调整专业服务方向》，《学位与研究生教育》（北京）1989年第4期。

41. 《熙丰变法经济措施之再评价》，《王宽诚教育基金会学术讲座汇编》第2集（1990，上海）；缩写稿载《西南师范学院学报》1984年第4期。

42. 《宋代四川地区科技文化发展述论》，《王宽诚教育基金会学术讲座汇编》第2集（1990，上海）。

43. 《〈论语〉中教育思想的批判继承》，《孔学与孔庙研究》，巴蜀书社1991年10月版。

44. 《〈马可波罗游记〉与宋蒙（元）关系研究》（二人合作），《中日宋史研讨会中方论文选编》，河北大学出版社1991年5月版。

45.《王群生〈上帝鞭折钓鱼城〉序》,《上帝鞭折钓鱼城》,重庆出版社 1991 年版;《重庆日报》1992 年 1 月 28 日。

46.《论宋蒙(元)关系》,《纪念李埏教授从事学术活动五十周年史学论文集》,云南大学出版社 1992 年 9 月版。

47.《论张栻的学术源流》,《国际宋史研讨会论文选集》,河北大学出版社 1992 年 8 月版。

48.《谯定张栻与朱熹的学术联系》,《中国哲学》第 16 辑,岳麓书社 1993 年 9 月版。

49.《析"易学在蜀"》,《宋史研究论文集》,河南大学出版社 1993 年 12 月版。

50.《宋代蜀学刍论》(二人合作),《四川大学学报》1993 年第 4 期。

51.《注重质量,刻意创新——读新修〈富顺县志〉》,《中国地方志》1994 年第 2 期。

52.《论野史》(执笔,二人署名),《四川图书馆学报》1994 年第 3 期。

53.《群材构厦与地域文化研究》,《中华文化论坛》1994 年第 3 期。

54.《陈垣先生与宋蒙(元)关系研究》(二人合作),《1990 年江门国际学术研讨会论文集》,暨南大学出版社 1994 年 8 月版。

55.《前蜀后蜀与中原政权的关系》(二人合作),《前后蜀的历史与文化》,巴蜀书社 1994 年 11 月版。

56.《略论晚宋史的分期》,《四川大学学报》1995 年第 1 期。

57.《大足宝顶石刻与"孝"的教化》,《中华文化论坛》1995 年第 3 期;《川大史学·专门史卷(一)·中国文化史》,四川大学出版社 2006 年 8 月版。

58.《唐君毅对宋代儒学的研究》,《宋史研究通讯》1996 年第 1 期;《巴蜀历史文化论集》,巴蜀书社 2002 年 5 月版。

59.《宋代阆中陈氏研究》(二人合作),《四川师范学院学报》1997 年第 4 期。

60. 《宋代蜀学的转型》，《庆祝邓广铭教授九十华诞论文集》，河北教育出版社 1997 年 2 月版。

61. 《内容全面，特色突出——读新修〈大足县志〉》，《巴蜀史志》1997 年第 5 期。

62. 《着力开掘拓展，坚持批判继承》，《中华文化论坛》1998 年第 1 期。

63. 《浅谈文科博士生知识的博观厚积》，《博士生培养纵横谈》，河南大学出版社 1998 年 1 月版。

64. 《在母校的襁褓中成长——回忆旭川中学第一个团支部》，《旭川 1938－1988》，1998 年旭川中学校刊组编印。

65. 《论宋理宗的"能"与"庸"》，《中国史研究》1998 年第 1 期；《川大史学·中国古代史卷》，四川大学出版社 2006 年 8 月版。

66. 《宋代"世显以儒"的成都范氏家族》，《胡昭曦宋史论集》，西南师范大学出版社 1998 年 4 月版。

67. 《讲质量，出特色，创新篇——读盐都自贡第一部市志》，《巴蜀史志》1998 年第 3 期；《四川日报》1998 年 8 月 10 日。

68. 《诗书持家，理学名门——宋代蒲江魏氏家族研究》，《中国近世家族与社会学术研讨会论文集》，1998 年 6 月台北市出版。

69. 《宋朝社会与中华文明》，《中华文化论坛》1998 年第 4 期。

70. 《〈宋代理学家的义利观〉序》，陈廷湘：《宋代理学家的义利观》，团结出版社 1999 年 3 月版。

71. 《〈宋代阆州陈氏研究〉序》，蔡东洲：《宋代阆州陈氏研究》，天地出版社 1999 年 8 月版。

72. 《四川书院的藏书事业》，《四川图书馆学报》2000 年第 1 期。

73. 《四川书院的发展与改制》，《中华文化论坛》2000 年第 3 期。

74. 《〈宋代阆州陈氏研究〉评价》，《四川师范学院学报》2000 年第 4 期。

75. 《宋代蜀学的转移与衰落》，《宋代历史文化研究》，人民出版社 2000 年 6 月版。

76.《〈锦江书院纪略〉——一部稀见的书院志》,《四川文物》2000 年第 5 期。

77.《宋代书院与宋代蜀学》,《四川大学学报》2001 年第 1 期。

78.《〈晚宋时期财政危机研究〉序》,张金岭:《晚宋时期财政危机研究》,四川大学出版社 2001 年 6 月版。

79.《西部大开发与巴蜀文化研究》,《社会科学研究》2001 年第 5 期。

80.《〈晚宋诗歌与社会〉序》,勾承益:《晚宋诗歌与社会》,电子科大出版社 2001 年 11 月版。

81.《〈宋朝社会救济研究〉序》,张文:《宋朝社会救济研究》,西南师范大学出版社 2001 年 12 月版。

82.《大足多宝塔石刻与宋人冯楫》,《中国历史文物》2002 年第 1 期。

83.《谆谆教导,受用终生——缅怀文通师》,《巴蜀历史文化论集》,巴蜀书社 2002 年 5 月版。

84.《大足石刻铭文与宋史研究》,《漆侠先生纪念文集》,河北大学出版社 2002 年 10 月版。

85.《冯楫的著述及其史料价值》,《李埏教授九十华诞纪念文集》,云南大学出版社 2003 年 11 月版。

86.《冯楫的仕宦生涯和崇佛活动》,《中华文化论坛》2004 年第 1 期。

87.《冯楫与泸州报恩塔》,《四川文物》2004 年第 2 期。

88.《蜀学与蜀学研究刍议》,《天府新论》2004 年第 3 期。

89.《近代四川书院教育与蜀学人才培养》,《巴蜀史志》2004 年第 5 期。

90.《着力深化改革,纪实社会发展——〈犍为县志(1986—2000)〉读后感》,《巴蜀史志》2004 年第 6 期。

91.《言传身教,垂范后学——缅怀蒙文通师》,《四川大学报》2004 年 11 月 17 日第 4 版。

92.《蒙文通先生与宋史研究——读〈蒙文通文集〉》,《四川大学学报》2004年第6期;《宋史研究论文集》(第十一辑),巴蜀书社2006年8月版。

93.《构建重庆地方史新体系的力作——〈重庆通史·古代史〉评介》,《〈重庆通史〉评论集》,重庆市地方史研究会2005年2月印行。

94.《四川自贡胡慎怡堂客家源流探析》,《四川与客家世界——第七届国际客家学研讨会论文集》,天地出版社2005年10月版。

95.《蒙文通先生对宋史研究的贡献——读〈蒙文通文集〉》,《蒙文通先生诞辰110周年纪念文集》,线装书局2005年12月版;《蒙文通学记(增补本)》,生活·读书·新知三联书店2006年11月版。

96.《大足石刻宋碑〈三圣御制佛牙赞〉考析》,《宋史研究论丛》,河北大学出版社2006年5月版。

97.《宋代交子具体诞生地探考杂识》,《四川大学学报》2006年第4期。

98.《建所创业第一年——回忆二十年前川大古籍所的创业》,《宋代文化研究》第十三、十四辑,四川大学出版社2006年版。

99.《滋兰育人,鞠躬尽瘁——纪念缪钺先生100周年诞辰》,《魏晋南北朝史论文集——中国魏晋南北朝史学会第八届年会暨缪钺先生百年诞辰国际学术研讨会论文集》,巴蜀书社2006年4月版;《缪钺先生学记》,四川大学出版社2016年8月版。

100.《〈朱子语类〉与现代教育》,《新视野,新诠释,朱熹思想与现代社会》,四川大学出版社2007年12月版。

101.《尊经书院与近代蜀学》,《儒藏论坛(第二辑)》,四川大学出版社2007年12月版。

102.《遂州希昼与"宋初九僧"希昼——大足石刻宋碑〈书《严逊记》〉辨析》,《2005年重庆大足石刻国际研讨会论文集》,文物出版社2007年12月版。

103.《晚宋名相郑清之考论》,《邓广铭教授百年诞辰纪念论文集》,中华书局2008年11月版;《川大史学》第二辑《中国古代史卷》，四川大学出版社 2016 年 9 月版。

104.《进一步加强旅旅游与历史的结合——对温江两个文化品牌的思考与建议》，《地方文化研究辑刊（第二辑·温江专辑）》，天地出版社 2008 年 11 月版。

105.《振兴近代蜀学的尊经书院》，《蜀学（第三辑）》，巴蜀书社 2008 年 12 月；《四川省图书馆学会成立 30 周年纪念专集》下卷，四川人民出版社 2009 年版。

106.《巴蜀文脉之传承发展——宋代双流蜀学名人概略》，《中华文化论坛》2009 年 11 月增刊。

107.《尽心事业，贴心读者，热心服务——回忆沙铭璞先生》，《四川省图书馆学成立 30 周年纪念专集》上卷，四川人民出版社 2009 年版。

108.《再谈传统孝道》，《天府新论》2010 年第 2 期。

109.《贡井历史的探究与补证》，《贡井盐业史文化研究文集》，四川大学出版社 2010 年版。

110.《规模巨大，创新崇实，直观大方——简评〈四川通史〉》，《社会科学研究》2010 年第 6 期；《巴蜀文化研究通讯》2010 年第 3 期。

111.《创新奋进，鞠躬尽瘁——隗瀛涛先生的学术贡献》，《红岩春秋》2011 年第 1 期。

112.《近代蜀学学者黄英及其〈筹蜀篇〉》，《盐文化研究论丛》第五辑，巴蜀书社 2011 年 7 月版。

113.《萧萐父先生与蜀学研究——兼谈推进蜀学研究之我见》，《西华大学学报》2011 年第 3 期；《存古尊经，观澜明变》，四川文艺出版社 2012 年 3 月版。

114.《蜀学与中华学术文化》，摘录稿载《光明日报》2011 年 7 月 18 日第 5 版；《社会科学报》2011 年 7 月 14 日。

115.《魏了翁的书院教育及其助手李肩吾》，《国际社会科学杂志（中文版）》第 28 卷第 4 期，中国社会科学杂志社 2011 年 12 月版；《川大史学》第二辑《文化史卷》，四川大学出版社 2016 年 9 月版。

116.《魏了翁书院教育再议》,《书院与理学》,四川文艺出版社,2012年3月版。

117.《四川成省名,确称始于元》,《四川日报》2012年7月20日。

118.《街子古镇与宋代永康县》,四川崇州市编:《西蜀文化光明论坛论文集》2012年9月。

119.《唐代张九宗书院建立时间探究》,《西华大学学报》2012年第8期;《中国书院》第八辑,湖南大学出版社2013年1月版。

120.《我对蜀学与蜀学研究的认识》《社科之声——中国社会科学网访谈录(二)》,中国社会科学出版社2012年10月版。

121.《四川省省名考析》,《蜀学》第七辑,巴蜀书社2012年12月版。

122.《深入发掘资料,推进蜀学研究——文守仁先生〈蜀风集〉读后》,《蜀学与中国哲学——"蜀学与中国哲学"学术研讨会论文集》,四川文艺出版社2013年7月版。

123.《一通罕见的晚清书院碑石——新出土〈四川尊经书院举贡题名碑〉初探》,《四川尊经书院举贡题名碑》,四川大学出版社2013年9月版。

124.《巴蜀盆地、川峡四路与四川省省名》,《吴天墀教授百年诞辰纪念文集》,四川人民出版社2013年11月版。

125.《华西协合大学与巴蜀文化研究》,《蜀学》第八辑,巴蜀书社2014年4月版。(本文曾用作张丽萍教授著《中西合冶:华西协合大学》一书的"代序",该书巴蜀书社于2013年10月出版)

126.《新花再放结硕果,改革发展耀志书——读2013年版〈自贡市贡井区志(1986—2005)〉》,《巴蜀史志》2014年第4期。

127.《天府新区建设与〈华阳国志〉》,《成都地方志通讯》2014年第9期。

128.《教书育人重能力,科学研究尚创新——著名宋史专家胡昭曦教授访谈录》,《历史教学问题》2014年第3期。

129.《从〈说文月刊〉辨析"巴蜀文化"命题的初义》,《巴蜀文献》第1辑，四川大学出版社2014年12月版。

130.《南宋二江诸儒与南轩之学返传回蜀》，《宋代文化研究》第二十一辑，四川大学出版社2014年12月版；《张栻与理学》，人民出版社2015年2月版。

131.《宋元之际泸州迁治问题再议》，《宋元四川战争中的神臂城高峰学术交流会论文集》2015年5月；《旭水斋存稿续集》，四川大学出版社2017年1月版。

132.《望江楼公园几座古建筑的历史变迁——辑补彭芸荪先生〈望江楼志〉》，《地方文化研究辑刊》第8辑，巴蜀书社2015年4月版；《巴蜀文献》第2辑，四川大学出版社2015年12月版。

133.《直探堂奥，慧见卓识——读蒙文通师〈巴蜀史的问题〉》，《蜀学》第九辑，巴蜀书社2015年4月版。

134.《综合研究是历史研究的基本方法》，《人民日报》2015年5月4日学术版；《大家手笔》，人民出版社2016年6月版。

135.《宋代蜀学转型的再探讨》，《湖南大学学报（社科版）》2015年第6期。

136.《宋代蜀学研究新识》，《中国社会科学报》2016年8月19日第5版。

137.《全面系统研究之力作：〈荆公新学及其兴替〉》，《旭水斋存稿续集》，四川大学出版社2017年1月版。

138.《为世界闻名的古战场钓鱼城修史——〈钓鱼城陈列展示文丛〉读后》，《二零一五年钓鱼城国际学术会议论文集》，重庆出版社2016年10月版。

139.《历史的图证，深沉的乡情——〈富顺背影回望——世纪老照片·序〉》，中国文史出版社2016年6月版。

140.《蒙文通先生国学研究的卓越贡献——祝贺〈蒙文通全集〉出版》，《国学》第3集，四川人民出版社2016年6月版。

141.《"巴蜀文化"学术命题的地理含义》，《旭水斋存稿续集》，四川大学出版社2017年1月版。

142.《巴蜀文化研究与建设文化强省》，《旭水斋存稿续集》，四川大学出版社 2017 年 1 月版。

143.《大足宝顶石窟的凿建与宋蒙（元）战争》，《2014 大足学国际学术研讨会论文集》，重庆出版社 2016 年 1 月。

四、短篇（均收入《旭水斋存稿续集》，四川大学出版社 2017 年 1 月版）

1. 《庆祝母校六十华诞》（1938—1998），1998 年 9 月 16 日。

2. 《庆祝钓鱼城国际学术讨论会举行》，1989 年 10 月 27 日。

3. 《关于"三苏祠"规划的看法》，2006 年 2 月 27 日。

4. 《建议大力彰显"世界第一张纸币'交子'产于成都"》，2007 年 10 月 5 日。

5. 《蜀学与蜀学研究》，2007 年 12 月 12 日。

6. 《"国学与现代化"议》，2011 年 3 月 7 日。

7. 《推荐出版〈宋会要辑稿〉整理本》，2011 年 3 月。

8. 《汇报·感恩·鞭策》，2012 年 3 月 25 日。

9. 《在学校赠书会上的感言》，2012 年 6 月 18 日。

10. 《加强领导，保证合力，坚持质量——对编纂〈巴蜀全书〉的希望》，2012 年 10 月 15 日。

11. 《关于公示确定"四川大学校歌"的浅见》，2013 年 1 月 7 日。

12. 《谈都江堰市文庙的灾后重建》，2013 年 5 月 11 日。

13. 《持续深入推进巴蜀古城堡考察研究》，2014 年 1 月 1 日。

14. 《〈成都精览〉：一部记述成都历史精要之书》，2014 年 2 月 5 日。

15. 《"大足学"研讨》，2014 年 3 月 15 日。

16. 《祝贺校点本〈宋会要辑稿〉出版》，2014 年 9 月 29 日。

17. 《质量精好的〈宋代蜀文辑存校补〉》，2015 年 1 月 19 日。

18. 《〈国学〉集刊：推进国学研究的新园地》，2015 年 5 月 21 日。

后　记

　　2012年2月我出版了《旭水斋存稿》，此后又写了一些学术文字。在我的经历中，2016年是值得特别提起的重要之年，一是培育我成长的母校四川大学建校120周年华诞，一是自1956年9月起至今，我在川大学习和工作已达整整60个年头。因此再度自选存稿结集，用以庆贺母校大庆，表达我的感恩之情；同时，也是向母校、学界和家人集中汇报我离休后近些年来在专业上的状况。

　　2003年离休后，2005年我结束了最后一届博士后的合作指导，有了更多时间读书和从事科研。但是，自此时起又先后承担了《巴蜀文化通史》（2006年至今）、《成都通史》（2007—2011）、《巴蜀全书》（2011年至今）等国家重大项目和省、市重点项目的书文稿件审读评议任务；加以年龄渐老、疾病缠身，向师友请益和外出参加学术活动大大减少，多是独自探究，资料局限，断续为之，因而我在科研上缺乏独自主持的大课题，所写皆单篇文字。然而，毕竟大部分时间可以自主支配了，读书时间和写作时间都有明显增多。

　　自2012年以来，我在科研方面总的方向仍是延续进行了几十年的宋史和巴蜀历史文化。本书所选多为2012年2月《旭水斋存稿》以后撰稿，其中有此前未收录的短稿数篇，故取名为《旭水斋存稿续集》。本书大致分为综合、宋史、巴蜀文化与蜀学、母校哺育、评议与建言五类，含撰写的文章、学术评论与建议等，共42篇，其中学术文章27篇；评议与建言15篇共约3万字，均为短篇或提纲文稿。附录收录了学术报刊对我的访谈文字和自1961年以来我的主要学术著作目录。

　　在学术上发表新的看法和意见，是拙稿中欲求着力之处，其中有的是对一些论题首次进行较为全面系统的梳理，诸如对宋代蜀学研究的新识、四川省省名考析、蒙文通先生国学研究的贡献等。更多的是对一些问题提出新的看法、讨论意见，或提供新的资料与线索，诸如蜀学与中华文化，国学与现代化，"巴蜀文化"研究与文化建设，华西协合大学与巴蜀文化研究，宋元之际的泸州治所变迁，宋代大足石刻凿建骤停原因，望江楼公园古建筑的历史变迁等。至于评论和建言，更是个人所历所闻后之感言，缺乏深入研究和与相关受者交流，极不成熟，选入本书仅是记录孔见之举。因此本书在不少的学术论见上具有明显的探索性，还需继续完善，也希望得到读者的指教。

文集中的文章，是在一个较长的历史时间先后分别撰写的，对入选文集的文章，我一贯的做法是，只对个别文字作技术上的校核修订，在规范上加以统一，而对文章的基本观点、内容和结构，都保持原貌不加修改，目的在于不失其真，这就肯定有当时社会的影响和个人认识的局限，因而存在缺乏完善乃至错讹之处。在《旭水斋存稿》的《后记》中，我曾写道："人的认识总是受到各种主客观因素的影响，研究者也不例外。坚持科学历史观，是我素来刻意习学和努力实践的。纵观本书所选时跨约30年的论著，经历了不少变化，总的是包括探究历史实际和对历史的科学认识两个方面，而这些也随着研究的深入和时代的变化而不断变化。……对自己已有著述，我当放在其产生的历史条件下加以认真反思，实事求是地分析，既要历史地看问题，防止不辨具体情况的'以今律昔'，更要明白其缺点和局限，加以补证或再认识，力求创进发展。一句话，在我有生之年，要继续学习和实践唯物辩证的科学历史观，使我的科学研究在客观公允的要求下再稍有进步。"今天我仍坚持这样的认识。

本书在编选过程中，得到了四川大学出版社领导的大力支持，特别是责任编辑高庆梅女士的认真编审和细致核定，得到了粟品孝教授自始至终的有益建议和具体帮助，并此致以衷心感谢！

胡昭曦

2016年12月